U0499424

中国社会科学院学部委员专题文集

ZHONGGUOSHEHUIKEXUEYUAN XUEBUWEIYUAN ZHUANTI WENJI

民法典法理与实践逻辑

孙宪忠◎著

中国社会科学出版社

图书在版编目（CIP）数据

民法典法理与实践逻辑 / 孙宪忠著 . —北京：中国社会科学出版社，
2022. 5

（中国社会科学院学部委员专题文集）

ISBN 978 - 7 - 5227 - 0194 - 3

Ⅰ. ①民…　Ⅱ. ①孙…　Ⅲ. ①民法—法典—中国—文集
Ⅳ. ①D923. 04 - 53

中国版本图书馆 CIP 数据核字（2022）第 080557 号

出 版 人	赵剑英
责任编辑	王　茵
责任校对	胡新芳
责任印制	戴　宽

出　　版	中国社会科学出版社
社　　址	北京鼓楼西大街甲 158 号
邮　　编	100720
网　　址	http://www.csspw.cn
发 行 部	010 - 84083685
门 市 部	010 - 84029450
经　　销	新华书店及其他书店

印刷装订	北京君升印刷有限公司
版　　次	2022 年 5 月第 1 版
印　　次	2022 年 5 月第 1 次印刷

开　　本	710 × 1000　1/16
印　　张	26
字　　数	414 千字
定　　价	158.00 元

凡购买中国社会科学出版社图书，如有质量问题请与本社营销中心联系调换
电话：010 - 84083683

版权所有　侵权必究

《中国社会科学院学部委员专题文集》
编辑委员会

主　任　谢伏瞻

委　员　(按姓氏笔画排序)

马　援　王　巍　李　扬　李培林

卓新平　周　弘　赵剑英　郝时远

高培勇　朝戈金　谢伏瞻　蔡　昉

统　筹　郝时远

编　务　李　沫　黄海燕

前　　言

　　哲学社会科学是人们认识世界、改造世界的重要工具,是推动历史发展和社会进步的重要力量。哲学社会科学的研究能力和成果是综合国力的重要组成部分。在全面建设小康社会、开创中国特色社会主义事业新局面、实现中华民族伟大复兴的历史进程中,哲学社会科学具有不可替代的作用。繁荣发展哲学社会科学事关党和国家事业发展的全局,对建设和形成有中国特色、中国风格、中国气派的哲学社会科学事业,具有重大的现实意义和深远的历史意义。

　　中国社会科学院在贯彻落实党中央《关于进一步繁荣发展哲学社会科学的意见》的进程中,根据党中央关于把中国社会科学院建设成为马克思主义的坚强阵地、中国哲学社会科学最高殿堂、党中央和国务院重要的思想库和智囊团的职能定位,努力推进学术研究制度、科研管理体制的改革和创新,2006 年建立的中国社会科学院学部即是践行"三个定位"、改革创新的产物。

　　中国社会科学院学部是一项学术制度,是在中国社会科学院党组领导下依据《中国社会科学院学部章程》运行的高端学术组织,常设领导机构为学部主席团,设立文哲、历史、经济、国际研究、社会政法、马克思主义研究学部。学部委员是中国社会科学院的最高学术称号,为终生荣誉。2010 年中国社会科学院学部主席团主持进行了学部委员增选、荣誉学部委员增补,现有学部委员 57 名(含已故)、荣誉学部委员 133 名(含已故),均为中国社会科学院学养深厚、贡献突出、成就卓著的学者。编辑出版《中国社会科学院学部委员专题文集》,即是从一个侧面展示这些学者治学之道的重要举措。

　　《中国社会科学院学部委员专题文集》(下称《专题文集》),是中国社会科学院学部主席团主持编辑的学术论著汇集,作者均为中国社会科学院学部委员、荣誉学部委员,内容集中反映学部委员、荣誉学部委员在相关学科、专业方向中的专题性研究成果。《专题文集》体现了著作者在科学研究实践中长期关注的某一专业方向或研究主题,历时动态地展现了著作者在这一专题中不断深化的研究路径和学术心得,从中不难体味治学道路之铢积寸累、循序渐进、与时俱进、未有穷期的孜孜以求,感知学问有道之修养理论、注重实证、坚持真理、服务社会的学者责任。

2011年,中国社会科学院启动了哲学社会科学创新工程,中国社会科学院学部作为实施创新工程的重要学术平台,需要在聚集高端人才、发挥精英才智、推出优质成果、引领学术风尚等方面起到强化创新意识、激发创新动力、推进创新实践的作用。因此,中国社会科学院学部主席团编辑出版这套《专题文集》,不仅在于展示"过去",更重要的是面对现实和展望未来。

这套《专题文集》列为中国社会科学院创新工程学术出版资助项目,体现了中国社会科学院对学部工作的高度重视和对这套《专题文集》给予的学术评价。在这套《专题文集》付梓之际,我们感谢各位学部委员、荣誉学部委员对《专题文集》征集给予的支持,感谢学部工作局及相关同志为此所做的组织协调工作,特别要感谢中国社会科学出版社为这套《专题文集》的面世做出的努力。

《中国社会科学院学部委员专题文集》编辑委员会
2012年8月

序言 为了人民的科学的民法典

我国近年法治发展，以 2020 年《民法典》的编纂成功最为重大。在此之前我国曾经有过四次《民法典》编纂活动，因为政治和法律理论上的障碍均未成功。其中千禧年之后的第四次编纂活动最为兴师动众，全国人大常委会在 2002 年 12 月还曾经进行了一次《民法典（草案）》的审议。但是这一次审议之后就再无声息。约十年后，在 2011 年 3 月召开的全国人民代表大会上，最高立法机关宣布我国市场经济体制下的立法任务已经完成；我国的法制工作，有法可依的问题已经解决，以后主要的工作是解决执法必严和违法必究的问题，国家不再进行大规模的立法活动。这一说法清晰表明，我国不再编纂民法典。事实上自从 2002 年《民法典》编纂失败后的十年里，我国最高立法机关也从未将《民法典》编纂列入立法规划。最高立法机关提出，随着《合同法》《物权法》《侵权责任法》等法律的制定完成，再加上改革开放初期制定的《民法通则》《担保法》《婚姻法》《继承法》等法律，同时考虑我国已经制定完成了各种商事立法、知识产权立法和特殊民事主体的民事权利保护法，我国涉及民事权利保护、规范民商事活动的立法在体系上都已经齐备。在最高立法机关如此宣告之后，千禧年前后社会一度高涨的关于民法典编纂的呼声遂逐渐平息。

但是十年之后，在刚刚当选为全国人大代表的第一年，也就是 2013 年，我即履行代表职权，又提出了编纂《民法典》的议案。事实上作为一个民法学者，在立法机关做出不再编纂《民法典》的决定后，我一直没有停下关于编纂我国民法典的研究。我的研究认为，从表面上看当时我国民事法律已经齐备，但是这些法律不但没有形成和谐科学的体系，反而隐藏着一系列重大的制度缺陷。首先，作为当时民法也是整个民商法大体系

（包括商事法律、知识产权法律和特殊民事权利立法等）的核心和龙头的
《民法通则》是 1986 年计划经济体制时期制定的，虽然该法在改革开放初
期发挥了极大作用，但是它是在计划经济体制下制定的，它的立法指导思
想和主要制度受到了计划经济体制的严重束缚。比如，《民法通则》的立
法思想否定市场经济体制、否定民营经济、否定现代法人制度、否定不动
产市场、轻视普通民众财产权利等，这些重大缺陷在我国建立市场经济体
制后暴露得越来越明显。而且事实上 1993 年我国建立市场体制后，国家
制定了很多新法律法规（包括全国人大、全国人大常委会制定的法律和国
务院制定的条例），《民法通则》整体的内容被掏空，到 2013 年左右，该
法 156 个法律条文中，仅仅剩下十余个还能得到司法适用，其余条文都失
去了效用。所以立法机关坚持的，把《民法通则》仍然作为我国民事法律
的基础法律、龙头法律的理由完全无法成立。此外，我国市场经济体制确
立之后制定的法律如《担保法》《合同法》，也有很多明显缺陷。《婚姻
法》《继承法》等制定于改革开放初期的法律，随着时代的发展，不能适
应现实需求的问题也越来越多。这些问题的解决迫切需要通过《民法典》
来整体解决。所以，最高立法机关停止编纂《民法典》的决定不符合我国
法制建设实际。

　　基于以上分析，在尚未担任全国人大代表之前，本人就已经多次撰文
指出现行法律群体存在的问题，提出编纂《民法典》必要性。2013 年本
人担任全国人大代表，即担负起责任，立即提起编纂民法典的议案。在该
议案当年没有得到反馈的情况下，2014 年本人又提出这一议案，指出我国
现行民事立法的重大缺陷，提出以《民法典》编纂的立法方法解决这些重
大缺陷的设想，同时提出了先编制民法总则，然后整合其他民法现行法律
为民法典的"两步走"的立法方案。从后来的法典编纂过程看，本人的这
些设想得到了立法机关的认可。

　　2014 年 10 月，中共中央在"关于全面推动依法治国若干问题的决
定"之中，明确地做出了"编纂民法典"的决定。从这一时刻起，我国第
五次民法典编纂的立法工作正式开始。中央决定，本次民法典编纂由全国
人大常委会法律工作委员会负总责，最高人民法院、最高人民检察院、国

务院法制办（2018 年之后为司法部）、中国社会科学院和中国法学会作为参加单位。在这个工作中，本人既作为第十二届、十三届全国人大代表，第十三届全国人大宪法和法律委员会委员，全国人大常委会法工委特邀的民法总则编纂的立法专家，又作为中国社会科学院课题组的首席研究员，全程而且深度参加了民法典编纂的工作。

粗略计算，2013 年后到《民法典》颁布的八年来，本人以全国人大代表、全国人大宪法和法律委员会委员的身份提出的涉及《民法典》的议案、建议和立法报告七十余份。这些意见，部分已经在本人所著的《我动议——孙宪忠民法典和民法总则议案、建议文集》（北京大学出版社 2018 年版）和《民法典怎样看》（中国社会科学出版社 2021 年版）中得已发表。应该说，这些议案对《民法典》编纂确实是发挥了重要作用的。比如，对本人 2015 年提出的 "中国民法典中民法总则的编制体例的议案"（该年度全国人大代表第 70 号议案），全国人大法律委员会关于代表议案审议报告中指出："孙宪忠等代表提出的第 70 号议案，提出民法总则基本的制度框架及立法指导思想。对于议案提出的建议，法律委员会、法制工作委员会将在民法典编纂工作中认真研究。制定民法总则已列入全国人民代表大会常务委员会 2016 年立法工作计划。"2016 年 9 月 3 日，全国人大常委会特邀本人在常委会第二十四次讲座上，以 "我国民法典编纂中的几个问题" 为题，就民法典编纂的指导思想、立法框架和基本制度设想做出了全面的报告，本人从民法典编纂的体系性、科学性、现实性等多个方面向全国人大常委会的领导和同志们作出了比较详细的汇报。在法典编纂的过程中，本人参加全国人大常委会的审议、全国人大宪法和法律委员会的审议共七十多次，在每一次审议时都做了认真准备和发言，提出修改建议上千条（次）。法典通过后，本人初步检阅，本人的建议有三百余条得到了采纳，其中以法典总则编、物权编内容为多，但是其他各编中有一些核心内容也是来源于本人的建议。

《民法典》是国家治理的基本遵循，是国家经济基础运行、市场交易活动和人民安身立命的基本保障，是社会生活的百科全书，因此法典的编纂具有强烈的现实意义和历史意义。因此，新中国成立以来，几代法律人都为它付出了满腔热血。我在这个历史发展的过程中贡献了自己的努力，这虽然有值得自豪之处，但是也是一份应当的责任。

中国社会科学院学部工作局安排，学部委员应该出版一本学部委员文集。按照要求，文集有一个中心的主题，而且字数也有限制。基于这些要求，本人将自己涉及《民法典》编纂工作研究作为主题，将自己在这一方面完成的一些体量比较大的研究成果结为文集，定名为《民法典法理与实践逻辑》，作为学部委员文集出版。需要说明的，一是本人关于《民法典》编纂的议案、建议、立法报告和审议发言数量比较多，此前已经有部分出版或者发表，本文集内容只收录分量较重的论文和文章，一般论文和文章就不再收集。二是本人从事民法学的研究和教学数十年来，工作的重点领域主要还是物权法学，在这一领域投入精力颇多，而且著述相比更多，但是这些著述限于本文集的主题也没有收录。

考虑到本文集中的学术论文或者文章具有一定专业性，因此，本人在每一篇论文之前书写了摘要，简单介绍论文撰写背景和动机；一些分量较重的长篇论文或者文章，本人增加了目录（本文结构）。这些，希望能对读者理解提供一点帮助。

文集的出版，感谢中国社会科学院学部工作局，感谢长期以来和我一起从事研究工作的谢鸿飞、常鹏翱、王茵、金可可、朱广新、鲁春雅、于飞、窦海阳、李敏、朱涛等教授的学术意见，感谢我的学生萧鑫、杨丽美等在资料、校对方面付出的帮助。

孙宪忠

2022 年 1 月　北京　天宁寺

目　　录

中国民法立法的体系化与科学化问题

　　内容摘要：本文是 2011 年完成的作品，发表在《清华法学》2012 年第 6 期。论文的问题意识在于：2011 年中国最高立法机关宣布已经建成了社会主义市场经济法律体系，但是本论文指出，恰恰是从"体系"的角度看，民法立法还存在体系化和科学化方面的重大缺陷，这些问题十分明显并亟待改正。现代民法进入中国，本身就是以体系化科学的知识体系也就是法典模式进入的。但是我国现行民法均以单行法律法规呈现，这些法律制定的时间跨越期限很长，一些重要的法律制度是改革开放初期制定的，他们没有体现民法社会的基本精神；一些在不同时期制定的法律制度相互不衔接甚至矛盾；一些立法制定时并不考虑既有法律法规的存在，也不考虑民法知识体系的科学性，只考虑单一的单行法规自成一统，结果使得民法整体出现立法碎片化的现象。立法机关在 1986 年制定《民法通则》时曾经宣布，等条件成熟时应该制定民法典，借以整合民法资源，实现民法规则体系化和科学化。但是，现行建成的所谓"体系"并没有表现民法典整合的趋势，也不符合民法科学体系化的内在逻辑。为保障市场经济发展和人民权利，民法立法体系化科学化的任务必须旗帜鲜明地提出来，必须借助潘德克顿法学的科学防止立法碎片化，尽快实现民法现行立法的整合，并且尽快出台中国民法典。本文的研究，成为本人在 2013 年担任全国人大代表之后，坚定地一再提出编纂我国《民法典》议案的理论基础。论文提出"以体系化消除碎片化、以科学性消除任意性"的思想，也成为《民法典》编纂过程中作为参加单位的中国社会科学院课题组的主导思想，根据这一思想，中国社会科学院课题组始终坚持科学立法原则，并且依据这一原则提出了多项既符合法理也符合中国实际的立法建议。这些建议，最后在我国《民法典》编纂中基本得到了实现。

　　2011 年底，我国最高立法机关非常正式地向全世界做出宣告，中国的法律体系已经建设完成。但是对于我国市场经济体制的基本法律——民法而言，虽然立法机关所说的制度大体门类确实已经具备，但是恰恰从立法机关强调的"体系"的角度看，目前我国民法的制度门类及其主要规范群体，还具有明显的非体系的特点，有些制度设计则是不科学的。这些问题表现在，有些制度有鲜明的立法指导思想缺陷，有些制度还没有制定出来。现有制度和规范群体之间的不和谐之处还非常多。作为体系化代表的民法典，目前在我国尚付阙如。本文作者在考察改革开放以来我国民法发展历程之后，发现我国民法立法向来只是重视立法的政治要求，而对于法律的体系化与科学化却不甚重视。因此，现有民法立法"体系"化的立法质量是相当不高的。这种状况对于我国法制功能的实现造成隐患。本文提出在市场经济体制法律体系方面，不论是立法机构还是有关决策机构，应该认识到民法立法质量的重要意义，并且认识到当前提高立法质量的根本途径就是民法的体系化和科学化，而体系化、科学化的基本目标当然是制定民法典，现行民法体系脱离民法典的发展方向应该予以纠正。

一　问题的提出

　　2011 年 11 月 24 日全国人民代表大会常务委员会吴邦国委员长在形成中国特色社会主义法律体系座谈会上的讲话中指出"到 2010 年底，……以宪法为统帅，以宪法相关法、民法商法等多个法律部门的法律为主干，由法律、行政法规、地方性法规等多个层次的法律规范构成的中国特色社会主义法律体系已经形成"。在此应该注意的是，我国宪法明确规定我国是一个市场经济体制国家，而作为市场经济体制的基本法律的我国民法的立法现状如何？是不是随着我国整体的法律体系的建设完成，它也当然建设完成了？既然最高立法机关说到了"体系"一词，那么从体系化、科学化的角度看，我国民法的现状到底如何？

　　民法体系一词，在民法学中基本上没有太大的争议，它指的是民法的各种规范和制度，依据民法自身的逻辑所形成的内在和谐统一的系统。当代社会，民法是社会毫无争议的基本法，它要为自然人和法人提供几乎是全部的可供裁判的行为规范，因此民法上的规范群体数量巨大。这个庞大的民法规范群体是按照科学的逻辑形成的一个统一而且和谐的整体，并不是像一麻袋土豆一样无关联地堆积在一起。民法科学自古以来就在研究和讨论着庞大的民法规范的体系化问题，尤其是民法规范、制度、体系及其逻辑这些基本问题。所谓民法规范，指的是法律规范按照法律关系学说形成的具有"权利—义务—责任"的行为规则；民法上的制度，指的是一些具有内在联系的法律规范群体，比如所有权制度，合同制度等；所谓体系，就是一系列的制度形成的系统；所谓民法体系的逻辑，指的是依据概念同一性和差异性为基础、由上位概念与下位概念的相互联系所形成民法规范或者民法制度之间的内在连接。① 当代社会的成文法国家，民法的规范成千上万，但是它们会按照民法的科学逻辑性成为一个内在和谐的整体，这就是民法规范的体系。民法规范体系的代表，就是民法典。

　　自古以来，民法学体系化、科学化一直是立法者、司法界和法学界共同追求的目标，人们在不断地追求着民法体系的完整和内在的和谐。从民法体系化的基本要求来看，虽然立法机关做出了体系形成的宣告，可是我国法学界对于民法体系的现状似乎并不是那么满意。有学者认为，中国特色社会主义法律体系的形成只表明我国已经结束了"无法可依"的历史，基本上解决了"有法可依"的问题，但是对于各个部门法内部的体系化、完善化，我们还有很多的工作要做。② 这一观点我们十分赞同。在世界各国，民法体系化的基本目标是颁布民法典，我国民法立法的现状是没有民法典，而我国立法机关对于我国民法立法中的民法典问题，近年来似乎已经不再提起。对此，有学者严肃批评道，"一个现代法制国家的民事法律中，民法典是绕不过去的"。因为，民法典不仅是一部法律，它还包括很

① 关于《德国民法典》编纂模式的讨论，参见［德］海尔穆特·库勒尔《〈德国民法典〉的过去与现在》，孙宪忠译，载梁慧星主编《迎接 WTO——梁慧星先生主编之域外法律制度研究集》第 2 辑，国家行政学院出版社 2000 年版，第 392—423 页。此外，关于民法典体系逻辑的讨论，还可以参见孙宪忠《中国民法典制定现状及主要问题》，《吉林大学社会科学学报》2005 年第 4 期。

② 参见王利明《中国特色社会主义法律体系建立后的民事立法》，中国人民大学法学院"民商法前沿论坛"，2011 年 3 月 14 日，2012 年 5 月 11 日，http：//www. legaldaily. com. cn/fxy/content/2011 - 03/18/content - 2532120. htm? node = 20780。

多价值取向、基本社会理念、基本法律精神和基本原则等，对整个民族和国家起到指引和教育的作用。①

以本文作者的观点，制定民法典当然是我国民法发展不可回避的重大问题，但是在制定民法典之前，现有民法规范自身的体系化、科学化问题也应该提出来认真讨论解决。据全国人大常务委员会公布的数字，我国已制定现行有效法律236件、行政法规690多件、地方性法规8600多件。这些不同的法律之间的联系在哪里？这些法律之间有没有法学上所谓的"总则—分则"的结构，以及"上位法—下位法"之间的逻辑关系？是不是有关民法一般规则与它的各个篇章之间的结构和逻辑的理论，也只能永远停留在学理之中而不能贯彻于法律？仅仅考虑这些问题，我们就可以知道，民法立法"体系"的现状远不能让我们乐观。确实，现在一些最主要的立法比如民法总则、债权法总则的制定还没有完成，而一些已经制定的法律，其相互之间的体系化协调工作还没有做。如果从立法科学化的角度看，现在已经颁行的立法的缺陷，还远远不能够让我们轻松地宣告法律体系建设的完成。在此，我们必须注意的是，随着时代的发展有些立法逐日滞后的问题，会越来越显著，因此我们应该尽快地解决我国民法制度建设中的体系化科学化问题。

二　我国民法体系中的明显缺陷

在民法的范围内，我国目前已制定了《民法通则》《婚姻法》《继承法》《收养法》《合同法》《担保法》《专利法》《商标法》《著作权法》《物权法》《侵权责任法》等一系列民事法律，加上其他各种有关的法律和法规，我国的民法体系显然已经构成了最基本的法律规范的框架。这些法律中，有些还是多次制定，比如合同法的统一和婚姻法的修订等。从改革开放开始的20世纪80年代初起算，我国民法的发展也就是三十多年的时间。三十多年来，立法机关和我国法律界一起付出了巨大的劳动，几乎

---

① 参见梁慧星《决不能放弃制定民法典的目标》，2012 年 5 月 11 日，http：//www. iolaw. org. cn/showarticle. asp？ id ＝ 2981。

是在一片法律虚无主义的废墟之上，建立了现有民法巨大的体系；而这些制定的法律为经济发展和人们权利保护发挥了极大的作用。这一成就我们当然要给予充分的肯定。不过，和我国经济体制一样，我国民法体系也是从计划经济体制中脱胎而来，因此它依然抹不去计划经济的痕迹；同时，因为改革的困难，一些在理论上已经解决的问题，却无法在立法上得以反映；一些理论上难以化解的问题，更是增加了立法的非科学性。加上立法者养成的明显的重视政治规则轻视技术型规则的问题，现有民法体系化、科学化的缺陷确实不少。在此仅仅举几个例子，供有识者参考。

（一）现有立法还保留着计划经济体制的烙印

我国民法是从计划经济时代发展而来，它的一些极为重要的内容，打上了计划经济体制的烙印。这个问题集中地反映在作为民法基本法律的《民法通则》身上。该法在 1986 年制定时，宪法规定我国经济体制的基础是计划经济体制。因此，该法无法脱离这个宪法原则，也不能从根本上反映后来在 1992 年才提出来的"市场经济法律体系"的要求。在这一方面最突出的特征，就是该法没有承认意思自治原则，更没有按照意思自治原则建立法律行为制度。这一点在当时的历史背景下是可以理解和原谅的，但是毫不讳言的是，这是一个最为显著的不足。《民法通则》受历史限制，采取苏联民法的观点，使用了"民事法律行为"这样一个似是而非的概念，而没有采用法律行为这个科学的概念。在民法中，法律行为这个概念特指民事主体按照自己的内心真实意愿设定、变更或者废止法律关系的行为。① 法律行为制度和理论的核心，是当事人的意思表示，民法上的权利义务归根结底从意思自治的角度予以阐述时，这些权利和义务才符合民权和民法的伦理道德。而苏联民法学表面上使用了"法律行为"这个词汇，但是给这个词汇加上"民事"两个字，构成"民事法律行为"这个新的概念，然后将这个概念和行政法律行为相互并列，使之成为民事法律关系的根据。但是，因为行政行为恰恰不是当事人意思自治的行为，它的法律

---

① 参见［德］汉斯·哈腾鲍尔《法律行为的概念——产生及发展》，孙宪忠译，载杨立新主编《民商法前沿》第 1、2 辑，吉林人民出版社 2002 年版，第 137—144 页。

效果与是党还是人的意思无关，所以行政法律行为的这个概念似是而非，隐藏着根本的理论扭曲。而苏联民法创造并列于行政法律行为的"民事法律行为"这个概念，本意也是将当事人的意思自治原则予以彻底放弃，将当事人的意思自治压抑到极端。①

因此，我们在这里说，《民法通则》使用这个概念似是而非，原因在于这个概念抽走了法律行为这个概念的灵魂——意思自治原则。虽然法学界尤其是民法学界对这个概念探讨多年，否定"民事法律行为"这个概念的观点居多，② 遗憾的是它仍应用至今，在立法中得不到修正。这一点已经和当前的形势严重不符。在市场经济体制下，民众的意思自治范围非常广大，因此法律行为制度本身内容十分丰满发达。《民法通则》中极度压缩的法律行为制度，尤其是它对于意思表示真实这个核心要素的限制性使用甚至放弃的观点，完全是计划经济体制的反映，与当前民法所体现的经济基础和民权观念严重不符。

《民法通则》受到计划经济体制制约的最为显著的标志，是该法明确固定了"计划原则"。该法第 7 条规定："民事活动应当尊重社会公德。不得损害社会公共利益，破坏国家经济计划，扰乱社会经济秩序。"在当时国家整体处于计划经济体制的时代，民法中出现这些内容当然可以理解。令人不解的是，这个原则是在 1992 年我国提出建立市场经济体制整整 17 年之后的 2009 年才被立法废止。十一届全国人大常务委员会第十次会议 2009 年 8 月 27 日表决通过了关于修改部分法律的决定，删除了《民法通

---

① 不论是在欧洲国家民法典中，还是在日本以及我国 1930 年民法典中，法律行为制度都非常丰满，相关法律条文非常多，与此相适应，学者关于法律行为制度的阐述也要占到相当大的篇幅。例如，《德国民法典》总则部分涉及法律行为的条文就有 60 个，而德国著名的《帕兰特民法典解释》关于法律行为的解释就有 120 多页。可是在 1961 年苏联《民法纲要》中，"民事法律行为"部分的条文仅仅只有不到 10 个条文，而法学家关于法律行为的讨论一般非常短暂，比如在〔苏联〕斯米尔诺夫等《苏联民法》（曾宪义等译，人民大学出版社 1985 年版）这本书里，关于"民事法律行为"的讨论仅仅只有半页。这些讨论基本上也不在意思表示这一核心要素上展开，而是从国家管理的角度展开。

② 改革开放初期的民法学著述，基本上沿用苏联法学中的法律行为的概念，对此请参见佟柔主编《中国民法学·民法总则》，法律出版社 1990 年版，第 63 页以下，等等。近年来出版民法学著述，则主张使用传统的法律行为概念，并将意思表示作为法律行为的核心要素。参见王利明《民法总则研究》，中国人民大学出版社 2003 年版，第 513 页以下；龙卫球《民法总论》，中国法制出版社 2002 年版，第 427 页以下；董安生《民事法律行为》，中国人民大学出版社 2002 年版，第 73 页以下；等等。

则》第 7 条 "破坏国家经济计划" 这么简单的几个字。仅仅废止这几个字，居然耗费了 17 年的时间。

在《民法通则》生效 23 年后唯一的这一次修改中，立法者甚至没有为该法适应市场经济体制的要求再多做哪怕是一小点儿工作。除了删除 "计划原则" 以外，原来旧体制下确定的立法内容一点儿都没有改变。在这一方面我们可以举个简单的例子：我国不动产市场的发展之快可谓举世皆知，土地已经极其广泛地进入了市场，可是《民法通则》第 80 条第三款规定的 "土地不得买卖" 这几个字却没有在 2009 年这一次法律修订过程中被废止。其他的立法内容也一点儿都没改动。

作为计划经济体制最为显著的特征，苏联法中的所有权制度已经按照计划原则进行了彻底的改造。因为计划经济体制的要求，苏联的生产资料基本上被国有化，"国家"（其实就是政府）可以利用行政命令的方式来操控社会作为主要的物质资料的流通，因此社会的物质资料已经基本被 "国家" 占有或者所有，而民众个人对于物质财富的支配力已经极端削弱。在这种背景下，苏联民法取消了物权法的规定，它只规定所有权，而且所有权的规定采取 "国家、集体和个人所有权" 这样的 "三分法"。① 三分法的指导思想，就是根据所有制形式对不同主体的所有权予以区别对待，其中，"国家所有权" 其实是政府所有权被依法赋予至高无上的神圣地位，而民众个人的所有权在法律道德上被确定为具有重大缺陷的权利。这种立法模式，被后来的社会主义国家普遍效仿，因此后来的社会主义国家包括我国，民众私权普遍受到强烈压抑，不但造成民众长期的物质生活困难，而且造成民众普遍的精神痛苦。而这种在法学科学上存在严重缺陷的 "三分法"，在传入我国后，成为社会主义民法的经典理论和制度。这一立法模式不但决定了改革开放之前出台的三次民法典草案的立法，而且，1986 年的《民法通则》关于所有权制度的规定，也是按照 "三分法" 来编制的。《民法通则》第 73 条第二款对 "国家财产" 使用了 "神圣不可侵犯" 的词语，第 74 条第三款对劳动群众集体财产采用 "受法律保护" 的态度，

---

① 孙宪忠：《中国民法继受潘德克顿法学：引进、衰落和复兴》，《中国社会科学》2008 年第 2 期。

第 75 条保护公民的财产时，采用"公民的合法财产受法律保护"的表述方式。这些明显的法律用语差别，显示出立法者对于不同所有权的亲疏态度。

但是"三分法"这样一种立法模式，甚或是立法指导思想，甚至被改革开放已经取得极大成功标志的《物权法》采用。2007 年颁布的《物权法》虽然在其总则部分规定了"平等保护原则"，可是该法第五章"国家所有权和集体所有权、私人所有权"基本延续了《民法通则》第五章第一节"三分法"的规定，依然根据所有权的不同主体来进行不同的规定。第五章第 45 至 57 条居然使用了 13 个条文来规定国家所有权，第 58 至 63 条规定了集体所有权，此时，仅仅只有三个条文（第 64 至 66 条）规定私人财产权。这些法律条文的内容仍未偏离《民法通则》第五章的规定，甚至有些条文的内容，基本上原封不动地抄自于《民法通则》，比如《物权法》第 66 条"私人的合法财产受法律保护，禁止任何单位和个人侵占、哄抢、破坏"，《民法通则》第 75 条第二款规定"公民的合法财产受法律保护，禁止任何组织或者个人侵占、哄抢、破坏或者非法查封、扣押、冻结、没收"。两者的内容除了个别词语的修改之外，大体上没有什么差别。

现行民法中这些指导思想方面的缺陷，也许人们已经熟视无睹，也许更多的人出于现行政治体制的原因不愿意提及。但是，正如 2005 年出现的"物权法风波"一样，① 这些指导思想方面的缺陷总是会被人提起甚至会被人利用，也会被人当成妨害民权的工具（如前几年大规模出现的城市拆迁那样）。

---

① 我国《物权法》制定过程中引发的政治风波，有兴趣者可以参见《北大教授公开信称物权法违宪姓社姓资再起争议》，2006 年 2 月 23 日，南方新闻网（http://www.sina.com.cn）；以及署名张冠田的《巩献田搅黄了物权法？》，http://www.ccforum.org.cn/。另外还可以参见刘怡清、张勤德主编《巩献田旋风实录——关于物权法的大讨论》，中国财政经济出版社 2007 年版。这本书收集了 2005 年 7 月我国立法机关发布了物权法草案后，对该法持反对态度的学者、官员等的文章 23 篇。该书中多数否定物权法的文章，基本观点是否定物权法的政治态度，也有一小部分文章的观点认为该法还不能达到物权法的科学理想而予以否定之。

（二）一些基本规则不合法理，内在体系有些混乱

在市场经济体制下，民法建立的法律规则主要是关于交易的规则。但是恰恰在交易规则中，我国民法中的核心法律如《民法通则》《合同法》以及《物权法》等，一些对于司法分析和裁判具有基本意义的规则不符合法理，法律与法律之间内在体系有些混乱，必须予以改正。

在现实生活中典型的交易是买卖，人们首先会订立买卖合同，然后履行合同。民法上科学的法理也是以此为据而产生的：订立合同时当事人之间产生债权，立法以债权作为基本的法律手段，也就是依靠法律信用关系来约束当事人不得随意撕毁合同；在履行合同时，也就是交付时，出卖人的所有权会向买受人转移，立法确认此时发生所有权的移转以及其他的物权变动。民法上关于交易的法律分析和裁判，基本上都是依据这样的规则进行的。需要特别指出的是，民法上所说的交付，分为现实交付与拟制交付，而拟制交付的典型是不动产登记，它们都是所有权转移或者物权变动的方式。这些基本的生活常识，比如订立合同在先，履行合同在后的常识；再如订立合同并不意味着合同肯定会得到履行的常识，演化在民法之中，就成了债权性质的权利和物权性质的权利两大类权利的体系划分。在民法中，这些基本的权利必须加以区分，因为这样的权利划分，民法还必须建立这两大类权利的法律根据也必须区分的原则，其中最主要的法律根据，就是当事人的法律行为的区分。民法的其他规则其实都是从此演绎出来的。这个基本的规则非常清晰明确，一般民众均容易理解，法官和律师更是耳熟能详。

但是这些基本的交易规则，在我国民法的现有规则系统中规定得并不清晰明确，甚至还有违背常识的情况发生。1986年《民法通则》颁布时，这些规则大体上还能够得到遵守。该法第72条第二款就财产所有权变动的规定是："按照合同或者其他合法方式取得财产的，财产所有权从财产交付时起转移，法律另有规定或者当事人另有约定的除外。"这一条文显示，民法立法尚能承认债权和物权的区分，以及物权和债权的法律根据的区分。但是，在1994年到1995年制定的几个民法立法，比如《担保法》《城市房地产管理法》等法律以及最高人民法院的司法解释中，却都出现

了"不动产合同不登记不生效""动产合同不交付不生效"这样一些不承认物权和债权的法律根据相互区分的立法例。首先，《城市房地产管理法》第 36 条规定，"房地产转让、抵押"应该办理登记，可是这里所说的登记指向的标的是合同还是物权并不明确（从后来的立法看，立法者对此确实是认识不清的）；然后，最高人民法院关于贯彻该法的司法解释中，就出现了"出让合同出让的土地使用权未依法办理审批、登记手续的，一般应当认定合同无效"这样的把不动产登记当作合同生效条件的规则。[①] 接着，《担保法》第 41 条沿用了"合同不登记不生效"的规则；而该法第 64 条规定了"合同不交付不生效"的规则。这些规则，违背合同生效之后到履行阶段才发生交付的常识，也违背债权变动发生在先、物权变动发生在后的法理，而法理认识的不清晰，导致法律分析和裁判基本结果的不诚信。比如，合同订立后就是不登记，不登记则合同不生效，那么，合同订立之后登记之前还有没有债权效力？依据这些立法当然是没有。现实生活中很多不诚信的公司和个人就是利用了这些规则。[②] 而对于这些案件，法官的分析和裁判真是难上加难，因为，法官不依据这些规则办案违背其职业准则；而依据这些规则办案时，违背其基本的公正良知。[③] 问题虽然如此明显，可是最后还是进入了立法进程而且被有关立法采纳。

　　在得到极高社会评价的我国《合同法》中，我们还可以看到这些规则的重述。虽然有人也许会认为，《合同法》就买卖合同涉及所有权移转的规则，也就是其第 133 条"标的物的所有权自标的物交付时起转移，但法律另有规定或者当事人另有约定的除外"这一规定，就是重述《民法通

---

　　① 参见《最高人民法院印发〈关于审理房地产管理法施行前房地产开发经营案件若干问题的解答〉的通知》（法发〔1996〕2 号）。

　　② 这一阶段司法实践中因为合同未登记而是否无效的案例，实在不胜枚举。对此可以举一个 2005 年 6 月 9 日《三湘都市报》上当事人请求律师解答的小例子。2005 年 2 月，甲与乙签订买卖协议，约定乙将其即将交付的拆迁安置房一套卖给甲，房屋面积 125 平方米，总价款 12 万元。协议签订后，甲按约支付了定金，乙也于同年 6 月 1 日交付房屋。2005 年 11 月，乙领取房产证和土地证后拒绝履行协议，不协助办理过户手续，并提出合同未登记，主张原协议无效。类似的案件，因为法律和最高人民法院确立的规则违背交易常识，法官和律师颇难处置。

　　③ 对这些案件有兴趣者，可以参见孙宪忠《从几个典型案例看民法基本理论的更新》一文所引用的几个案例。该文载孙宪忠《争议与思考——物权立法笔记》，中国人民大学出版社 2006 年版，第 362—378 页。

则》第72条第二款而已，这一点不应该受到批评。可是本文作者在此并不是吹毛求疵，因为这一观点的主张者没有认识到，这一规则在1986年的《民法通则》中出现不应该是一个缺陷，但是在1999年的《合同法》中出现，那就成为明显缺陷——因为1986年我国还没有不动产市场，所以立法中只是规定动产交付的物权规则就足够了；但是1999年，我国的不动产市场已经蓬蓬勃勃，立法中不规定不动产登记的物权规则那就太说不过去了。实际上这里另有隐情：《合同法》还是没有从根本上认识到债权和物权的法律效力区分，尤其是从当事人的法律行为的角度确定这两种权利的法律根据区分。该法第51条把订立合同发生债权的行为规定为"处分行为"。可是，处分行为作为法律行为的一种，它并不是发生债权的行为或者合同行为，而是发生物权效力的行为。另外，该法第132条关于买卖合同订立的规定，再一次出现了这样的法理错误。

在我国《物权法》制定过程中，本文作者基于常识和法理，提出立法应该采纳物权变动的原因行为和结果行为应该予以区分的区分原则，并且在立法草案的撰写中写入了这些规则的建议稿。① 这些立法建议最后被我国《物权法》接受，该法第9条关于不动产物权依据法律行为发生变动的规则、第15条关于债权合同效果不取决于物权变动的规则、第23条关于动产物权变动的规则等，反映了本文作者的这些想法。在《物权法》颁布之后，民法立法的法理错误应该说基本上得到了纠正。但是，因为《合同法》所确立的规则还没有任何的变化，因此两个立法之间就此不同规定形成了矛盾。虽然2007年生效的《物权法》是新法，1999年生效的《合同法》是旧法，一般来说人们会依据新法取代旧法的原理来分析和解决这里的问题，但是，这两个法律颁布的时间差异并不长，用新法旧法之说处理它们之间的矛盾显然难以为凭，因此这些立法矛盾给人们造成的混乱恐怕一时难以处置。再加上有些学者对《合同法》中的这些不足之处的留恋和

① 参见孙宪忠《论物权变动的原因及其结果的区分原则》，《法学研究》1999年第5期。但是必须说明的是，当时写作这一论文，主要是为了说服"中国物权法立法"课题组的同仁接受物权变动与债权变动相区分的观念，因此该文较多地考虑了同仁的接受心理，从而在区分原则的法理探讨方面并没有彻底阐述。对此中法理感兴趣者，可以参见孙宪忠《中国物权法总论》，法律出版社2009年版，第六章第四节。

美化，《物权法》对《合同法》的更正效用还留有疑问。①

体系紊乱不仅体现在不同法律之间的矛盾，而且在法律与司法解释中也屡屡出现不协调，甚至发生冲突。比如，《担保法》于抵押人处分权的规定就是这样。《担保法》第 49 条第一款规定，如果未通知抵押权人或者未告知受让人，已办理登记的抵押物转让行为发生无效的法律效果。这一规则存在着明显的法理缺陷，它违反了担保物权的物上追及力的理论。因为抵押物无论辗转何处，抵押权人都能追及该物，由此而实现被担保债权的清偿；该规定也属于多此一举：如果受让人知道该转让物已被抵押登记，依然愿意受让该物，法律不必越俎代庖，加以制止。因此该条在理论和实践中都广为诟病。最高人民法院颁布了《最高人民法院关于适用〈中华人民共和国担保法〉若干问题的解释》（以下简称法释〔2000〕44 号），通过司法解释来解决这个法理和实践问题。法释〔2000〕44 号第 67 条第一款针对《担保法》第 49 条第一款情况，规定在以上情况下，抵押物已经登记的，抵押权人仍可以行使抵押权。最高人民法院的司法解释当然无论从理论上还是在实践上都是没有错误的。然而，这一解释和当时仍然有效的担保法规则所引起的矛盾如何化解，却始终无人关注。最令人不解的是，虽然这一《担保法》涉及物权变动的规则已经被废止，抵押人处分权规则也被最高人民法院的司法解释明确为不当，可是这一规则在 2007 年《物权法》颁布时却被再次写入法律，得到了立法的再次肯定。《物权法》第 191 条第二款规定，"抵押期间，抵押人未经抵押权人同意，不得转让抵押财产，但受让人代为清偿债务消灭抵押权的除外"。此举强化了《担保法》第 49 条第一款对抵押物的保护，使得抵押权人同意成为转让抵押

---

① 即使在《物权法》已经确定将不动产登记和动产交付作为物权变动的生效要件的情况下，学界依然有意见主张，"该条并非强制性规定，……当事人双方若约定特定物的所有权自买卖合同生效时移转，法律自不宜否定"。对此可以参见崔建远《物权法》，中国人民大学出版社 2010 年版，第 86 页。考虑到这一观点有相当的影响，因此在此予以简要说明。显然，该书的作者在这里所说的是远期交易的情形。可是在远期交易的情况下，即使当事人之间约定物权的变动（比如所有权移转）在合同订立时生效，可是物权变动的实际生效也绝对不可能发生在合同成立的时候，而只能发生在合同履行的时候。因为，远期合同在订立时不会有物的产生，也就不会有物权的产生。当事人约定的物权变动当然也不会发生，债权变动和物权变动在这里当然是区分的，它们之间的法律根据当然也是区分的。因此，该书作者在这里所提观点恐怕还是无法成立。在学理上，当事人订立合同时约定的是物权变动的时间点，仍然属于债权性质的约定，不会发生物权的确定的效果。

财产的一个要件。这样，就造成了《物权法》与司法解释的规则冲突。在此情况下，如何适用法律，究竟适用什么法律确实令人迷惑。

（三）繁简不当，轻重失衡

我国民法立法的现有体系，还显示出繁简不当、轻重失衡的问题。作为我国民法基本法律的《民法通则》虽然包括基本原则、公民（自然人）、法人、民事法律行为和代理、民事权利、民事责任、诉讼时效、涉外民事关系的法律适用、附则几大部分，但其内容却过于简略，根本无法起到民法基本法的作用。即使将其视为民法总则，其也难以充当其任。考虑到《民法通则》立法之时，改革情况尚不明朗，立法过于简约也属无奈之举。

但是在《合同法》《物权法》颁布后，我国民法忽视法律体系化的弊端在 2009 年底颁布《侵权责任法》时明显暴露。侵权责任的立法，不论是作为法律责任的立法，还是作为请求权发生原因之一的立法，其规范体系都不应该像目前我国《侵权责任法》那么庞大。在世界著名的《德国民法典》《法国民法典》中，侵权法方面的内容只有几个条文或者一二十个条文。近年来东南亚国家颁布的几个新的民法典，侵权法方面的内容也不多。而我国《侵权责任法》一共规定了 12 章 92 个条文。从体系化功能的角度看，也就是以该法在民法整个体系中的地位而言，《侵权责任法》的内容相比《合同法》《物权法》就显得实在太细致太丰满了。为什么《侵权责任法》的制定需要这么详细，而《物权法》《合同法》的立法却要非常简洁呢？

即使《侵权责任法》已经如此繁杂，但是它的出台，却使得民法立法的体系化努力出现重大逆转。因为，我国《侵权责任法》的编制，似乎基本上没有考虑到它本身的体系化，更没有考虑它和当前生效的相关立法从体系的角度予以协调或者统一的问题。这一点尤其以该法规定的特殊侵权行为制度为严重。当前，不论是高度危险责任、大规模侵权、物的侵害责任、专家责任还是其他类型的侵权，事实上在该法出台之前我国都制定了法律，有些法律还不是一个，而是一个群体。比如，作为"高度危险责任"之一的道路交通侵害责任，事实上我国在 2003 年就已经制定了比较详备的立法，而且在 2007 年该法还得到了非常详细的修正。2009 年颁布的《侵权责任法》虽然也规定了独立的道路交通侵权责任制度，而且该法还试图做到了尽可能地详细，但是无论如何详细，它的规定都远远不及 2007 年颁布的《道路交通安全法》的规定详细而且具有可操作性。这样，《侵权责任法》对道路交通安全责任的规定不但属于重复规定，而且属于司法无法引用的规定。此外，针对大规模侵权中的环境侵权问题，我国相关立法在《侵权责任法》颁布之前已经制定了 40 多个单行法规，这还不包括地方性立法在内。涉及专家责任的医疗侵权，我国的医疗卫生方面的立法在《侵权责任法》制定之前，也已经制定了多个，其中关于治疗和医药的责任问题的规则，可以说也已经非常详备。其他的侵权责任，事实上也都是这样。这样，即使《侵权责任法》试图将这些特殊的侵权责任的相关制度规定得尽可能详细，但是，它的规定还是远远不及在它之前制定的那些立法规定得详细且具有可操作性。据笔者了解，关于特殊侵权责任法律适用问题，法院等司法机关基本上还是应用那些独立的单行立法。

《侵权责任法》的出现，使得我国民法的立法体系整合的努力变得非常困难。其实该法最初的立法动因，是仅仅解决侵权责任的归责原则，这个问题在《民法通则》中没有得到解决，因此制定一个重点在于规范侵权责任的归责原则的立法确实必要。而且，该法如果只是确定归责原则，那么它和民法其他部分的协调、与现有的单行法规的协调，都不会出现问题；也不会出现立法繁简不当、轻重失衡的问题。因为侵权责任的归责原则，在立法体系上只是债权法总则部分的一个章节，不会和民法体系形成冲突。但是立法机关最后颁布的文本却离开了这个出发点，因为《侵权责任法》的体系过分庞大，而且它也不符合民法体系中"总则—分则"的结构以及"上位法—下位法"的逻辑。它的出台，不仅使民法科学的内在逻辑遭到损害，而且为我国制定民法典制造了障碍。

（四）制度缺失与制度重复

从体系化和科学化的角度来看，我国的民事立法还缺失一些重要的制度，但是同时也有一些制度出现重复规定。

在民法体系中，目前比较明显的制度缺失，首先是我国民法目前还没有一个像样的民法总则。确实，1986 年制定的《民法通则》是以民法总则的模式来编制的，[①] 而且这个法律在国外也被普遍地翻译为"民法总则"。[②] 但是实际上，因为历史的特别原因，《民法通则》最后被编制成了一个小民法典，即民法基本法。《民法通则》包含着民法的一般原则，主体制度、法律行为与代理、权利制度、涉外民事法律关系的法律适用等，民法典的基本内容被微缩在总共九章 156 个法律条文之中。当然，该法中一些核心的部分就不属于民法总则的内容。这些内容主要是第五章"民事权利"（共 45 个条文）和第八章"涉外民事关系的法律适用"（共 9 个条文）。此外，还有一些内容比如"联营"等，也不应该在民法总则中加以规定。但是反过来，一些本应该在该法中得以强化的制度，比如在民法总则中占据核心地位的法律行为制度、法人制度等，在该法中却非常单薄，无法满足市场经济体制和人民权利保护的要求，这些核心制度的不足之处十分鲜明。这些年来，改革中制定的新法，从主体制度、权利制度到涉外制度、法律责任制度等，全面地更新或者替代了该法的内容。比如，《公司法》《合伙企业法》等替代了它的法人制度，《合同法》基本上替代了它的债权制度，《物权法》替代了它的所有权制度，此外，新制定的知识产权立法也已经形成为法律群体。这些《民法通则》的贯彻性的指导作用已经大大下降，它的法律实践作用越来越弱小。与此同时，我国民法立法迫切需要的民法总则部分的内容，在《民法通则》中却难以找到。从改革开放和人民群众的利益出发，及时将该法修正为"民法总则"是非常必要的。

其次，我国民法体系中比较明显的缺失，就是现在还没有债法的一般规则。这一部分内容在法学上被称为"债法总则"。法学界呼吁编制债法

---

① 参见《民法通则讲话》编写组《民法通则讲话》，经济科学出版社 1986 年版，第 10 页以下。

② 以本文作者在国外阅读到的德语和英语资料看，民法通则在德语中被翻译为"Allgemeines Prinzip"或者"Allgemeiner Grundsatz"，该名词和德语中的民法总则"Allgemeiner Teil"一词区别不大。而在英语中笔者见到的各种文本均将民法通则翻译为"General Regulation"或者"General Principe"，其含义与民法总则几无区别。

总则已经多年，理由实际上非常充分。① 我们完全同意这些观点，认为未来的民法典应该设立"债权总则"一编。目前这一重要的制度缺失，实属不该。

最后，民法体系中的制度重复随处可见。上文所说的《侵权责任法》，在特殊侵权部分的全部规则，都是和现有的大量的单行法规相重合。上文说到，据作者自己统计，仅仅环境侵权部分，我国现有立法以及部门规章就有四十多个，这还不包括地方法规在内。此外，其他的特殊侵权规则，国家这些年来也都已经制定了单行法规和部门规章。因此，侵权责任法大量的规则造成了立法资源重复浪费。另外，立法重复比较多的制度，还有代理制度，它在《民法通则》《合同法》总则、《合同法》分则中多次出现，其含义并不一致。这也是将来体系化统合的当然目标。

（五）法律规范缺乏可操作性

我国民法立法产生的法律规范缺乏可操作性的问题，学术界很久以前就多有批评，近年来已经大有改进。但是现行法中这样的规范实属多见。

民法立法中，很多法律规范仅具政治宣言内容，却欠缺法律上权利义务等方面的构成要件，也欠缺法律效果方面的规定，因此在实践上很难得到适用。这种情况在《民法通则》和《物权法》关于财产权利的一些条文中表现最为明显。《民法通则》第 73 条第二款规定"国家财产神圣不可侵犯，禁止任何组织或者个人侵占、哄抢、私分、截留、破坏"；《民法通则》第 74 条第三款"集体所有的财产受法律保护，禁止任何组织或者个人侵占、哄抢、私分、破坏或者非法查封、扣押、冻结、没收"；《民法通则》第 75 条第二款"公民的合法财产受法律保护，禁止任何组织或者个人侵占、哄抢、破坏或者非法查封、扣押、冻结、没收"。这些条文具备宣言性效果，而没有法律操作性。民法不是政治宣言，它的条文中"神圣不可侵犯""受法律保护"这类的词语，没有任何法律规范的价值。如果

---

① 以本文作者在国外阅读到的德语和英语资料看，民法通则在德语中被翻译为"Allgemeines Prinzip"或者"Allgemeiner Grundsatz"，该名词和德语中的民法总则"Allgemeiner Teil"一词区别不大。而在英语中笔者见到的各种文本均将民法通则翻译为"General Regulation"或者"General Principe"，其含义与民法总则几无区别。

说1986年《民法通则》制定时不得不如此，可是在2007年改革开放已经三十多年的情况下，这些宣言式条文在《物权法》中再次重复，实在让人难以理解。

除了这些宣言式条文之外，民法立法还有很多不具有操作性的条文。这些条文就是指那些不具备"权利—义务—责任"这些法律规范的条文。这些条文在整个民法中很常见。即使是在《侵权责任法》这样实践性很强的立法中，也有不少这样的条文。该法在"医疗损害责任"中规定的医务人员在诊疗活动对患者说明的义务（该法第55条），就是这样。不论是法官还是患者，均无法从该条文中看出，医生对于这一义务究竟要履行到什么程度，才算达到法律所规定的说明义务。医生也很难以通过阅读该条文，来明白他自己究竟要履行该义务到何种程度，才能尽到法定的职责。该条文虽然规定了这一说明义务，但是并没有确定地规定与义务相对应的责任。类似的法律条文，在该法中还有几处。

在《民法通则》《合同法》《物权法》这样的民法基本法律中，"有关部门""相关法律"等难以定界和捉摸的概念语词相当多。这种情况，使得法律的科学性大大降低。

鉴于《民法通则》所包含的鲜明的民法思想，鉴于该法也遵守了民法基本的逻辑以及它对后来改革发挥的强力推进作用，尤其是鉴于该法制定历经的困难，我们在批评它的时候总是于心不忍。[①] 同时，对于我们曾经率先创制而且耗费过巨大心力，同样也被极端思潮强烈否定过的我国《物权法》[②]，我们更是不愿意对其提出批评。可是，能够勇敢地认识到错误并

---

① 《民法通则》制定所遭遇的困难，在梁慧星《难忘的1979—1986——为祝贺导师王家福先生八十大寿而作》一文中有详细的反映。该文载孙宪忠主编《王家福法学研究与法学教育六十周年暨八十寿诞庆贺文集》，法律出版社2010年版，第11页以下。该文揭示，在20世纪80年代初期，围绕着《民法通则》的制定，坚持计划经济体制的法学思潮和推进改革开放的法学思潮发生了强烈的碰撞，《民法通则》所反映的民权思想（从现在看当然反映得并不显著），遭到极端势力极为强烈的反对。

② 1994年中国社会科学院法学研究所课题组提出制定物权法的立法研究报告，该报告得到中央领导积极肯定的批示，物权法的制定工作遂正式开始，到该法2007年正式颁布，其间正好13年。13年间，该法的制定屡经风暴，其中最烈者，为2005年因物权法提出平等保护公共财产和私有财产等受到极端思潮批判而引起。对《物权法》的产生有兴趣者，可以参见梁慧星《中国物权法的起草》，2002年5月8日，中国民事法律网；另外，也可以参见孙宪忠著《中国物权法总论》，法律出版社2019年版，绪论。

积极改正者，才能够取得不断的进步。

三　我国民法体系化努力

（一）简要历史回顾

民法的概念体系和制度体系，并非源于我国本土，而是来源于西方。西方民法的知识体系和制度体系曾经两次大规模进入我国。[①]第一次引入出现于清末，最后演绎出 20 世纪 30 年代初的《民法典》，该法典现在仍然在我国台湾地区生效，被我国内地法学界称为"台湾民法"。这一次民法知识体系与制度体系的引入，奠定了我国民法基本的概念体系。不仅仅像平等原则、意思自治原则这样重要的民法思想，也不仅仅像物权、债权、法律行为这样的基本概念来源于这一次引进，而且像概念、规范、制度的逻辑，以及基本法与附从法、一般法与特别法、上位法与下位法这样的体系化知识，也是来源于这一次的引进。可以说，民法知识进入我国，从一开始就是以一种体系化的方式进入的。我国法律人，不管是法律实践家还是法学家从一开始接触民法，就是对这个法律体系化的了解，他们都是把民法的体系化尤其是民法典的体系，理解为民法科学化的一部分。遗憾的是，这一点至今都得不到包括法学界和立法者的一些法律人的认可。

我国第二次引进西方民法则是在 20 世纪 50 年代初，时值新中国刚刚成立，在一种特殊的国际政治氛围下，它引进了苏联法律和法学，包括民法的概念体系和制度体系。苏联的计划经济体制大体上在二次世界大战之后完全建成，其法学思想、制度以及体系的整体也随着经济体制的变化而形成了完全不同于西方民法的模式。简要地说，苏联民法，在法思想方面以阶级斗争作为立法基本使命，把法律当作工具而不当作科学，本质就是法律虚无主义的思想体系。在法制度方面，苏联法学以计划经济为基础建

[①]　关于我国引入西方民法的问题讨论，请参见孙宪忠《中国近现代继受西方民法的效果评述》，《中国法学》2007 年第 3 期。该文主要分析了我国民法引入西方民法的法思想的实际效果。另外，关于法律技术的引入情况，可以参见前注孙宪忠《中国民法继受潘德克顿法学：引进、衰落和复兴》。

立基本制度，排斥民众个人意思自治，所以它的本质是非民权的。在法律学术方面，它以简要的政治规则和语言替代精确的民法规则和语言，反对法律科学化。在苏联法学支配下，不仅仅在苏联，而且在我国和东亚一些国家，都曾经持续发生法律虚无主义，最后的结果是法制的毁灭。苏联法学知识和制度体系引入我国，整体效果不佳，因此我国自改革开放以来，一直在努力挣脱苏联法学的羁绊。

目前我国民法的体系，已经脱离了苏联模式体系。但是，在法学家话语体系中，苏联法学体系仍然得到了强有力的保留。

（二）新中国民法体系形成简况

中华人民共和国建立后，曾有三次《民法典》的制定。第一次是在1956年12月完成了民法草案，该草案主要借鉴了苏联的民事立法，它分为总则、所有权、债、继承四编，共525条，内容已经非常简化。然而这一立法活动还是随着1957年的"反右"运动而中止。1962年，民法典的起草工作再次被提上议程。1964年7月草拟出民法草案"试拟稿"，它包括：总则、所有权和财产流转三编，共262条。法典草案如此简单，说明当时决策者的立法意图并不真实，但是，即使这样一个实在太不像民法典的立法草案，不久也"胎死腹中"。

1978年我国开始改革开放，民法典起草第三次重启。因为开始进行大规模的经济建设，民法的地位和作用开始受到重视。1979年11月，由官员和学者组成的民法起草小组成立，他们于1982年5月之前完成了新中国的第三部"民法草案"。该草案的编纂过程正是我国经济体制改革之初，社会各界对于涉及国计民生的很多重大问题（比如公有制企业的改制、所有权问题等）无法形成一致意见，而民法涉及国计民生的这些重大问题都需要在民法典予以规定，这样，民法典的出台遭到了巨大的阻碍。为了满足经济生活的需要，立法机关在1980年前后先颁布了争议不大的《婚姻法》和《继承法》，之后在1982年颁布了当时急需的《经济合同法》，又于1986年制定了民法基本法《民法通则》。因为这种历史的原因，我国民法以体系化成果——民法典出台的机会就这样失去了。但是，我国立法机关在颁布《民法通则》时就已经明确，当时先分别制定民事单行法，待条

件具备时再制定民法典。① 在今天，我国民法已经形成了以《民法通则》
为民事基本法，由《合同法》《物权法》《婚姻法》《继承法》《收养法》
《侵权责任法》《公司法》《票据法》《证券法》《保险法》《海商法》《专
利法》《商标法》《著作权法》等民商事单行法构成的立法体系。我们毫
不怀疑这些民商事立法曾为改革开放和社会主义市场经济的发展发挥过积
极作用，但是我们也必须承认，这种非体系化的发展方式，也确实不符合
立法机关当初的承诺，散乱的民法体系也妨害了法律自身的和谐统一，造
成了法律学习贯彻的障碍。

（三）2002 年的民法典文本的负面影响

我国民法近年来唯一的一次体系化的努力，是全国人民代表大会常务
委员会法律工作委员会 2002 年向社会发布的一个"民法典草案"。它共有
九编：第一编总则；第二编物权法；第三编合同法；第四编人格权法；第
五编婚姻法；第六编收养法；第七编继承法；第八编侵权责任法；第九编
涉外民事法律关系的法律适用法，共 1209 条。虽然该草案大体上遵循了
潘德克顿的法学体系，但其取消了债法总则，增加了人格权法和侵权责任
法这两编。它的民法总则部分对《民法通则》进行了一定程度的修改，删
除了一些已经过时的规定，比如"个体工商户"，将已在单行法中规定的
内容直接省略（合伙企业），并对一些内容予以修补。②

该民法典草案的"体系化"展现的思路是"现有法律汇编"，而不是
具有立法价值的法学上所说的"编纂"。因为，编纂意味着对于现有法律
从内容到体裁格式的统一协调，可是该法典草案只是将当时已经生效的
《民法通则》《合同法》《继承法》《婚姻法》《收养法》，以及当时已经公

---

① 对于《民法通则》之所以形成它的编制现状的原因，请参见王汉斌《关于〈中华人民共和国民法通则（草案）〉修改情况的说明》，载《中华人民共和国第六届全国人民代表大会常务委员会第十五次会议文集》，人民出版社 1986 年版。关于编制《民法通则》和未来中国民法典之间的关系，请参见梁慧星《关于民法典的编纂》，中国法学网，iolaw.cssn.cn。

② 比如《民法典草案》第 98 条："自然人、法人有抽逃资金，隐藏、转移财产等行为，拒不履行发生法律效力的法律文书的，经权利人申请，人民法院可以将该逃避民事责任的情形予以公告，并可以采取必要措施限制其高消费等行为。"这个民法典草案第 105 至 107 条规定了"取得时效"，这是取得时效制度唯一一次出现在立法草案中，这一点还是值得学术界重视的。

布但是尚未制定的"物权法草案""侵权法草案"等原封不动地照搬到民法典草案之中。立法者对民法典所做的工作，在立法的内容与体系上没有任何积极的创新。这种简单拼接的特点在《收养法》独立成编这一点上表现得尤其明显。一般而言，收养只是引起父母子女关系变动的原因之一，收养制度本应规定在婚姻家庭编中，它的体系定位完全不能和《婚姻家庭法》一样并列。但在我国立法当时已经制定各自独立的《婚姻法》《收养法》的情况下，2002年的"民法典草案"便将它们独立成编一并纳入，没有将它们进行一些哪怕是简单的归并式的整合。① 此外，它的具体制度欠缺、相互存有矛盾之处随处可见。这一次民法典草案的出台，不但使得海内外对于民法典草案所抱的很大期待濒于落空，而且也丧失了当时尚佳的立法条件。该草案出现后导致了铺天盖地的批评，之后不久逐渐淡出了人们的视野，在法律界无人提及。

　　虽然该草案受到很多负面评价，但是它的影响依然存在。2009年通过制定的《侵权责任法》就是该法典草案的衍生物。最近我国法学界一些学者正在筹备起草独立的《人格权法》，也是该法典草案中的人格权编的遗存。虽然学术界有大力提倡者，但是"人格权"在民法典中不能独立成编，因为，人格问题历来从属于自然人制度的一部分，无法和自然人制度分割。同时，制定人格权法的目标在于保护人格权，可是人格权保护的立法就是侵权法，我国已经制定了相关立法，再制定立法当属重复。上文说到《侵权责任法》颁布之前，我国在这一领域的立法已经有数百个单行法规和部门规章，它们都直接地发挥着人格权保护的功能。如果再制定"人格权法"，那么立法重复就会更加严重。人格权虽然不必独立成编，但其重要性当然毫无争议。目前《民法通则》已经对于人格权的概念和基本含义等做出了正面的规定，《侵权责任法》又从消极的方面解决了这种权利的保护问题，这一方面的立法基本已经足够。除此之外，2002年民法典草案将《婚姻法》以及其他亲属法纳入，这一点应该得到充分肯定。

---

　　① 关于《德国民法典》编纂模式的讨论，参见［德］海尔穆特·库勒尔《〈德国民法典〉的过去与现在》，孙宪忠译，载梁慧星主编《迎接WTO——梁慧星先生主编之域外法律制度研究集》第2辑，国家行政学院出版社2000年版，第392—423页。

（四）民法体系化的障碍

2002 年民法典草案，揭示了我国民法体系化、科学化方面的一个非常沉重的话题：立法机关对此的冷漠，以及法学界对此的陌生。立法机关对此的冷漠，可以从改革开放以来历次制定法律时的立法理由报告中得到证明。不论是 1986 年制定的《民法通则》，还是此后制定的《合同法》《物权法》《侵权责任法》，立法机关向全国人大所做的立法说明的报告中，都非常高调地提到了立法所坚持的各项政治原则，但是没有一次提到立法应该遵守的法律技术规则，没有提到比如立法体系化、科学化这些问题。在此，本文作者在研究这一段历史时发现了这样一个问题：1986 年全国人民代表大会常务委员会副委员长王汉斌在《关于〈中华人民共和国民法通则（草案）〉修改情况的说明》中指出："由于民法牵涉范围很广泛，很复杂，经济体制改革刚开始，我们还缺乏经验，制定完整的民法典的条件还不成熟，只好先将那些急需的、比较成熟的部分，制定单行法。……考虑到民法通则还不是民法典，草案可以对比较成熟或者比较有把握的问题作出规定，一些不成熟、把握不大的问题，可以暂不规定。"[1] 这种"暂不规定"的情形，从当时立法背景看，在今天我们也都能够予以充分理解。可是，此后不久的一些立法宣讲活动中，全国人大法工委的负责同志却将这个"暂不规定"的情形，定义为民法立法要遵守的"宜粗不宜细、宜短不宜长、成熟一个制定一个"的原则。[2] 这样，在这个原则的指引下，后来的民法立法就再也没有走回到体系化、科学化的道路上来。

2002 年 4 月，全国人大法工委组织民法立法专家讨论"民法典草案"，该草案的制定面临着如何将已经制定的，或者即将制定的几个民法单行法予以整合的问题。法学界的基本意见是按照体系化的规则制定民法

---

[1]　对于《民法通则》之所以形成它的编制现状的原因，请参见王汉斌《关于〈中华人民共和国民法通则（草案）〉修改情况的说明》，载《中华人民共和国第六届全国人民代表大会常务委员会第十五次会议文集》，人民出版社 1986 年版。关于编制《民法通则》和未来中国民法典之间的关系，请参见梁慧星《关于民法典的编纂》，《梁慧星文集》，中国法学网。对此有兴趣者可以访问 iolaw.org.cn 查阅。

[2]　对此有兴趣者，可以参见顾昂然《民法通则讲话》，此稿连载于《人民日报》1986 年 5 月 1 日以下。

典，但是仍然有官员提出不要轻言废止改变现状的要求。① 后来，这个"民法典草案"并没有按照体系化、科学化编纂的逻辑编制而成。非常遗憾的是，这个"汇编式"民法典草案，提交到当年 12 月 23 日的常务委员会进行了第一次审议。②

民法学家对于民法体系化、科学化的法理，始终显得陌生。改革开放之初，民法学家一般依据苏联法学，对民法的专业化语言和体系化编纂方式采取批判的态度，近年，还有学者对民法必须建立科学的概念系统的概念法学发表批判性文章。这些批判性文字，批评的是德国法学中的概念法学，它们的结论是，对概念法学必须予以废弃。③ 但是，这些批评从来没有看到概念法学对于《德国民法典》等科学主义的民法立法所做的贡献，也没有看到概念法学在德国并不是被废弃而是被更新的事实。它的基本法学方法不但在立法中得以继续采用，而且是司法的基本方法。比如，民法立法必须依赖概念法学确定的概念同一性和差异性规则、上位概念和下位概念规则等；司法中的法律适用必须遵循概念法学中的"三段论"规则等。德国当代民法学对于概念法学并不是废弃，而且弥补了其缺陷，其基本方法还是普遍地应用在法学之中。④ 声称概念法学在德国已经被废弃的观点，大抵上属于偏激而且片面的一孔之见。同时我们还要注意到，我国民法的体系化科学化同样离不开它的概念体系的成长。法律概念是法律思维的基础，其作用恰如长城上的砖石；体系化的民法尤其是民法典本身就是一个非常庞大的体系，但是它也是由一个个彼此联系（既有同一性又有差异性）的概念群体组成的。如果没有一系列确切的法律概念，如何追求这些概念的科学性，那么不但立法不可能，而且司法也是不可能的，当然

---

① 这一次会议，于 2001 年 8 月在北京皇城宾馆召开，民法学界参加者约 40 人。该官员的这些讲话来自于本人参加会议的笔记。

② 参见梁慧星《中国民法典编纂的几个问题》，载《梁慧星文集》，中国法学网（iolaw. org. cn）。

③ 对概念法学整体的批评，请参见梁慧星《二十世纪的民法学思潮回顾》，《中国社会科学院研究生院学报》1995 年第 1 期等；另外，也有学者对物权、债权依据法律行为发生变动机理持否定观点，批评概念法学，对此参见王轶《物权变动论》，中国人民大学出版社 2001 年版，第 15—16 页。

④ 对此请参见［德］卡尔·拉伦茨《德国民法通论》中关于概念法学、利益法学、评价法学部分的介绍。该书由邵建东等译，法律出版社 2003 年版。

民法的体系化更是不可能的。不切实际的批判，妨害了我国民法概念体系进一步精确化、科学化地发展。

四　结论：我国民法体系化的迫切性

我国民法大体的立法门类齐全之后，将这些法律予以科学化、体系化，已经成为我国民法立法一个迫切的任务。简要地说，我国民法立法体系化的必要性表现在如下方面：第一，是市场经济体制的必然要求。我国市场经济体制建设已经非常成功，而作为市场经济体制基本法律的民法，不论是其立法指导思想中残留的计划经济体制因素，还是法律制度建设方面不符合科学法理与交易的规则，以及它的体系还处于比较零散破碎的状态，都不能满足经济生活实践的需要。这些问题，已经直接或者间接地妨害了法律对经济生活的调整。因此我们可以看到，对于经济生活，尤其是交易关系的法律规范，出现了越来越强烈的、立法体系之外的规则调整的现象（以最高人民法院的司法解释为最）。立法的威信越来越低是不可以回避的事实，而这一缺陷的根源还应该从立法自身去寻找。如果立法能够科学化、体系化，能够满足司法实践的需求，我们相信，立法之外的规则定会越来越少。第二，是民众权利保护的要求。目前我国民众的权利意识非常高涨，而这些权利意识所指向的基本目标，还是传统民法中的民事权利和意思自治原则所指向的范围。民众对自己权利状态的不满意，主要集中在我国立法对于民众权利的立法指导思想、权利保护制度以及引导民众行使自己权利的制度等方面。而这些问题都反映在民法现有法律体系中。它们的解决必须有赖于民法整体制度的体系化与科学化。第三，进一步健全法制的需要。民法不仅是市场经济体制的基本法，而且也是行政法、刑法等重要法律的立法基础。比如，民法的所有权制度和合同制度，就对于行政法、刑法相关制度的建立具有基础或者前提的立法意义。民法制度的体系化、科学化，将为这些法律的进一步发展提供良好的条件。第四，充分贯彻实施法律需要。民法的体系化和科学化，不但为我国社会进一步学习民法贯彻民法提供极大的方便，而且可以为我国司法部门良好实施法律建立优质的基础。

　　当然，民法体系化的基本目标是制定民法典。通过确立民法典的体系整合作用，能够消除现行民事法律制度中的混乱与冲突，将各项法律制度整合为有机的整体，从而实现我国民事法律的统一和内在和谐。民法是社会科学的产物，多国的实践一再证明了民法典的优越性，即具有"适宜事理"[1] 的良好内在整合效用。制定民法典不仅仅是我国几代民法学人的热望，而且也是我国法律文化发展到一定高度的必然产物。随着我国市场经济体制的建设完成，以及民法之内各个门类立法的基本齐备，将这些法律予以体系化，我国民法典的出台也可以说是顺水推舟之举。当前，不但市场经济发达的国家都已经制定了自己的民法典，而且近年来我国紧邻的越南、泰国、柬埔寨、老挝等国家也都制定了自己的民法典。这些都凸显我国制定民法典的必要性。

　　编纂民法典，需要吸取发达国家的经验，也需要遵循基本的法理，当然，更需要在制度建设上充分吸取国情因素。以上这些工作都有赖于正确运用法律的特定范畴和正确手段。所以说，民法典的编纂本身就是一门科学，在此过程中必定需要大量概念与术语，由此形成的法典，才是法律技术的体系。[2] 民法学作为一门科学有其特有的工作语言和立法技术，这种立法技术的成熟者，应该就是以德国民法为代表的潘德克顿法学。[3] 既然我们承认民法典是科学法理的产物，就没有必要刻意回避潘德克顿法学，更没有理由回避这一法学所建立的法概念体系和法技术手段。因此，我国法学界没有必要回避概念法学在我国的复兴。

　　总之，对我国民法现行"体系"从体系化、科学化的角度予以探讨，可以发现这个体系在法思想、法制度方面具有诸多缺陷。这些缺陷基本上

---

　①　Larenz, Methodenlehre der Rechtswissenschaft, 6. Aufl., Berlin Heidelberg u. a. 1991, S.451.
　②　参见孙宪忠《制定民法典的主要难题》，《法学》2003 年第 5 期。
　③　我国学者梁慧星教授组织起草的《中国民法典草案建议稿》，序言中明示"草案编纂体例采潘德克顿式"，共分为总则、物权、债权总则、合同、侵权行为、亲属、继承共七编，参见梁慧星主编《中国民法典草案建议稿》，法律出版社 2003 年版；王利明组织起草的《中国民法典草案建议稿》，分为总则、人格权、家庭婚姻、继承、物权、债法总则、合同、侵权行为共八编，除了多个人格权编外，其他内容并无太大变化，参见王利明主编《中国民法典草案建议稿及说明》，中国法制出版社 2004 年版。我国学者徐国栋教授所提出《绿色民法典草案》的立法体例与上述两个草案有所不同，参见徐国栋主编《绿色民法典草案》，社会科学文献出版社 2004 年版。

可以通过现有立法的体系化工作予以弥补。本文指出这些缺陷,并不表示我们否认民法立法 30 年的成就和民法立法对于改革开放的贡献,恰恰相反,我们只是要解决现有"体系"中不符合体系化要求的一些问题。当然,将现有的民法体系予以整合,形成中国民法典,这是我们基本的目标。众所周知,当前我国立法尤其是民法立法质量不高,原因主要就在于民法立法从体系化的角度看技术性缺陷比较多。我们不希望我国民法人,包括立法机关和民法学家在"中国特色社会主义法律体系已经形成"这一论断下安于现状、沾沾自喜。面对民事立法的体系性、科学性的任务,我们还要鼓起勇气,挑起民法立法整合以至于制定民法典的这个历史交付的重担。

（来源:《清华法学》2012 年第 6 期）

关于中国《民法典》编纂体系的研究报告

内容摘要：本文是 2015 年中国民法典编纂工程启动后，本文作者作为全国人大代表向最高立法机关提出一份立法报告，原文名称为"从体系化的角度看中国民法典编纂中的几个重大问题"。报告总结了新中国成立之后前几次编纂民法典没有成功的经验教训，探讨了民法典这种体系作为"写下来的理性"思想基础以及法技术上的基本做法，总结了本次我国民法典编纂前期经验，并对法典编纂规范体系化建设所面临的立法素材的选择、法律关系的逻辑、法律概念的归纳和抽象、法律规范群体整理的规律尤其是涉及法律交易的基本原则即区分原则的应用问题，提出了系统的设想。我国民法典编纂工程基本上落实了这些设想。

本文结构

一　1949 年以来中国民法典的立法概况
　　（一）前几次民法典编纂的简况
　　（二）《民法通则》的得失
　　（三）本次民法典编纂工作的启动和进展
二　民法典编纂过程中的科学化体系化思考
　　（一）民法世俗化思想
　　（二）民法成文化思想
　　（三）民法规则的科学化与体系化思想
三　民法典立法素材的选择

中国最高立法机关正在进行"编纂民法典"的历史性工作。本次编纂，是 20 世纪 50 年代以来的第五次编纂。目前的立法计划是，本次编纂工作先修订 1986 年制定的《民法通则》为"民法总则"，然后整合民法其他部分为民法典分则，整体工作分为两步走，大体上在五年之内完成。本文作者参与了二十年来中国民法立法的各项工作，本次民法典立法再一次被国家最高立法机关聘请为立法专家，比较多地参与了中国《物权法》以来包括本次"民法总则"立法在内的各项民法典立法的准备工作，因此机遇，本人对前四次立法之所以不能成功的原因进行了独特的检讨。在本人看来，前几次民法典立法未果，除政治经济与文化方面的原因之外，立法者从一开始就没有从立法的科学性、体系性的角度提出要求，也没有在探索民法典立法与国家治理之间的社会科学规律性问题方面做出努力，因此民法典的制定总是就事论事，于国家治理的道理有所不足。因为这个原因，前几个民法典的设计，不论是体系模式的选择还是具体制度与规范的设计，都显示出鲜明的随意性甚至任意性。而恰恰就是因为这种原因，对于民法典的制定的最终决策，也显得随意甚至任意。一直到今日，不论是立法者、法学家还是社会舆论，其中相当一部分人对民法典并无深刻理性的认识，因此立法动议、观点、评价非常多，但是这些看法对于推进民法典编纂发挥积极作用的并不多。也正因为此，以本人看来，本次民法典的编纂，必须首先在法典编纂与依法治国之间的基本理论方面再下功夫，在法典自身及其规范以及制度设计的科学性体系性方面多下功夫，这样才能编纂成功该法，完成把民法典立法真正变成科学的"国家治理"的重要基础工程的任务。本文的思路也正是以此展开，但是，显然这一篇小小的文章并不能完全展开讨论这一主题，而只是据此思路提出一些问题供有识者参考。

一　1949 年以来中国民法典的立法概况

（一）前几次民法典编纂的简况

1. 第一次起草

1949 年，中国共产党建立了新中国，当时的中央政府明确宣布，包括《中华民国民法》在内的国民政府"六法"均被废除。1950 年，参考《苏俄婚姻、家庭及监护法典》，制定新中国第一部婚姻法。1954 年，全国人民代表大会常务委员会组织民法起草，开始了第一次民法典的编纂工作。这一次立法工作，至 1956 年 12 月完成"民法草案"，包括总则、所有权、债、继承四编，共 525 条。这个草案显然受到苏联民法典的影响。此后，中国发生整风、反右等政治运动，尤其是此时在城市开展的"公有化社会主义改造"运动、农村的合作化运动，打破了中国当时法律上的财产所有权制度体系，1954 年颁布的具有宪法效果的《共同纲领》中的几种所有权都被实际废止，这些事件，使得民法起草工作不得不中断。这一"民法草案"以 1922 年的《苏俄民法典》为蓝本，其特点是采用"四编制"的模式，亲属法被排除在民法典之外；未采用"物权"概念而仅规定"所有权"；不适用"自然人"概念而用"公民"概念代替；仅规定诉讼时效而不规定取得时效；强调对社会主义公共财产的特殊保护等。但是该草案大体上还是德国民法的模式。

2. 第二次起草

1962年，中国在经历重大政治和自然灾难之后，调整经济政策，中央的决策又强调发展商品生产和商品交换，民事立法又受到重视。国家最高立法机关因此开始第二次民法典起草。至1964年7月立法机关完成《民法草案（试拟稿）》。这一次的"草案"采取了既不同于德国民法也不同于苏俄民法的"三编制"体例：第一编"总则"、第二编"财产所有"、第三编"财产的流转"。这种模式有些类似罗马法的"法学阶梯"体例。该草案将"亲属""继承""侵权行为"等排除在外，却将"预算关系""税收关系"等纳入其中；该草案完全放弃了"权利""义务""物权""债权""所有权""自然人""法人"等法律概念，而采取人民化的财产权等概念。显而易见，此次民法典起草，显示了立法者一方面企图既摆脱苏联民法的影响，一方面也与西方民法划清界限的立场。草案内容受到当时中国共产党与苏联共产党进行的意识形态论战的影响，立法的指导思想非常偏激，已经完全不顾立法体系上规范属性的划分，包括了很多公法的内容。

即便如此，1964年起在全国范围内开展的"社会主义教育工作"（以下简称"四清运动"），则以更加极端的政治运动，导致新中国第二次民法起草工作中断。此后至1966年"文化大革命"爆发，司法机关均被撤销，立法、司法、法律教学和法学研究也完全中断。

3. 第三次起草

1977年，中国在经历十年"文化大革命"之后实行"改革开放"，从单一公有制的计划经济体制向市场经济体制转轨，民法的地位和作用重新受到重视。1979年11月全国人民代表大会常务委员会的法制委员会设立民法起草小组，开始新中国第三次民法典起草。这一次立法工作至1982年5月完成《民法草案》，共8编、43章、465条。该草案的编制体例和主要内容，参考了1962年的《苏联民事立法纲要》、1964年的《苏俄民法典》和1978年修订的《匈牙利民法典》等。但是这一草案并没有予以颁行，因为，立法者考虑到经济体制改革刚刚开始，社会生活处在变动之中，体系完整的民法典无法制定。于是立法者改变立法方式，暂停整体的民法典起草，而先制定民事单行法，待条件成熟时再制定民法典的方案。1986年全国人民代表大会常务会副委员长王汉斌在《关于〈中华人民共和国民法通则（草案）〉修改情况的说明》中指出："由于民法牵涉范围很广泛，很复杂，经济体制改革刚开始，我们还缺乏经验，制定完整的民法典的条件还不成熟，只好先将那些急需的、比较成熟的部分，制定单行法。……考虑到民法通则还不是民法典，草案可以对比较成熟或者比较有把握的问题作出规定，一些不成熟、把握不大的问题，可以暂不规定。"[①]这一时期民法立法活动的主要成果是1986年颁布的《中华人民共和国民法通则》（以下简称《民法通则》）。该法包括：第一章基本原则、第二章公民（自然人）、第三章法人、第四章民事法律行为和代理、第五章民事权利、第六章民事责任、第七章诉讼时效、第八章涉外民事关系的法律适用、第九章附则，共9章156条。此前在1982年中国最高立法机关还制定了《中华人民共和国经济合同法》等重要的民事法律。

《民法通则》并不是大陆法系的"民法总则"，而是当时中国民法的基本法，甚至是民商事法律的基本法。其内容不仅仅包括民法总则的基本规则，而且还包括物权、债权、知识产权、法律责任、涉外民事法律关系适用的规则。该法在社会主义法律体制的原则下，关于民事权利部分的内容，在承认和保护民众权利方面超越了苏联民法。此外该法还有许多价值重大的创造，下文将有述及。

1992年，中国修改宪法，正式宣布建立市场经济体制，因此民法、商法、知识产权法或者被称为广义的民商法这些专为市场经济体制服务的法律获得了巨大的生机。中国民法从此走上了彻底脱离苏联民法的道路，开始全面接受市场经济的精神和制度规则。立法者从1993年在修订原来的《经济合同法》等三个合同法的基础上，重新编制《合同法》，并于1999

---

① 王汉斌：《关于〈中华人民共和国民法通则（草案）〉修改情况的说明》，载《中华人民共和国第六届全国人民代表大会常务委员会第十五次会议文集》，人民出版社1986年版。

年获得通过；从 1998 年起草《物权法》，于 2007 年获得通过。此外，《公司法》《合伙法》等一大批民商类型的法律都被制定出来，因此形成了由《民法通则》和《合同法》《物权法》《婚姻法》《收养法》《继承法》等民事单行法所构成的现行民法体系。此外，中国还有一批商法、知识产权法等系列性质的特别法。但是，《民法通则》毕竟不能代替民法典的地位和作用，且因《民法通则》和各民事单行法制定时间和背景的差别，难免造成现行民法体系内部的不协调，不能适应市场经济和社会生活对法律调整更高的要求。①

4. 第四次起草

自 1992 年宪法确立市场经济体制之后，中国各界即酝酿制定编纂民法典。1998 年全国人民代表大会常务委员会编制的立法纲要提出了在 2010 年制定完成民法典的规划。该规划明确指出，民法典的制定完成标志着中国市场经济的法律体系建设的完成。这一纲要对于民法在中国法律体系中地位的高度肯定以及对于编制民法典的重要性的肯定，不仅对于民法学家，而且对于整个中国法学界鼓舞极大。在一片欢呼声中，中国立法机关做出了起草民法典的决定，许多中国学者组成了课题组自发地开始了编纂民法典的工作。1998 年后在很短的时间里，中国出现了数个学者的民法典立法方案。在学术界迫切希望民法典尽快出台的精神的鼓舞下，中国最高立法机关也做出了决定，将民法典颁布的规划日期从 2010 年提前到 2005 年，并在 2002 年编制完成了《中华人民共和国民法典草案》，提交到当年 10 月召开的全国人民代表大会常委会上。

这个民法典的立法方案共划分为九编：第一编总则，第二编物权法，第三编合同法，第四编人格权法，第五编婚姻法，第六编收养法，第七编继承法，第八编侵权责任法，第九编涉外民事法律关系的法律适用法。这个立法方案有许多显明的特点——并不一定是优点的特点。首先，从体系上看，该方案基本上遵守了潘德克顿法学的体系模式，其基本结构仍然可以清楚地看出潘德克顿法学五编制的结构，其不同点是取消了债以及债权法的总则性质的规定，而增加了人格权法和侵权责任法这两个独立的编。

---

① 梁慧星：《中国民法典草案建议稿附理由》，法律出版社 2013 年版，第 4—8 页。

其次，从立法的内容看，除增加的物权法、人格权法和侵权责任法部分外，该立法方案基本上是现行民法体系中生效法律的简单聚合或者归并，不但在立法的内容方面没有任何积极的创新，而且也没有对这些有效的法律做出漏洞的弥补或者重复的整合。这一点不但可以从各编的内容中看出来，而且还可以清楚地从"收养法"这个独特的编中看出来。本来收养只是家庭关系中父母子女关系发生变动的原因，所以该部分内容应该规定在家庭法或者婚姻家庭法一编中的父母子女制度这个具体的环节之中，但是因为当时在中国婚姻法和收养法是两个法律，所以立法机关就将它们规定为两个编。再如代理问题，在该方案中不但总则部分有规定，而且合同法部分、亲属法部分也有规定，条文内容多次重合，也是因为现行法就是这样规定的，而立法机关没有将它们做任何积极的修订。再次，该法对于当时已经明显不适应市场经济体制要求的许多规则也都予以保留，很多内容显得非常不合时宜。又次，从本人当时参加立法谈论的笔记看，在最高立法机关组织的立法讨论会上，多数人对于人格权独立成编的问题都表示不赞同，而立法起草机构对此也不做出说明。这个问题的争论以至于保留到现在，理论准备显得十分仓促。最后，第九编国际私法的内容部分相当丰富，与其他部分的简易化立法相比显得不大协调。

总体而言，2002 年的"民法草案"实在不是法理上深思熟虑、实践上符合市场经济体制要求的立法方案。在当时，对于上述立法草案，民法学界一致认为毫无创新和发展，因此这个立法方案在提出之后就戛然而止。① 目前，还有学者坚持这个立法方案，对此我们很难赞同。

5. 第五次起草

2014 年 10 月，中国共产党中央委员会第十八届四中全会通过《中共中央关于全面推进依法治国若干重大问题的决定》，明确提出"加强市场法律制度建设，编纂民法典"。2013 年至 2015 年 3 月，我本人作为全国人大代表，在第十二届全国人民代表大会上三次提出编纂民法典的议案，这个议案在本届人大第三次会议上成案。该议案提出了首先修订《民法通

---

① 孙宪忠：《中国民法典制定现状及主要问题》，《吉林大学社会科学学报》2005 年第 4 期，第 169 页。

则》为"民法总则",然后整合其他民商事法律为民法典的观点。也就是民法典的编纂分为两步走的观点。目前民法典的立法规划,正是按照"两步走"规划进行的。其后,全国人大开始着手起草民法典的相关工作。这是中国民法典的第五次起草。

(二)《民法通则》的得失

根据本次民法典编纂工作的规划,立法分为两步走,第一步就是修订1986 年颁布《民法通则》为"民法总则"。因此我们有必要理解为什么要修改这个法律。该法在中国之外有不同的译本,很多外文似乎将其称为中国的民法总则。它的内容并不仅仅限于民法总则,还包括了物权法、债权法、知识产权法、民事责任立法的基本规则,因此它实际上是民法的基本法,其覆盖范围涉及全部民商法、知识产权法、涉及民事的行政法规等。

从历史发展的角度看,我们必须对该法的颁布给予充分的肯定,主要原因有:

(1)第 2 条关于民法调整范围的规定,承认了计划经济体制下民法社会存在和发展的必要性,给后来以意思自治原则为基础的民法社会的发展奠定了道德和法理基础。这一条文的规定,至今呈现出智慧和理性的光芒,对中国整体的市场经济体制的法律制度发展发挥了重要的指导作用。

(2)它规定的法人制度尤其是企业法人制度,给我国的经济体制改革确立了方向。因为 1986 年时期的计划经济体制,公有制企业的法律资格并不被作为法人而是被作为政府机构。所以企业是国计民生的基础,但是在计划经济体制下不可能有法人制度的发展。《民法通则》规定了法人制度之后我国公有制企业才开始了真正市场意义的改革。其他的各种法人,也为后来的改革开放发挥了极大的作用。

(3)《民法通则》规定的人身权制度、债权制度、物权制度、知识产权制度、法律责任制度,对后来的经济体制改革和人民权利承认与保护居功至伟。

(4)《民法通则》关于涉外民事法律关系的规定,在对外开放中发挥了核心立法和基础立法作用。

《民法通则》发挥作用三十年,它对我国改革开放的贡献无法一一枚举。时至今日，《民法通则》也面临立法的经济基础改变、国家基本经济制度改变、大规模民商法制定独立法律或者法规、基本内容被"掏空"等一系列难以解决的问题。简要地说，该法的一些规定是宪法确定的计划经济体制时代的产物，那时民营经济、民间财产交换都受到严格限制。后来这些规则都被其他立法替代，该法156个条文，多数实用性的法律规范都被后来制定的独立法律改变甚至废止，目前该法实际上还在使用的条文只有十余个。这就是本人在立法议案中所提及的"掏空"现象。"掏空"这个名词，已经出现在最高立法机关的立法理由之中。从民法典立法的固有体系看，现在中国民法所急需的，就是"民法总则"，因此本人提出，在修订《民法总则》的基础上编制"民法总则"的议案，而且最高立法机关也接受这样一种观点。

（三）本次民法典编纂工作的启动和进展

本次民法典的编纂工作，是一项由最高决策者确定的国家行为。这一工作的负责者和参与者是：由最高立法机关的工作机构——全国人大法工委担负总责，由最高法院、最高检察院、国务院法制办、中国社会科学院、中国法学会五个单位作为协办单位。这些负责单位和协办单位组成"民法典编纂工作小组"，该小组于2015年3月20日正式成立。在这一次会议上，还成立了工作小组的专家组，全国人大常委会法工委给我们颁发了聘书。在这次会议上，我本人对民法典编纂工作提出了自己的方案。

3月31日该小组开会，确定了编纂工作的具体做法是"两步走"，即首先在修订《民法通则》的基础上制定"民法总则"，然后在整合其他民法立法的基础上形成民法典。这个规划，和我本人在2013年、2014年两次全国人大代表会议上所提的议案的设想完全一致。

中国社会科学院作为协办单位之一，由中国社会科学院副院长负责，具体承担研究工作的是法学所民法课题组，也就是我本人负责的课题组。这个课题组最早的存在，可以上溯到20世纪50年代。改革开放过程中，该课题组一直在国家民事立法活动中发挥着核心智囊的作用。其中，在1986年《民法通则》立法活动中、在社会主义市场经济体制下的法律体系建设过程中，本人的导师王家福教授率领的课题组所提出的系统建言被采纳；之后这个课题组在梁慧星教授的领导下提出完整的《合同法》《物权法》的学者建议稿，为这些市场体制最为重要的法律奠定了基础。因此，2008 年该课题组获得中国法学会三十年来所颁布的唯一的"杰出成就奖"。我本人也是这个课题组的成员，负责撰写民法总则、物权法编的部分内容。目前中国社会科学院民法课题组吸收了北京大学、清华大学等二十多个高校的学者参加。所以我们这个课题组也应该理解为具有全国意义的学术队伍。目前，我们的课题组多次研究，已经产生了体系完整的立法方案。

目前，最高立法机关所做的工作是编制民法总则。这是一项政治性、学术性都非常强的工作。按照全国人大法工委的立法计划，这项工作应该在 2017 年完成；民法典的立法工作应该在 2020 年完成。

二 民法典编纂过程中的科学化体系化思考

如果要探寻民法典编纂中的规律性，尤其要探索民法典编纂和国家治理的关系，首先就应该对于欧洲 17 世纪开始的民法法典化运动有清晰的了解。民法典的编纂其实只是大陆法系发展到理性法学阶段后的产物，而且成为当时欧洲大陆主权国家普遍的现象。17 世纪之前世界上并无民法典，在理性法学的推动下，从 17 世纪开始到 19 世纪世界上曾经出现了"民法法典化运动"，[1]《法国民法典》《德国民法典》《瑞士民法典》是这些法典的楷模。但是此外还有很多国家都制定了民法典。第一次世界大战之后，出现了《俄罗斯的民法典》。亚洲地区的民法典、拉丁美洲的民法典只是民法法典化运动后期的产物。这一段历史我国法学界并不十分清楚，因此在这里简要介绍一下。

理性法学是受人文主义革命影响而产生的重要法学革新，近代以来的法律新思想多与理性法学有关。[2] 实际上，理性法学发展到后来，和影响

---

[1] 参见孙宪忠主编《民法总论》（第 2 版），社会科学文献出版社 2010 年版，第 36—40 页。

[2] 对此有兴趣者，可以参阅［德］茨威格特、克茨《比较法总论》，潘汉典等译，贵州人民出版社 1992 年版，第 161 页以下。

更加巨大的启蒙运动的科学与理性结合在一起，推动了欧洲的民法法典化运动，而且将这一运动推向了全世界。本人在学习和研究的过程中发现，理性法学在这一过程中有三个重要法律思想渊源，是它们铸造了民法科学化体系化的基础。①

（一）民法世俗化思想

所谓法律世俗化，指的是将法律效力的渊源确定在世俗的人的身上，而不再确定在神、上帝的身上的法律思想；而且，法律应该规范的社会活动，也仅仅只是世俗的人的活动，而不规范神的活动的思想。所以法律的世俗化也被称为"脱神化""去神化"思想。

法律世俗化思想，在法律的发展历史上，是影响非常巨大的进步。它的首要意义，是把民法规范的作用范围，仅仅限制在世俗的人的身上，使得民法脱离了人神混杂的法律体制。历史上的法律制度存在着人神混杂一起的居民，神灵享有世俗世界的法律主体的地位，并且对于世俗世界的权利义务关系发挥着强大的决定性作用。比如，法律的裁判本来是立法者以及司法者对于世俗的人的行为从正当性的角度做出评价，但是在人文主义革命之前，世俗的人的行为是否公平正义，是否能够获得法律的承认和保护，是要借助于神灵的意志。所以为了获得这种"公平正义"，人们不断地祷告神灵。这种情形的原因，是社会的统治者需要神灵，把自己制定或者确定的法律效力归属于神力的支持。在人文主义革命兴起之后，世界上诞生了自然权利的学说，它把人与人之间享有权利、承担义务的原因，不再归属于神灵的、或者神灵的代表者君主的意志。这一思想推动了法律世俗化或者脱神化，它不但直接促成了人民主权理论的诞生，而且直接促成了民法上的人人平等、私权神圣、意思自治、自己责任的原则。事实上近现代民法的发展，甚至整个法律世界的发展都是在此基础上建立起来的。所以法律世俗化意义重大。

---

① Wieacker, Privatrechtsgeschichte der Neuzeit, 2 Auflage, 1967, S. 15 ff.

（二）民法成文化、法典化思想

成文法思想，是针对习惯法而言的法律思想，也被称为"脱离习惯法"的思想。人类历史上首先出现的法律是习惯法，以习惯法组成的法律规则，存在着法律渊源不准确、不明确、不统一、不同一的问题。因为习惯总是地域性的，而且一个时代有一个时代的习惯。习惯法的适用，无法取得一个国家整体统一、同一、明确的司法效果。而且习惯法之中，也有一些保留了人类社会初期的劣俗、恶俗。这些都是妨害社会进步的。在发现罗马法后，理性法学家正是利用了罗马法中的成文法的优点，开始在欧洲整体推行成文法思想。理性法学在这一点上提出："法律必须是写下来的理性"，这一句名言对后世影响巨大。[①] 写下来的理性，就是编纂成文法典，制定有体系性要求的法律。而编制体系性法律的历史机遇，也得到了"罗马法发现"的支持，罗马法那种初级的成文法，不论是"法学阶梯"还是"学说汇纂"，都给民法的体系化提供了物质素材。正是在继受了学说汇纂和法学阶梯的抽象概念体系（这一过程在历史上被称为"罗马法的继受"）之后，欧洲后来的民法才大体上呈现出《法国民法典》和《德国民法典》两种不同的样式。但是我们必须指出的是，理性法学家们的法律成文化的努力，实际上并不是罗马法的简单重述，而是巨大的法律再造活动。比如，17 世纪晚期出现的《现代实用学说汇纂》（*Usus modernus pandectarum*），已经把民法的全部法律规范整理为总则、物权、债权、亲属和继承五个部分，其体例和罗马法中的学说汇纂，不论在外在体系结构方面，还是在具体制度方面，都已经有显著的不同。这一点，说明这一时期理性法学的概念以及制度模式的创造取得了显著效果。《现代实用学说汇纂》出现后，在此后三百多年的时间里，在"神圣罗马帝国"的版图内发挥了普通法的作用，它成为法官更为喜爱的法律渊源，习惯法的影响受到极大的压缩。三百年后的《德国民法典》的编纂体例和它基本一致。[②] 资料显示，这一时期理性法学家已经就公法与私法的区分、民法的作用范

---

① Wieacker, Privatrechtsgeschichte der Neuzeit, 2 Auflage, 1967, S. 15 ff.

② Wieacker, Privatrechtsgeschichte der Neuzeit, 2 Auflage, 1967, S. 204 ff.

围、民法典的体系构成等各个方面，形成了系统的见解。也就是因为这样，我们也就能够理解萨维尼为什么不同意蒂鲍采用《法国民法典》的模式来编纂德国民法的观点的原因。

（三）民法规则的科学化与体系化思想

大量的民法规则需要建立科学化的系统，将其编制成为一个内在逻辑清晰的整体。理性法学家在这一点上受到了当时自然科学界的牛顿力学的重大影响。众所周知，牛顿力学将力学运动数学化，从而建立现代科学化的物理学知识体系；而这一体系又极大地推动了工业革命的发展。将自然因素数字化，也就是将其高度抽象概念化，从而创造出一种具有强大的辐射力量的科学知识系统，使人民脱离愚昧，并促进社会的进步发展，这一点既是当时启蒙运动的主要贡献，也是其不断发展的动力。受这一思想的影响，理性法学家们提出了法律科学化这个概念。在科学主义法学的概念提出之后，区别于法学的、狭义的民法科学即由此产生了。

民法规则的体系化和科学化思想，还有一个重要的出发点，就是通过体系化逻辑，建立全部民法规范的内在联系，使得人们不仅仅在编纂法典时，而且在学习和应用民法时，避免法律规范的碎片化，也就是法律规则的分散、不关联的现象发生。法律规范的碎片化现象表现在立法上，就是单一的法规的制定只顾及自身的体系圆满而不顾及整个法律体系内在的逻辑联系和分工，从而使得法律体系内部出现大量无用的"垃圾规范"和重复规范的问题。从司法实践的角度看，非体系性的结果定会造成法律适用的困难。

在中国民法立法的过程中，这种非体系化的做法近年来已经出现，甚至愈演愈烈。比如，如上所述，2002年出台的官方"民法典草案"版本就出现了这样的问题。它把"收养"和"婚姻家庭"各自独立成编，就没有考虑到收养制度和婚姻家庭制度的内在体系化联系。另外，该草案也没遵守民法意义上人格权只能从侵权法的角度建立法律规范体系的基本逻辑，提出了"人格权""侵权责任法"都在民法典中独立成编的格局。这种非体系化的做法，在2009年底颁布"侵权责任法"时造成了立法碎片化的结果。中国《侵权责任法》的编制，基本上没有考虑到它和现行法律体系中其他生效的相关立法的协调或者统一的问题，结果造成该法规定的高度危险责任、大规模侵权、物的侵害责任、专家责任等，和现行立法大规模重合。比如，作为"高度危险责任"之一的道路交通侵害责任，事实上中国在 2003 年就已经制定了比较详备的立法，而且在 2007 年该法还得到了非常详细的修正。而《侵权责任法》还是重复规定道路交通侵权责任制度，可是它的规定远远不及 2007 年颁布的《道路交通安全法》的规定详细而且具有可操作性。这样，法院在相关司法过程中都不会适用《侵权责任法》，而会直接适用《道路交通安全法》。大规模侵权中的环境侵权、医疗侵权等特殊侵权责任法律适用问题，法院等司法机关基本上还是直接适用其他的独立的单行立法，而不适用《侵权责任法》。① 所以，现在《侵权责任法》中的大量规定都成了无人适用的"垃圾规范"。

可以肯定，如果这一次民法典立法将人格权独立成编，那么肯定也会出现这种情形。

体系化的思考，不仅仅只是解决立法中的逻辑联系问题，而且也是学习和适用法律的基本逻辑。法律适用就是"找法"，体系化的考虑会引导我们知道法律规范的关联，知道上位法和下位法之间的适用优先规则。而且，也会引导我们提出一个问题，解决一个问题，而又"造成"其他问题。非体系化的做法常常会造成这个问题。在"民法科学化"这个概念产生后，一代又一代的民法学家在这一方面做出了巨大的努力，他们就是想发展一种所谓"纯粹的法学"。这种法学思潮在后来受到苏联和中国法学界的猛烈批评，认为这种纯粹技术性的法学，是典型的资产阶级法学。但是从历史发展的角度看，这些批判是非常不中肯的。确实，科学主义法学希望能够将法律科学化、体系化，最好制定出"输入一个事实、得出一个结论"这种计算机化的法典。这种观念现在看来似乎偏颇，但是从历史的角度看，不论其出发点还是实际的效果都是积极的：因为将法律科学化、体系化，就能够使法律上的裁判达到确定、统一、同一的结果，进而消除司法任意性，从而极大地限制了公共统治权，尤其是直接针对人民的司法统治权的任意甚至随意。这一点的意义非常重大。另外，科学主义法学极

---

① 参见拙作《中国民法立法的体系化与科学化问题》，《清华法学》2012 年第 6 期。

大地促进了新法的实施，它有利于消除法律效果域内不统一、同案不同判这些非体系性立法的弊端，进而强化普通民众权利保护。也就是因为这样，我国清末变法时期，采用了这种立法模式。

民法的世俗化、成文化、科学化，整体上体现了一种崭新的国家治理观念：以系统化的法律还权于民的思想、以成文化立法限制公共权力的思想和以科学主义的裁判规则实现司法操作的公平公正的思想。这些思潮推动了欧洲大陆各个国家普遍性的民法典编纂活动，这就是"民法法典化运动"。这一运动的成效可以说是非常显著的，欧洲大陆从这一运动之后所形成的独特的立法和司法体系，以及法律编纂和法律适用的概念体系和逻辑体系，即被称之为大陆法系。而且，第一次、第二次世界大战之后的独立国家，都在法典编纂时采纳了大陆法系的模式，尤其是民法典编纂的模式。

三　民法典立法素材的选择

在民法典的编纂过程中，首先要解决的问题，是回答该法典能够解决什么问题不能解决什么问题的疑问。显然，虽然民法调整平等主体之间的财产关系和人身关系，但是并非全部的财产关系和人身关系都将要规定在民法典之中。民法典立法从一开始面临的任务，就是选择民法典的立法素材。民法虽然意义重大，但是它不能包揽一切。所以，从立法的体系性科学性的角度看，立法者必须首先明确民法典能够做什么不能够做什么，然后怎样去做自己应该做的事情。

民法典是制定法、成文法的典型，其基本特点就是立法的素材和逻辑由立法者选择。但是，这种选择必须体现体系化、科学化和法律逻辑的作用。所以成文法、制定法和判例法体系有着巨大的不同。相对于判例法体系中的 Law Reporter System 和 Case Restatement 而言，制定法的立法者主动的选择性是鲜明的。

对于民法典编制的素材选择问题，从中国民法典制定的现实国情看，本人在这里提出四个原则供参考：公法与私法相互区分的原则、国际法与国内法相互区分的原则、基本法与特别法相互区分的原则、国内法与国际法相互区分的原则。

（一）民法典的私法原则

民法典立法的素材选择必须坚持公法与私法相互区分的原则，其内容只能限制在私法范围之内。

首先，民法立法只是选择平等主体之间的社会关系作为自己的调整对象，它选择的立法素材是传统民法所称的"私人之间"的法律事务，也就是涉及民事权利的法律事务，而不是涉及公共权力的公共事务。早期的罗马法提出了关于公法和私法的区分原则，[①] 认为私法主要是民法调整民法社会的法律事务，规范民事权利；而公法调整公共事务，规范公共权力。数千年来，这一区分成为成文法的基本体系区分。当然关于公法和私法是不是应该相互区分、如何区分的问题，法学界也存在较多争论。[②] 但是，多数人的观点认为，从法律科学的基础的角度，也就是从社会法权关系运作的角度看，区别公法和私法是有充分道理的。我们可以清楚地看到，公共权力和民事权利的取得、变更、消灭、行使方式、保护方式、损害及其救济等制度都存在着重大甚至是本质的不同。因此，关于公法和私法的区分，在法学上是完全可以成立的，而且民法典的立法必须以此作为基础的前提，确定其立法素材的选择。

虽然近现代以来，在很多具体的法律之中，出现了既包括大量公法规范也同时包括大量私法规范的情形，但是大体而言，在这些法律之中，公共权力和民事权利的区分还是有一定之规的，相关的法律制度的建立也还是有章可循的。比如在社会法、自然资源、环境与生态法等法律方面，因为政府操控的经济活动越来越多的原因，具体地把这些法律定义为公法还是私法，确实有比较多的困难。但是，从民法典立法的角度看，这一点并不成为显著的障碍，因为民法典只是规定一般的民事权利问题，这些特殊

---

① 参见周枏《罗马法原论》上册，商务印书馆1994年版，第83页。
② 参见［日］美浓部达吉《公法与私法》，黄冯明译，中国政法大学出版社2003年版，第23页。

涉及民事权利的法律将由特别法规则处理。总之，在民法典的立法方面我们更应该坚持公法与私法的区分，民法典不能承担公法事务，不能规定公共权力。因此，对于诸如资源、环境与生态保护问题、动物保护问题、公共法人组成以及运作方式问题、公共财产事务等，民法典只能从民法的角度加以规定，公法角度的问题不应该做出规定。

再如，近来有些学者提出"隐私"中的信息权的问题，要求民法对此加以规定。但是信息的规则大多涉及行政法的规定，民法事实上不应当过多地干预这个问题。民法只能从侵权救济的角度去解决这个问题，而不能从正面规则的角度建立信息权利的行为规范。

（二）民法典的国内法原则

民法典编纂必须坚持国内法和国际法的区分，立法素材选择必须限制在国内法之内。

民法是国内法，不是国际法，它无法包揽全部国际民事活动规则。在国际法领域，基本的原则是主权平等，因此，民法典只能规范本国领土之内的民事活动。关于国际法尤其是国际私法和民法的区分问题，大体上在潘德克顿法学中后期已经有了明确而清晰的答案。一般情况下，国际私法专门解决国际之间的民事争议的法律适用问题，国内法意义上的民法可以作为国际私法的准据法，所以作为国内法意义私法的基本法民法，虽然可以规定一些国际私法关于确定国际私法准据法的规则，但是国际私法的规则，并不仅仅只是规定在民法之中，甚至主要不规定在民法典之中。因此，从民法典的立法素材选择的角度看，它主要还是规范域内法上的民法问题，国际法上的民法问题将由国际私法予以规范。在中国民法典的编制过程中，有学者提出，中国民法应该建立广泛的属人法规则，这样可以将中国民法的适用范围扩展到国外。这种观点违背了国与国之间主权平等的原则，因此并不可取。

（三）民法典的一般法原则

民法典立法应该采取一般法和特别法相区分的原则，应该建立科学的体系性、逻辑性规则，使得民法典与其他民事法律保持一种大体系的和谐与统一。

民法典立法只是选择民事活动中的一般事务，而不选择特别事务作为其立法的素材。关于一般法和特别法的问题，在民法学上已经是一个久远的学术问题，而且似乎有了一致的答案。传统民法，以适用于一切民事主体的法律为民法一般法或者民法基本法，民法之外，仅仅适用于商事主体的法律为商法，商法虽然在广义上也是民事法律，但是因为其特征明显，因此立法者一般采取"民商分立"的体例，将商法制定为作为民法的特别法。理性法学时代，曾经产生过将商法规范纳入民法典之中的立法观点，后来一些欧洲国家的立法，在民法典中包括商事基本规则，这就是所谓的"民商合一"的观点。① 但是这种观点并未取得多数国家立法的认可，因为商事法特征明显制度复杂，即使民法典中包括了商事一般规则，但是此外还是要重新制定公司法等商事法。因此多数国家的立法采取了在民法典之外重新制定商法的做法，因此产生的立法体例称之为"民商分立"。比如我国一些学者高度赞誉的《荷兰民法典》，就受到民商合一观念的影响，但是该法编制多年，至今只是颁布了民法典的部分内容，整体的民法典至今已经几十年了还未有完成。这说明采取民商合一的立法体例困难是巨大的。

当代社会，在立法体例上采取民法普通法和特别法的区分，显得十分必要。因为民法特别法已经发展演变成为一个巨大的立法群体。这个大群体大体上包括三个小群体：（1）商事法群体；（2）知识产权法群体；（3）涉及自然资源（土地、矿藏、森林、草原、水流、大气等）、环境保护等方面的行政法规群体，在我国称之为"单行法规"或者"经济法规"的群体。这些特别法群体的大规模出现，使得17世纪那种编制一个无所不包的超大民法典的观念成为绝对不可能实现的目标。

在采取民商分立的立法体例的模式下，民法因此建立了专门处理民法普通法和特别法之间关于法律适用的基本规则："特别法优先适用、特别法未规定者适用普通法。"此外，因为现在我国民法典固有体系之外，其

---

① 迄今采取民商合一观点的立法也主要是瑞士民法典、苏俄民法典、意大利民法典等。参见梁慧星《民法总论》（第3版），法律出版社2007年版，第11页。

他特别法内容庞大，因此我们还应该考虑在"民法总则"之中建立更加细致的一般法和特别法之间的适用关系的规则。

（四）民法典的实体法原则

民法典的立法素材的选择，应该限制在民法实体法的范畴内，而不必涉及或者基本上不涉及民法程序法的范畴。立法过程中出现的在民法典、民法总则中建立证据制度的观点，不符合体系化的规则，因此不值得采纳。这一点众所周知，在此不再多言。

总之，从上面的分析可以看出，民法典立法的素材选择受上述四个方面的原因的限制，并不能任意而宽泛。

四　民法典编纂基本逻辑

民法典的基本素材得到确定之后，需要一个基本的逻辑，或者基本的线索，把这些素材贯穿起来。大体上在罗马法时代，法学家已经普遍认识到，民法所规范的事务有三个方面"人、物、权利"。① 这三个方面的内容事实上也是当时的法学家对于民法体系中基本逻辑的认识。所以罗马法时代的《法学阶梯》，就是按照人法、物法、权利变动、侵权的顺序编在一起的，它的编制体例就是人—物—权利的逻辑。② 到潘德克顿法学时代，法学家确定了"法律关系"这个民法乃至全部法律知识体系的基本逻辑，揭示了法律作用于社会的基本科学手段。萨维尼指出，在所有的既定情形中，法律关系这种生机勃勃的结构都是法实践的精神要素，并将法实践的高贵使命与单纯的机械主义区分开来，而许多外行在法实践中只看到了此种机械主义。③ 法律外行也许只是看到这个概念的"机械主义"式的套用，但是对于法律人而言，从主体、客体、权利、义务到责任的逻辑，却

---

① 参阅［德］汉斯·哈腾鲍尔《民法上的人》，孙宪忠译，《环球法律评论》2001年第4期，第393页。

② 对此有兴趣者，可以参见［古罗马］查士丁尼《法学总论——法学阶梯》，张企泰译，商务印书馆1989年版。

③ ［德］萨维尼：《当代罗马法体系Ⅰ》，朱虎译，中国法制出版社2010年版，第10页。

是一种非常准确而且能够普遍适用的分析与裁判的方法。所以,法律关系理论被发现和归纳之后,很快就被全世界的法律家采用,成为立法、司法、法学分析的基本原理。

所以,编制民法典的基本线索是法律关系理论,即特定主体、特定客体、特定权利义务和责任的基本逻辑。运用这一逻辑对民法的全部素材进行梳理之后,才产生了各种不同的法律制度。这些法律制度,大的方面来说,就是主体制度,其中最主要的就是自然人制度和法人制度;其次是客体的制度,比如财产制度、不动产制度等;又是各种权利的制度,比如物权制度,最主要的是所有权制度、债权制度等;再其次是权利取得消灭的制度;最后是法律责任的制度等。当然,一些法律制度是单一的,比如自然人制度;但是更多的法律制度是复合性的,它包括上面这些制度的两个三个或者更多,比如婚姻家庭制度、继承制度等。

五　法律概念以及规范的类型化、提取公因式

(一)　概念逻辑

民法典编纂毋庸讳言是一项最基本的立法技术化、体系化、科学化工作。其中首要的立法是法律概念的整理。民法的概念体系十分庞大,但是,这些概念并不是杂乱无章的堆积。但是,借鉴于前人巨大的艰辛劳动,这些数量巨大的法律规范,已经被整理成为和谐的逻辑体系。按照潘德克顿法学家的系统整理,民法概念已经按照"同一概念和差异概念""上位概念和下位概念"的逻辑,形成为一个有机统一的整体。

法律概念的基本要求大体上而言有四项:准确、明确、清晰、同一。其中的"同一",即一个概念的含义在一个法律体系中保持同一的含义。其他三项的意义不言而喻。做到这四项基本要求之后,民法的立法、司法才有了牢固的基础。民法的概念体系之所以非常庞大,这也是因为立法、司法准确性原则的要求。

当然,在立法上我们需要确定什么概念才是民法概念。立法者首先接触到的,是具体的、大量的社会事务,其中有一些是具有法律意义的事

实；这些事实中有一些可以作为法律上的概念。法律概念的确定，其实还是要遵从法律关系的逻辑，只有那些涉及民法主体、客体、权利、义务和责任的事实，才能够成为法律概念。显然，社会生活中涉及概念非常之多，因此立法者必须就其做出明确的选择。对于这一点，我国立法者应该说已经具有相当丰富的经验，因此没有再多说的必要。但是，选择法律概念要遵守法律关系原理，还要遵守法律关系一个基本的逻辑就是，法律概念在主体、客体、权利、义务和责任方面都必须具体，必须符合特定性原则；而且我们还必须认识到的是，法律概念中所说的主体，也就是能够享有权利同时也要承担义务和法律责任的主体。从这个基本的要求我们可以看到，中国立法者在这一点上并没有严格遵守法律科学原理，尤其是在中国民法立法采用一些政治意义和社会意义都非常重大的法律概念时，没有遵守法律科学的要求。比如"全体人民的所有权""国家所有权"等普遍使用的法律概念中，"全体人民"也罢，抽象意义的"国家"也罢，都是只能享有抽象权利，而无法承担任何民事义务和法律责任的。所以我们明确肯定地说，这些概念的采用是不妥当的。这些概念作为政治概念当然没有问题，但是它们成为民法概念时，就必须考虑民法科学性的要求。

（二）"提取公因式"规则

在科学主义法学的形成和运用过程中，"提取公因式"规则曾经得到巨大的应用。社会的自然人、法人所从事的民事活动类型非常之多，因此，民法上的法律概念、法律规范数量巨大。前人已经从法律概念、法律规范形成为制度，从制度群体形成为法律的技术规则中，按照法律关系理论的基本逻辑，并采取了"提取公因式"（Vor der Kammazuziehen）的理论和技术，① 使其称为系统和谐的整体。这一技术借用了数学上的概念，实际操作也和数学上的做法类似，比如法律行为和意思表示的制度，就是从债权法、物权法、亲属法和继承法中"提取"出来的"公因式"，而放置在总则之中的。上面所说的法律概念，其实也是依据相同概念"提取公

---

① 参见［德］海尔穆特·库勒尔《德国民法典的过去和现在》，孙宪忠译，载梁慧星主编《民商法论丛》第 2 卷，法律出版社 1994 年版。

因式"的方法，产生出一个抽象的上位概念，然后利用"上位概念与下位概念"区分，建立概念与概念之间的法律逻辑。当然，这一规则也被普遍地应用在法律规范之上，同一的法律规范之上，立法建立"一般条款""一般规则""通则""总则"这样一些一般通用型规则。事实上，民法总则就是这一立法技术的应用。这也就是施瓦布所说的《德国民法典》的抽象性。①

无法提取公因式的例外情形，形成立法上的特殊规则。这些制度，就是那些被我们称之为"分则""具体规则"的法律内容。其实，提取公因式而形成的总则或者一般条款的内容，相对而言常常是简单的，但是分则性质的内容常常是非常丰富的。不论是在物权法、债权法还是亲属法中，总是分则的内容更加丰满。无论如何，总则和分则依靠内在逻辑相互联系，共同发挥作用。

大体而言，"提取公因式"的做法，只是反映了民法典编纂的一个技术规则问题，它无论如何不能完全反映民法作为社会科学在反映社会需求、满足民法社会的法律调整方面所建立的规则的复杂性。事实上，民法总则中的有一部分内容并不来源于各分则部分（比如民事权利客体的物，本质上只与所有权相关，与债权法并无关联：没有物的情况下债权法律关系也可以成立）；另外，各个分则的内容，也就是各种具体的法律制度的内容实际上也是非常丰富的，比如婚姻法和继承法的内容，就是很有自己特色的。立法上可能的结果是：提取公因式的技术操作，只是将这些法律制度"逻辑"地贯穿在一起，但是各个具体制度的内容——也就是那些未被"提取"的内容还是要发挥更为显著的作用。

提取公因式的做法，虽然遭到很多批判，但是不论是在民法典的立法上还是在法律的适用与训练上，它具有很多显著的优点。比如：首先是使得一些零散的法律规范形成为内在的逻辑整体，人们在学习这些法律规范时，很容易掌握这些法律规范共同的本质。这就给法律适用提供了极大的方便。其次，这一做法极大地节约了立法的资源。一些共同的规则被发现后，对具体的概念、规范和制度，人们只要关注其特性即可。其次，也是

---

① ［德］迪特尔·施瓦布：《民法导论》，郑冲译，法律出版社 2006 年版，第 28—31 页。

最为重要的，是借助于这种特殊的手段，民法实现了其内在的体系化。民法全部概念、规范、制度的体系化，是由潘德克顿法学完成的，民法典因此成为逻辑的整体。体系化的优势在于解决一个问题不会出现其他的问题，甚至不会出现更多的问题，也不会出现制度的重复和遗漏。最后，"提取公因式"使得总则具有很强的抽象性和概括性，这对于培养法律人的归纳、演绎和抽象思考能力，进而养成独立思考民法问题的习惯，也具有非常积极的意义。①

（三）概念膨胀的防止

从民法立法的角度看，首先要做的工作是同一系统内的概念归纳，归纳之后才有"提取公因式"的问题。概念的归纳与抽象，其实就是"合并同类项"的整理。而这一规则，就是要在立法中防止法律概念的膨胀。比如，各种不同的侵权，都被整理为非常简要的规则。简单的罗列、不合并、不归纳整理，就会出现法律规范的无序膨胀，造成法律体系的碎片化、枝节化。而体系化整理之后，民法规范性成为不同的群体也就是法律制度，其中的总则分则的体系化是大陆法系的特征。目前在中国民法典的立法过程中出现的概念膨胀问题、不遵守规范的问题，事实上还是很严重的。比如"人格权独立成编""环境权独立成编""人权法写入民法典""动物福利法写入民法典"等观点，就是概念、规范、制度非体系化、科学化之后，造成的概念膨胀以及规范混乱的表征。

六 民法规范性要求

民法的体系化法技术规则，在微观上表现为其规范的规则。制作法律规范显然是民法典立法的核心工作。

（一）民法规范必须是行为规范或者裁判规范

民法作用于社会的基本方法，就是以行为规范、裁判规范来引导人们

---

① 陈华彬：《民法总论》，中国法制出版社 2011 年版，第 49 页。

的行为；通过一个个行为的规范，达到一步步推动社会进步的目的。民法的规范，以行为规范和裁判规范为主。对此，郑玉波先生有言："民法乃吾人日常生活上行为之准则，以不特定之一般人民为规律对象，易言之，民法属于'行为规范'，惟对于此种规范，如不遵守，而个人相互间惹起纷争时，当然得向法院诉请裁判，此时，法院即应以民法为其裁判之准绳，于是，民法亦为法官之'裁判规范'。"① 从民法典制定工作的细节上看，制定该法的主要工作，就是建立行为规范和裁判规范，并且按照科学的逻辑将其编纂为体系。

民法不是政治口号，民法典不能包括政治口号这样的内容。民法以其规范来作用于社会，而不是依靠政治口号来鼓舞社会，因此一些激动人心的时尚的政治口号，在民法中不应该出现。目前民法典立法活动中，一些人因此而批评民法的保守性。但是这些批评是无理的。因为民法发展到现在，已经是高度理性的产物，它已经能够通过行为规范和裁判规范，对私法甚至超越私法领域的权利、义务和责任做出明确的裁定，从而以实实在在的步伐来实现立法的目标，因此，在民法上不需要那些空洞而漂亮的口号。

（二）规范的具体性要求

民法上的规范必须具体，只有这样才有可操作性。法律规范的必要内容就是主体、权利、义务和责任，而这些内容必须具体，就是具体的主体、具体的客体、具体权利、具体义务和责任的要求。这是法律规范的特征也是其基本要求。从法律规范的角度看，我们在说到权利时，首先就要分析这到底是哪个主体的权利。所以，主体必须是明确肯定的。其次，我们也会分析，这个主体到底享有什么样的权利，应该承担什么样的义务和责任。这些权利、义务和责任也是具体的、明确肯定的。事实上，民法的科学性就表现在这里：它通过对具体主体的具体权利义务的规范，具体地规范每一个团体每一个个人的行为，将立法者的立法目的具体地落实在每一个社会关系之上，这样才能够扎扎实实地达到改造社会、推进社会进步

---

① 郑玉波：《民法总则》（修订11版），黄宗乐修订，台湾：三民书局2008年版，第11页。

的目标。

（三）从规范的意义看人格权立法

中国民法典立法过程中出现了很多观点，对此，我们可以借助于行为规范—裁判规范的规则来分析，以此就可以清楚地看到这些观点是否值得采纳。比如众说纷纭的人格权侵害及其保护问题，从行为规范和裁判规范的角度看，就非常容易得到解决。但在当前中国民法学界，有学者主张在民法典中把人格权作为独立的一编进行规定。① 对此，如果从行为规范—裁判规范的角度分析，就可以看出这种观点难以得到支持。因为很多在一般民众看来非常具体的权利，比如俗称的生命、健康、隐私、名誉、姓名、肖像，以及现在还处于争议阶段的亲吻权、抚摸权、悼念权等，实际上不涉及民事主体之间的交易和往来，而只涉及其权利受到侵害之后的保护问题。因此对人格权立法者完全不必建立行为规范来引导人们的活动，而只需要建立侵权保护的法律规则也就是裁判规则，对侵权行为予以制裁、对受害者予以保护就足够了。所以，人格权在民法上很多问题已经由已经制定的《侵权责任法》解决完毕了，另行制定法律、编制独立的民法典"人格权编"是完全没有必要的。

同时，从裁判规则的角度看，这些侵权法的规范也可以实现系统性的归并和简化：虽然具体的侵害方式有很多，但是从裁判规范上来看，立法者首先要解决的问题无非是三个方面的问题：（1）被侵害的权利和利益是否存在、是否应该予以保护的问题；（2）侵害行为是否发生的问题；（3）侵害行为与侵害结果之间的因果关联问题。在这三个问题得以清理之后，法律上建立侵权责任的"归责原则"，就可以确定侵害人对于受害人承担损害赔偿的责任。从裁判规则的角度看，立法者解决这些问题，建立这些规则，对于人格权就已经足够了。立法者没有必要在立法上下很大力气，去搞清楚什么是亲吻权，什么是抚摸权，什么是悼念权。从司法实践的角度看，法律并不是越细密就越好，立法者如果非要这么做，则不但取得不了积极的社会效果，反而会给司法者裁判带来很大的困惑，因为每一次司

---

① 王利明：《人格权法研究》，中国人民大学出版社2005年版，第114—125页。

法裁判都要弄清法律条文的含义，而这些含义本身很可能是难以弄清的概念，因而必将妨害司法操作。所以从民法科学性的角度看，当代民法科学中的侵权法归责原则，已经足以对人格权提供充分的保护。

七　民法典编纂的科学——潘德克顿法学的核心理论

（一）潘德克顿法学发展概况

如上所述，民法科学主义的思想到实践，从理性法学开始，最后发展到潘德克顿法学，① 大约历时三百多年，其核心是试图以立法的技术性限制司法的任意性，并取得司法统一的社会效果，从而推进社会的进步。德国乃至欧洲几代法学家都为此做出了贡献。我国法学界因引入苏联法学，对理性法学以至潘德克顿法学多不了解，因此我们需要在此略做讨论。

理性法学的思想渊源是前述的法律脱神化、世俗化。结合罗马法发现，在德国兴起了以《学说汇纂》为核心的理性法学，很快这种法学就承担起了改造德国习惯法的使命。1789 年胡果出版的《现代罗马法教科书》中首次提出了五编制潘德克顿体系，即物权法、债权法、亲属法、继承法、诉讼法。1807 年，海瑟在《普通民法的体系概要》一书中在胡果体系的基础上，增加了总则一编，使得民法的结构体系大体成型。他所创立的新的体系是：第一编总则，第二编物权法，第三编债务法，第四编物的、人的权利法，第五编继承法，第六编原状回复。而此后由理性法学家编制的《当代学说汇纂》（*Usus modernus pandectarum* 也被中国法学界翻译为"实用法学汇纂"），已经具有了总则编、物权编、债权编、亲属编、

① 法学上所说的潘德克顿，大体上有三种不同的含义。其一，是罗马皇帝尤士丁尼安编纂《民法大全》的一部分，即《学说汇纂》，是当时著名法学家的言论集，被皇帝许可，可以作为有效的法律渊源。其二，指 14 世纪后，德国法学界在继受罗马法后，在改造"学说汇纂"的基础上形成的德国普通法，约形成于 16 世纪，一般将其称为"潘德克顿体系"或者"潘德克顿制度"。其三，指 19 世纪德国境内以民法典的编纂作为研究对象而形成的法学学派，以萨维尼为代表，萨维尼的学生普赫塔、温迪谢德都为该学派做出了贡献。19 世纪末制定的《德国民法典》就是这种法学最典型的产物。这就是后世所说的"潘德克顿法学"。潘德克顿法学的主要贡献，在于为民法典的编纂提供理论基础。其主要的理论是绝对权和相对权的区分（包括支配权和请求权、物权和债权的区分），法律行为理论等。参见孙宪忠主编《民法总论》（第 2 版），社会科学文献出版社 2010 年版，第 7 页脚注。

继承编的体系，它在未统一的德国发挥着普通法的作用，而这种作用一直延续到《德国民法典》生效。①

在理性法学早期，受启蒙思想的影响，格老休斯提出并发展"意思表示理论"，并在此基础上形成了"法律行为理论"。"意思表示理论"的核心是，私法效果的根源是当事人内心意思，而非神的意愿或者统治者的强制力，这就第一次为民事权利的设定、变更、消灭找到了公正的根据。因此根据"意思表示理论"建立的"法律行为理论"是大陆法系法学最杰出的成果，因为他否定了神权主义、封建主义，为民事权利的设立、变更、消灭建立了新的道德基础。②

萨维尼也对潘德克顿法学的发展做出了巨大贡献。他在全面系统地整理了从罗马法、理性法学到当时全部私法学说的基础上，建立了私法上的权利区分的理论，重建了法律关系理论，并且以此重建了法律行为理论，从而使得民法甚至是全部的私法，都成为科学的知识体系，为后来的民法典的编纂奠定了完善的理论基础。我国法学界存在争议的"物权行为理论"确实是萨维尼提出的，该理论不过是意思自治原则应用于物权变动的制度而已。不论是从理论分析的角度看，还是从司法实践的角度看，我们都可以看到当事人在法律交易中，以自己的意思表示来处分物权、知识产权、股权、法律利益等法律事实。物权行为理论并不仅仅只是能够解决物权变动之中的法律分析和裁判问题，它对于全部的民商事权利的变动都有涵盖性的指导作用。这个理论是非常科学的。

《德国民法典》完全接纳了萨维尼的理论，首先承认负担行为与处分行为的区分，然后确定物权行为是处分行为的一部分。

温德谢德是萨维尼的学生，是潘德克顿法学的核心学者。1865—1870年，温德谢德出版了名著《潘德克顿教科书》（全3卷），构造了一个完整的五编制的民法学体系，并通过后来亲自参加并主持德国统一民法典（第一草案）的立法工作，而将自己的这一体系融入1900年施行的《德国

① Wieacker, Privatrechtsgeschichte der Neuzeit, 2 Auflage, 1967, S. 204 ff.
② Hans Hattenhauer, Grundbegrife des Bürgerlichen Rechts, Verlag C. H. Beck, 1982, Seite 64–69.

民法典》之中，对西欧乃至整个世界民法的发展都产生了影响。①

（二）与法国"同一主义"立法模式的区分

如上所述，《德国民法典》和《法国民法典》都是理性法学的产物，它们都是在继受罗马法的基础上形成的。它们在立法模式上差异产生的原因，在于它们对于法律交易对象的认知有重大的不同。它们的共同特点在于它们都是自由主义法思想的产物，都是为了以交易为中心的法权制度建立的行为规范和裁判规范。所以，它们都是建立在市场经济基础上的立法。但是这两个有重大国际影响的重要法典，在它们诞生的渊源上从一开始就有了差别。②《法国民法典》受到了"法学阶梯"思想的重大影响，它以交易标的物为现实存在的特定物为出发点，依据"契约应该履行"这个古老的原则，再加上法国当事人强调民众意思自治的革命思想，强调合同必须履行，因此合同成立时，就应该发生标的物所有权的转移（《法国民法典》第1583条："买卖合同成立，即使价金未交付，即使标的物未成就，标的物的所有权也应归属于买受人"）。因为标的物的所有权自合同成立时转移给买受人，法国法没有建立债权制度。事实上，该法也没有建立物权制度，它的基本思路就是不区分物权和债权、不区分物权变动和债权变动的法律调整机制。当然，该法承认了意思自治原则，但是立法者认为，意思自治原则的目的在于强调民事主体的私权，防止公共统治权干预私权的运作；因此该法在保障意思自治原则的运用方面，主要针对公共权力建立了限制性的保障条款。但是意思自治原则没有被运用到合同履行的过程之中，所以在法国法中并没有物权与债权的区分，更没有物权变动制度与债权变动制度的区分制度，立法上只承认"广义财产权"，交易的法律只有合同。法国法的这一立法模式在国际上被称为"同一主义"或者"合意主义"，即依据一个法律根据同时发生物权变动和债权变动立法模式。

---

① 参见何勤华《近代民法学之父萨维尼述评》，《法学家》1996年第2期，第81页。

② 对如下关于《法国民法典》和《德国民法典》的讨论有兴趣者，可以参见［德］茨威格特、克茨《比较法总论》，潘汉典等译，贵州人民出版社1992年版，第二部分的"第一编"和"第二编"。

　　与此相对应的德国立法，从一开始就接受了罗马法中的"学说汇纂"体系，而这一体系中包含着合同成立和合同履行的法律效果的区分。在理性法学将这一基本要点整理之后，到潘德克顿法学阶段，民法分析和裁判的理念已经与法国民法完全不同了。简言之，德国民法交易规制的理论要点是：

　　（1）现实法律交易中，标的物常常并不存在，因此合同应该履行不等于合同必然履行。合同应该履行是正确的观点，但是现实中有些合同没有履行也是客观存在的。因此不应该将合同订立的法律效果和实际履行的法律效果（所有权取得）予以区分。依据这一点，没有得到履行的合同也应该合法生效，但是不能依据合同裁判买受人取得所有权。

　　（2）合同成立时，当事人之间发生的法律拘束力为债权，即罗马法中所谓的"法锁"。

　　（3）合同履行时，当事人之间才发生所有权的转移。

　　（4）因为以上原因，一个法律交易应该被区分为债权的成立生效和物权变动两个阶段。而且，因为物权变动对第三人发生排斥力，所以物权变动必须进行物权公示，以保护第三人的安全。而债权变动无须公示。

　　（5）交易的法律根据就是法律行为。因此当事人之间的法律行为应该被区分为物权行为和债权行为，物权行为以符合物权效力的法律事实作为其生效条件，债权行为以符合债权效力的法律事实作为其生效条件。

　　不同于法国法的是，德国民法建立的这种分析与裁判的体例，为区分原则模式。德国民法的分析模式，不论是从理论分析还是实践效果的角度看都优于法国法，因此我国清末变法时期，经过认真比较，最后采纳了德国民法的立法体例，因此形成了我国民法和德国民法之间的历史联系。①在这一过程中，关于民法典的编纂的情况是："宣统三年法律馆编纂成功五种法典，即大清民律草案第一编总则，第二编债权，第三编物权，第四编亲属，第五编继承……"② 虽然这一民法律草案不是法律，但是后来1930年的中国民法采用了这种立法模式。

---

　　①　杨鸿烈：《中国法律发达史》，香港版，第898页。清光绪二十八年，即1904年。
　　②　杨鸿烈：《中国法律发达史》，香港版，第904页。清宣统三年，即1911年。

　　法国同一主义的立法模式从表面上看容易理解，但是实际上其分析手段和裁判依据相比德国民法却十分复杂。比如，抵押权的设定，以法国民法，当事人之间仅仅只需要订立合同。但是设置抵押就是为了担保债权人的债权优先实现，因此必须排斥第三人。但是如果真的有第三人存在，则存在着第三人和抵押权人之间的法律利益的比较分析问题。如果抵押权人只是依据抵押合同主张权利，则很难得到法院的支持。类似这样的问题，同一主义的立法模式基本无法妥善解决。法国民法立法者只能在民法典之外，重新制定民法附从法或者单行法来弥补其民法典立法的缺陷。法国民法就是依据 1855 年制定的《不动产登记法》等法律来解决其真正的司法裁判问题的。

　　但是依据德国法的区分主义原则来做分析和裁判时，这些问题都很容易解决。由于德国法严格区分物权与债权、物权变动与债权变动，抵押合同作为债权意义上的合同时，因为当事人之间的意思表示一致而生效，如果一方当事人违约，只是抵押权未能有效设定，但是根据这个生效的合同，违约一方应该承担法律责任。至于抵押权的有效设定，则因为抵押权的物权特征，必须以不动产登记这种公示方式作为生效的要件，不登记者抵押权不能有效设立。这样，一个抵押权设定的行为，必须根据其本质区分为抵押合同生效和抵押权生效两个法律事实，它们的生效的法律根据也必须明确区分，抵押合同以当事人的意思表示一致为生效要件，抵押权以不动产登记作为生效要件。其他涉及物权变动和债权变动的交易，也都依据这样的规则处理，这样既保障了交易的安全，也保障了交易的公正。①

　　在中国，潘德克顿的立法技术，尤其是其体系性科学性的规则，在立法中长期以来受到不少批评。立法者确立的立法原则是"宜粗不宜细，宜短不宜长，成熟一个制定一个"。这种指导思想妨碍了法律技术化发展，也妨碍了对现有法律规范做出体系化的整理。至今还有不少人认为，民法典对于法律科学的过分追求是不切实际的。在《物权法》立法时，一些学者提出，应该按照"两毛钱买一根黄瓜，一手交钱，一手交货"的现实，

---

　　①　孙宪忠：《中国民法典制定现状及主要问题》，《吉林大学社会科学学报》2005 年第 4 期，第 173—174 页。

来建立民法上的交易规则。这一观点目前在法学界还有不少人坚持。这一次民法典立法，又有一些部门的领导人提出了"民法就是要让人们能看得懂的法律"的要求。这些要求损害了民法典的体系性科学性，立法者应该尽早认识到这些观点的危害性。

附　中国社会科学院课题组关于民法总则的编制设想

在上文对中国民法典编纂，结合历史分析提出一些设想之后，本文作者想把自己关于中国民法总则的立法思路在这里提出来，供有识者参考。事实上在中国民法典前期的立法过程中，中国社会科学院法学所民法课题组在梁慧星教授的带领下，已经在 2003 年提出过一个最早的完整的学者建议稿。这个建议稿几经修改，正式出版成书，共包括 9 卷本，包括立法条文和各篇章、节、条文的立法理由共约 800 万汉字，已经在 2014 年向社会发布。本人参加了这个课题组，并且撰写了其中民法总论部分的法律行为一章、物权法部分的总论共三章等。此后，本人自 2013 年担任全国人大代表，连续三年提出民法总则以及民法典的立法议案。关于民法总论部分，本人提出了自己的法律编制的方案，现在研究报告以及立法草案已经基本完成。本人提出的建议稿和梁慧星教授提出的建议稿相比结构和内容有新的设想。

（一）总则编的结构

第一章　一般规定

该章主要写立法根据、基本原则、法律适用等内容。最明显的需要，是创制关于民法适用的一般规则。其内容类似于瑞士民法第 1 条的规定。在这一条文中，应该解决除一般法律适用之外特别法律适用的问题，比如宪法适用问题，行政部门规章的适用问题，最高法院和最高检察院的司法解释的适用问题，法律习惯和法学原理的适用问题等规则，满足实践的需要。

第二章　自然人（人格以及人格权写入这一部分）

（1）在自然人的法律制度部分，目前《民法通则》的制度大体可以得到保留。但是婚姻家庭关系的一般规则、监护制度方面应该补充建立老年人、特殊群体保护的特别规则。另外，应该扩展民法上的亲属范围，将目前的法律确定的旁系血亲二亲等的范围限制完全取消，解决我国社会独生子女制度带来的亲属问题。

（2）"个体工商户、农村承包经营户"部分的规则，应该进行较大的改造。首先，这一部分立法的条目应该改变，以体现民营经济的巨大发展。因此立法者应该进行实际的调研，清晰地掌握我国民营经济的整体结构。其次，对城镇个体工商户这种家庭或者家族式的经营，应该引导他们走上现代股权—所有权的法权结构。再次，对于农村承包制度，也应该进行实际调研，反映农村十八届三中全会以来因为"长期不变"政策带来的变化，反映农村的行业合作社的发展，反映农民权利股权化的变化。

（3）将《民法通则》规定的合伙制度从个人的规则中摘除出来，另外建立合伙的制度。因为合伙并不仅仅只发生在个人之间。

第三章　法人和非法人团体。

在法人制度的整体结构方面，必须体现私法法人或者民法法人和公法法人的区分，体现公益法人和盈利法人的区分，体现社团法人和财团法人的区分。

在私法法人的制度建设上必须体现现代公司治理结构的要求，反映我国公有制企业要求的同时，反映上市公司甚至跨国公司的要求，反映混合所有制企业的要求。

必须承认公法法人制度建设的科学性和可行性，建立公共权力机构、公立事业单位、公立社会团体法人参与民事活动的基本主体资格和责任主体方面的制度建设问题。

本章写入合伙制度。删除"联营制度"。

第四章　权利客体。

权利客体的制度是《民法通则》所缺乏的。权利客体虽然是标的物，但是它们的现实状态反过来对于民事权利发挥着强大的反作用。比如，不动产的所有权和动产的所有权在政治意义、经济意义方面都有很大的差别，甚至在权利制度本身上都有很大差别。因此这一部分制度是不可或缺的。

　　在权利客体制度建设上，必须认识到人的行为不是客体，因为任何人的行为都只能因为他自己的意思而发生法律效果，而不能因为他人，即使是法律关系上的相对人的意思而发生法律效果。这个哲学问题，在近现代以来早就解决了。因此应该认识到债务人的行为不是债权人的客体，而是他自己意思自治的结果。

　　在物的制度建设方面，应该采纳民法传统中关于公有物和私有物，公法上的物和民法上的物相区分的原理。① 公有物，比如大气、阳光、水流、海洋等，应该依法保持其为公共利益、必须开放性地供大众使用的特点，必须在法律上禁止任何人包括政府将其当作私物。建立这样的制度，可以保障人民群众对于公有物的基本权利。

　　建立无形财产必须特定化的规则，以满足知识产权保护的要求。

　　关于物的基本分类，应该采纳传统民法不动产和动产相互区分的原理，在此基础上，将对于民事权利发挥决定性作用的物的类型划分的制度都建立起来。

　　第五章　法律行为。

　　在承认《民法通则》关于行为人、意思表示真实原则的基础上，对该法"法律行为"部分的修改原则是补强而不是重建。在法律行为这个核心制度建设方面，我们应该首先放弃"民事法律行为"这个似是而非的提法，采纳"法律行为"概念，② 并按照意思自治原则，对这个制度进行彻底的补强。首先，应该承认人身行为和财产行为的区分，承认负担行为和处分行为的区分，承认单方行为和双方行为、团体行为的区分。其次，在当事人意思表达及其法律效果方面，尽量细化规则，承认一般法律行为和特殊法律行为的区分。在此，建立法律行为完全无效和部分无效相区分的规则，建立瑕疵补正、转换的规则。再次，对于行政管理和当事人意思自

---

　　① 参见孙宪忠《中国物权法总论》（第3版），法律出版社2014年版，第228—231页。

　　② 民法通则关于"民事法律行为"的创造并不准确，立法者似乎将法律行为界定为能够发生法律效果的行为，这样，在"民事法律行为"之外，似乎还存在"行政法律行为"等。然而，法律行为怎么可能发生在行政法律关系中呢？因为行政法律关系的各种活动中，当事人的意思表示并不发挥作用，不论是民众还是行政机关，都要依法办事，而不是按照自己的意思选择。参见孙宪忠主编《民法总论》（第2版），社会科学文献出版社2010年版，第207—208页。

治原则之间的关系，建立更为符合市场经济和人民权利要求的裁判规则。在这一方面，可以采纳人民法院关于将当事人违背行政规则的行为区分为管理性和效力性两种不同结果的做法。最后，建立开放性的兜底条款，尽量扩张民众意思自治的空间，保护民众创造性行为。

第六章　权利、义务、责任的一般规则。

这一部分制度是我们现行立法和各个学者方案都忽略了的重要制度，我国民法总则应该建立这一方面的制度。因为这些制度不仅仅将建立起各种权利，包括民法基本权利和商事权利、知识产权等民事权利大体系之间最基本的内在逻辑联系，而且因此而确立民法总则和民法其他部分之间相互联系的基本逻辑，为民法典的编纂建立逻辑基础，而且还要对民事主体行使权利、履行义务、承担责任等建立积极的引导。这一部分的内容非常重要，大体包括如下方面：

（1）各种民事权利之间的逻辑体系。这一体系通过民事权利的基本分类来建立。通过这一规则，使民法典中规定的民事法律和商事法律、知识产权法律、一些经济法律规定的民事权利之间形成内在和谐的整体，以此实现民法和商法、知识产权法、一般经济法律之间的法律效力连接和制度的和谐统一。

（2）民事权利取得、变更以及消灭的一般规则。比如，民事权利的绝对发生和相对发生，民事权利变更的原因等。

（3）民事权利行使的一般规则。比如不得滥用权利、行使权利，必须尊重公序良俗原则等。

（4）权利保护的基本制度。比如自助、行使诉权的基本规则等。

（5）权利限制的基本规则。比如依据公共利益需要限制甚至剥夺民事权利的规则等。

第七章　代理。基本的出发点是把商事代理和民事代理统一起来规定。

第八章　时效。取得时效和消灭时效都要确立。

第九章　期日、期间。

（二）编制总则的指导思想

第一，反映改革开放和市场经济、人民权利的基本精神。坚持社会主义基本原则。

第二，强调立法的科学性体系性。条文必须具有行为规范或者裁判规范的特性。如果不能编制成为行为规范和裁判规范，就不要采用。立法不能政治口号满天飞。

第三，民法总则的内容虽然有一些抽象规则，但是必须联系实际。立法的规则必须来源于现实，反映现实生活。一些不符合我国现实的制度应该及时放弃。

第四，一方面强调语言的平直，另一方面强调概念的清晰明确，规范的合理、制度的完整和立法逻辑的清晰。

第五，坚持制度创新和理论创新。在尊重中国历史和国情的基础上，在大陆法系民法学的理论框架内实现创新，制定一部引领 21 世纪民法发展潮流的科学的民法总则。

坚持现实性和科学性相结合原则
积极推进民法典分编编纂的建议

　　内容摘要：本文是 2016 年中本次民法典编纂的总则部分臻于完成、民法典分则编纂即将开始之际，本文作者以全国人大代表身份向我国最高立法机关提出的一份立法建议。本建议提出，和民法典总则部分强调立法指导思想和民法基本原理的情况相比，民法典分则各编的立法应该更加强调把握我国现实市场经济发展和人民权利保障的需求，另外，应该继续坚持中央提出的也是我国立法法规定的科学立法的原则。在当时民法学界关于民法典编纂是否要设立独立的人格权编的激烈争议的情况下，本建议对争议的焦点问题进行了认真分析，提出根据我国人民权利保障的需要，强化人格权保护的规定是完全必要的。但是，如果以人格权的市场开发和人格权转让为基础，来规定人格权编，那就是不应该的。因为，人格权是自然人的自然权利，不论是生命健康还是隐私等权利，都是自然人人格的体现，是自然人与生俱来的专有权利，这些权利根本不能市场化开发，更不能转让给他人。这是人格权立法的人文主义基础。该建议对纠正我国现行法律的一些明显的错误规定，也提出了具体的针对性修改建议。我国民法典编纂，为了强化人格权保护规定了独立的人格权编，同时也根据本人的建议，删除人格权转让的制度创意，提升了人格权保护的力度，同时也确保了人格权立法的人文思想基础。同时，民法典编纂也采纳了本文关于修改合同效力部分立法的建议。

本文结构

一　民法典分则立法应该充分准确把握现实需求

二 民法典编纂应该遵守科学性原则
三 关于民法典分则设定独立的人格权编的讨论
四 对当前民法典分则编纂的几点建议

　　《民法总则》制定完成后，民法典分则各编的制定工作也开始紧锣密鼓地进行。关于民法典编纂的整体工作，我们还是要像《民法总则》的制定工作那样，坚持现实性和科学性相结合的原则。在 2013 年 2 月 23 日中共中央政治局第四次集体学习会上，习近平总书记指出："人民群众对立法的期盼，已经不是有没有，而是好不好、管不管用、能不能解决实际问题；不是什么法都能治国，不是什么法都能治好国；越是强调法治，越是要提高立法质量。"2014 年 10 月，习近平总书记在党的十八届四中全会上就《中共中央关于推进依法治国若干重大问题的决定》起草情况做说明时强调，推进科学立法、民主立法，是提高立法质量的根本途径。科学立法的核心在于尊重和体现客观规律，民主立法的核心在于为了人民、依靠人民。

　　习近平总书记关于立法科学性的指示，就是当前我国民法典分则编纂工作的指导思想。按照这个指导思想，民法典分则各编的立法应该着眼于中国现实问题，尤其是要充分考虑中国国计民生的重大现实需求、充分考虑法律体系科学的基本要求。如果没有这些考虑，立法的指导思想和出发点就是乱的，就没有正确的道路可走。近一段时间以来，随着《民法总则》的制定完毕，民法典分则各编编纂工作引起极大关注。我国社会尤其是法学界提出了不少建议，虽然其中一些建议很有价值，但是也有一些于理不足甚至似是而非。如果对这些问题不做任何讨论和回应，那么就会把民法典分则编纂置之于难以摆脱的是非之地，立法内容的选择定将受到一些不应该的扰乱。

　　所以，我们再次郑重提出，民法典分则编纂应该坚持现实性和科学性相结合原则，立法必须着眼于现实的需求，要能够积极促进改革开放的发展和人民群众权利保护的需要；立法要充分地利用前人在缔造法律科学方面的智慧和经验，一方面能够因应现实的需要发展我国民法，但是另一方面也要遵循民法的基本逻辑。只有坚持现实性和科学性相结合的原则，我国的民法典才能够成为发展和保障市场经济体制建设和人民权利的法律。依据这些考虑，本报告对我国民法典分则的编纂提出十一条建议，供参考。

一 民法典分则立法应该充分准确把握现实需求

第一，在中国共产党中央的领导下，国家的政治稳定经济发展，社会生活进入全面新常态。持续的社会稳定为民法典编纂提供了历史上最佳的社会条件。值得注意的是，宪法确定的依法治国原则获得社会全面认可，法治国家理论已经逐步成为国家治理的实践，这一点其实毫无争议的是我国里程碑式的重大发展。十八届四中全会做出"全面推进依法治国若干问题的决议"之后，我国法治进程全面加速，立法层面、依法行政层面、司法体制层面都取得了重大成就。这些都为民法典分则的编纂创造了良好的条件。尤其值得指出的是，按照习近平总书记提出的"把公共权力装进制度的笼子里"的思想，我国各种公共权力机关依法运行的制度建设和实践，已经取得显著成效。这一点对于民法典编纂、对于立法功能的实现意义具有显著的决定意义。公共权力和民事权利虽然从立法基础、法律功能上来看有所区分，公共权力法制不一定总是涉及民事权利，但是公共权力以行使国家主权为其使命、公共权力的各种立法及其适用，既可能提供民事权利的一般保障，也可能构成对于民事权利的限制。所以公共权力的各种运行被纳入法制机制，不但成为依法治国的关键，而且也是民法功能实现的前提。

直接规范公共权力的很多立法还会包含一些直接或者间接地规范民事活动的法律规则，比如涉及土地、矿藏、草原等自然资源管理的行政法中包含关于土地所有权、使用权以及担保物权如何取得、如何行使的法律规则；涉及医疗卫生的行政法中包括涉及医患合同关系的法律规则；涉及交通管理的行政法中包括道路交通事故的侵权责任规则等，这一点也是很正常的。但是我们必须注意到，在涉及民事权利的具体规范时，公共权力立法和民法的角度并不相同。公共权力立法的角度是为了公共利益而建立各种公权机构，对这些社会事务进行自上而下的管理。公共权力立法对社会发挥作用总是针对群体性行为，而不是针对特别确定的一个个自然人或者法人。而民法立法的目的恰恰在于维护和保障明确肯定的一个个自然人或者法人的民事权利，它以平等原则来调整民事主体之间的各种利益关系。这个重要的区别是我们建立法律体系的前提，当然也是编纂民法典的前提。比如，当前趋于白热化讨论的信息保护的制度建设，实际上行政法和民法都会涉及，但是它们着力点不同。

第二，市场经济体制发展速度加快，促使我国社会行为规范趋向于民法化。可以看到，我国社会不论是组织社会事务的各种行为，还是从事交易的各种行为，都已经自觉不自觉地遵循了民法的规则，而不再是不断找政府、求领导、批条子的规则。这说明我国社会已经开始民法化。即使是在改革开放之前建立的、并没有依据民法原理来建立的组织体，它们的组织体内部运行也要朝着民法组织体的方向发展，它们和其他民事主体之间的行为也要遵循民法规则。《民法总则》第96条关于特别法人（包括机关法人、城市居民委员会法人、农村村民自治委员会法人、农村集体经济组织法人等）的规定就反映了这个趋势。此外，《民法总则》关于非法人组织的规定，也反映了这一方面的问题。另外，自然人以及各种团体的行为也日趋民法化，最典型的变化就是民间借贷的规则变化。以前，民众之间经常发生借款，中国传统的习惯是这种行为完全是口头说定，而且保留为私人之间的秘密，当事人之间互不声张。但是现在人们在借款时，都越来越习惯使用合同，写明权利义务甚至履约保障。这些情况说明，民法规则已经深入到我国社会的方方面面。

在这种情况下，可以看到我国社会对于民法规则的需求也越来越大，越来越强烈。但是另一方面我们也可以看到，我国的民法立法不能满足现实需要，而且这个问题一时得不到解决。在民间组织这个问题上，《民法总则》虽然不能包揽一切，但是也确实曾经痛失良机。在民法典分则的编纂过程中，类似的问题应该引起足够的重视。比如物权法、合同法、亲属法、继承法都有大量实践迫切需要解决的问题。对这些问题我们不能回避，而应该认真研究解决。

第三，经济基础法制发生重大改进。中央在2016年10月颁发的"平等保护产权意见"，解决了长期以来涉及经济基础法制思想认识问题，铲除了民法发展的重大障碍。这个意见所体现的精神，是 2007 年《物权法》尚未充分解决的问题，因此急需我国物权法修订时予以反映。比如投资形成的"股权—所有权"逻辑，也就是投资人只享有股权、而法人享有所有权的基础民法理论，就没有得到《物权法》的承认，而这一点随着城市经济中的混合所有制改革普遍展开，就不得不予以承认。另外，农村中的地权制度改革，包括集体土地所有权、农民土地承包经营权改革、宅基地使用权制度和建设用地使用权制度改革，以及逐步推行的三权分置改革，都应该在《物权法》中加以反映。其中，农村土地改革提出的、以农民家庭或者成员的权利为基础、重新缔造农民集体经济组织以及集体所有权等迫切问题，涉及理论和实践问题都很大，但是也是不可以回避的内容。

第四，我国社会全面进入信息社会，因为信息的利用和侵权问题，成为民法必须解决的大问题。首先应该看到的是，国家和人民都从信息和大数据的利用和开发中获得极大的利益，当前我国的数据建设已经取得极大成就，大数据、云计算不但已经进入了国计民生，而且已经在一些重要的产业和社会管理中发挥了重大作用，甚至在人民法院的司法实践中也发挥了极大的作用。利用信息和数据技术，不仅仅国家行政机关管理国家的事务非常方便，它们可以利用信息渠道瞬息之间联通五湖四海、边塞海外，而且一般民众的生活也因此产生极大便利，他们也可以利用信息渠道时刻联系到自己的亲朋好友。经商者可以利用信息网络把自己的产品信息发送到国际国内各个地域，医生可以利用信息技术实现对病人最及时的救治。但是另一方面，信息泄露造成的侵权问题，成为法律必须解决的重大问题。2016 年的徐玉玉死亡案件、2017 年的李文星死亡案件，都直接或者间接与信息泄露有关。而涉及老年人、青年学生被诈骗的案件，现实问题已经十分严重。据 2017 年"两会"期间某记者见面会公布的消息，仅 2016 年，我国 6.88 亿网民因垃圾短信、诈骗信息、个人信息泄漏等承受的经济损失就达 915 亿元。

对于目前社会热议的信息泄露造成社会严重危害的法律问题，我们必须认真思考并积极应对。应该看到，立法上应该首先解决的问题是从源头上防止信息泄露，而不是在信息泄露之后打击利用这种泄露违法犯罪的行为。从源头上防止信息泄露，就是要治理个人信息的采集、保管和利用的各种行为，这些行为涉及许多政府机关，也涉及电信、学校、民航、铁路、邮政、不动产登记、户籍、医院等单位；既涉及网络，也涉及很多法人和自然人。对这种不特定多数人的行为，国家需要建立行政法规制，显然从民法的角度予以规范是无法做到的。但是信息泄露也会造成民法上的侵权问题，尤其是频发多发的新类型的侵权责任问题。这些侵权问题由民法来解决确实是合理正当的，但是涉及信息泄露的侵权责任在我国相关法律中反映不足，因此现在特别需要修订侵权责任法律规则来解决。

第五，婚姻家庭关系发生重大变化对婚姻和家庭法提出了挑战。首先就是养老的问题。随着老龄社会的到来，而且因为计划生育政策，现在我们面临严重的养老问题。其次，非登记的婚姻、同居式两性关系越来越能够得到社会的接受和承认，青年以及老年的非婚同居都很普遍，这是我国民法婚姻家庭关系立法必须面对和解决的问题。再次，"家务"中的财产关系，和现行法律立法背景相比已经发生重大变化。最后，现行立法压缩限制亲属关系范围的做法，不但违背中国传统，而且不符合现实情形。这些问题也反映到了继承法领域，因此必须予以认真对待。

二　民法典编纂应该遵守科学性原则

民法典编纂，包括民法典分则部分的编纂必须强调贯彻立法科学性原则，正如中央《关于全面推进依法治国若干重大问题的决定》中指出的，立法科学性原则的贯彻对于确保立法质量是一个关键的因素。因为改革开放以来民商法制定工作一直受到极大重视，因此相关立法已经取得很大成就，涉及民法分则基本法的内容大体已经完备。适应市场经济体制保障和人民权利保障需要的基本法律大体都已经有了。从民法立法科学性的角度看，现在需要解决的问题之一，是完善整合现有立法体系，使其成为内部和谐统一的整体。现行民法是在改革开放逐步深化的过程中陆续制定的，不同时期制定的法律相互间有一些明显的矛盾，这也是正常的。改革开放初期制定的法律体现市场经济体制的要求不多的情形，我们也能够理解。总的来说，现有立法体系化、科学化整合的任务仍然比较重。

另外我们也要认识到，我国民法现有内容遵守法律科学性原理的问题，是一个多年以来也没有得到很好解决的问题。改革开放初期，我们对于立法的科学性可以说基本不认识不尊重，当时提出的"宜粗不宜细、宜短不宜长，成熟一个制定一个"的立法选择，在当时背景下虽然也是不得已，但是从长远来看确实留下了隐患。在后来的《合同法》《物权法》和《侵权责任法》的制定过程中，科学立法这个原则也并没有得到严格的遵守，现在民法典分则编纂过程中各种立法枝节化、碎片化、非体系化的观点还是不断涌现。所以我们要在这里提出这个问题并试图解决这个问题。

《全面依法治国若干重大问题的决定》指出，尊重法律科学就是要尊重法律的基本规律。科学的基本意义就在于它能够准确地确定客观世界的运行规律，并利用这些规律建立可复制可推广的逻辑，从而对现实世界发挥作用。民法科学的意义也是一样。民法之所以是科学的产物，它的意义就在于，它能够准确地界定法治国家原则之下民法发挥作用的范围，能够建立起符合国家治理目标的切切实实的法律规范系统，并且按照清晰明确的逻辑将这些法律规范组建成为系统的法律制度，可以现实地作用于社会，而且这些作用可以复制和推广到巨大国土的每一个角落，给整个社会建立统一的行为标准。当然，民法作为科学，不像神学那样什么都敢于解释什么都能做到（但是实际上神学什么也解释不了什么也做不到），民法在现实社会发挥作用的功能既是确定的，同时也是有明确边界的，它发挥作用也是有条件的。民法典编纂包括分则编纂必须依赖于民法科学。

民法学作为社会科学，它的立法科学性原则可以简要总结如下：

第一，公法和私法相区分的原则。

公法和私法的区分，是大陆法系成文法国家确定法律体系建设普遍所遵守的基本原则。事实上英美法系国家的制定法，大体上也遵守了公法和私法相区分的原则。虽然公法和私法的相互区分，在法学的精微之处存在争论，但是在基本环节不存在争议。所谓公法，就是支持、保障和规范公共权力运作的法律规范的群体，也就是为了实现国家主权对于社会事务方方面面的管理而建立的，涉及立法、行政管理、司法；涉及内政、外交以及国防等各种事务的国家权力形成以及运作的法律规范的总和。私法，就是关于民事权利行使和保障的法律规范群体的总和。公法和私法的区分，对于法律体系的建造可以说具有基本的意义，因为，法律的基本功能就是完成国家治理，在依法治国原则下，国家治理首先要明确治理者所依赖的法律，这些法律群体就是公法，其中最为重要的就是宪法、行政法等；另一方面，也要明确被治理者的权利立法，这就是私法，主要是指我们现在所说的民商法。"私法"这个词汇来源于罗马法，原来指涉及私人利益保障的法律，现代民法科学中，这里的"私"，指的是明确肯定的民事主体的意思，也就是民法上的主体不论是自然人还是法人都应该明确肯定，这样，不论主体享有权利还是承担法律义务以及责任，也都是明确肯定的。所以，"私法"不能像苏联法那样被解释成为和公共利益相对立的"私"有利益的代名词，这种不中肯的政治解读，会彻底损害这个概念的法律价值。

公法和私法的相互区分在民法分则编纂过程中之所以应该首先得到尊重，原因就是我们必须首先确定，哪些内容属于公法哪些属于私法。我们应该首先找到民法的边界，不能认为民法可以包打天下，把行政法甚至宪法的内容写入民法。虽然我们说民法属于社会百科全书，但是民法规范不能包揽社会管理的法律规范，也就是针对社会不特定多数人的公共行为的管理性规范。对一些既涉及行政法也涉及民法的社会行为，我们更应该注意到行政法和民法建立法律规范的不同角度。比如，上文分析到的个人信息保护的法律制度建设问题，我们就应该认识到，涉及各种不同的政府机关、社会的企业事业单位（比如邮政、银行、民航、铁路、互联网、学校、商场等）采集个人信息、保管个人信息和利用这些信息的行为，民法实际上无能为力。因为这些行为就是典型针对不特定多数人的行为，而且仅仅采集和保管个人信息在民法上无法禁止（对此请参阅《民法总则》第111条），对此应该建立管理规范的责任就只能交给行政法。民法科学性能够在这一方面发挥的功能是，它只能从侵权法的角度解决保护的问题。因此我们无法同意目前一些学者依据21世纪个人信息保护问题非常重要、应该把信息保护的全部问题都纳入民法典的独立人格权编来建立法律规范的观点。这种观点实际上是做不到的，要民法承担行政法的功能，违背了公法和私法的基本功能区分。

另外，我们还要清晰地认识到信息和隐私的立法区分。《民法总则》在第110条规定了隐私保护，在第111条规定了信息保护。仅仅从这一点我们就可以看出，我国《民法总则》立法时大家都已经清楚地认识到，隐私和信息并不是同一的概念。这两个概念最简要的区分在于，隐私就是个人私密，是不能让任何人知道的，更是不能公之于众的；而信息只是关于个人的情况的描述或者记载下来的资料，它们并不完全和个人相关联。信息之中，有相当大的部分则是适度公开的，甚至是必须公开的，比如一个人的名字、电话号码、家庭住址、联系方式，甚至一些身体健康数据等信息，就是可以适度公开或者完全公开的。所以《民法总则》第111条就没有规定禁止一些单位或者个人获得个人信息。从该条规定的内容，也是根据我们的生活常识看，个人信息包括内容非常多，但是无论如何它只是一种被记载的数据，所以它不能和《民法总则》第110条规定的直接体现自然人身体的权利相提并论。个人的信息，有一些即使公开了也不会对个人造成损害，但是也有一些内容有可能被犯罪利用而造成损害。因此该条立法规定，信息采集者、保管者承担义务，不泄露这些有可能致人损害的信息。总体来看，该条文所说的信息，不能被理解为该法第110条所说的隐私。在这一点我们可以清晰地看到，在徐玉玉等信息泄露案件中，被泄露的只是个人信息，而不是徐玉玉的隐私。如果我们不能准确地区别这些概念，也就不能准确理解立法；如果我们以这种不清晰的思路去指导立法，那么我们自己的行为反而会对民众的权利造成损害。

第二，一般法和特别法相区分的逻辑。

《民法总则》第2条规定，民法调整平等主体之间的人身关系和财产关系。但是，属于平等主体之间的人身关系和财产关系的法律规范非常之多，尤其是在市场经济体制下，在当代社会信息与互联网时代，民法社会还在不断扩展，立法上属于民法的规范群体还在迅猛增加。在这种情况下，民法科学自身的一般法和特别法相区分又相互连接的逻辑，为容纳庞大的民法规范并为之建立规范逻辑发挥了基础性作用。对此我们在做立法体系和内容选择时应该予以足够的重视。

民法法典化运动初期（17至18世纪），基于强化民事权利保护的需要，人们提出了建立一个包揽全部民事法律规范的民法典的观点。这种观点听起来很美而且一度获得很多支持，但是立法者很快就认识到，这一观点在现实中是做不到的。因为当时人们遇到了一个非常大的困难，就是把商事法纳入到民法典之中的内容。起源于欧洲中世纪从地中海到波罗的海之间的商事贸易习惯而形成的商事法，到民法法典化运动时期已经形成了比较完整的体系；而且商事纠纷的裁决强调客观公正方便快捷，这一点也和一般的民事裁判规则有所不同。所以，虽然人们对于商事法律属于民法没有大的争议，但是，把已经体系化的商事法纳入民法典既没有必要而且也显得十分生硬。也就是这样，法国、德国等国家在编纂超大型的民法典的同时，也保留了商法典独立的立法模式。这种模式的特点，是把民法典作为私法的一般法，其中规定涉及一般民事主体、一般民事行为、一般民事权利和一般裁判规则的内容；此外的商法典作为民法特别法，规定涉及商事交易的特别民事主体、特别行为、特别权利和特别裁判规则的内容。考虑到商事特别法规则更符合商事交易特征的需要，因此在法律适用上确立了特别法相比一般法优先适用的规则，以及特别法无规定时适用一般法的规则。虽然此后多年以来，关于民法和商法之间的关系，学术上还有不少争议，但是将它们之间的立法和司法规则依据一般法和特别法的体系逻辑来予以规制，可以说基本无争论，而且实践效果也非常好。

一般法和特别法的体系逻辑，不仅仅适用于处理民法和商法之间的关系，而且也被用来处理民法和知识产权法之间的关系，以及民法和社会立法之间的关系，甚至也被用来处理涉及民事权利的大量行政管理法律之间的关系。知识产权法的特征在于，专利和商标等权利必须纳入登记，因此在发生权利争议时必须首先解决涉及登记的问题，这一点和一般民事权利不一样。社会法涉及的社会权利，虽然会涉及政府扶助，但是其本质仍然是民事权利（对此《民法总则》第128条有规定）；而且国家对于劳动者以及弱势群体的扶助，本质也不是行政管理，而是实现民事主体的实质公正。因此在法学上普遍的认识是，社会法仍然是民法的特别法。当然，涉及民事权利的行政管理法不应该属于民法特别法，但是这些法律中的很多规则，比如《土地管理法》等法律中规定的土地权利规则、《道路交通管理法》中涉及的交通肇事裁判规则等，仍然具有民法特别规则的含义。在法律适用方面，这些特别法或者特别规则具有优先适用的效力，但是如果特别法和特别规则没有规定的，仍然应该适用民法处理当事人之间的争议。

　　一般法和特别法的逻辑，给我们确定民法典分则的立法内容提供了一个非常强大的分析武器。现代社会民法的体系规范十分庞大而且还在不断扩展，但是民法典不可能将其全部纳入，在这种情况下，我们可以就运用一般法和特别法、特别规则的逻辑，将大量的民法规范分门别类，只是将涉及一般主体、一般行为、一般权利和一般裁判规则的内容纳入民法典之中，其他的规范，可以纳入民法特别法（比如商事法、知识产权法、社会立法等），也可以将其纳入到属于行政法的特别规则之中。比如，关于个人信息保护涉及的民法规则，就可以纳入到个人信息保护法之中。

　　第三，法律关系的基本逻辑。

　　法律关系的基本逻辑，指的是民事主体、客体和权利义务之间的内在联系。民事法律关系基本逻辑的要求是，这些构成因素都必须明确肯定。民法科学性的基础就在于法律关系的基本逻辑。民法对社会发挥作用的基本手段，就是利用法律关系主体明确肯定的原则，也就是主体特定性或者具体性原则，将民法整体的立法思想演化为针对具体人或者具体行为的规范，并且通过法律的贯彻，使得立法整体的进步思想成为现实。实际上，法律作用于社会的功能正是依靠法律关系的逻辑来实现的，民法规范可以作用到每一个具体的人或者团体、可以作用到一个个具体的行为，所以民法的作用是扎扎实实的，依靠民法建立和改造社会整体秩序的目的也是这样扎扎实实地得到实现的。比如，不动产登记制度就是通过把一个个具体的不动产物权，通过特定主体、特定客体、特定权利这样的制度设计，登记在不动产登记簿上，通过一个个不动产的登记，建立了社会整体的不动产秩序。法律关系的基本逻辑，是民法科学的核心和基础，它不仅仅在立法上而且在法律实施以及司法上都发挥着决定作用。

　　但是我们必须看到，20 世纪中期我国社会采纳的苏联法学，其违背法律科学性的要害之一，就是否定了法律关系的特定性或者具体性。这种理论在民法上采取抽象主体学说，在所有权等重大民法制度建设方面，否定明确肯定的自然人主体或者法人主体学说，结果使得我国包括国有财产在内的公共资产领域，出现了主体虚空的制度产物，而且给后来我国在这一方面的科学制度建设造成了很大妨碍。实际上，在法制社会里，任何财产都会受到所有权的支配，因此我国公共资产的实际支配者肯定是存在的。

但是法律上的所有权和现实支配关系完全脱离，这就给我国公共财产的法律秩序建设造成了很大的障碍。这个障碍，从苏联法学的角度看是没有办法清除的。所以唯一的出路是坚持立法科学性原则，清理苏联法学的消极影响。让我们感到高兴的是，随着改革开放的发展，我国民法在贯彻法律关系的基本逻辑方面，在近年来的立法和法律制度建设中已经取得了很好的成绩，2007年《物权法》制定时在贯彻物权特定性原则方面付出了很大努力，它从主体客体到具体权利，都对苏联法学遗留的制度进行了比较大的改造。

我们应该清楚地看到，按照法律关系科学性逻辑，《物权法》值得改进的地方还很多。比如，在公共财产所有权领域，苏联法学所造成的"统一唯一国家所有权"理论至今没有改变，法律上所讲的国家所有权和行政管理权区分不清，法律上的统一唯一的所有权主体始终不存在，实际所有权主体在法律上无法彰显，公共财产的支配秩序保留的灰色空间非常之多。在投资领域，因为苏联的这种学说，"所有权—股权"（也就是投资人的所有权转化为股权、公司法人享有所有权）的立法基本逻辑得不到贯彻，混合所有制改革遭遇立法阻碍。实际上中央政府和地方政府的投资区分是十分清晰的，但是在立法上无法得到承认。这种情况在土地、森林、矿藏、自然保护区、风景名胜区等领域的所有权制度建设上也是一样。这种现实和法律相脱节的现象隐患极大，应该尽快予以改变。

值得庆幸的是，这一次《民法总则》第96条规定了特殊法人制度，这样，依据法律关系逻辑首先需要更新的主体制度取得了突破。承认公法法人，将在公共财产制度方面发挥极大作用。承认了农村集体经济组织的法人资格，将促使我国农村集体法律制度立法的重大突破。但是目前这些突破还没有反映到物权法之中，正在进行的物权法修改方案必须按照特殊法人的主体制度所确定的基础，来改造我国的物权法尤其是所有权的法律制度。

第四，民法的规范性。

民法规范性指的是，民法的制度必须具体化，而且这些制度必须包括明确肯定的主体、客体、权利义务、法律责任等必要因素，这样的民法制度具有明确肯定的可操作性，适用这些法律制度必然产生确定的权利、义务，或者法律责任的结果。民法科学性之一，是它的法律规范的确定性。它不是政治口号也不是道德规范，适用民法规范产生的权利、义务或者责任，最后甚至可能触及司法强制，而不是一种没有司法强制力支持的政策或者道德上的约束。

以本人从事法学研究和教学工作多年的体会，发现我国社会尤其是法学界，对于民法规范性研究仍然有所欠缺。其一，我国法学界对于法律规范的基本定义，一般是从刑法或者行政强制法得出的，该定义指出法律规范是指包含着"假定、处理、制裁"三个基本因素的规范。但是这个基本理论是否适合民法，多年来并没有人仔细思考过。一个民事案件在适用民法规范时，当事人的行为有时候确实会导致法律责任产生也就是制裁的产生，但是有时候甚至多数情况下都是仅仅产生权利，或者消灭义务，却不产生制裁。比如法院依据不动产登记或者动产交付确认取得所有权，依据事实行为确认取得所有权、依据抗辩权或者解除权消灭债权、依据继承权取得财产所有权等。在民法中，即使是法院的裁判，也并不必然导致对于当事人的法律处罚，因为有的规范的适用可以导致民事责任产生，有些却并不导致民事责任产生。比如法院对一项当事人是否取得所有权的裁判，就只会产生权利确定或者否定的结果，而不会产生法律责任。这种情况说明，现在我国法学界关于法律规范的学说并不符合民法规则。

其二，我国民法学界常常不能把握民事法律规范设计的要点。因为民法的全部规范由行为规范和裁判规范构成，因此民法中的制度分析，应该首先就是规范分析，这是一种古老的法学研究方法。所谓行为规范，就是为引导民事主体从事具体民事行为而设置的规范，比如合同法中规定引导当事人订立合同的规范，婚姻法中引导当事人如何缔结婚姻的法律规范等。所谓裁判规范，就是为法官或者其他裁判者设置的、目的在于给裁判者授权让他们能够对具体民事活动中当事人的行为做出明确的是非裁判的规范。民法中的法律规范，要么必须是行为规范，要么就应该是裁判规范；但是也有一些法律规范同时具有行为规范和裁判规范的特点。根据这种规则，我们在做民事法律制度设计时，就必须首先考虑到这些制度的规范分析，看看这些制度到底是行为规范还是裁判规范。

在民法典分则编纂过程中，出现了关于在民法分则中设立独立的人格权分编的呼吁。但是从民法规范科学性这个角度分析，我们很容易看出这种观点的缺陷。因为人格权的道德伦理基础是自然人的人格和人格尊严，而自然人人格、人格尊严是绝对不能用来交易的（所以我们认为，某些学者提出的"人格权商品化利用"这个命题是非常危险的提法——对此下文要仔细讨论），因为没有交易，也就没有行为规范。事实上自古以来民法上说到人格权也只是保护的问题，而没有交易的问题。所以人格权立法的核心问题，也就是它受到侵害时的法律救济的问题，也就是裁判规范的问题。这个问题，事实上在我国侵权责任法中已经解决了。

第五，区分原则。

在民法中，绝对权和相对权相区分、负担行为和处分行为相区分、侵权责任和违约责任相区分，可以说是贯彻民法始终的基本逻辑，甚至也是贯彻于全部财产转让法律制度的基本逻辑。这个对于民法制度具有重大意义的分析和裁判规则，只是到20世纪90年代中后期才为我国民法学界所知晓，在21世纪初期才被最高法院的司法解释承认并作为基本的裁判规则得以应用。但是，我国民法学界仍然有一些学者对此原则提出似是而非的批评，《物权法》也只是模模糊糊地采纳了这个原则。

《民法总则》第130条规定，民事主体依照自己的意愿依法行使民事权利，不受干涉。这个条文虽然从表面上看是支持民事主体行使权利的内容，但是这个条文也揭示了一个非常重要的思想，即民事权利行使的法律效果应该依据权利人的内心意愿来确定。像所有权这样的权利仅仅依靠权利人自己的意思表示就能够发生法律效果，从法学上说，这就是权利人自己的意思表示能够绝对发生效果。因此这些权利被称为绝对权。但是有些权利像合同债权，权利人行使权利时其效果必须借助于相对人的意思（请求履行和对应履行），如果相对人没有意思表示权利就不能实现，这些权利被称为相对权。绝对权的典型是所有权，相对权的典型是合同债权。所以，第130条规定的重大意义在于，它承认了不论是物权还是债权，权利行使的过程，其实都是权利人意思表示发生效果的过程。指出这一点意义显著。

从绝对权和相对权的区分的角度看，法律行为理论除具有重大人文价值之外，在民法的基本结构和裁判上还具有极大的科学性。民事权利的这种本质区分，导致当事人的法律行为性质发生区分、法律责任发生区分，进而就是权利变动的法律根据发生区分。可以说，区分原则对于民法、商法、知识产权法以及涉及民事权利交易的其他法律，都有结构基础的作用。

遗憾的是我国法学界对于这样一个基础性的原则，却因为法学资源的谬误，而长期不理解甚至予以排斥，从而导致立法产生了明显错误的规则。比如《合同法》第132条要求，买卖合同必须针对已经存在的标的物订立。进而《合同法》第51条规定，如果订立合同时，债务人尚无标的物所有权，那么这一合同就不会得到法律的承认和保护。如果依据这些规则来裁判交易，针对不存在的物比如工厂尚未制造出来的物订立买卖合同，那就将被当作不受法律承认和保护的合同。这些规则的谬误可以说是非常清楚的，但是至今还没有得到改变。事实上，《物权法》第15条以及最高法院2012年"买卖合同司法解释三"都在试图改变《合同法》的这些不符合法律科学的规则，但是应该的做法，是在民法典分则的编纂工程中整体予以整合修订。

在《民法总则》的制定过程中，一些学者和立法工作人员认为，物权和债权的区分比较难以理解，因此在总则的法律行为制度中没有写入相关条文。这种说法，从目前我国市场经济的发展状况看是很难成立的。现在我国，不论是民法理论界还是司法实践界，谁不知道物权和债权的区分？谁不知道法律行为的本质是当事人的意思表示？这样普及型的知识，这样具有普遍意义的法律原则，如果得不到采纳，实在是中国民法的不幸。

所以，这一次民法典分则编纂涉及《物权法》《合同法》的相关规则整合时，立法应该明确坚定地采纳区分原则。

三　关于民法典分则设定独立的人格权编的讨论

在我国当代民法学研究活动中，关于人身权以及人格权的讨论，尤其是围绕着民法典中是否设立独立的人格权编的讨论，现在已经成为显著的热点。自从有学者提出人格权在民法典中独立成编的主张之后，中国社会科学院课题组一直持否定态度，其原因非常简单：不论是从民法体系科学还是立法基本功能的角度看，人格权在民法上的立法问题，就是侵权以及救济的法律问题，这个问题已经由我国《侵权责任法》解决了，现在个人信息保护出现的问题，也还是侵权法问题，完全可以通过修订侵权责任法来解决。近年来，继续坚持人格权在民法典中独立成编的学者又提出了"人格权商业化利用"或者"人格权权能的商业化利用"的观点，认为侵权责任法不能解决人格权市场化的问题。这个观点出现之后，关于人格权本来比较清晰明确的制度规则，已经出现了极大的混乱，因为这个观点打破了民法学、宪法学等学科关于人格以及人格权的基本定义，也突破了能够支持法律建立人格以及人格权学说的伦理底线。

事实上，主张人格权独立成编的观点，其基本的两个论据之间就是不协调甚至是矛盾的。其论据之一，就是 21 世纪信息被滥用而造成以隐私为核心的人格被极度侵害、必须加强保护。其论据之二，就是现在中国出现人格权商业化的趋势，因此，人格权也已经具有了类似于物权或者债权那样进入交易机制的特征，应该将人格权和物权、债权一样，作为民法典中的独立一编。但是，这两个论据的要求如何协调统一为独立的人格权编呢？因为如果要解决人格权商业化利用而产生的交易问题，那么立法要建立的规则是与合同法一样的行为规范；如果要强化人格权侵害救济，那么立法要建立的规则是属于侵权法体系的裁判规范。这两个论据，涉及民法的合同法和侵权法两个领域，可以说这是全世界的民法（包括英美法系）都认识到的重大差别，这些学者似乎没有想到这个问题。事实上，将这两个论据协调为一体，从立法功能的角度看是不可能的。

从当前社会法治实践的角度看，强调人格权保护当然是正确的。但是，既然要强调其人格权保护，那么我们就必须仔细分析，我国目前有没有人格权保护的立法？这些立法在人格权保护方面到底出了什么问题？首先我们要看到，类似于徐玉玉案件那样的严重后果，根源在于信息泄露，而不是隐私泄露。一些学者一再强调信息泄露就是隐私泄露，这是很不严谨的。徐玉玉被泄露的只是她的考试信息，而不是隐私。因此，这个案件不能被炒作成为一个隐私权受侵害进而也是人格权受侵害的案件。另外，我们也要看到，徐玉玉考试信息的泄露，主要的责任在于掌握这些信息的学校和教育行政部门。窃取和出卖信息的黑客和利用信息诈骗的罪犯，其罪责并不是信息泄露而是盗窃信息和利用信息诈骗。无论如何，不论是信息泄露还是信息犯罪，这些问题当然也不应该由民法来规范。可以由民法来规范的，只有信息泄露造成损害之后的侵权救济问题。在上面的讨论中我们已经分析了我国《民法总则》关于第110条和111条立法的差别，因此我们在这里呼吁我国社会尤其是我国法学家，不可以混淆隐私和信息的区别，也不要把这个问题和人格权的保护混为一谈，更不要把信息保护方面的全部问题理解为民法问题。我国《侵权责任法》已经建立了良好的侵权救济制度的基础，这个重要的立法基础任何人不可以忽视。如果认为该法对于人格权保护还有不足，那么，在下一步的民法分则编纂过程中，进一步修改或者加强这一方面的规则即可。

至于"人格权商业化利用"这个观点，在我国法学界提出来而且形成了比较高的声浪，仅仅这一点就清楚地说明，我国民法学界关于人格权基本理论研究还十分薄弱，稍有人文主义历史知识和伦理学知识的人，一看到这样的提法都会非常惊讶，人格、人格权怎么能够被"商业化利用"？提出这些观点的学者有没有想到人格权所涉及的重大伦理问题？

在本人曾经翻译的《民法上的人》这篇论文中，德国法学家哈腾鲍尔通过历史考察，揭示了民法上的人、人格、人格权的起源以及现实的发展。这篇文章说明：在历史上曾经有很长的一段时间，自然人并不是都是法律上的人，自然人中的奴隶没有法律人格；即使具有法律人格的自然人，却因为血缘、性别、民族、阶级、宗教、政治阶层等各方面的因素，被划分为不同的等级身份，他们不能享有平等的法律人格。这种人与人之间的人格是天生的、合法的、赤裸裸，因为人格不平等，他们的权利义务和责任都是法定不平等。因为人被分为上等人和下等人，上等人可以决定下等人的自由（包括性的自主）、财产甚至生命。这种情形就是等级身份制。在人文主义革命时期，人们首先是从生命伦理的角度提出了人人生而平等的进步思想，以此来推翻等级身份制的思想基础。后来，经过哲学伦理学和法学等多个方面的巨大努力，天赋权利、人人平等这些观念才被立法接受，宪法和民法都逐步建立了法律人格人人平等为基本理念的主体制度。这种人人平等的人格理论，从一开始就是抓住了下等人悲惨的身份命运这个重大道德伦理缺陷，从生命和尊严应该人人平等的角度，建立了人文主义的伦理观，进而这个伦理观才演化成为宪法和民法的主体制度。简而言之，人格就是作为法律人的资格，是和自然人的生命相互连接的原生权利能力；人格的法律问题，是要让一切自然人的生命和自由一律平等。人格问题首先是一个宪法问题，民法上的主体资格，其实只是自然人的宪法资格的体现。从历史的考察看，自然人享有平等人格以及人格权的提出，是近现代以来人文主义革命的产物。民法上的人格也是人文主义伦理下自然人生命和自由一律平等的价值观的体现。

也正是因为这样，世界很多国家民法规定，自然人的权利能力一律平等，自然人的权利能力始于出生终于死亡。这个规定强调的是，自然人之间的法律人格没有差别。自然人人格基础的人文主义的思想，现在看来我国法学界并不很清楚。无论如何，自然人的法律人格和他或者她的生命、健康、自由（包括性自主）等基本权利相互不可分割，这些都是维系他或者她的主体资格的必需。这样的权利内容，怎么会有商品化利用的可能？如果这些东西都能商品化利用，那么他或者她还是法律上的自然人吗？

也就是因为这样，人格权，在传统民法中一直是和侵权法密切相关的。因为：虽然近现代宪法从主体资格的角度解决了自然人之间人人平等的法律问题，但是，在自然人之间却始终存在着侵害他人的生命健康、隐私、自由等方面的现实问题。这些侵害，归根结底也是对他人主体资格或者人格的侵害。所以，人格维系或者人格权保护的重大责任，就交给了侵权法来承担了。

两次世界大战之后，民法学关于自然人法律人格的思想出现了一个重要进步，那就是把人格以及人格权这些概念和公共权力限制理论相互连接起来，从而在自然人人格和人格权保护方面取得实质突破。第二次世界大战期间自然人权利受到大规模侵害，而这种侵害的主要渊源就是公共权力。在吸取这一沉重历史教训的基础上，为了强化自然人权利保护，在宪法中出现了基本权利制度。当时法治社会宪法具有至高无上的法律地位，把自然人的基本权利写入宪法，就是要以宪法的权利位阶为手段，实现对于自然人权利的高度保护。宪法基本权利，主要指的就是民法中的自然人权利，包括但不限于目前我国法学界部分学者热炒的人格权。从那以后，世界各国的宪法都普遍承认了基本权利规则，强调人民的这些权利的神圣地位，以此限制国家依据公共权力，防止国家权力对这些权利造成损害，这是宪法规定基本权利的首要目的。传统宪法和民法强调的人格平等，主要是为了解决等级身份制这种体制造成的历史问题；而现代宪法中规定的基本权利，主要是解决现代国家过于膨胀的公共权力对于民众基本权利包括人格的损害的问题。

在宪法规定的基本权利之中，人格尊严是一项核心内容。这一点也被民法学界称为"一般人格权"。正是这个权利，才构成了民法人格权的宪法基础和道德基础。我们要理解现代民法学中的人格权，必须首先明确，这个权利和自然人人格尊严的内在联系。中外民法学界的基本共识是：各种各样的自然人人格侵害或者人格权侵害，归根结底都是自然人的人格尊严的侵害。所以，不论在立法上列举出来多少人格或者人格权的具体类型，总而言之这些都是人格尊严的体现。所以，虽然有一些人包括我国的一些学者在内，都花费了很大精力尽可能地列举出人格或者人格权的具体类型，但是这些列举总是不成功的，因为这些列举无法全面地解释出人格尊严的含义。传统民法的立法者并不这样做，因为明智的民法立法者并不在列举人格或者人格权方面下太多功夫，而是在承认人格尊严具有一般人格权本质的基础上，依据这种一般概括的方法，尽可能地把那些有可能受到侵害的人格利益都能包容进来。我国"民法分则"目前的立法观念，其实就是这种思路，它在第 109 条揭示了一般人格权的理念，在第 110 条也列举了一些人格的类型，但是它没有说这些就是人格尊严或者一般人格权的全部。这种立法结构下，第 109 条的法律适用，就有了非常广阔的空间，因为这个条文具有巨大的包容性。第 110 条的规定，仅仅只是列举了常见的受侵害的人格或者人格权的内容，这些列举之外，应该还有其他的受侵害的人格或者人格权的样态，这些样态可以从第 109 条中得到保护的法律支持。第 110 条的这些列举，可以作为司法裁判的指引或者参考，而不是作为固定的类型化模式，这和物权法定原则的要求是完全不一样的。

总而言之，将以生命伦理基础的人格或者人格权商业化，这样一种观点从理论上看就已经十分让人吃惊，一个"化"字，其理论分量有多重，这些学者不知道是否认真思考过。

支持民法典中设立人格权分则编的观点提出，目前我国或者国际上已经出现"人格权商业化利用"的趋势，而且还列举了一些事实。但是这些事实可以成为"人格权商业化利用"的根据吗？从我们看到的资料，这些学者提出的"人格权商业化利用"的事实主要有：

（1）自然人利用肖像权做广告。这是人格权商业化利用的主要根据。我们只是想问，一张相片被用作广告，这就是人格权转让吗？如果真是人格权转让，那么转让之后，肖像权人的相关人格是否已经被转让出去？他或者她还有没有相关的人格？显然，做广告之后自然人人格没有一丝一毫的减少，这就是说，他或者她并没有将包含自己人格的权利转让出去。如上所述，人格权本质是自然人的人格尊严，是和他或者她的主体资格相关联的基本权利，而肖像权做广告恰恰不涉及这些内容。从大量的广告使用的肖像我们可以看出，这些肖像多数向我们展现的是色相和诱惑，而色相诱惑恰恰和人格尊严保护的基本目标相背离。客观地说，肖像广告可以说基本与人格尊严无关，而只是与经济利益相关。因此当代世界，不论是哪个国家，都只认为肖像广告仅仅只是一个合同法问题，而不是一个人格权问题。无论如何，把利用肖像做广告解释为人格权商业化利用的观点，是完全无法成立的。

（2）一些学者提出，表演权、形象权等也可以作为人格权商业化利用的根据。但是这个观点法学界基本无人同意，因为这是个知识产权法问题。

（3）一些学者提出，类似莱温斯基向媒体出售其性隐私而编书赚钱的行为，也是人格权商业化利用的例子。对此我们完全无法赞成。因为，这种以出卖自己的性隐私而牟利的行为既违背了道德伦理，也违背了法律的基本原则。我国法律，从来都对此予以禁止。这个例子恰恰说明了人格尊严涉及道德伦理的问题，人格即使权利人也无权处分。

（4）一些学者提出的法人可以转让其主体资格，比如公司可以转让其字号等，因此法人尤其是公司法人人格权是可以商业化利用的。这种观点可以说，是典型的似是而非。如上所述，人格以及人格权，是现代民法为纠正古代民法中自然人的主体资格的不合理制度而有针对性建立的制度，它要解决的问题，是古代法律基于公开而且合法的血缘歧视、民族和种族歧视、性别歧视、宗教歧视等，而且这些歧视造成的下等人不能享受充分法律人格的问题。第二次世界大战期间的因为公共权力滥用造成的人格侵害，本质上还是因为法律歧视。现代法律建立平等的法律人格制度，而且通过宪法关于人格尊严的规定，给予这种权利以高度的保护。而法人制度从一开始产生就没有遇到过所谓的歧视问题。而且从法律实践的角度看，法人的可以转让的字号，实质还是财产权利的转让。这一点和自然人的主体资格完全不可以转让的特点，完全不一样。

退一步来说，仅仅依据企业法人转让其字号这样一个理由，也不能就得出整个法人类型都可以转让其名称的结论。因为公益法人并无转让"字号"的可能，而且即使是企业法人，其某些涉及其主体资格的权利（比如我国《民法总则》第 110 条第 2 款规定的名誉、荣誉等）也是完全不能市场化的。所以，法人人格权商业化利用的说法，其实是非常典型的夸大其词的结论。

从上文分析我们可以看出，"人格权商业化利用"虽然现在被炒作得非常热闹，但是它却是一个典型的理论泡沫。首先，在自然人人格和人格权方面，除了肖像权做广告之外，还没有其他人格或者人格权商业化转让的法律问题。而肖像权做广告，却仅仅只是一个典型的合同法问题，其本质不是什么人格以及人格权商业化利用。而在法人方面，仅仅企业法人转让其字号这样一种行为，似乎与其主体资格的商业利用有关，但是其本质是一个典型的财产权利转让问题，其他的法人类型并没有其人格或者人格权商业化的可能。所以，整体上看，不论是中国还是国际上，都没有"人格权的商业化利用"的实践。

针对我国人格权理论研究的混乱，本人在此向立法机关、向全国法学界尤其是民法学界发出呼吁，请大家思考如下相关问题：

（1）什么是人格？法律上提出人格是要解决什么问题？人格和人格权建立的伦理基础是什么？

（2）什么是人格权，人格权是怎样解决人格问题的？

（3）自然人对自己的身体究竟享有什么权利？他或者她有权利处分自己的身体吗？其中的生命伦理问题有人考虑到吗？

（4）提出人格权商业化利用，这个"化"字的范围和深度有没有确切的定义？

（5）肖像做广告能被定义为人格权商业化利用吗？

（6）自然人信息是人格吗？

（7）自然人信息泄露是隐私泄露吗？

（8）信息泄露造成严重的社会问题，仅仅依据民法就能够解决吗？

（9）信息泄露造成的侵权，通过侵权法修改不能解决吗？

（10）人格权立法，仅仅就是民法问题吗？是否在民法典规定独立的人格权编就能解决全部人格权问题？

（11）法人为什么不能享有人格尊严？

（12）法人"人格"和财产权有什么区别？

如果这些问题得不到澄清，不但人格权独立成编成为笑柄，而且我们的民法典我们的法律体系我们的法学理论也将为人长久诟病。鉴于如此之多的似是而非，我们有理由提出以上的质疑。

四　对当前民法典分则编纂的几点建议

第一，全国人大常委会法工委应该继续坚持两步走的民法典编纂规划，在民法总则制定完成之后，稳定扎实地推进已经确定的民法典各个分则的整合工作。民法典编纂分为两步走，是委员长、全国人大常委会领导都已经向社会宣布的立法方案。这个方案的编制既符合我国民法发展的现实，也符合法理。从上面的分析看，三步走的方案也就是在其中增加人格权独立成编的方案，不但不符合我国现实需要，更重要的是违背民法原理、违背法律伦理基础。

第二，积极应对信息保护的社会需要，在我国侵权责任法修正时，增加关于信息泄露侵权规则。如果为了突出这个问题，可以考虑在民法典的侵权责任编中写入专门一节。我们的研究结论是：关于信息侵权大体上需要三到五个条文，包括违法采集自然人信息侵权、违法泄露自然人信息侵权、多数人共同故意侵权、多数人非共同故意侵权等。从民法的角度看，民法对于信息侵权的法律规制以此即可满足。但是，信息泄露需要的民法保护问题，还是要通过侵权责任法来解决，不论是从法理上看还是从立法现实看，我国民法典分则编纂都没有必要独创人格权编。

第三，积极贯彻民法总则立法取得的成就，在物权编的修订过程中，能够按照特别法人制度的要求，从主体的明确肯定、客体的明确肯定和物权明确肯定的角度，改进我国公共所有权制度和集体所有权制度。具体的建议是：（1）在公共财产领域，贯彻《民法总则》第96条规定公法法人作为民事主体的规则，有限度地使用"国家所有权"的概念，尽力以明确的民事主体权利、义务和责任构建公共财产秩序。（2）在"国家投资"和公有制企业的物权法律制度中，承认和采纳法人所有权学说，采纳"股权—所有权"规则，明确投资人权利和企业法人所有权的区别，为推行混合所有制改革铺平道路。（3）在农村集体财产所有权制度方面，贯彻《民法总则》第96条关于特别法人的规定，按照社团法人的规则，重建集体经济组织法人所有权、集体成员权等相关制度。

第四，按照民法科学，全面采纳区分原则。从物权法和合同法相互衔接的角度，积极主动地消除合同法第132条、第51条的立法弊端。

第五，物权法修订，应该接受我国已经建立统一不动产登记制度的现实，对相关制度做出全面修改。2007年《物权法》制定时期，因为不动产登记制度不统一，因此登记不能完全和物权法中的物权变动制度对接，一些必要制度没有建立起来。除类似于《物权法》第10条这种过渡性的条文应该予以修正之外，还应该增加登记依法产生的公信力、登记推定正确性原则演化的具体规则（如主体推定、权利推定、损害赔偿受领权推定等）等。另外，还应该建立当事人依据充分法律根据推翻不动产登记的法律规则（包括条件和程序等），以保护真实的不动产物权人。总体来说，这一部分需要修改的内容比较多。

第六，完善建筑物区分所有权法律制度，以此为核心完善居民小区法律制度。

第七，全面修改物权法第106条关于善意保护的规则，建立符合法理和中国实践需要的市场交易安全规则。

第八，全面修改担保物权制度，承认市场国家普遍存在、我国也已经多有应用的多种担保制度，并修正涉及交易安全的一系列核心条款，比如物权法第191条等。

第九，积极应对我国已经进入老龄化社会的现实，在空巢老人、失独老人保护方面做出努力。

第十，积极应对婚姻家庭关系的重大变化，在亲属关系立法方面做出实质修改。比如，在血缘亲属关系立法上，打破旁系血亲二等亲的限制，采纳我国传统亲属关系制度。立法不应该把亲属范围仅仅限制在旁系血亲二等亲的范围之内。事实上，我国传统亲属关系在稳定社会秩序、促进社会进步方面一直发挥着积极作用，立法应该对此予以承认和保护。同时，应该承认和保护不损害公共利益和他人利益的异性伙伴关系，将其纳入亲属关系范围之内。

第十一，在继承法规则中，尽量扩大亲属关系，扩大继承人范围，尽量把民间财产留在民间。立法尽量限制由所谓的国家或者集体取得无人继承财产的条款，因为这种理论不但得不到民众的认可，而且在实践效果上得不到采纳，是完全不现实的。

以上意见供参考。

论《民法典》总则与分则之间的
统辖遵从关系

内容摘要：本文是《民法典》编纂工程完成后，探讨和阐述法典的制度体系逻辑的论文。法典规范体系十分宏大，不论是学习研究还是实施适用，都需要理解这个体系。本文提出，因为《民法典》总则编贯彻了法典编纂的整体指导思想、民法上的基本原则、民法科学的基本原理，因此掌握《民法典》的规范体系，应该首先掌握法典总则编对于分则各编的统辖作用，和分则各编对于总则编的遵从地位。《民法典》就是依据这个逻辑编纂而成的，在这个基本逻辑之下，庞大的法典分则规范形成了和谐统一的整体。所以，法典总则和分则之间的统辖和遵从关系，既是立法的原则，也是法律实施的原则，掌握这个原则，对于行政机构执法、人民法院适用法典分析和裁判民事案件意义重大。论文从法典实施的角度，探讨了脱离总则编的基本规则而随意解读分则规则的一些影响较大的典型观点的弊端，强调了尊重民法体系性科学性逻辑、消除碎片化思维的重要理论价值和实践价值。

本文结构

引言　问题的提出

在依法治国原则下，民法作为国家治理所依赖的基础性法律，因其作用范围极为广大而包含着庞大的规范和制度群体；要让这些庞大的规范和制度群体有效地发挥作用，当然需要立法有先进的指导思想，必须符合我国的政治制度和经济制度，符合我国的国情，符合时代的潮流；但是同样不可忽视的是它还必须具备立法技术上的先进性，这样才能够保证立法的质量。具体地说，这种立法技术，不但能够将庞大的民法规范和制度群体编纂成为和谐有机的统一体系，而且它还必须具有清晰明确的逻辑，保障这个庞大的民法规范体系既有高度包容性，又有高度自洽性，能够满足市场经济发展和人民权利保护的需要；同时，这种立法技术还必须为社会学习和贯彻实施庞大的民法规范和制度体系提供方便和快捷的渠道。本次我国民法典的编纂采取总则与分则相区分的立法模式，这种立法模式所包含的一系列立法技术，是经过我国法律界先辈们通过大量考察与比较之后才引入而来的，它的先进性既得到了一百年来中国民法立法和司法实践的证明，也得到了改革开放以来尤其是我国市场经济体制建立以来的法治实践的证明。

民法典的庞大体系被区分为总则和分则，不但在立法时可以比较集中地贯彻立法者改造和推动社会进步的法思想，而且从法技术的角度看容易学习研究，而且也容易贯彻实施，尤其是方便司法适用。另外，本次我国民法典编纂并非完全新创，而是要将改革开放以来所制定的诸多民法单行法予以有机整合，所以立法规划采取的是"两步走"的规划，[①] 在这种情况下，民法典的编纂区分为总则和分则相区分的体例，更加符合立法的国

---

① 关于中国民法典编纂中采取"两步走"规划的情形，有兴趣者可以参阅朱宁宁《孙宪忠：民法典草案符合科学民主依法立法要求》，《法制日报》2020 年 3 月 17 日。关于这个规划的提出，本文作者担任全国人大代表于 2013 年和 2014 年领衔提出关于民法典编纂的议案，这两份议案收纳在《我动议——孙宪忠民法典和民法总则议案、建议文集》，北京大学出版社 2018 年版，第 1 页以下。

情。在这种规划下，第一步在 2017 年 3 月编纂完成了《民法总则》，并将
其作为整个民法典的总则编；第二步是在 2020 年完成了民法典分则各编
的编纂以及整合民法典总则编为一体的全部使命。在这种情况下，民法典
总则的编纂完成和分则之间有了时间差异；而且在立法时间极为紧迫的压
力下，民法总则刚刚编纂完成，它的内容还没有来得及充分消化，立法机
关、社会各界，包括法学界尤其是民法学界即将全部民法典编纂的力量集
中于民法典分则的编纂之上，这样就造成了民法总则的思想和规则一度未
能在民法典分则各编得到充分贯彻的实际情况。在这一点上还必须注意的
一个显著的问题是，虽然近年以来我国法律界尤其是民法学界的知识体系
有很大进步，但是轻视法学基本原理、轻视民法知识的体系性与科学性的
弊端一直还在，计划经济体制和自然经济条件下的法学观念未能彻底清
理，那种自设前提、自我演绎、自圆其说的观点比比皆是，这种情形在民
法典编纂过程中展现无遗。因为立法时间压力，民法典分则编纂事实上也
存在着急于求成和事务主义的现象。在这种背景下，最能体现民法科学原
理、体现民法体系性科学性特征的民法典总则编，它的思想和一些重要的
规则确实一度被轻视甚至被忽视了。民法典分则各编编纂过程中出现了不
少立法创意和观点，虽然造成了法学的繁荣，但是有一些观点确实不符合
民法典总则编的规定，造成了分则编部分内容和总则编的脱节。虽然在后
来的立法过程中，这些问题逐渐得到了解决，但是因此而出现的民法理论
混乱仍然存在，一些并不符合民法科学原理而且民法典本身也没有采纳的
观点甚至还很活跃，甚至有一些还写入了国家级别的教科书，演化成了经
典的民法理论。随着民法典编纂完成，依靠这些观点对民法典的解读，从
而造成的混乱似有加剧之势。

　　本来，在"两步走"的规划下，民法总则的率先编纂，就是为了对分
则各编发挥引导和制约的作用，而且，在总则与分则相区分的立法模式下，
民法典总则编作为民法立法指导思想和基本原则的集中体现，作为民法一般
原则的集中体现，它当然对于民法典分则各编有统辖的效力，而分则各编应
该遵从民法典总则的规定。但是事实说明，我国社会、法学界尤其是民法学
界，对于民法典编纂为什么要区分为总则和分则的体系性科学知识并不非常
熟知，对总则与分则之间统辖与遵从的逻辑关系理解并不完全透彻，对我国

已经编纂完成的民法典中总则规范对分则各编如何发挥统辖作用也不十分清晰明确。这些问题，将对下一步民法典的学习研究和贯彻实施，尤其是司法适用造成消极影响。本文提出并研究这个问题，希望能够为澄清相关理论混乱、准确理解法典规则以及相关法理有所裨益。

一 《民法典》总则与分则区分体例的立法科学性和必要性

中国民法典编纂采取的总则和分则相区分的立法结构，是立法科学性的体现，其优势已经被我国法制实践经验证明。而且，本次民法典编纂采取这种立法模式，在我国既是民事立法历史经验的体现，也是当前民事立法独特的背景使然。

民法被称为社会生活的百科全书，因为它的全部法律规范都来源于社会生活的现实，所以它必须反映现实；但是，民法规范对于社会生活现实的反映，并不是照相一样的反映，而是必须利用归纳和抽象的方法，将生活现实关系"制作"为法律概念，然后在这些概念的基础上形成法律规范、制度和体系。归纳和抽象听起来略显不那么亲近民众，但是这也是一般人都熟悉的社会科学的研究方法。为了使得法律概念既具有科学性，同时也不那么疏远于现实生活，法学界的先辈们在这一点上已经积聚了丰富的经验，他们使用的法律概念，比如所有权、合同、亲属这样的概念，其实就是来源于生活现实的，所以多数的法律概念是大家熟知的。当然法律上确实也有一些概念术语和社会生活的直观不同，一般社会大众会可能觉得它们不容易理解。但是，这些比较专业的法律概念的产生也是十分必要的。因为民法要规范的社会生活范围十分广泛，立法上就必须采取归纳和抽象的总结方法，建立适用于更多的具体社会事务的总括性法律规则。这些总括性的法律规则所使用的概念，可能稍微疏远于社会大众，但是立法上必须如此。如果不做这样的技术性处理，那么不但像民法这样作用范围极为宽广的法律无法制定，甚至任何法律都无法制定出来。在《瑞士民法典》的制定过程中，立法者也遇到了法律概念抽象难懂的批评指责。主持立法工作的约瑟夫·翁格尔回答说，如果不使用法律的专业概念和逻辑，而是按照一般民众熟悉的语言和理解方式来编纂民法典，那么民法典就不可能仅仅只是一两千个条文，而是要写几万、几十万个条文，因为任何一个法律条文都必须认真描述现实，而且这些条文还需要通过立法解释清楚。这样，民法典可能要编几十万卷，写几百万字。总而言之，这样的立法是谁也完成不了的任务。[①] 所以，民法典编纂使用专业的概念和逻辑是十分必要的，这不但会使得法律的语言更加严谨准确，而且还极大地节约了立法各个方面的成本。事实上科学主义法学就是在这样的历史经验的基础上发展而来的。

我国民法典编纂采取总则和分则相区分的体例，同样也是科学主义法学发展的必然产物。这种立法体例的产生并不算早。不过立法者对于民法概念的整理却是很早就开始了。在丰富的民法概念面前，立法者很早就已经开始对这些概念进行分析和归纳的工作，这些工作从立法技术上看，就是明确概念与概念之间的差异性和共同性，然后再将其分门别类，编纂为一个有内在清晰逻辑的法律规范和制度的整体。这样的立法经验是世界各国都经历过的。总则和分则相区分的模式是我国在近代法制变革的过程中，继受而来的。这种立法模式就是出现在 17、18 世纪的潘德克顿体系，也就是德意志法系的编纂模式。潘德克顿体系，是继受罗马法的产物，但是也是超越罗马法的标志。在罗马法重现之后，德意志域内（当时德国尚未统一）的法学家们在早期罗马法"学说汇纂"体系的基础上，利用了该体系长于理论、概念清晰严谨的优势，形成了专门研究民法典编纂科学的法典编纂学派，也被称为潘德克顿学派。[②] 在现代民法发展史上，潘德

---

① Konrad Zweigert, Hein Koetz, Einfuehrung in die Rechtsvergleichung, 3. Auflage, J. C. B. Mohr (Paul Siebeck) Tuebinggen, 1996, Seite 166 usw.

② 法学上所说的潘德克顿法学，起源于古罗马法，但是在 17、18 世纪被德意志域内的法学家们继受之后，该法学体系从内容到形式都发生了重大变化。以本文作者的研究，潘德克顿一词大体上有三种不同含义。其一，是罗马皇帝查士丁尼编纂《民法大全》时，被吸纳为其中的一部分的《学说汇纂》（degesitae），是当时著名法学家的言论集，可以作为有效的法律渊源，但是本身不是立法的产物。其二，指 14 世纪后，德意志法学界在继受罗马法后将其予以改造的产物，以学者们编纂的《实用学说汇纂》（usus modernues pandectarum, lat moderner Gebrach der Pandekten）为代表，约形成于 17 世纪。此时德意志尚未统一为国家，"实用学说汇纂"被称为德意志的"普通法"（和英格兰的 common law 不同）。其三，指 19 世纪德意志以民法典的编纂作为研究对象而形成的法学学派（Pandetistik），也称为法典编纂学派，其理论要点如同其名。对此，可以参阅的文献有：Wieacker, Privatrechtsgeschichte der Neuzeit, 2. Auf. 1967, S 430 ff; 以及前引所列 Zweigert und Koetz 书第 130 页以下。

克顿学派的贡献非常大。众所周知的法律关系理论，现在已经是民法甚至是全部法律分析的基本逻辑，这个理论就是由这个学派归纳并最终完成的；作为现代民法象征、集聚近现代以来的人文主义思想而形成的法律行为理论和制度，是这个学派创立的；作为当代民法分析和裁判的基本理论物权和债权的区分原则，是这个学派提出并不断完善起来的。潘德克顿体系的出现，适应并支持了当时欧洲编纂民法典的热潮，推动了欧洲的民法法典化运动。① 《德国民法典》《瑞士民法典》《日本民法》《韩国民法》以及我国 1930 年的《民法》（即现在在我国台湾地区生效实施的"民法"）等，都是这个理论体系的产物。

潘德克顿体系最显著的特征，就是在这个体系中出现了民法总则，或者说，它确立了总则与分则相区分的编纂模式。将全部民法规范或者民法制度区分为总则和分则，是一种科学主义的立法体例，它是上文探讨的归纳与抽象的立法技术加以运用的必然结果。在此，归纳和抽象就指的是对于民法规范和制度概念含义的区分和整合，及其内在逻辑的发现。这就是，它首先把具有共同特征的法律规范群体归纳在一起，然后从其中抽象出一般规则，然后把这些一般规则按照一定的逻辑整合为协调的制度，最后才形成了民法典总则。学者借用数学的概念，将这种从共同性法律规范群体之中抽象出一般规则的立法技术称之为"提取公因式"。② 在"提取公因式"之后，我们会清晰地看到，社会生活中形成的民法规范，一部分成为一般性规范，或者相对抽象的法律规范；而另外的部分成为具体规范或者相对具体的规范。而这些一般规范之中，还有可能再进一步地提炼，从而形成的规范群体就形成了民法总则。比如，在民法上作为最一般的逻辑也是民法分析和学习研究的基本技术手段的，是"法律关系理论"，它

---

① 欧洲的民法法典化，指的是从 18 世纪开始欧洲大陆各个国家都在制定民法典的事件，最早的是 1756 年制定的《巴伐利亚民法典》。17 世纪时期，统治欧洲长达千年的神圣罗马帝国终于消亡，随后欧洲出现了很多民族主权国家。这些国家为了有效地行使治权，都开始编纂民法这样的基本法律。这一运动成就了"大陆法系"和"民法系"的美名。这些民法典中，最有名的当数《法国民法典》《德国民法典》《瑞士民法典》等。

② Vor die Klammergezogen，see Hans Koehle，Einfuehrungzum BGB，Beck – Texteimdtv，2004，XV. 汉语译本见［德］H. 库勒尔《〈德国民法典〉的过去与现在》，孙宪忠译，载孙宪忠《德语民法学精读译文集》，北京大学出版社 2018 年版，第 10 页以下。

就是按照"提取公因式"的方法在民法典总则编中来予以展现的。法律关系理论，在逻辑上包括主体、客体、权利义务、责任等法律规范和制度。我们可以看到，在民法上，不论是哪一种具体的法律制度，比如所有权、合同、婚姻家庭等，都存在着主体、权利义务和责任的制度建设问题。因此按照提取公因式的方法，立法者把在这些制度中反映主体、权利义务和责任的共同性规则提取出来，然后按照从主体、权利义务到法律责任这个逻辑，将它们编制为民法总则。

在民法总则出现后，其他稍微具体一些的法律规范，也按照其概念的差异性和同一性的规则，被整合为民法分则。这样，民法典之中的法律规范，全部被纳入总则和分则两个大的规范和制度群体之中。当然提取公因式的这种立法技术使用在民法规范和制度的整理过程时，其产物并不仅仅只有民法总则，也还有民法中的共同规则、一般条款等。所谓共同条款，指的是对某一类法律规范都适用的条款。具体地说，写在我国民法典分则各编的第一章的"一般规定"，就是适用于该编的共同规则。所谓一般条款，指的是对某一类型的民事活动或者民事行为都具有约束力的条款，比如我国《民法典》第143条规定的关于"民事法律行为的有效条件"，就是对于各种民事法律行为都有约束力的一般条款，它对物权编中的处分行为，对合同编中的债权行为，对婚姻家庭编中的婚姻行为、收养行为，对继承编中的遗嘱行为都有约束力。

总则和分则相区分的立法模式，不仅仅给民法典的编纂提供了科学的可能的道路，而且也对民法的学习研究和贯彻实施提供了最佳的道路或者方法。首先从立法的角度看，如果没有总则编，那么立法将遇到可以说无法克服的困难。比如，我们知道任何民事活动的法律规制都离不开对于主体规则的运用，如果不采取"提取公因式"的方法，那就要在规范每一个民事活动的法律条文中都要写明对于民事主体的要求；仅此一项，那就要在民法中增加数千个法律条文，而且全部是重复的规定。再如关于民事法律行为的规定，如上所述，很多民事活动都是由当事人的民事法律行为来推动的，所以如果不采取"提取公因式"的方法将民事法律行为的一般规则写入民法总则之中，那么民法典就又要增加数千个法律条文。以此类推，我们就知道为什么说不采取科学主义的立法模式，不但民法，甚至可以说任何法律都制定不出来。其次从法律学习研究和贯彻实施的角度看，总则和分则相区分，其实完全符合我们学习和运用知识，都是先掌握一般规则、然后才掌握具体规则的常识。比如法官或者律师在分析一个民事案件时，都会先要分析案件中的民事主体的法律资格问题，然后才会分析到这个案件的具体事务。所以总体而言，总则和分则相区分的立法体例，对立法、司法和学法而言，不但不会增加困难，反而提供了方便快捷的方法。

除此之外，相比在它之前产生的《法学阶梯》的立法模式，①潘德克顿学派的理论体系更加完善透彻，而且最重要的是，它在司法实践中大大提升了法律实施的效果，尤其是其能够极大提升法律工作者的分析能力，能够更加清晰明确地指导法官做出迅速而且准确的裁判。所以，它的理论和制度，在当代世界更受推崇，比如法律关系的分析方法，支配权和请求权的分析方法，也基本上为英美法系和法国法系所承受。因为这样它才被后续立法者普遍接受。

我国引入潘德克顿体系是在清末变法时期，修法大臣伍廷芳给皇帝的奏折中，就立法模式应该采纳德国民法的立法模式，所提出的根据是"后发者为优"，②就是指潘德克顿体系后发于《法学阶梯》模式而言的。事实上，当时清朝政府因为甲午战争失败，其变法图强的心愿强烈，向很多国家派出考察团，在经过一番分析比较之后，才得出了潘德克顿学派超越英美法系和法国法系，更容易为我国接受的结论。③改革开放之前，我国引入苏联法学，而苏联的民法不论是 1923 年的《苏俄民法典》，还是1936 年的《苏联民法立法纲要》，其概念体系以及立法编章结构，仍然来源于潘德克顿体系。我国改革开放之初，1986 年制定《民法通则》，其基本概念和知识结构仍然来源于潘德克顿法学体系。本次民法典编纂，其立

---

① 关于《法学阶梯》，请参阅〔罗马〕查士丁尼《法学总论——法学阶梯》，张企泰译，商务印书馆 1989 年版的"出版说明"等。

② 见杨鸿烈《中国法律发达史》，香港版，第 904 页。

③ 清末变法时，中国当时的修订法律大臣的奏疏中说，"原本后出最精确之法理，学术之精进由于学说者半，由于经验者半，推之法律，亦何莫不然？以故各国法律愈后出者最为世人瞩目，意取规随，自殊剽袭，良以为学问乃世界所公，除非一国所独也"。此见前引杨鸿烈《中国法律发达史》，第904 页；又见谢振民编著《中华民国立法史》下册，中国政法大学出版社 2000 年版，第 745 页。

法技术上也是一样。

二　《民法典》总则编对分则各编具有的统辖效力

中国民法典的编纂，遵循了潘德克顿法学以来科学主义法学的逻辑，其首先的特征就是采用总则和分则相互区分的立法体例。我国民法共分为七编，各编中民法总则编处于龙头地位。民法典总则编，既是潘德克顿体系的特征，也是整个民法典的核心。说它是潘德克顿法学体系的特征，是因为在其他的立法模式中都没有民法总则编。比如我国法学界比较熟悉的同为大陆法系的法国民法，就没有这种类型的民法总则。《法国民法典》的编纂采纳的是"法学阶梯"的模式，它的第一章虽然也被翻译为"总则"，但是其内容是关于民法的效力范围、法官如何适用民法等方面的规定，这些内容属于民事立法施行法的范畴，大体上类似于潘德克顿体系中民法的附则部分。而潘德克顿体系下的总则，一般规定的是民法的基本原则、主体制度、法律行为制度等这些对于民法典的分则各编具有实体性作用的一般制度或者基本制度。这些内容属于民事立法的实在法的范畴。这样的总则，是按照上文提到的"提取公因式"的立法技术编制出来的，是潘德克顿体系的独创。我国民法典因为规定了这样的总则，所以，它的立法体例仍然属于潘德克顿体系。

民法典总则编是整个民法典的核心，其原因有三：一是总则编集中体现了立法者编纂民法的指导思想。民法典总则编开篇第一章第一条就阐明了它的立法根据和立法目的，接着规定民法各种基本原则；之后的各种基本制度，都体现了立法者不但承认和保护民事权利，而且要把各种主体的民事权利保护作为国家治理的基本目标的指导思想。这一点，不但对于整个民法典具有指导和统辖的作用，而且对于民法典之外的其他立法、民事执法和司法行为也都具有指导和统辖作用。二是总则编集中规定了民法上的基本规则和一般规则。这些基本原则和一般规则，是从具体的现实生活规则中归纳和提取出来的，所以它们并不背离现实，但是它们在民法总则中得以展现，还是贯彻了立法者规范社会、推进社会进步的基本思想。比如我国《民法典》总则编规定的平等原则、诚信原则、合法原则、绿色原则等，以及第 143 条关于民事法律行为的生效条件的一般规定等，都体现了这样的立法精神（对此下文还有进一步的讨论）。三是民法典总则编最集中地体现了民法的科学原理。上文提及，民法的科学原理，是人类社会依据民法从事国家治理数千年的经验和教训的总结，尤其是在理性法学时代，民法原理经过法学家们的研究整理，已经形成了概念严谨、逻辑分明、体系包容而且完善的知识系统。像法律关系理论、财产权利理论、人身权利理论、法律责任理论等，从主体到权利义务，从权利义务的变动到法律责任，从具体的理论到整体的理论，大体上都已经发展完备，这些理论不仅仅可以对立法、执法、司法提供强有力的支持，而且也对民法学研究提供了基本的规范和指引。这些民法的基本原理，在民法总则编中的体现是最完整的。因为民法典分则各编可能主要地围绕着某一种权利、某一种民事活动展开，而民法典总则却要反映全部民事权利、全部民事活动的要求。不论是法律关系的逻辑，还是绝对权和相对权的区分，支配权和请求权的区分，物权和债权的区分，法律行为理论、违约责任和侵权责任的区分等理论，只有通过民法总则的解读，才可以得到确切的结论。

因为民法典总则在整个法典之中居统率地位与核心地位，因此，它理所当然地对民法典分则各编的具体规范和制度具有统辖的效力，民法典分则对于总则编处于遵从的地位。所谓统辖，就是民法典总则编的规定对于分则各编的规定具有统辖或者统率的效力，分则各编的规定必须遵从总则编的规定。如果在法律上确有具体规则不能适用总则编规定的，法典就要用"但书"排除的方式做出明确的规定。如果本法典没有做出排除性规定，那么，分则不得违背总则。关于总则与分则之间统辖与遵从的法理和逻辑，是我们学习和研究民法、贯彻实施民法的基本遵循。掌握法理和逻辑是至关重要的。我国民法典共有七编、上百个章节、一千二百六十多条，可是各编的地位、各个章节的地位、条文的地位都是不一样的。掌握了这个法理和逻辑，就找到了解读民法典这个庞大体系的金钥匙。

但是从民法典编纂过程出现的各种观点以及社会热议或者争议的问题来看，恰恰就是总则和分则之间的法理和逻辑这样的要点，却还没有得到我国社会、法学界包括民法学界，也包括部分立法工作者的准确理解。一般而言，总则和分则的区分，也就意味着总则和分则的分工和配合，这两个部分的法律规范和制度承担的使命不一样，但是它们是互相配合发挥作用的。所以，凡是在总则编中已经做出清晰规定的，分则编就不再规定，比如主体制度、民事法律行为制度、民事责任的一般规定等。而且，凡是涉及总括性的规则，也都应该尽量写入民法总则之中，而不必在分则各编重复规定。这一方面的逻辑在我国社会应无争议。

但是，关于民法总则和分则之间具有统辖与遵从的逻辑关系和法理，却没有被我国社会包括法律界彻底掌握和准确运用。恰恰这一点，才是总则与分则相区分的编纂体例的知识要点。对此，不仅仅在立法上，而且在法律生效后的学习研究与贯彻实施过程中尤其需要引起重视。在本次中国民法典编纂过程中，在民法总则已经编纂完成的情况下，就民法典分则各编的一些重大的制度设计发生了很多争议。这些争议中的一些观点，确实既不符合总则规定也不符合民法基本原理，但是这些观点却得到了大张旗鼓的宣扬，而且产生了很大社会影响。在民法典生效之后，这些观点的影响还会长期存在，因此本文对这些观点择一二要者，略加分析讨论。

比如，在本次民法典合同编的编纂过程中，一些学者对法典草案的猛烈批评之一，就是该编草案删去了原《合同法》的第 51 条，这样就许可了出卖人没有取得所有权时可以订立买卖合同。这些学者批评说，没有所有权就能出卖标的物，这个规则很不合理，如果真是这样，那么导致出卖钓鱼岛的合同也会生效。① 还有一些学者提出了与此相类似的批评，比如一些学者在立法研讨会上提出批评说，如果没有所有权就可以订立合同，那么出卖天安门城楼的合同也会生效！所以这个规定是错误的！这些观点在社会上造成很大影响，至今还有人以此提出对立法的强烈批评。但是，这些批评虽然激烈，但是其论点和论据都是无法成立的。我们要看到，这个批评是针对民法典草案合同编关于订立买卖合同的法律条件而提出来的，所以应该分析一些订立买卖合同的法律条件问题。我们知道订立合同的行为是民事法律行为，所以在分析买卖钓鱼岛或者天安门城楼的合同时，应该首先看民法典总则编关于法律行为的规定。我国民法典总则编第

---

① 对此有兴趣者，请参阅梁慧星《关于民法典分则编纂中的重大分歧》，2019 年 12 月 17 日，"学术之路"网站等。

143 条第（三）项规定，民事法律行为必须合法才能生效。第 153 条明确规定："违反法律、行政法规的强制性规定的民事法律行为无效。"此外，民法典总则编的基本原则中也有关于民事活动必须合法的规定。所以，这些观点中所说的出卖钓鱼岛或者天安门城楼的买卖合同，依据民法总则是完全无效、自始无效的。但是，在民事活动中，如果出卖人没有所有权，就不能订立合同吗？这样的规则是否正当？依据市场交易的常规情形，这样订立合同当然是正当的。因为，一般人所说的买卖，在正常的市场交易中包括订立合同和履行合同这两个阶段的区分，出卖人在订立合同的时候没有所有权是正常的，只要在履行合同的时候他能够拿到所有权，并把所有权移转给买受人就可以了。这种正常的交易，从订立合同和履行合同的区分的角度我们是很容易理解的（对此下文还要稍加讨论）。订立合同的时候，标的物不存在、出卖人没有所有权，合同成立都是符合民法原理，因为订立合同仅仅只是在当事人之间产生债权法律关系，而不发生所有权的转移。所以这些观点是立法不能采纳的。

　　再如，在民法典人格权编的编纂过程中，有课题组提出了以人格权的转让作为立法基本理由的观点，[①] 甚至提出把自然人的遗体、人体器官、胚胎、基因等的转让也纳入人格权转让的立法范畴的建议。这样似乎自然人的遗体、人体器官、胚胎、基因都具有了人格，它们之上也存在着人格权。比如对人的基因的行为也被理解为损害人格权的行为。但是，这些观点明显地违背了民法典总则编关于人格以及人格权的规定，也违背了相关的民法原理。民法典总则编在其第十三条已经明确规定，自然人出生以后、死亡之前才享有法律人格，这就是说，只有活着的自然人才有人格，这既是民法典总则编的规定，也是民法原理。人体器官、基因等怎么能享有法律人格？既然这些都不享有人格，哪里来的人格权？人格权设置在人格之上，没有人格的东西就是物，当然不能享有人格权。因此拿这些特殊的民法上的物，来支持人格权转让，实在是站不住脚的。另外，民法发展

---

　　① 对此有兴趣者，可以参阅王利明《人格权的属性：从消极防御到积极利用》，《中外法学》2018 年第 4 期；以及《王利明、杨立新、江平谈人格权》，《北京航空航天大学学报》（社会科学版）2018 年第 1 期。

历史告诉我们，人格权是专为保障自然人的法律人格而发展起来的，这就是众所周知的人格权专有原则。在人格专有的情况下，人格权怎么能转让？所以，这些观点既违背了民法原理，同样也是违背民法典总则编的规定。

在民法典分则各编的编纂过程中，诸如此类违背民法典总则规定的观点很多，上述列举的只是其中一些影响非常大的观点，因此值得我们思考和探讨。可以看出，这些观点关键的问题就是明显地违背了民法典总则编的规定，而且对相关的民法原理掌握不彻底。这些观点对立法曾经造成了困扰，对于民法典的学习研究和贯彻实施也是很不利的。因此，在未来的学习和研究过程中，我们需要继续从民法典总则编的规定和法学原理的角度对这些问题予以澄清。

另外，以往的实践说明，在我国还有一些学者和司法专业人员在学习研究民法分则的过程中，在应用民法来解决现实问题的时候，仅仅只是研读民法典分则部分的具体规定，而忽视民法总则部分的规定，这种情形很普遍。还有一些司法工作者经常抱怨立法不详备、无法可依。实际上，在民法典分则部分规定不详细的时候，民法典总则部分所提供法律资源是非常丰厚的，是可以充分解决法律适用需要的。其他不说，总则编所规定的民法基本原则，就具有指导整个民法典立法的作用，对民法具体条文具体制度进行解释的作用，以及在具体条文规定不详备的情况下直接予以适用的作用。[①] 这三大作用，不仅仅可以满足为民法具体条文具体制度提供理论支持的需要，而且也可以在法律实践中直接适用。在国际上，直接适用民法基本原则来裁判处理民事案件、规范民事活动的案例是非常多见的。[②]

从这些讨论我们可以看出，在我国不论是理论界还是实务界，都有忽视民法总则对于民法分则的统辖作用的认识缺陷。所以我们应该在此强调，民法典总则编规定的法律规范，是民法上最一般的法律规则，它最能够体现立法的指导思想，从而形成了民法上的基本原则和基本制度，它们

---

① 梁慧星：《民法总论》，法律出版社 2017 年版，第 46 页。

② 对此有兴趣者，可以参阅李敏《民法法源适用规范研究——瑞士范式与中国问题》，博士学位论文，中国社会科学院研究生院，2014 年，第 177 页以下。

具有最强大的法律适用能力。所以不论是从立法思想的角度看，还是从立法技术上看，民法典的分则编都是受到总则编统辖的，分则编必须遵从总则编的规定。鉴于这一问题具有鲜明的理论和实践意义，以下，本文将围绕中国民法典总则编和分则各编之间的逻辑关系，进一步阐明总则与分则之间的统辖遵从关系。

三　我国《民法典》总则编中基本原则和一般规则的统辖效力

在民法典的学习研究和贯彻实施的过程中，我们必须按照总则编和分则各编之间的逻辑关系，明确总则对于分则的统辖效力，分则对于总则的遵从地位。因为，民法总则集中地体现了立法者的指导思想，规定了民法上的一般规则，体现了民法科学的基本法理。而民法典分则部分，是在相对比较具体的制度中落实立法的指导思想、贯彻民法的一般原则和科学法理。民法典总则编对于分则各编的统辖作用，首先体现在它所规定的民法基本原则和一般规则方面。

在早期的潘德克顿法学中，民法以及民法总则并无关于基本原则的规定，比如《德国民法典》第 1 条规定的是民法上自然人的权利能力条款。但是现在的民法典普遍地规定了基本原则。[①] 原因就在于总则中的基本原则最能够体现立法者编纂民法的指导思想，体现依法治国原则下规范民事活动的基本目标和立法者关于民事问题的基本看法。所以，民法总则规定基本原则不仅仅是重要的，而且也是必要的。中国民法典总则编第一章"基本规定"，规定的民法基本原则有七项（从第 3 条到第 9 条），分别为合法原则、平等原则、自愿原则、公平原则、诚信原则、公序良俗原则、绿色原则。相比而言，绿色原则之外的其他原则在中国民法上已经有了非常多的探讨，这些原则对于民法立法和司法的价值非常大，这一点毋庸赘述。因为法学界对于民法基本原则的探讨一直具有很高的热情，这一方面著述可以说是汗牛充栋，故本文对这些原则的内容、含义、立法价值不再

---

① 对此可以参阅的有：《瑞士民法典》第 3 条，《日本民法》第 1 条等。

赘述。但是，无论如何我们应该明确，民法典总则编规定的这些基本原则对于民法分则各编的统辖作用十分强大。可以说，全部的民事活动都要服从民法基本原则的规定。尤其值得注意的民法典总则关于绿色原则的规定，这无疑是中国民法典的重大创新点之一，它贯彻了中国在追求经济发展的同时，特别强调绿色发展、强调生态保护的基本理念。①

在民法典总则编第一章中，还有一些关于法律适用的一般规则的规定，其理论价值和实践价值都非常显著。除平等原则、诚信原则、合法原则这些众所周知的原则也可以作为民法一般规定适用于案件分析和裁判之外，本次民法典立法，还规定了"可以适用习惯""公序良俗"两个理论和实践价值非常显著的一般规则（第10条）。适用习惯，可以说在其他国家民法中已经有所规定，尤其是《瑞士民法典》创新性地做出规定后，②很多国家的民法都效仿了。如上所述，民法要调整的社会关系本来就十分复杂，再加上我国地域辽阔民族众多，即使民法典加上民法的特别法，即使它们规定得再详细，那也不可能将全部社会规则都清清楚楚地写下来。此外，公序良俗原则的意义也是非常显著的，它为法院、仲裁机构和相关执法机构提供了补充性质的强大的法律适用武器，为弥补现行法律漏洞发挥了十分重要的作用。③

民法基本原则对于民法的整体具有统辖意义，它们可以说也是民法上最一般的法律规范，也就是必须首先予以遵从的法律规范。它不仅仅对于民法典分则各编具有统辖意义，而且对于民法典总则编的一些制度具有统辖意义。总之，任何民法上的权利享有、行使，都必须符合这些基本原则。比如，在财产权利方面，虽然当事人之间对于如何订立合同履行合同可以按照自己的意愿，但是不能违背法律的强制性规定，不能违背公序良俗。在人身权利方面，不论是婚姻的缔结还是离异，当事人当然享有自主

---

① 2015年中国共产党第十八届五中全会确立中国发展的五大理念，即：创新、协调、绿色、开放、共享，2018年中国宪法修改，五大发展理念被写入宪法序言之中。

② 瑞士民法典第1条，请参阅前引李敏博士论文的讨论。

③ 对公序良俗涉及的法律适用问题感兴趣者，可以参阅［德］K.茨威格特、H.克茨《合同法中的自由与强制》，孙宪忠译，载《民商法论丛》第9卷，法律出版社1998年版，以及于飞《公序良俗原则与诚实信用原则的区分》，《中国社会科学》2015年第11期。

权利；但是同样，其自主权利的行使不能违法，不能违背公序良俗。

四　总则编自然人人格规则对于人格权编　婚姻家庭编的统辖作用

民法典总则编规定自然人人格，从立法体系上来看就是要建立自然人作为民事主体的制度。我们知道，任何法律制度的建设都是要解决社会现实问题的，这是我们认识民法和其他法律制度的基点。现代民法自然人主体制度构建的问题意识，包括两个大的方面：第一个方面，要消除自然人享有人格的法律障碍，保障一切自然人都能够依法享有平等人格。这个问题意识的切入点在于，在民法形成初期，人类还处于奴隶制社会。在奴隶制时代，奴隶虽然是自然人但是不是法律上的人，他们没有法律人格，不可以享有权利和承担义务。他们的一切包括其生命都是奴隶主的财产。为了区别于奴隶，罗马法早期就借用了戏曲舞台上使用的面具（Persona）这个词，来表示具有法律人格的自由民。① 所以，"法律人"和自然人在法律上是两个不同的概念。但是，即使是享有法律人格的自然人也就是自由民之中，古代法又规定了等级身份制，有些人是贵族，有些人是平民；有些人是合法的上等人，有些人是法律规定的下等人。贵族与平民之间，上等人和下等人之间的法律人格也还是不平等的，还有一些下等人对上等人存在着人身依附关系，比如中国的奴才、俄罗斯等国家的农奴制度等。② 在奴隶制的等级身份制这种制度下，自然人之间存在着赤裸裸的合法的不平等。近现代人文主义革命否定了奴隶制和等级身份制，确立了每一个自然人都享有平等人格、每一个自然人的人格都享有至高无上的尊严、每一个自然人的法律人格都受法律绝对保护的现代文明思想，并且将这些思想陆续写入了世界各国的宪法，因此世界上主要国家的宪法都陆续出现了人格尊严原则。这个原则写在宪法之中，因为人们普遍认识到，古代社会的

---

① Creifelds：Rechtswoerterbuch, 12. Auflage, C. H. Beck, 1994, Seite 883.

② 请参阅［德］H. 哈腾鲍尔《民法上的人》，孙宪忠译，载孙宪忠编译《德语民法学精读译文集》，北京大学出版社 2018 年版，第 98 页以下。

人格制度的不公正，主要的原因还是个国家政治问题，而不仅仅只是民法问题，所以人格问题的解决，必须借助于宪法的最高法律效力，来制约国家权力，消除社会对于自然人的歧视。和宪法的精神相一致，近现代民法遵从人文主义思想，规定了"权利能力"制度，让每一个自然人都能够自出生开始享有平等人格。不过民法作为私法，其主体为单一自然人，所以民法上的人格，只能落实在具体的、单一的自然人的人格上。

现代民法自然人主体制度构建要解决的第二个大问题是，自然人因为自身智力发育不能妥当处分自己的利益而造成自身损害方面的问题。自然人在未成年阶段会普遍地出现这一方面的问题，某些自然人即使成年之后也会出现这一方面的问题。为解决这个问题，民法从"保护主义"的原则出发，建立"行为能力"制度、"监护"制度等，^① 对行为能力受限者的处分行为予以限制，使这些不当处分效力待定或者无效。这样，即使未成年人等行为能力受限者发生了对自己利益的不当处分，这些处分也不会受到法律的承认和保护，他们还可以将自己的财物追回。比如，一个儿童将家中一件古老器物当作废品出卖的行为就是这样的，这样的物品就可以根据未成年人行为能力受限制的规则而追回。

民法典总则编关于人格的规定，首先对于民法典的分则各编尤其是人格权编、婚姻家庭编具有强烈的统辖效果，是我们学习研究和贯彻实施这些分则编的立法基础。总体而言，对于人格权以及人身权利的认识，我们必须认真研究领会民法典总则编第 109 条等关于人身权利的立法指导思想，领会不论是生命、健康、隐私等作为法律权利，但是其权利根据并不是民法，而是宪法保护的自然权利的精神。我们都知道，生命、健康和隐私等权利，并不是根据民法取得的，也不是根据民法享有的，所以它们是不能根据民法来转让或者移转的。如上所述，就人格权编的规定而言，因为在立法过程中某课题组提出了人格权转让的观点，并且依据人格权转让观点提出了一些条文设想，后来还把这些条文设想当作立法已经接受的法

---

① ［德］K. 茨威格特、H. 克茨《行为能力比较研究》，孙宪忠译，载孙宪忠编译《德语民法学精读译文集》，北京大学出版社 2018 年版，第 127 页以下。

律规则写入了教育部的统编教材,① 所以一些人以为人格权编的立法指导思想就是人格权转让。但是从上文的分析我们知道,现代民法中的人格建立在生命伦理的基础之上,建立在宪法规定的人身自由和人格尊严的基础之上,所以,宣称人格权可以转让,就背离了宪法规定的人身自由和人格尊严的立法精神。此外,人格权以人格作为对象,是专门为保障人格而发展起来的,和人格不可以分离,这样的权利怎么能够转让? 在人格权这个概念提出后,人们发现,人格和人格权是完全无法分开的,比如司法实践中最常见的一个人的隐私受到了侵犯,那么这到底是侵犯了他的人格还是侵犯了他的人格权? 所以,那些以各种理由要把人格和人格权相区分的观点,都是无法成立的。

在民法学习研究和贯彻实施时,我们必须注意到这些基础性问题。另外,在民法典人格权编中还出现了涉及自然人的遗体、移植的器官、胚胎甚至基因等方面的条款。在传统民法中,自然人的遗体、移植的器官、胚胎甚至基因等都是作为民法上"特殊的物"来加以规定的。② 但是一些学者把它们和人格混同使用,似乎这些物品也是有人格的;然后得出了这些物品的转移也属于人格权转让的例子。这样的理解实在是讲不通的。我们在学习和研究人格权编中的这些条款时,首先应该遵从民法典总则编关于人格的基本规定,那就是,自然人的人格"从出生时起到死亡时止"(民法典总则编第 13 条),有生命的自然人才有人格,这就是法律人的"现世人"的规则。③ 如果在民法的学习研究中连这些基本的逻辑、基本的民法原理如果都不遵从,那么不但会造成理论上很多的混乱,而且也还会损害法律的贯彻实施。

民法典总则编的人格规定,对婚姻家庭编部分的统辖效果,主要体现在行为能力和监护制度对婚姻家庭关系中人身权变动的各个方面都具有制约的效力。不论是夫妻之间的权利义务还是父母子女以及兄弟姐妹之间的

---

① 对此见王利明主编《民法学》(马克思主义理论研究和建设工程重点教材),高等教育出版社 2016 年版,第 128—129 页。

② 对此,请参阅孙宪忠《德国当代物权法》,法律出版社 1997 年版,第 5 页等。

③ 对此请参阅 [德] H. 哈腾鲍尔《民法上的人》,孙宪忠译,载孙宪忠编译《德语民法学精读译文集》,北京大学出版社 2019 年版,第 98 页以下。

权利与义务，不论它们发生什么变化，都首先要遵从民法典总则编关于行为能力、监护等规则的规定。如果不能遵从民法总则的这些规定，相关的行为就不能得到法律的承认和保护。

五 总则编法人规则的体系价值

自《民法通则》规定法人制度以来，我国法学界关于法人的研究成果已经汗牛充栋，对此本文不再赘述。不过，就中国民法典总则编关于组织体的民事主体制度的独特规定，还是值得有所阐述，因为这些规定同样作为一般规则，对法典之内甚至法典之外的商事法具有统辖性的法律效力。民法典关于组织体的规则，其特点首先就是把法人划分为营利法人和非营利法人两大类（第三章第二节和第三节），然后创新地设置了特别法人制度（第三章第四节），还规定了非法人组织（第五章）。这些组织体制度，体现了立法者自己的思考。可以说，把法人划分为营利法人和非营利法人，从行为规范和裁判规范的角度抓住了法人分类的本质，这一点比其他民法典法人分类上更清晰，显得更有实践价值。民法典总则编规定的特别法人，确定了机关法人、农村集体经济组织法人、城镇农村的合作经济组织法人、基层群众性自治组织法人为民事主体（第96条），其理论价值和实践价值都非常高。改革开放以来，这些组织体不但要参加民事活动，而且还有一些已经取得重大价值的资产（比如很多城镇郊区的农村集体经济组织），还有一些被政策和法律赋予了特殊职能，要在未来改革中发挥更大的作用（比如农村新型合作社）。承认这些法人类型，对于它们的治理结构的完善是非常必要的。另外，民法典总则编关于"非法人组织"的规定，意义也是十分重大的。此前立法在这些组织体的民事主体资格方面的规定要么是语焉不详，要么就是没有规定。这一次民法典终于弥补了这个缺陷，现在中国民法典中的民事主体体系已经臻于完善。

六 《民法典》总则编中民事权利一章的体系价值

中国民法典总则编第五章规定了民事权利。从比较法的角度看，对我国民法理论和编纂体例有着很多影响的民法或者民法典，比如德国民法典、日本民法典、瑞士民法典等，其总则编却没有关于民事权利的一般规定。在中国民法典的立法过程中，也曾经有学者提出建议，主张不在民法典总则编中规定民事权利一章。但是我们认为，民法典总则编中不仅仅要规定民事权利一章，而且要把它作为重点来规定。① 因为这不仅仅只是1986年制定的《民法通则》所确定的中国立法传统，而且其理论和实践意义都非常显著。

首先，通过民事权利这一章在总则编中的规定，明确地建立了本章在整个民法典中的核心地位，而且进一步地说，它也确立了本章以及整个民法典在我国全部民商法的大体系中的核心地位。从其内容看，不仅仅本法典分则中的民事权利在本章得到了规定，而且，本法典分则没有规定的商事权利、知识产权、社会性民事权利（参见总则第128条的规定等），都在这一章中得到了规定。通过这样的规定，整个大民事法律体系中的权利规则形成了统一和谐的整体。而且，这种立法体例，使得民法典总则编不但带动了民法典分则各编，而且也成为庞大的广义上的民商法体系的统帅，对整个民事法律体系都可以发挥统辖的作用。可以说，正是这样的规定，我国民事法律的体系性科学逻辑才得到了充分的体现，民法典立法的指导思想，就可以通过此中的科学逻辑辐射到商法、知识产权法、社会立法等领域之中。所以，从民法典体系性科学逻辑的角度看，民事权利一章不仅仅是必不可少的，而且是最能体现法典体系性逻辑的核心支点。

其次，民法典民事权利这一章的规定，为统一理解、制定广义上的民事权利的法律发展提供了法律根据。民法典的民事权利一章，为整个广义的民事权利法律制度的发展奠定了基础。从改革开放的需要看，从市场经济体制和人民权利的需要看，广义上的民事权利制度，包括民法典中规定的民事权利，还包括商事权利、知识产权和社会性权利等，在未来肯定还会有很大的发展，而民法典总则编关于民事权利的一般规定，将为这些发

---

① 对此有兴趣者，请参阅拙作之《关于民法总则草案"民事权利"一章的修改建议》，载孙宪忠《我动议——孙宪忠民法典和民法总则议案、建议文集》，北京大学出版社2018年版，第237页以下。

展提供制度支持和保障，也将为它们的发展提供引导和规范。

再次，民法典民事权利一章，将为广义的民商事案件的分析和裁判应该适用民法典、适用民法典总则提供了法律根据。可以看到，本章的规定并不仅仅只是引导社会大众的行为规范，而且也包括了很多裁判规范，这些规范对于指引执法者、裁判者将发挥基础性的作用。这一点可以说是民法典总则编最为显著的体系性科学逻辑的作用。在此，我们不妨指出民法典总则可以给未来的民事立法、执法和司法提供制度支持的若干要点：

（1）民法典总则编关于人身自由、人格尊严保护的规定（第 109 条）作为民事权利一章的第一条，集中体现了现代民法保护人民权利的文明精神，也就是人权思想。人身自由和人格尊严，起源于人文主义的自然权利思想，获得现代宪法的普遍承认，作为民法上的"一般人格权"制度，①将在普通民众的民事权利保护上发挥强烈的引领作用。这个条文无疑是本次中国民法典最大的亮点之一。相比而言，其他国家的民法也还没有这样的规定。

（2）民法典总则编关于信息（第 111 条）、数据资产（第 127 条）的规定等吸收了互联网时代民法规则的新发展，具有鲜明的时代价值。而且最为重要的是，这些规则为未来设计这些领域的民事权利立法和司法提供了依据。

（3）民法典总则编关于财产权利的规定（第 113 条至第 127 条），既包括对各种财产权利（物权、债权、股权等商事权利、知识产权、数据资产等）的细节表述，也包括了对财产权利的保护、行使、征收等一般规则的规定，这就为庞大的财产权利群体建立起来了一种有内在逻辑联系和统合性的规则，让人们能够比较清晰地看到各种财产权利的区分界限，为市场交易以及相关的司法裁判提供了可予以遵循的规则；同时也为国家的财产立法、执法和司法提供了比较明确的基本规则。

（4）民法典总则编第 128 条，为民法典总则和社会立法建立了法律科学原理上的连接点，从而为社会性法律的制定和司法提供了强大的民法基

---

① 对此有兴趣者，请参阅尹田《论一般人格权》，《法律科学》2002 年第 4 期；以及姚辉、周云涛《关于民事权利的宪法学思维——以一般人格权为对象的观察》，《浙江社会科学》2007 年第 1 期。

础，其重要价值怎么强调都是不过分的。设置这个条文在立法的过程中曾经有些争议，一些学者认为这些权利属于社会性立法中的权利，而不能算作民事权利，因此规定在民法总则中并不妥当。但是我们认为，这些权利在涉及群体人利益保护时具有社会性权利的特点，但是在涉及个体利益保护时也有民事权利的特点，因此，在特定的民事权利主体的这些权利受到侵害时，应该适用民法来予以保护。

以妇女权利受侵害为例。在法律实务中经常会发现一些轻视女性的案件，对这些案件的处理，当然可以依据涉及女性权利保护的法律。但是，对于特定女性而言，这些损害女性利益的行为，也是损害了她的合法利益。因此在适用女性保护的法律来保护该女性权利时，也可以适用民法典侵权责任编的规则。举个简单的例子，一些偏远地区还有重男轻女甚至男人打老婆的恶习，从宪法或者妇女权益保护法的角度看，这是数千年男尊女卑的余毒；但是从民法的角度看，这也是对具体的女性个人权利的侵害，因此对这里的权利救济，适用民法侵权法，是完全没有问题的。另外，类似于山东某地出现的"受教育权"受侵害的案件，从法理上看，其实从侵权责任法的角度予以处理也是有充分理由的。所以，第128条的立法意义和司法意义是非常大的。这一点被此前的民法总则解读常常忽略，对此应该引起注意。

第128条，在一些法学著述中被解释为保护弱势群体的规定，这个解释缩小了这个条文的立法本意。即使该条文被当作弱势群体保护的规则，我们也应该从民法典总则确立的权利体系这个角度来理解该条文的价值。这就是关于一般法和特别法之间的法律适用的逻辑：有特别法，应优先适用特别法，特别法没有规定时适用一般法。所以通过这个条文我们应该看到适用民法、适用民法总则的体系逻辑。也就是说，虽然行为人侵犯的可能是宪法、行政法等法律规定的权利，但是只要损害的权利可以肯定为特定主体的权利的时候，司法上就可以认定为构成了对特定主体的法律利益的损害，就可以适用民法第128条的规定。根据这个条文，民法典总则编的多数条文都可以适用于特别民事权利的法律分析和裁判之中，所以其价值非常显著。

（5）民事权利一章对于民事法律根据的总括性规定（第129条），弥补了法律制度上的一个重大空白。该条文规定，民事法律根据有民事法律行为、事实行为、法律规定的事件或者法律规定的其他方式。在立法上明确法律根据的意义是非常显著的，但是在此之前，不仅中国民法尚无系统规定，而且相关立法例也无明确规则，只有民法学者做出的理论总结。①所以中国民法典总则编的这一规定，具有立法创新的重要价值。

（6）民事权利一章关于行使权利的规则的规定（第 130 条至 132 条）不仅仅对于民法典中民事权利的行使，而且对于广义上的民事权利的行使，都具有统率的规范效力，这几个条文的意义都十分重大。享有民事权利者，当然可以依据自己的意愿来行使权利，但是行使权利必须依据合法的方式。所以，这几个条文对于执法和司法的价值是很显著的。

从法学理论上看，第 130 条规定的民事主体行使权利依据自己的意愿这一点，在学理价值上尤其显著。长期以来，我国民法学界长期把权利行使作为事实行为，尤其是把合同履行中当事人所做的动产交付、不动产登记都理解为事实行为，看不到权利人行使权利中的内心意愿，不能够按照权利人的意愿来理解和处理权利客体的转移。这些错误观点，可以说依据该条文，得到了有力的纠正。

最后，民法典总则编关于民事权利的规定，为澄清民法学理论混乱、保障我国民法学知识体系的科学化坚定了基础。如上所述，在民法典编纂的过程中，我国民法学界出现了我国民法中没有债权总论因此也就没有债权立法体系、采纳人格权编和侵权责任编表示我国民法典立法脱离了潘德克顿法学体系等观点，这些观点对于民法学习和研究造成了相当大的负面影响，进而又对物权和债权相区分的民法分析和裁判方法造成了消极影响。但是，这些观点的提出，从民法典总则编的规定看都是有根据的。比如，民法典总则编民事权利一章，整体上就是按照人身权利和财产权利的区分编纂起来的，其他的一些财产权利，也都按照关联性原则，附从性地规定在人身权利或者财产权利之中。其中值得指出的是，人格权的一般规则，规定在民法典本章第 109 条、第 110 条。关于自然人的信息保护问

① 对此有兴趣者，请参阅拙作之《关于民法总则草案"民事权利"一章的修改建议》，载孙宪忠《我动议——孙宪忠民法典和民法总则议案、建议文集》，北京大学出版社 2018 年版，第 237 页以下。

题，从立法关联性规则出发，规定在第 111 条。至于债权体系的基础，则规定在第 118 条到第 122 条，其中第 120 条，就是关于侵权之债的规定。从民法总则关于民事权利的全部规定看，我国民法仍然坚持了人身权利和财产权利的区分、物权和债权的区分这些基本逻辑，因此对我国民法学长期以来的知识体系并无扰乱，民法理论对于立法和司法的支持以及引导作用并无脱节之忧。

七　民事法律行为一章对分则的统辖作用

民法典总则第六章规定的民事法律行为制度，是民法总则、民法典甚至是广义上的民商法大体系的核心制度之一，其法理和实践意义非常强。民法典总则编关于民事法律行为的规则对于民法典分则各编甚至广义民商法的统辖作用，必须从民法体系化科学逻辑的角度予以充分揭示，才能彰显其制度意义。

从民法典编纂过程中出现的各种争论看，我国社会尤其是法学界，有必要进一步更新或者提升对于民事法律行为的法理和制度含义的认识。因为，自从《民法通则》采用苏联法学关于民事法律行为的概念及其定义之后，该法关于法律行为的制度含义已经与经典民法确立的法律行为的定义大相径庭。经典民法中的法律行为概念及其制度产生于理性法学时代，它的含义是，民事权利的各种变动必须由民事主体自己的内心真实意愿来决定。这个表面上看似简单的定义，体现了一场极为重大的政治和法律革命。因为在法律行为理论和制度产生之前，民事权利变动的法律效力归根结底来源于神的意志或者君主的意志，其实就是来源于统治者的意志。在人文主义革命和启蒙思想时代，法律上产生了意思自治原则，其含义就是要把各种权利变动的自决权交还给权利人自己，而不是交给神或者君主。法律行为理论就是在民法中贯彻意思自治原则而产生的，该制度的问题意识是要废除把神或者君主的意志作为民事权利义务的法效渊源的政治体制和法律体制，建立让民事主体自己决定自己的权利义务的政治体制和法律体制。法律行为理论提出并进入民法，其意义十分重大。在神权法和君权法的体制里，民法上的权利归根结底来源于国家的统治者，民事活动最终要听命于神或者君主，所以民事主体归根结底不能成为真正的"主体"。而法律行为理论从法律伦理的角度，把民事权利的渊源确定为民事主体自己的意思表示，归根结底确定为民事主体自己内心的真实意愿，这就从政治伦理和法律伦理的角度，解决了民事权利的根源问题，既确立了民事主体的法律地位，也从本源上废除了人与人之间不平等的等级身份制，为民事权利发生变动重新建立了正当性基础。①

但是苏联法中建立的民事法律行为制度，恰恰删除了由权利人自主决定这个核心因素，它强调的是民事主体必须对制定的现行法律的服从。我国《民法通则》依据苏联法，规定民事法律行为只能是合法行为。② 这种民事法律行为制度强调的是，民事主体必须服从国家治理者确定的秩序，而不是民事主体自己内心的真实意愿。③ 所以，这个理论的要点是排除了法律行为之中的意思自治因素，背离了经典民法中法律行为理论的政治和伦理基础。而且，在本次中国民法总则编纂中，坚持苏联民法观念的观点和坚持经典民法理论的观点在这个要点上发生了争论。④

从这些争论我们就可以看出，我国民法典总则编第 133 条将民事主体的意思表示作为民事权利变动的核心要件加以规定有重大理论和实践价值。相比《民法通则》的规定，民法典总则编第 133 条并不仅仅只是一个理论提法的不同，而是一个非常重要的更新。这个更新并不是一个法律条文复归经典民法基本知识体系这么简单，而是我国民事权利变动的整体制度复归意思自治原则的体现。如上所述，民事权利义务发生变动归根结底要从政治和法律的基本伦理的角度来认识，所以这个规定，体现了民法核心的更新和改进，也是整个民法体系更新改进的体现。这一点完全可以作

---

① 关于法律行为理论产生的背景资料，有兴趣者，可以参阅［德］汉斯·哈腾鲍尔《法律行为的概念——产生以及发展》，孙宪忠译，载孙宪忠编译《德语民法学精读译文集》，北京大学出版社 2019 年版，第 141 页以下。

② 对此见《民法通则》第 54 条的规定。

③ 对此有兴趣者，可以参阅张文显主编《法理学》，高等教育出版社、北京大学出版社 1999 年版，第 101 页。

④ 对此有兴趣者，可以参阅孙宪忠《民法典总则编"法律行为"一章学者建议稿的编写说明》，《法学研究》2015 年第 6 期，以及本文作者担任全国人大代表所提的立法建议《民法典总则编"法律行为"一章的建议稿》之"本章立法理由"部分。该报告载《我动议——孙宪忠民法典和民法总则议案、建议文稿》，北京大学出版社 2018 年版，第 22 页以下。

为我国民法典促成的理论和制度的更新进步的典型标志来看待。

当然，民法典总则编关于法律行为制度的规定，更为显著的价值是它作为行为规范和裁判规范的实践意义，尤其是对民法典分则各编所确定的权利变动的法律根据具有的统辖效力，值得民法学习研究和贯彻实施之时予以充分的重视。本文对此试析一二如下：

第一，民事法律行为制度作为民事权利变动的一般法律根据，对全部民法上的依据民事主体的意思表示发生的权利设立、转让、变更和消灭均有基础性规范意义，全部以民事主体的意思表示推动的民法（包括民法的特别法商事法、知识产权法等）上的权利变动，都应该从民事法律行为制度的法律规范中确立其法律根据，否则就不能获得法律的承认和保护。

因受苏联法学影响，我国的法学理论和制度建设在贯彻意思自治原则方面确实是不足的，对此必须依靠民事法律行为的理论和制度来予以更正。比如，在物权法中，法学界、实践部门甚至一些立法机关的工作人员，都不能准确理解不动产物权变动和不动产登记之间的关系，他们非常简单地认为，不动产物权变动的效力来源就是不动产登记，而且仅仅只是不动产登记，认为只有进行过行政登记的物权变动，才能够获得法律的承认和保护。一些学者包括民法学者在内，还有很多行政管理机构和法院，把行政机构进行的不动产登记行为理解为国家管理行为，或者理解为行政机关给当事人授权或者确权的行为。如果当事人在法律交易中没有履行登记程序，行政机关和法院就认为当事人没有权利。有时候，当事人购买的商品房，已经居住了很多年，法院还判决其不享有所有权。其实这些做法都是违背意思自治原则的，既不符合民事权利归属于民事主体的权利学说，也不符合法律行为理论中当事人依据其意思表示来设立、转让、变更和消灭民事权利的重要规定，所以也不符合物权变动的科学法理。法律交易中的不动产的物权变动，本质仍然是依据法律行为发生的，其法律效果必须依据民事法律行为理论来理解和处理。在物权变动的制度设计以及解读时，我们都应该清晰地知道，权利是出让人转让给受让人的，而不是政府的登记部门授权给受让人的。物权的转让，来源于出让人转让的意思表示，不动产登记仅仅只是当事人物权变动的意思表示的公示方式而已。不动产登记不是国家管理更不是国家给当事人赋予权利或者确定权利。①

不仅仅在财产关系领域，在人身关系领域里，苏联法学关于民事法律行为理论的影响也是很大的。比如，在结婚与离婚这个非常重要的制度建设上，法学理论和实务部门一直把婚姻的效力解释为婚姻登记的效果，不承认或者不能彻底承认婚姻法律行为等。这种扭曲甚至压抑民事主体意思自治的立法和法学理论，可以说处处可见。

毋庸讳言，不论是学习研究和贯彻实施民法典，准确领会民事法律行为所体现的意思自治原则的重大价值和核心因素，还是准确应用该制度来更新我国法学及其相关制度，准确应用该理论和制度从事执法和司法，在我国都还是一项不容忽视的艰巨任务。

第二，民法典总则建立的法律行为规则，核心是民事主体意思自治，包括权利自决和责任自负，这是相辅相成的两个方面，应该同时得到贯彻和遵从。

民法典总则编第 133 条规定的民事法律行为的制度包括的权利自决这一点，是非常清晰明确的，也是社会容易理解和掌握的。但是，这个制度所包括的责任自负这一点，条文虽未明确，但是也是其当然之意。根据民法典第 133 条，当事人根据内心意愿为自己设置权利义务关系，这个权利义务关系生效后，他并不仅仅只是享有权利，还意味着他要承受因此而产生的法律义务。权利自决和责任自负是两个不可或缺而且是互相支持的法律后果。如果仅仅只是强调民事主体的权利自决这一方面，而忽视其责任自负这一方面，那不但违背了法律行为理论的本意，而且也会造成严重的诚信缺失的社会问题。

第三，从裁判规范的角度看，民法典总则建立的法律行为制度，对人民法院以及各种裁判机构提供了足够强大的分析和裁判依据，需要法院和各种裁判机构予以充分尊重和适用。

---

① 依据法律行为理论来更新我国法学理论和制度建设方面的这一弊端，一直是本文作者努力的方向。在这一方面本文作者提出对支持这种仅仅依据不动产登记来确定交易中的物权变动的"债权形式主义"理论的批评，以及为更正其错误而提出的"区分原则"理论等，有兴趣者，可以参阅拙作《中国物权法总论》（法律出版社 2018 年版）中关于物权变动一章、关于物权行为理论一章的阐述。关于我国民法典对于区分原则的贯彻情形，下文也要进行适当讨论。

　　民事案件的多数涉及交易，而交易的本质就是民事法律行为，故交易的法律分析和裁判，必须依靠民事法律行为制度。民法典规定的法律行为制度可以说是比较完善的，它不但继受了传统民法确立的法律行为的制度体系，而且也结合我国实际进行了很多创造，因此为人民法院和其他裁判机构提供了强有力的依据和可以普遍适用的法效资源。从表面上看，法律行为制度中的很多条文的规定都比较抽象，但是这些概念都是来源于生活现实的，而且恰恰就是这种抽象的规则，才更有辐射力，才更有普遍的适用性。虽然民法学界对意思表示理论还有意思主义和表示主义的争议，但是这一理论争议，在裁判制度建设方面并无太多价值，因为民事主体的内心意愿总是要通过客观的方式表达出来，才能为外界所认识，也才能发生民事权利变动的效果。① 无论如何，在分析和裁判民事权利的变动时，确定主体的内心真实意愿、将其作为民事权利义务发生变动的核心要素，这一点才是至关重要的。

　　如上所述，民事法律行为的核心要素就是意思表示，而这个意思，指的是设立、转让、变更和消灭民事权利义务关系的意思，民法上称之为"法效意思"。更进一步说，民法上的权利义务关系，必须遵守明确肯定的原则，或者具体性原则，其中所说的民事权利义务，必须明确肯定地指向具体的主体，指向具体的客体，而且权利和义务本身也必须明确肯定，比如说，到底是物权还是债权。法效意思的核心，其实是指向民事权利的；而民事权利，有人身权利和财产权利的区分，或者按照民法理论上的体系，有支配权和请求权的区分；在财产权利之中还有物权和债权之分。所以，法效意思，也应该区分为针对人身权利的意思和针对财产权利的意思、指向支配权的意思和指向请求权的意思、物权意思和债权意思。所以，按照法律行为理论来分析和裁判交易民事案件，一般而论也就是要按照当事人的意思表示来分析和裁判案件；进一步说，或者从本质上说，其实就是按照法效意思来分析和裁判案件。尊重当事人的法效意思，就要尊重法律行为方面人身法律行为和财产法律行为的区分、基于支配权的法律

---

　　① 对此有兴趣者，请参阅 [德] 汉斯·哈腾鲍尔《法律行为的概念——产生以及发展》，孙宪忠译，载孙宪忠编译《德语民法学精读译文集》，北京大学出版社 2019 年版，第 141 页以下。

行为和基于请求权的法律行为的区分、物权法律行为和债权法律行为的区分。这并不是一种理论的演绎或者推导，而是法律行为理论及其制度的本意。不论是从事民事学习研究还是从事法律实务，都应该对此有清晰的把握。比如，在对买卖合同这种典型的民事交易进行分析和裁判的时候，我们必须清楚地认识到，在订立合同阶段，当事人的内心意愿也就是法效意思仅仅只是订立合同，因此我们应该确定此时当事人之间发生的法律关系仅仅只是债权关系，或者请求权的法律关系。在履行合同阶段，当事人的内心意愿也就是法效意思是为了所有权的转移，所以我们应该按照当事人的法效意思，确定这个阶段发生所有权转让的结果。这样，我们就准确地把订立合同的法律效果和履行合同的法律效果做出了清晰明确的分析和裁判。

实际上，中国民法典总则编规定的分析和判断主体的意思表示真实这个要点的规则，确实也是结合了意思主义和表示主义两个方面的要求（参见第 135 条规定的意思表示的形式；第 137 条规定的对话情况下意思表示的相对人知道方可生效的规则等）。

此外，民法典总则编规定的虚假的意思表示，隐藏的意思表示，重大误解、欺诈、胁迫、乘人之危等瑕疵意思表示的规则（第 146 条至第 151 条等），同样具有显著的裁判规范的价值。这些规定也弥补了此前一些立法的漏洞。

第四，民法典总则编还规定了多种法律行为类型（第 134 条等），弥补了《民法通则》《合同法》等法律只承认双方法律行为，而不承认单方法律行为（如悬赏行为、抛弃行为）、多方法律行为（三方当事人以上的交易行为）、共同行为（比如公司发起行为，决议行为等）等非常重要的法律行为类型的制度缺陷。①

总体来看，民法典总则编把当事人意思表示作为民事权利发生变动的基本根据、明确了效果意思的作用，这就为民法典分则贯彻意思自治原则

---

① 《民法通则》第 57 条要求，法律行为的行为人"非依法律规定或者取得对方的同意，不得擅自变更或者解除"。这个条文是作为民事法律行为的一般规则来规定的，此外，该法没有涉及单方行为、多方行为、共同行为的规定。

确立了理论和制度基础，也为民事案件的分析和裁判提供了强大的武器。

八　结语

总体来看，民法典确立总则与分则相区分的编纂体例，其科学性不容置疑；总则编对于分则各编的统辖效力，其渊源有三个方面：一是民法总则集中体现了立法者的指导思想，体现了立法者依靠民法完成国家治理的基本观念；二是民法总则规定了民法一般原则和一般规则，是民法分则各种规则立法理念的集中体现；三是民法总则贯彻了民法基本科学原理，集中凝结了人类社会数千年民法发展历史的经验和智慧。我国民法典总则编所建立的一般规则，不但在法思想上坚定地继受和贯彻了改革开放的精神，坚持了保障社会主义市场经济体制和人民权利的指导思想，体现了依靠民法进行国家治理的总体要求；而且它从法技术的角度贯彻了法律关系的主线，坚持了权利核心主义和意思自治原则，建立起来了总则和分则之间分工合作、统辖遵从的逻辑关系，也建立起来了民法典作为一般法对民法特别法的统合逻辑关系。民法典总则编的体系价值，值得充分肯定，也值得我们认真学习研究和贯彻实施。对民法典总则编的轻视或者忽视，不但会造成严重的理论混乱，而且也会造成严重的实践错误，这是我国目前民法典学习研究和贯彻实施必须解决的大问题。本文提出以总则编作为民法典整体的思想基础、规则效力基础、法理解读科学性基础，明确总则编与分则各编的统辖遵从的逻辑关系，望对于民法典整体的学习研究有所裨益。

（来源：《法学研究》2020 年第 3 期）

中国《民法典》国家治理
职能之思考

内容摘要：本文撰写的基本出发点是准确地解读我国《民法典》编纂的意义，即，法典的编纂不是为了进行政治宣传，而是要为依法治国提供基本遵循。民法典编纂是中央关于全面推进依法治国若干重大问题的决定之一，因此应该从全民依法治国的需要，来理解民法典的编纂。本文探讨了民法完成国家治理使命的基本方式，它所依靠的法律规范，也就是行为规范和裁判规范。其中行为规范的作用在于引导民事主体从事民事活动；而裁判规范的作用在于给司法机关执法机关提供明确是非、裁判权利义务和责任的依据。民法之所以作为国家治理的基本遵循，在全面治国中发挥基础作用和全局作用，是因为民法的法律规范涉及社会每一个自然人、每一个法人或者其他组织体，而且也涉及他们最基本的人身权利和财产权利。也就是因为这样，民法典在我国整个国家治理所依靠的法律体系中处于基本法的地位。民法典的编纂使庞大的民法规范实现了科学化体系化。本次我国民法典编纂在总结改革开放四十多年经验的基础上，实现了民事法律基本制度的系统改造。此外，本次民法典编纂，不但纠正了原来多部法律共存的立法碎片化问题，实现了民事基本法律的体系化的目标，而且还系统地弥补了计划经济体制下制定的民法通则的缺陷，纠正了合同法不符合现代市场体制要求的重大错误，解决了婚姻法长期脱离民法体系而造成的固有问题，并且为民法典之外的民法特别法建立了"基本法—特别法"的逻辑关联，从而实现了"大民法体系"的和谐统一，为法律的统一适用提供了基本遵循。

我国民法典编纂，是中共中央 2014 年提出的《全面推进依法治国若干重大问题的决定》中的重要决定之一。所以，民法典编纂的意义，应该从国家治理的角度来理解。我国民法典编纂是在 2020 年 5 月 28 日完成的，紧接着 29 日，中央政治局就"切实实施民法典"举办了民法典学习的讲座，习近平总书记在学习讲座上发表了长篇讲话，他对民法典编纂工作给予了高度赞扬，而且特别强调，民法典的重要功能还在于实施。

作为学习研究民法数十年的学者，而且也是参与民法典编纂的立法工作者之一，我本人对总书记强调的关于民法典实施的讲话深表赞同。民法典编纂的意义重大，但是实施的意义更为重大。民法典编纂完成，只是把中央关于国家治理、关于保障人民福利以及推进市场经济建设的指导思想写进民法典之中，细化在民法制度之中；但要真正推进我国社会的进步，提升国家治理的水平，就要把这些指导思想落到实处，把民法典实施好。民法典之中包括庞大的法律规范和制度，总计 1260 条。这个庞大的法典内容十分丰富，所以不论是在民法典编纂过程中还是在编纂完成后，一些学者和宣传部门对它都有各种各样的解读。但是无论怎样解读，我们都不能偏离民法典编纂的基本功能，那就是它作为依法治国原则的基本遵循，否则就会妨害民法典的实施。

所以，本文在这里提出三个涉及民法典和国家治理之间关系的讨论供各位参考：其一，从民法的一般意义讨论民法典如何承担国家治理的职责；其二，讨论我国民法典在承担国家治理职责时在一些重大制度方面所作出的改造和更新；其三，讨论本次民法典编纂如何弥补了现行民法重大缺陷，以及完成了对大民法体系的协同改造，从而在本质上解决了民法作为国家治理的基本遵循的可靠性这个大问题。

一　民法典编纂是为了国家治理

（一）民法典是国家治理的举措而不是宣言

民法典篇幅很大，有七编、八十四章，总字数 108600 余字。民法典包括的规范和制度内容之多，确实超过了我国现行法律体系中的其他法律。在比较有限的时间里解读民法典，要能够抓住民法典对社会发挥作用的基本功能和基本做法，以及民法典为了承担这些功能而建立起来的制度体系的大概情况。中央把民法典的编纂作为国家治理的基本举措，这个定位非常准确、非常到位，这一点与本人从事民法学习和研究数十年的切身体会非常切合。

在我国民法典编纂完成后，一些宣传部门和学者在提到民法典时经常讲民法典是权利宣言。在我看来，把民法典定义为权利宣言，相当的不准确。因为民法典无论是立法的动机，还是实际发挥的作用都不是宣言性的。首先，世界上著名的权利宣言，像法国的《人权宣言》、美国的《独立宣言》、联合国的《世界人权公约》这些权利宣言性质的文献，都是二十个左右条文；而且这些宣言的内容，都是用精神或者思想来感召人们。这些宣言常常揭示出很有价值的思想，让人精神上受到感召，鼓励人们为权利而斗争，这是权利宣言的作用。

但是民法典不同。虽然民法典中规定很多民事权利，这些权利也常常是很有思想性的，但是民法典对这些权利的规定并没有停留在思想这个阶段上，而是很具体的，它们是和义务、责任联系在一起的。民法典中法律规范揭示民事主体应该享有哪些权利，但是它同时要求民事主体还要承担法律上的义务。如果义务不履行或是不遵守的话，还要承担法律上的责任。民法典规定很多民事权利，至少从其写法上就可以看到，它的用语不像权利宣言那样抽象并富有精神感染力，而是非常具体的。权利宣言中的权利能够感召你，但是你不能从中获得实际的利益。而民法典中的权利是实际的，你可以从中获得实际的法律上的利益。

总体而言，民事权利不能停留在思想性状态，而应该从付诸实践的角度规定你有这些权利的时候，它会以国家强制力为后盾承认你、保护你。同时民法也会附加相关的义务，如果你不尊重别人的权利，或者你不履行义务，那你就要承担法律上的责任。

民法作用于社会的这种方式，充分显示出它的实践性特征，即以其科学手段具体地落实立法者治理国家、改造社会、推进社会进步的各种构想的特征。总而言之，民法典不能当成以精神或者思想来感召社会的权利宣言来看待，而应该当成国家治理的基本遵循和基本依靠。

（二）民法典承担国家治理职责依靠其特有的法律规范

民法典怎样承担国家治理的职责？主要是靠它的法律规范。

民法典中的法律规范，大体上来说分为两种类型，一种叫作行为规范，另一种叫作裁判规范。所谓行为规范，指的是引导社会大众，或者说民事权利主体如何开展民事活动的法律规范。比如怎么去处分财产，怎么订立合同，怎么履行合同，怎么缔结婚姻，怎么结束婚姻，怎么收养，怎么立遗嘱，等等。

从法律实施的角度看，民法跟我国法律体系中的其他法律相比，有一个显著的特点，就是民法的贯彻实施，基本上依靠的是民事主体自己的主动性，而不是依靠国家专门的机关。民事主体，无论是自然人还是法人，每天甚至时时刻刻都要进行民事活动，这时候他们就要实施民法；他们实施民法，是他们自己积极主动的行为，没有人去督促他，更没有国家强制机关去强制他们这样做。比如说，无论是行使所有权还是订立合同，或者从事家庭活动，即使是一般日常生活，都是民事活动。在这些活动中，民事主体会主动积极地去实施民法。哪怕坐公共汽车，在饭馆里吃饭，这些都是合同行为。如果发起成立公司，从事贸易，那是更重大的合同行为。

无论如何，这些行为都是民事主体基于自己的意愿、基于自己的利益需求，自己积极主动的行为，并没有国家强制。民事主体在从事这些行为的时候，会主动实施民法。但是，我国法律体系中其他的法律，跟民法实施的这种情形就有很大差别。比如刑法、反垄断法，从实施的角度看，都是国家专门机关的行为，民事主体不会去积极主动地实施。刑法的贯彻实施主要依靠公检法机关，像反垄断法这样的法律，贯彻实施的机关是国家工商、市场管理、商务部门等管理机关。

因为民法主要是靠民事主体自己主动去贯彻实施，所以民法中规定行为规范的意义就很重要。行为规范，从很多条文的规定来看，它显得好像不是那么"狠"，不具有强制性，但是这就是民法的特点。行为规范的立法目的就是要发挥引导作用，它告诉民事主体从事民事行为的时候去贯彻这些法律，就会得到法律的承认和保护。比如《民法典》的第1条，就是核心价值观的条文，把核心价值观写在这里的目的就是引导。民法典编纂初期，有些学者对此条文写入核心价值观有不同看法，他们认为此条文是道德性的，不具有强制性，因此没有立法意义。

后来在立法讨论中，我也写出立法报告发表意见，认为该条文应该写上，核心价值观对于民事主体的行为可以发挥很好的引导作用。核心价值观中的很多的内容，像平等、自愿、诚实信用等，对民事主体开展民事活动是很有指导作用的。民法的很多条文都是这样发挥着引导作用，从总则编，到各个分编，从财产行为到人身行为，包括结婚、立遗嘱等，很多法律规范都是行为规范。

行为规范之外的另一类法律规范就是裁判规范。裁判规范的含义，顾名思义，就是给以法院为代表的司法机关、仲裁机构，也包括一些行政执法部门提供的，用来裁判是非曲直的法律规范。司法机关裁判是非曲直，就是它们所担负的治理国家的具体职责。

民事主体之间发生纠纷，产生是非争议，人民法院等机构根据事实和法律规定，裁判谁有权利，谁的行为应该得到承认和保护，谁应该承担法律上的义务和责任。这个时候，法院等机构所依据的民法规范就是民法上的裁判规范。这些裁判规范不像行为规范那样柔软，它们是具有强制性的，是界限清晰的。只有这样，这些裁判规范才能够用来做裁判。是非曲直得以裁明后，还要借助于国家的强制力把判决贯彻下去，这就是法院主导的执行。从裁判到执行，依靠的是国家的强制力，这是裁判规范的特点。

民法中的行为规范和裁判规范，有时候也不是截然划分的。有些规范既是行为规范，也是裁判规范，兼备两种法律规范的职能。但是大体上来看，这两种规范还是有区分的。

民法作用于社会的科学方式是它关于法律关系的逻辑。法律关系即民事主体之间的权利义务关系，而法律关系的逻辑，是指包括主体、客体、权利、义务和责任等方面的这些要素之间存在的不可分割的内在联系。民法上关于这些要素所形成的法律制度，比如主体制度、权利制度、责任制度等，也根据它们之间的内在联系而形成统一不可分割的整体。所以，一个民事主体享有权利的时候，也就意味着本人或者他人必须承担某种法律上的义务；义务不能履行的时候，就要承担法律责任。

民法上的主体、客体、权利、义务和责任都是具体的、明确的，这就意味着，权利义务和责任都要落实在具体的、明确的主体身上。所以民法上的权利也罢，义务也罢，责任也罢，都会明确地落实在一个个自然人或者法人的身上，使他们的行为能够受到法律的规范，他们的权利得到民法的承认，同时其义务和责任也必须得到履行。这就是民法作用于社会的奥秘之所在，也是民法实践性、科学性之所在。

（三）民法典的法律规范是社会基础性规范

民法依据法律规范的特点，贯彻立法者推进社会进步、改造社会和治理社会的基本指导思想。同时要注意的是，民法调整的人身关系和财产关系涉及每个自然人，也涉及每个法人。人身关系和财产关系，是他们安身立命的基础，和他们的生存与发展须臾不可分离。也就是因为这样，无论是自然人、法人还是其他的民事主体，他们的民事活动时时刻刻要受到民法的规范。

甚至我们可以发现这样一种现象，自然人、法人或者其他民事主体，一直不从事政治活动完全是有可能的，但是他们不从事民事活动绝对不可能。比如一个自然人不参加选举或者被选举，不当公务员，也不参加政治投票，这完全是有可能的。但是他不能没有衣食住行，不能没有民事权利，不能没有父母，所以他终生不能离开民法对他的保护和规范。民法对社会的反映以及干预的程度，超过任何其他法律。

所以，国家制定民法，尤其是编纂民法典本身就是国家治理行为，是依法治国工程中最为重大的基础性工程。而且民法典对国家治理而言，涉及全局性，对整个社会有贯穿性。民法不是苏联法学定义的部门法，而是基本法、全局法。这是民法在整个法律体系中的基本地位。

二 民法典承担国家治理六大方面职责 以及相关制度更新

民法典担负的国家治理的职责是全方位的。以本人参加本次民法典编纂立法的经历，结合学习和研究的经历看，我认为民法所承担的国家治理的职责，特别值得指出来的有六大方面，这六大方面，是从国计民生、社会发展的整体角度所做的分析，可以概括出民法典发挥国家治理作用的要点。

在民法典编纂过程中以及编纂完成后，社会出现一些舆论，包括一些法学家们，他们认为民法典的编纂无非是将现行法律简单地汇编起来，并没有什么制度或者理论上的创新或者改造。但是从我在这六个大的方面的讨论中可以看到，本次民法典编纂确实在这六个方面实现了制度的改造和理论的更新。我认为这一点特别需要指出来，供大家来分析讨论。

如果看不到我国民法典在制度改造和理论更新方面的重大贡献，那就当然也看不到立法者对此所付出的努力，更看不到法典编纂的意义，看不到民法典和现行法律之间的区别。这样，不但无法建立我们对于民法典的制度自信，而且归根结底对于民法典的实施是很不利的。从未来民法典实施的角度看，从民法典将来促进和保障我国人民基本权利和市场经济体制发展的角度看，充分理解这些制度改造和理论更新是非常必要的。

（一）在建立、改造经济基础运行法制方面承担基本法责任

民法典担负国家治理职责的首要之点，就是保障和维护国家经济基础的运行，建立和稳定国家基本的经济秩序，并且在这一点上发挥着决定性作用。按照马克思主义的观点，经济基础决定上层建筑，所以全部法律制度都负担着反映经济基础需要、保障和支持经济基础运行的重大职责。

在我国，保护经济基础、反映经济基础需求的法律很多，比如说宪法就有关于经济基础规定的条文，但是宪法对我国经济基础的规定只有一两个原则性的规定，而没有具体的规则。另外一些法律也会有直接或者间接的规定，但是系统反映经济基础需求、建立国家基本经济秩序方面的法律，只有民法。民法是调整社会财产关系的基本法律，在直接、具体落实经济基础需求，支持和保障国家基本经济秩序方面发挥着核心作用和基础性作用，这一点意义是非常重大的。

最近这一段时间，宣传民法典的很多人都强调指出，民法典的意义就是规定和保护自然人的权利，比如胎儿权利、老年人权利、婚姻家庭权利等。从这个角度强调民法典的意义，我一点儿都不反对。但是，这些宣传部门和学者的讲授，却始终没有提到民法典对经济基础的反映、支持保障的作用，更没有提到民法典在这个重大问题上对现行民法的制度改造和理论更新，这是一个很大的遗憾。

这一点反映出了我国社会对于民法知识的欠缺。民法典保障民生，规定反映一般老百姓的生活性的权利，这当然很重要，但是民法典在参与国家治理和对整个国家发挥的作用，首先还是在经济基础的保障和支持这个要点上，而且在这个要点上，民法典发挥着核心的作用。有关经济基础和上层建筑的关系方面的知识，虽然不是本题目的必要内容，但是因为涉及我国民法典所起的重要作用，为方便大家思考，我略做说明。

什么是国家的经济基础？按照马克思主义的观点，经济基础其实就是在社会生产力和生产关系中发挥控制或者支配作用的经济力量。因为这种力量控制或者支配着社会的生产力，所以就决定整个社会的生产关系，决定整个社会的运作和发展。根据马克思主义的观点，控制社会的生产资料就是控制生产力的要点或者全部的支点。

所以，控制生产资料的法律权利，就成为马克思主义学说中分析和判断经济基础支配和控制的基本切入点。从对生产资料的法律权利分析的角度，来研究理解经济基础的控制或者支配关系，这是马克思主义的一种分析方法，这种分析方法是很精辟的。对整个社会关系发挥决定性作用的，就是对经济基础的控制，而这种控制和支配在法治社会里，就是一种法权性的控制。

在早期人类社会中，这种法权就是生产资料所有权。在工业化社会出现之前，即在现代化产业和现代企业组织方式出现之前，谁拥有对土地等生产资料的所有权，谁就支配和控制社会的生产、分配、消费等社会活动。比如，在农业社会里，谁有土地，谁就说了算，地主依据其土地所有权，可以决定生产关系的全部。

但是在出现土地之外的大型生产资料之后，对社会经济发展有决定性的生产资料类型发生本质变化，而且社会生产方式发生本质变化，尤其是大工业、现代化的公司出现后，对生产资料予以控制的法权形式也发生重大变化。在企业里面出现大规模的雇佣劳动，或者说产生供业者和就业者，产生资产阶级和无产阶级，这是对企业的政治分析。依据这一分析我们可以提出对资本主义国家的批判。

就我国建设的社会主义市场经济体制而言，有一个要点值得注意，即在现代化企业体制中，从生产资料控制角度来看，出现大规模的投资人现象，意味着对生产资料予以支配和控制的法权关系发生了极为重大的变化。这就是，投资人用自己的名义来投资，但是投资以后，投资人对于投资演化而成的生产资料法权，已经不再是法律上的所有权，而是股权。

所以在人类社会早期的生产关系分析时，我们经常使用生产资料的所有权来作为分析切入点，确定这种社会生产的性质。但是在现代化公司出现后，尤其是共同投资出现后，所有权在法律上由企业法人直接享有，而股东只享有股权。企业法人不仅仅在财会关系中独立核算，而且在民法上以其全部资产承担法律责任，也就是无限责任。而股东仅仅承担有限责任。这种情况下，以生产资料所有权来分析社会生产关系已经成为不可能的事情。

我们可以看到，涉及国计民生的大项目，像修铁路、组建航空公司等，都需要建立大型公司，而这种大型公司都需要依靠股权来运作，而不是依靠所有权来运作。投资人只考虑控股的问题，具体的财产所有权则交给公司法人。投资人不再直接从事生产经营，也就不再对于具体的物享有所有权。

在这个分析基础上，我们必须掌握的法律制度上的一个要点是，直接依据其所有权来进行生产经营的人，必须以自己的全部资产对自己的生产经营负完全的民事责任，这种责任叫作无限责任，而现代化企业中的投资人仅仅只是承担有限责任。所谓有限责任指的是，他投入多少资产，就以这些资产承担责任，他家里的财产和他的其他资产不再为其投资设立的企业的行为承担责任。在企业制度中，所有权人和股权人最大的差别就在于他们承担的无限责任和有限责任的区分。

在中国民法典编纂之前，我国各种法律包括民法中关于公有制财产秩序的规定，恰恰处于立法和现实不相符合、立法上主导理论与现代市场经济体制下民法原理不相符合的巨大矛盾和混乱之中。中国公有制以全民所有制作为主导和基础、其他所有制作为补充，宪法规定中国的经济体制是社会主义市场经济。那么，关于公有制的财产秩序，法律是怎么规定的？

在此之前，一直到这次民法典编纂之前，我国立法都坚持的一个基本理论，就是"国家所有权的统一性和唯一性"的学说。这个理论强调，全部的国家资产都是国家统一享有所有权，这一点被称为国家的统一性；另外，这个理论强调全部公共资产上只有一个所有权主体就是国家，这一点被称为国家所有权的唯一性。

总的来说，这个理论强调的，是全部的公共资产、国有资产都是由国家来享有统一直接的所有权，其他法人机关或者机构都没有所有权。比如，1986年的《民法通则》第82条规定，全民所有制企业中的资产，国家享有所有权，国家授权给企业经营，企业享有经营权。在民法典编纂之前甚至一直到现在，还有人坚持这种理论，即使后来制定和修订公司法，在这个问题上都没有直接明确地采纳现代市场经济体制下的政府投资理论。

其实这个理论是1934年苏联法学界维涅吉科托夫提出来的，是为给中央政府贯彻国家计划提供民法上的法权支持。从20世纪50年代引入我国之后，几代人都把它奉为圭臬。在物权法制定过程中，曾有课题组坚持说这个理论不能变。民法典编纂中他们还是这样坚持。最近在宣传民法典的过程中，还有一些学者这样讲。

但是，在我国1993年开始建立市场经济体制之后，这种建立在计划经济体制基础上的理论，就已经完全不符合我国的现实。尤其是从1995年国家实行分税制以后，在全民所有制企业进行现代化改造以后，实际上公共财产领域里实际的法律权利控制关系，已经不再是国家统一享有所有权。在企业现代化改制之后，现实生活中国家采取投资人控股的法权关系，国家新建国资委作为中央政府投资人的代表者，同时地方也建立地方国资委作为地方政府投资的代表者，中央和地方的投资关系已经清晰区分开来。

这个重大的改变，把原来国家对生产资料的直接所有权的控制方式，改造成为国家投资的方式。而且，政府投资有中央投资，也有地方投资，还有中央和地方的混合投资。即使在中央层面的投资，也不是仅仅只有国务院国资委一家作为投资主体。国资委投资的央企有100家左右，国资委之外，还有财政部作为投资人的三大核心企业中国铁道、中国邮政、中国烟草以及下属的数百家中央企业。

除国资委和财政部作为投资人的企业之外，在国有银行这个系统，国资委、财政部并不作为投资人。中国的银行在世界上的分量是很重的。现在全世界最大的超级银行是中国工商银行，世界十大银行中，中国的银行有五六家。中国这些大银行实际上的投资人或者控股人，不是国资委，而是国务院财政部、中国人民银行等，由它们来代表国家行使投资人职责。关于公有制企业投资人的情形，在地方的情况可能更复杂。地方国有企业，总数几十万家，占有的财富总量并不比国家少。我担任全国人大代表期间在上海、浙江等地调研，发现过去被称为地方国有企业的投资人情况非常多样，形成多层投资。尤其是近年来国家推进混合所有制企业改制，企业之间的控制关系完全用股权来表示，而不是用所有权来表示。

在我国还有一种国企，那就是大学和科研机构建立的公司，其中上市公司不少，这些公司的出资人不是政府的任何一个部门。根据外商投资法，中国政府、企业甚至可以和外企共同投资成立公司，完成大的建设项目。在这些公司中，投资人完全根据自己不同的股份来享受法律上的权益。但是，企业法人作为民事主体，以自己名义下的财产来承担法律责任，投资人不为企业的经营承担法律责任。所以在我国现实中，公共投资方面的"股权—所有权"关系十分清晰明确，而且责任关系也早已不再是无限责任。

改革开放发展到现在，公有制企业在现实中生产资料的控制法权是股权，体现的是投资关系，而且投资人是多部门、多级别的，我国立法一直坚持"国家所有权的统一性和唯一性"理论，一些学者对此完全支持。我发现这个重大问题比较早，并对此进行多次探讨，1992 年我就通过《公有制的法律实现方式》这篇论文，比较早地提出依据政府投资理论、在民法上承认股权—所有权的现代法权规则。这些设想在 1995 年的企业改制中部分得到了体现。

后来在受命编写中国物权法学者建议稿，以及制定物权法的过程中，我还是提出来要按照市场经济的要求、按照中国的国情和现代民法原理，来改造更新国家所有权理论。这些理论研究，集中地体现在我后来出版的《国家所有权的行使和保护研究》这本书里面。但是在几次重要的立法过程中，立法机关和民法学界很多人都认为国家所有权统一性唯一性理论是不可以动摇的。为此，发生过多次的争论。笔者印象深刻的是一个关于羊肉出口的案例。

大概在 2000 年初，埃及一家企业从我国宁夏地区一家企业进口羊肉，因为质量标准问题双方发生争议，埃及企业要求宁夏企业返还价款，而宁夏企业拒绝还钱。结果埃及法院扣押了在亚历山大港装货的中国远洋运输集团两艘轮船，理由是根据当时我国有效的《民法通则》，宁夏企业是国家所有的企业，中国远洋运输集团公司也是国家所有的企业，这两个企业都是一个主体的资产，当然可以由这个主体的资产来还债。

这个案件的争议说明，我国法律必须打破国家所有权统一性唯一性理论的束缚，才能建立起符合法理、符合市场经济体制要求的制度规则。所以在物权法制定过程中，我始终坚持了自己的观点。本次民法典编纂，这些问题才基本得以解决。

下面我以民法典具体条文说明涉及国家基本经济秩序、国家经济基础控制方面的法权制度是怎样发生改变的。《民法典》第 96 条规定国家机关法人等为特别法人，第 97 条规定有独立经费的机关和承担行政职能的法定机构具有机关法人资格，独立地从事民事活动。

从这两个条文的规定可以看出来，在我国民法典的立法者看来，国家机关在从事民事活动时，无论是投资还是一般民事活动，就不再具有统一的、唯一的国家主体身份。民法典没有采取"国家"概念，而是采用了"机关法人"的概念，也就是民法学上所说的"公法法人"的概念。现实中可以独立从事民事活动的机关法人很多，在民法上各自享有权利、承担义务和责任。这是国家所有权统一性和唯一性制度和理论改造更新的第一个方面，即主体制度的更新。

理解主体制度的更新之后，再看第 255 条的规定。此条讲的是国家机关对其直接支配的不动产和动产，享有占有、使用以及处分方面的权利。这个规定是关于公法法人物权的规定。结合第 96 条和第 97 条关于主体资格的更新，我国民法典从物权的制度方面，也不再承认国家所有权的统一性和唯一性了。第 255 条规定的是机关法人的财产权利，也就是物权的规则，这个条文，规定公法法人可以行使处分权，处分权是所有权的核心，既能够行使占有使用权同时又能够行使处分权，那就是能够行使所有权。所以，公法法人行使处分权的这个规定，就等于承认了公法法人所有权。

再看第 257 条的规定。《民法典》第 257 条规定："国家出资的企业，由国务院、地方人民政府依照法律、行政法规规定分别代表国家履行出资人职责，享有出资人权益。"这个条文揭示了，虽然从表面上都叫作国家的投资，但真正的出资人或者投资人是中央政府、地方政府和各个不同的政府法人。第 257 条的规定，实际上就是按照国家 1995 年以来实行的中央地方分税制，以及实行现代化企业改造以后确立的公有制生产资料的控制秩序，重新确立的公有制法权关系或者涉及我国经济基础的财产权利的法律制度。

以前《民法通则》第 82 条规定，全民所有制企业的资产来源于国家的授权，按照国家的授权开展生产经营活动。《民法通则》以及《民法典》之前的法律，基本上都坚持国家所有权统一性唯一性学说，这样企业跟国家的关系就只能是行政授权。国家给企业多少权利企业才有多少权利，企业很难成为独立主体。最重要的是，这些法律根本不承认政府投资学说。

但是《民法典》第 257 条明确承认政府投资学说，而且还承认了政府分别投资的规则，这就不但否定了国家所有权学说，而且进一步打破了唯一主体和统一主体的学说。按照政府分别投资理论规定了政府和企业之间的关系，这是我们建立中国特色社会主义市场经济体制的关键。所以这个条文的意义重大。

《民法典》第 268 条规定，"国家、集体和私人依法可以出资设立有限责任公司、股份责任有限公司或者其他企业"。这个条文的核心，是承认公法法人和民间资本都可以投资组建公司，也可以成立混合所有制企业。结合第 257 条的规定可以看到，第 268 条进一步阐明了投资关系。这个条文的核心要点是政府可以和社会力量共同投资，这就是当前大家讨论比较多的混合所有制企业。目前，这种混合所有制企业非常之多。

例如，我国航空公司很多，但是无论哪一家航空公司都不是单一级别的政府投资，而是混合投资，投资人有中央政府、地方政府、民营企业等。而且，不管是哪一家航空公司，都存在企业自己作为投资人的情形。

企业又作为股东，形成好多层级。这些企业投资，形成了"股权—所有权"的法权结构，投资人享有股权，企业法人享有所有权。如果这个企业法人又成为投资人，那么企业以法人的名义成为股东，他在和其他投资人组建的新企业法人中享有股权。

和第268条密切相连的是《民法典》第269条。该条文规定，企业作为独立民事主体，对其名义下的全部资产享有真正的所有权。这个条文的法律意义，就是承认企业法人所有权。这个条文的实践意义，就是揭示投资人的法律责任和企业自己法律责任之间的区别，即有限责任跟无限责任的区别。所以这个条文也是很重要的，作为所有权人企业要承担无限责任，而投资人只承担有限责任。

结合上面所说的羊肉案件，再结合《民法典》第96条、第97条、第255条、第257条、第268条、第269条等条文，现在民法典关于公有制财产秩序也就是关于国家经济基础方面的规定，相比国家所有权统一性唯一性的学说和制度，变化巨大！我国的立法在国家治理这个最为重要的方面实现了转变，既符合了市场经济体制的实践要求，也符合了国情，更符合了民法科学原理，这个重大转变具有根本意义。问题是，一些坚持国家所有权的统一性唯一性的学者，到现在还认识不到这一点。

综上，有这样四个法律问题需要注意：第一，公有制经济基础中财产控制法权，在我国市场经济体制下不是国家所有权，更不是国家统一性、唯一性的所有权，而是政府投资理论下的出资人权益即股权。第二，政府作为出资人，不对企业的生产经营承担无限责任，而是有限责任。第三，政府投资不是以"国家"名义的统一出资，而是分别出资。第四，企业作为法人对其全部资产享有法人所有权并承担无限责任。

民法典关于政府分别出资的规定，对地方政府而言意义更为重大。地方政府出资的企业非常多，承认它们独立的出资人权利，此前的国家大法还没有明确过。过去的法律，把这些企业称为地方国营或者地方国有，都遵循着国家所有权的统一性唯一性。所以，地方企业发展的法权关系总是不顺畅。改革开放初期，地方国营企业被平调是很常见的。现在这个问题偶尔还会出现，所以地方政府一直是很担心的。现在民法典解决了这个问题，给它们提供了制度的保障。

　　除了"国家所有权"的制度改造之外，本次民法典对农村集体所有权的改造也是很有成效的。在物权法制定时，这个改造就完成了，但是还没有得到很好的宣传理解。对农民集体所有权的重要改造主要体现在《民法典》第 261 条中。以前的法律强调农民集体所有权就是"集体"的所有权，而现在的改造核心是，在里面增加了"成员"两个字。第 261 条规定"农民集体所有的不动产和动产，属于本集体成员集体所有"。这个改造所强调的，就是集体所有权是成员集体的权利，而不是抽象的集体的权利。"成员"这两字的增加意义很重。

　　从理论上来说，这两个字把集体所有权恢复到社会主义的集体所有制的基本理想状态。从法律实践的角度看，这两个字纠正了现实中轻视甚至忽视农民个人权利的严重问题。在极"左"思想影响下，农民集体所有权的经济实践和法律实践中，出现了没有成员的权利，只有集体权利的情形。所以，"成员"这两个字的恢复，对现在清理农村经济秩序是关键因素。实践中在城郊经济发达的地区，集体经济中集聚着巨大的财产，成员权的财产分量很重，广州有个村子叫猎德村，村子已经是城中村，没有土地，只有企业还有房子，集体成员的成员权含金量很高。

　　如果不解决成员权的问题，村子里头娶妻外嫁都不迁户口，而且把配偶户口都迁进来，这样的话，本村的集体成员就越来越多，原来的集体成员的权利就被极大稀释了。所以解决农村集体成员权问题，必须贯彻民法典的规定，尽快建立法律上的对策。此外，农村的"三权分置"也必须尽快解决与此相关的农民集体成员权利问题，否则，三权分置是很难推进的。

　　成员权的问题在农村问题解决上十分关键，在农村集体经济组织所有权制度建设上加入成员权，这是我的建议和议案提出来的，物权法、民法典已经写进去了，现在农业农村部、中农办也在研究在下一步农村体制改革中贯彻成员权保障问题。2019 年农业农村部韩长赋部长在全国人大常委会上做报告，就农村下一步改革贯彻成员权提出了很多设想，其核心就是进一步明确集体之中的成员权。

　　总之，民法典在我国涉及经济基础的民法制度方面的制度改造和理论更新，其意义非同小可，无论是学习研究还是贯彻实施民法典，都应该予以充分的重视。

（二）在保障民生方面担负基本法职责

民法典叫作"民法"典，它的内容当然跟老百姓的利益都是密切相关的。在民法典编纂过程中，习近平总书记、党中央多次做出明确指示，要求民法典的编纂，要加强人民权利的保障，要积极应对现实的民生问题，要解决人民生存和发展中遇到的重大现实问题。本次民法典编纂在这方面很下功夫，解决了很多制度建设和理论更新问题，从民生基本法的角度解决了幼有所育、老有所养、头顶安全等一系列大问题。

民法典涉及民生保障方面的制度建设内容，比较受人关注的是针对高空抛物问题的规定。高空抛物，比如在楼上扔个酒瓶子，把下面的人砸伤了，以前《侵权责任法》第 87 条把这种侵害仅仅理解为民事侵权，而公安机关按照所谓不参与民事纠纷的原则，把这一类案件处理中的关键，也就是寻找侵权人的工作，交给受害人来承担。在受害人根本无法解决这个问题的时候，法律条文做出了错误的规定，要整个楼宇的人承担连带赔偿责任。

在这种狭隘的思路下，这个条文包括多个法理错误：把涉及刑事的问题仅仅当作民事侵权、禁止公安机关处理、要求人们自证其无、推定多数没有侵权事实者承担赔偿责任等。本来这一类案件的核心是要确定加害人，可是这个法律条文却导致直接确定一座楼的居民都承担责任。如果一个人从立交桥上面扔下来东西砸伤甚至砸死了人，那么又该如何处理？这个条文出现以后我们都是坚决反对的。这种案件出现了几次，法院难以判决，判决了也执行不了。我在担任全国人大代表后，也提出了修改这个条文的立法建议。

本次民法典编纂把这个问题彻底解决了，《民法典》第 1254 条规定，公安机关可以查找侵害人。现在我国正在修改刑法，把这一类案子中侵害人的行为确定为犯罪行为，其加害行为将来按照先刑事后民事的规则处理，民法上的问题就好处理了。制度改进了，科学的法理也贯彻下去了。

这次立法过程中出现的、社会上一般不太了解的一些争议问题中，也可以看到民法典编纂在民生保障问题上所做的制度创新和理论更新。比如民法典关于监护制度的设置，就是一个很重要的亮点。监护制度不是现行法律才有的，古罗马法二世纪时候就有。在古代监护就是保护的意思，首先是保护未成年人，也涉及保护部分成年的行为能力不足的人，但是保护未成年人是制度出发点。小孩子一生下来，他的生命健康，甚至可能还有财产，都需要保护。

由谁来保护他，怎样保护他，这就是民法监护制度要解决的问题。在罗马法的时代，确定的监护人，最妥善的是小孩的父母。所以古代法律建立的监护制度，基本出发点就是血亲监护，也叫血缘监护，或者是近亲属监护。正是因为这样，传统民法中的监护制度都是写在婚姻家庭编中，或者写在亲属法中。但是在我国民法典中，监护制度没有写在婚姻家庭编里面，而是写在总则编自然人部分的第二节。这种做法的原因在哪里？难道说我国立法者不认为父母子女的关系很亲切吗？不是这样子的。父母子女关系当然是最亲近的，而且在我国《民法典》规定的监护人顺序中，第26条一开始就承认父母子女之间的监护是首先的选择。

但是为什么没有把它放在婚姻家庭那一编？原因很简单，父母子女之间的监护虽然是最好的，但是把监护写入婚姻家庭编已经不能满足中国未成年人保护的现实。其中最重要的原因，是我国实行九年制义务教育，再加上幼儿园，未成年人有 12 年是在幼儿园或者学校里度过的。孩子有这么长的时间不在父母的跟前，幼儿园、学校的监护责任就凸显出来。民法典当然不能把学校幼儿园的监护写入婚姻家庭编。这些年来学校甚至幼儿园里的监护问题不少，所以需要在立法上强化解决。

此外还有我国特殊的问题，即留守儿童的监护。这一类未成年人的保护确实是个大问题。所以民法典建立监护制度，把地方政府民政部门、农村村委会、城市居委会都规定为监护人。当然，有些监护人是临时的。总的来说，是要国家民政部门承担兜底责任。加强民政部门的责任，这也是正在修订的未成年人保护法确定的基本精神。

本次民法典编纂过程中，有几个课题组都提出应该按照传统民法的做法，把监护制度写入婚姻家庭编之中，它们认为这样立法上的条理更顺畅一些。但是，立法者最后采取的方案是将监护制度写在民法典总则编，这样更加符合中国的国情。当然，将监护制度写在总则编这种体例，民法通则制定时也是这样做的。但是现在民法典确定的监护制度要比民法通则时期的规定内容丰富很多，原因就是国情因素的考虑。我国民法典中的监护制度相比国际上民事法律制度和我国台湾地区"民事法律制度"，规模确实比较大，这是为加强民生保障的一种努力。其中涉及制度改造和理论更新的地方，也特别值得注意。

另外，这次在民生保障方面还有一个重要的制度建立，就是居住权入法。原物权法中没有居住权的规定。民法典规定居住权制度，最主要的目的就是要解决一些有特殊社会关系的人的居住问题。这种制度在古代罗马法中也是有的，它被称为"人役权"，就是为特殊的人设定的用益物权。从民法历史考察看，古罗马建立这种制度，主要是为了解决那些来源不明的小孩子的生存与养育问题。因为罗马军团到处打仗，然后就搞出来一些来源不明的孩子。这些将士兵知道孩子是自己的，但毕竟不是婚生的，不能把这些孩子带回家，但是他必须把孩子养大成人，所以就产生了人役权的制度。人役权制度一直在欧洲适用，尤其是法院判决的比较多。

当然居住权解决的社会现实问题的范围比较宽，并不限于非婚生子女的居住问题，凡是具有一定社会关系、房屋的所有权人需要供养的，都可以借助于居住权的规则来解决。比如，我国现实生活中姑姑叔叔和侄子侄女的关系是很亲近的，但是立法并不承认这种亲属关系是近亲属。现在，这种亲属之间有很多人实际上发生着赡养或者抚养的关系，这些都可以借助于居住权来得到保障。因为实行严格的计划生育政策，现在我国出现了很多老人无人赡养的问题，而解决这个问题是居住权制度建立的现实依据。

立法讨论居住权制度设置，从物权法制定到现在，整个情况我很熟悉。制定物权法的时候，部分学者支持部分反对。支持的学者所提出的理由是，设立居住权可以给自己家里的保姆解决居住问题，而反对的学者认为给保姆一个居住权并没有必要。双方的讨论并没有充分展开，最后立法没有采纳写入居住权的主张。实际上，居住权的实际应用并不是要解决保姆居住这样的问题，以及妻子住在丈夫家里的问题，因为这种情况下的居住，已经有了充分的法律根据。居住权制度建立。

综上所述，是要解决那些没有现行的法律根据但是又必须解决的居住问题，上面举的例子已经说明了。所以我一直支持写入居住权的主张，在这一次立法中我也提出了支持的立法建议。但是，在立法讨论中有些学者提出，要在"居住权"这一章里面写上社会保障住房方面的居住问题、福利住房问题等。这种观点混淆了民法和行政法的界限，因此在立法讨论的时候我明确表示反对，最后这些观点都没有出现在法律之中。

值得指出的是，我国民法典中的居住权制度，超越了罗马法以来传统民法所设立的人役权的范围，这就是以房养老制度的采纳。现在养老问题成了我国的"老大难"，由于计划生育政策实行时间太长，也很僵硬，结果现在有一些地方老人没人赡养。实践中出现了以房养老，这一点在民法典居住权制度中得到了反映。

具体做法是：老人先把房子所有权让渡出去，同时依据合同方式设定居住权，然后在不动产登记的地方将居住权登记下来。居住权自登记时设立成功。之后老人在自己的房子里照样可以颐养天年，同时他还可以把房屋所有权价款拿来用作养老。《民法典》第 366 条，居住权人有权按照合同规定，对他人的住宅享有占有、使用等权利，满足居住需要等。这个条文的出台，就是以上述情况为背景。这种情况，在传统民法中确实是没有的。这个制度就是为了解决我国的现实问题，也是对于传统民法的突破和发展。

以上两个要点，可以概括为"国计民生"四个字。民法典编纂在这一方面考虑很多，在这两个要点上承担国家治理职责，实现制度改造和理论更新。

（三）突出人身权利保障，以人格尊严为基础全面提升我国法律的人文主义精神

加强对公民人身权利保障，是民法典基本的指导思想，在立法过程中中央也多次做出明确指示。关于人身权利保障，这次制定民法典有很多积极的制度创新。现在宣传比较多的是人格权独立成编，其意义确实很重大。但是关于人格权方面的立法解释却出现了一个问题，那就是非常突出强调人格权独立成编，而忽视了《民法典》总则编第 13 条、第 14 条关于自然人人格自然享有、自然人人格平等的规定，以及第 109 条关于一般人

格权的规定。

其实这几个条文不仅仅是要从民法典总则对于分则的决定性作用的角度看，从民法原理看，最重要的是要从几个法律条文的重大伦理价值和实践意义看，它们都是民法典人格权编的政治基础和法理基础。如果不从这几个基础性条文所确定的人格以及人格权的思想精神和法律定义来理解人格权编，那么人格权编的很多条文就成了空洞的政治口号，失去了司法适用价值或者会造成司法难以化解的困惑。

在本次民法典编纂过程中关于人格权是否独立成编的问题，法学界出现了极大的争议，有人认为这些争议将来会名垂史册。但是在我看来这一看法未免太过于乐观，因为在这种强烈的争议下面，双方的观点都过于偏执己见，而欠缺充分的法律制度史的支持，更欠缺严谨的民法科学原理论证。本次民法典编纂，从一开始就提出了加强人身权利保障的指导思想。《民法典》第2条在规定民法定义时候，改变了此前把财产关系放在人身关系之前的做法，把人身关系放在财产关系的前面，体现了我国民法典更为重视人民生存与发展以及人身权利保障，这一点是我们首先应该注意的。

事实上，为了贯彻强化人身权利保障原则，民法典从总则编涉及人身权利的制度入手，都一直是在进行制度的强化和理念的提升。比如，关于自然人的人格问题，《民法典》关于自然人部分的规定，第13条、第14条就突出地强调自然人从出生到死亡享有法律人格，而且人格平等，这些规定充满了人文思想。为什么这样说？因为在历史上有奴隶制度、等级身份制度，有些人虽然是自然人但是不是法律人；即使是在自由民中间，还存在贵族和平民的法律身份区别，上等人和下等人之间的人格是不平等的。只有到了人文主义革命之后，法律才解决了这个问题，每一个自然人都获得了主体的资格，而且每个责任人的法律主体资格都是平等的。

联系这一段历史，我们就知道《民法典》第13条、第14条充满了人文主义的思想精神。同时我们也要知道，自然人获得法律上的人格而且每个人人格平等，这个问题不是民法能够解决的，只能依靠宪法。也就是因为这样，《民法典》人格权编第989条规定由民法来调整人格权享有，这个提法并不是一个严谨的法律表达。

　　上文提到的监护制度，其实也是要解决未成年人在健全的人格发展过程中所遇到的特殊问题，保障每一个自然人人格健全发展。这些涉及人格的重要制度，都是我们在学习和研究民法典时不可以忽视的。

　　本次民法典编纂，贯彻了中央提出的加强人格权保护的要求。贯彻这个要求最得力的条文，就是《民法典》第 109 条的规定。这个条文只有短短一句话，"自然人的人身自由和人格尊严受法律保护，任何人不得侵犯"。这句话虽然短，但意义至关重大。

　　第 109 条的规定，在法学上称为"一般人格权"。在我国民法典规定这个条文之前，世界上一些名气很大的民法典比如法国民法典，德国民法典等，都还没有这样的规定。当然，有些国家的宪法对此有规定，但是民法典规定一般人格权，只有中国才有。这个条文要揭示的立法精神，就是人格权绝对受保护，全面受保护。为什么以前的民法典没有规定，而我国民法典规定了？意义很重大。这个问题只有从历史角度才能说清楚。

　　在民法的历史发展过程中，法国民法和德国民法时代在人格立法方面要解决的重大问题，就是人和人之间合法的、赤裸裸的不平等，即奴隶制和等级身份制的情形。法国大革命之前，法律承认有三个等级，僧侣、贵族和平民，他们在法律上存在合法的不平等。贵族是不纳税的，国家还要拿税收来去养活这些贵族。平民必须纳税，而且税负越来越重，于是爆发了大革命。革命成功之后，法国民法典和德国民法典在人格制度上要贯彻人文主义革命思想，才消灭了贵族跟平民之间的区别，实现了法律规定上的人人平等原则（从这些分析我们就知道，人格权享有的社会问题不是民法解决的）。

　　在法制史上，我们把这一时期的民法叫作资产阶级民法。这些民法实现了形式上自然人的人格平等。从这一分析我们可以理解，为什么法国民法典、德国民法典虽然规定了近现代的人格制度，但是却没有一般人格权理论的反映。因为一般人格权理论产生以及发挥影响在历史上要晚很多。

　　形式上的人格平等解决了，实质上的人格平等问题还没有解决。大概到 19 世纪末期，工人阶级出现了，民族问题等社会矛盾加剧，人与人之间因为出身、种族、民族、性别及其他方面的因素，在现实生活中无法享有法律上的平等人格的问题加剧了。后来发生世界大战，法西斯居然以人种民族为理由残酷杀害犹太人。现实生活中人与人之间不平等问题越来越严重，这就触发了进步的法学界来研究。一般人格权理论就是这个时候产生的。

提出这个理论的，是德国法学家奥托·冯·基尔克（Otto von Gierke）。他早在19世纪末就发现了这个严重的社会问题，并且提出了一般人格权的理论。他认为，现实生活中一些自然人的人格性质的权利受到侵犯，说明每一个自然人都有一个自然拥有的人格权，这个权利的本质是每个人都享有的宪法上的人格尊严。所以，歧视自然人，就是侵犯人格尊严。

关于基尔克的理论，大家可以参阅我曾经翻译的《民法上的人》这篇论文。基尔克提出的这个理论在世界上影响很大，后来很多国家的宪法都采纳了这个理论，在宪法上写入人格尊严条文，作为自然人的基本权利。但是因为历史原因，世界上其他国家或者地区的民法典还没有反映出来这个要点。在出现自然人的人格尊严受侵犯而需要民法救济时，司法实践中产生了引用宪法的人格尊严条款来处理案件的做法，比如德国，并在世界上产生很大影响。

我国《民法典》第109条规定一般人格权之所以具有重大价值，就是这个条文解决了人格权的伦理基础问题，使人格权在民法上得以确立，有了光明正大的人文主义思想基础。而且，这个理论把人格权纳入绝对权这个体系之中，为人格权全面保护和绝对保护建立了民事权利的制度基础。另外，全面保护和绝对保护的思想，弥补了民法长期以来的制度和理论缺陷。从我国民法典编纂过程中涉及人格权独立成编的争议观点看，主张独立成编的学者观点和反对独立成编的学者观点，对人格权立法的这种强烈的人文主义思想背景都不甚了解，他们提出的论据都和人文主义思想无关。

而且特别值得思考的是，主张人格权独立成编的学者，曾经提出把人格权的市场开发、依据市场规则的转让当作人格权独立成编的重要原因和基本理由，这一说法和现代民法中的人格权至高无上、绝对保护、全面保护的法律精神背道而驰。让我感到难过的是，这种观点一度出现在立法机关编制的"民法典草案"之中，草案曾经向社会公布过，也产生了很大的负面影响，让国际上的法学家们误认为中国立法者出现了常识缺陷。我担任全国人大宪法和法律委员会委员，坚决反对人格权市场转让，最终这些市场化转让的条文被彻底删除。毫不讳言，我认为删除人格权转让的做法坚持了人格权理论的伦理底线。2017 年制定完毕的《民法总则》第 109 条、第 110 条就是人格权的系统化。

在人格权独立成编后，一些学者特别强调该编所采取的将人格权——列举的政治含义。我认为这样解读，完全脱离了《民法典》第 109 条规定的立法本意，而且还给法院司法带来很多困惑。如上所述，民法是实践性的，不是宣传性的。而且上文说到，第 109 条强调的是要给予自然人的人格尊严全面保护和绝对保护，而人格权编的——列举，恰恰无法做到这一点。

有这样一个案例，有个河南姑娘到浙江企业去求职，遭到拒绝，拒绝理由只有三个字：河南人。从侵权法角度如何理解对这个姑娘的损害？如果坚持民法典人格权编的列举，那么，这个企业损害了姑娘什么人格权？这一编里面列举的生命、健康、隐私、名誉、姓名等权利，损害了哪一个？其实，我们使用《民法典》第 109 条，就能明白这种侵害就是对人格尊严的歧视。脱离第 109 条来解释人格权编，就是脱离了人格权必须全面保护、绝对保护的立法精神。

在民法典编纂过程中，有些课题组提出，将人格权——列举，这是法院判案的需要。他们认为，司法实践中遇到人格权受侵害，如果立法没有列举出来具体的权利类型，法官就没有办法区分，案子就无法裁判。这个说法，个别法院的领导过去讲，现在还讲。但是这个说法恰恰说明，一些法官不懂得一般人格权理论的意义，对于侵权责任的归责原则也是似懂非懂。

为什么这样批评？我还是举个例子，以山东姑娘上学被冒名顶替的案子就可以说明。

一个山东姑娘姓齐，她考上了商业学校。另外一个女孩姓陈，陈姑娘的爸爸跟学校的老师等几个人勾结起来，把齐姑娘的入学通知书给领走了，然后陈姑娘改名换姓去上学了。齐姑娘没有拿到入学通知，一个农村女孩的命运就此改变。事情暴露以后要追究侵权人责任的时候，法院非常纠结。因为那个时候法官不知道一般人格权理论，我国民法也没有这些制度，法院裁判侵权案件就必须要搞清楚到底损害的是什么权利。但是法院研究了很久，最后确定以损害姓名权为由给处理了。可是，这个案件的本质是侵害姓名权吗？中国人重名重姓的很多，这个案件如果仅仅只是使用了齐姑娘的姓名，那么给齐姑娘的损害有那么大吗？

在当时中国城乡二元化分置情况下，在重男轻女的社会背景下，我们甚至都没有办法来描述一个农村姑娘人生轨迹被改变后所受到的损害有多大，可是法院说这里仅仅损害了姓名权，这能够以理服人吗？其实，以《民法典》第109条来处理这些案件才是正确的，把这一类完全无法区分、也没有必要区分的侵害权利类型的案件，以一般人格权理论强调的全面保护和绝对保护来处理，一点儿障碍都没有。

在民法典编纂的讨论过程中，面对一些课题组负责人提出的，如果不将人格权一一列举，就没有办法精准司法的观点，我曾经有一个立法报告提出了批评。我的观点是，民法上的物权需要一一列举，采取物权法定主义原则，是因为物权都是交易性权利，为了搞清楚交易对象，必须把各种物权分清楚。但是人格权在立法上只有侵犯和保护的问题，有时候有些权利区分真的是没有必要。比如生命权和健康权，从侵权救济的角度看，如何区分得清楚？还有名誉权和隐私权，到底怎样区分？如果法院的领导告诉法官，你一定要区分清楚权利的区别才能够裁判案件，那就真是误导法官了。像冒名顶替上学侵害的是复合性的、多重的权利，所以根本用不着区别，以一般人格权侵害就能说清楚。

总体而言，这种将人格权一一列举的方法，对宣扬人格权立法很有意义，但是却没有认识到人格权并非交易性的权利，而是一种防御性的权利，即在受到侵害的情况下予以救济的被保护性的权利；而民法上的救济重点在于从货币的角度给予受害人以补偿。所以法院在人格权保护的案件中，分析和裁判的着眼点是确定受害人遭受损害的程度或者大小，而不是对损害标的仔细划分。

关键是人格权所指的人格是至高无上的，仔细划分损害并将其列举出来，这样做虽然有宣传上的好处，但却不能穷尽而且有时候反而失去了重点，就像冒名顶替上学这种案子的分析和裁判那样。强调这种列举，反而限制了人格权立法精神的弘扬。

近日一些学者和宣传机构强调说，《民法典》人格权编的第990条第2款也是一般人格权的规定。他们试图用这个解释来掩盖忽视《民法典》第109条所造成的混乱。但这个说法是难以成立的。因为第109条是一般人格权的基本规定，它在立法上具有基本原则和基本纲领的作用，对整个人格权编都发挥着思想和操作上的统领作用。而第990条第2款，从内容看仅仅只对人格权编的其他条文发挥补充性作用。它们的立法指导思想、内容和实践作用大相径庭。所以，我的观点是不要忽视《民法典》第109条的重大作用。

人格权编的主要指导思想是人格权保护，如果要让这一编发挥实践作用，那就必须将其纳入侵权法的逻辑范畴，在人格权保护方面适用归责原则的基本法理。在讲到强化侵权归责原则的时候，我们必须牢记三个要素，就是加害行为、损害结果、加害行为和损害结果之间的因果关系，这三个要素缺一不可。而且，从民法追究民事责任的角度看，分析侵权规则，也是以这三个要素为出发点。

要搞清楚加害行为是谁做出的，搞清楚损害的结果到底有多大，然后搞清楚加害行为跟损害结果之间因果关系是怎样的。有时候是两个加害行为或者多个加害行为共同造成一个损害结果甚至是多个结果，在多个行为造成损害结果的情况下，就要搞清楚哪些是主要的原因、哪些是次要的原因，哪些是直接原因、哪些是间接的原因。把这三个因素搞清楚，是训练有素的法官的基本功夫。而现在一些民法学者说到人格权编，已经不讲这些法学上的基本功了，这样做对人格权编的法律实践反而造成很大障碍。

本次民法典编纂除人格权的规定外，也特别强调身份上的权利保护。身份上的权利，主要是基于婚姻家庭这种身份所产生的权利，而不是现实社会中社会身份的权利。社会身份很多，比如官员身份教授身份，都不是民法上的身份，因为这些身份发生的法律关系，不是民事关系。民法上的身份关系仅仅指基于家庭和血缘等方面所产生的关系，因此而产生的权利和义务自古以来就是民法规定的重点。

（四）在民众财产权利制度方面弥补"短板"

民法调整财产关系同样是其核心的任务，我国民法典也建立了比较完善的有关财产权利的法律制度。财产权利制度是传统民法的主要制度，在现代社会意义还是非常重大的。我国民法典中的财产权利制度，包括物权制度、债权制度、知识产权制度、商业投资产权制度、数据资产制度，等等。这些制度的立法意义和具体内容非常丰富，在这里显然无法一一展开。

我从财产权利制度如何设置对国家和社会发展的重要意义的角度做出一点讨论，这个问题涉及国家治理角度下，立法者如何看待以所有权为核心的民法上财产权利设置的大问题。这个问题涉及我国过去立法上的重大短板，这一次民法典编纂基本解决了这个问题。很多法学著述在讲到民法上的财产权利制度的时候，都强调这一制度是对已经创造完成的物质财富予以保护的法律制度。这个说法不能说错。民法上财产权利制度，基本上就是以民事主体如何取得、如何享有、如何处分财产权利这些现实问题为对象而展开其丰富的制度内容。

但是从国家立法者的角度看，建立财产权利制度，除了要考虑对现实物质财富的各种支配权利之外，还要考虑一个重要问题，即设置法律制度让民事主体能够不断积极地创造财富，这样社会的物质财富才能够源源不断地产生出来，国家和社会才有了稳定发展的物质基础。这个问题，就是从国家治理所需要的发展动力角度，对民法典中财产权利制度的设置所提出的要求。

最早提出这个问题的是亚当·斯密。他在这个问题上做了长期的思考，并且提出了国家发展与法权制度设置的最一般的道理。他在《国富论》里说，财富是创造出来的，国家和社会的发展如果要保持财富被不断地创造出来，国家的治理者就得保护创造者，而保护创造者的最好方法就是要让创造财富的人拥有所有权，让创造者看到他创造的成果。这是亚当·斯密的名言，其含义就是把所有权这样的权利交给创造者，而且给他足够的保护。

英国的工业革命就是这样成功的。还是举一个历史上的例子，这个例子的主人就是发明蒸汽机的瓦特。瓦特的发明意义巨大，在他之前我们人类世界能够利用的动力都是动物的力量。瓦特发明蒸汽机动力后，世界才有火车、轮船、汽车，人类才进入了现代化社会。《公司的力量》这本书，介绍了瓦特作为发明家，一生有 3000 个发明的专利；同时，瓦特为保护他的专利，曾经发动过 5000 件诉讼。他从事发明只有三四十年的工夫，按 40 年来算，一年就得打一百二十多次官司，一个月就得有十几次官司。我们可能以为整个社会的人都会批评他，但他们认为瓦特这种做法非常正当。

在立法、司法和整个制度上，都认为应该给他足够的承认和保护，让创造发明的人、让从事积极劳动的人能够有效地享有自己的所有权，也能够有足够的法律资源保护自己的所有权，这样国家才能够得到足够的发展。

历史证明，国家发展的动力，就是民众享有足够的所有权和财产权利。我曾经有一篇很长的论文《民众所有权的正当性和有效性的问题》，从历史的发展角度探讨了此中的道理。这个道理就是，国家治理者必须树立这样一种指导思想，即承认民众获得所有权的道德正当性，然后设置有效的法律制度，保护民众的所有权以及其他财产权利。只有这样，国家才能够真正获得发展。

考虑到民法上财产权利制度的设置对于国计民生具有基础保障的意义，我国《民法典》如何规定财产权利，就不仅仅只是一些法概念和制度的字面逻辑的问题了。立法者不但要考虑到以所有权为核心的财产权利的概念体系制度如何设立，不但要考虑到现有的物权、债权、知识产权、商事财产权、数据财产权之间的法律逻辑，也就是这些制度之间的自洽和协调的问题，而且更重要的是要考虑到这些权利背后的指导思想，即如何看待民众拥有的财产权利的正当性和有效性。

对此，我们应该承认，我国曾经在这一方面存在制度的短板。在很长的时间里，老百姓的财产权利并没有获得足够的承认和保障。改革开放以后这个问题逐步得到了解决。中国共产党对于民众财产权利的态度，相比过去现在已经有本质的改变，法律上的制度短板也已经得到弥补。物权法制定的时候，中央曾经有批示，就是一定要确保物权法通过。2016 年的时候，中共中央、国务院联合发布《关于完善产权保护制度依法保护产权的意见》，就是"完善平等保护产权的法律制度"，再一次提出要对民间财产权利给予平等承认和保护。

平等保护是什么意思？在中国背景下，讲平等不是说是把公有制财产保护的程度往下压，而是要把民间财产的保护程度往上提。这个道理，从物权法到民法典，都认真贯彻下来，以前那种公共财产优先保护、民众财产自私自利不能平等保护的思想意识，已经完全被清理出去。《民法典》第 113 条、第 206 条、第 207 条，从不同的角度强调了民众财产权利的法理正当性，以及必须给予平等保护的原则。民法典全文，再也没有改革开放之前那种歧视、压抑甚至限制民众财产权利的规定了。

因此，我们在学习研究民法典的财产权利制度时，一定要看到这些制度背后的法思想的重大变化，从而理解我国立法者对于公有制财产权利和民众财产权利予以平等保护的法思想，在社会主义国家的立法历史上具有的极大创新意义、思想价值、实践价值。

（五）民事主体充分的自我决定权，贯彻意思自治原则

民事主体的自我决定权，指民事主体对于自身的各种权利所享有各种决定权，包括自主决定如何行使权利，以及行使什么样的权利比如设置负担的权利和予以处分的权利等。所谓设置负担的权利，比如订立合同为自己设置履行义务的权利等；而予以处分的权利，包括消费标的物的权利，以及将标的物转让给他人的权利等。

民事主体既然是权利的主体，那当然享有各种自我决定权。但是从民法的发展历史看，这个问题的答案并不简单。在神权社会和君主专制社会，民事主体所享有的各项权利，包括他们的主体资格在内，归根结底来源于神的授予或者君主的授予，因此，民事主体并没有彻底的自我决定权。即使是在计划经济体制下，民事主体所享有的各项权利也被认为是国家授予的，因此民事主体自我决定权也受到极大限制。在本次民法典编纂的过程中，相关制度的设置仍然引起很大争议。相关争议我们可从《民法通则》和《民法典》关于民事法律行为定义的规定的差别中清楚地看出来。

《民法通则》制定于计划经济时代，该法在改革开放初期确实发挥了极大的作用。作为学习民法通则而成长起来的民法学者，我们对这个法律有一份独特的感情。但是该法确实有很多问题，比如，受苏联法学和当时

体制的影响，对于民事主体的自我决定权不是很重视。《民法通则》第54条关于民事法律行为的规定，"民事法律行为是公民或者法人设立、变更、终止民事权利和民事义务的合法行为"。这个规定所体现的指导思想是，民事主体参加民事活动，在民事活动中设立民事权利关系，必须合乎法律的规定，这些规定可能大家觉得应该是挺好的，但是对比现在《民法典》第133条的规定，就会明白其中的问题。

《民法典》第133条规定，"民事法律行为是民事主体通过意思表示设立、变更、终止民事法律关系的行为"。这个条文的核心是承认和保护民事主体依据自己内心的意思表示来为自己设置权利和义务。《民法通则》第54条要求民事主体的行为要合法；而《民法典》第133条突出民事主体依据自己内心的意思表示来决定自己的权利和义务。这就是差别。

《民法通则》是计划经济时代的产物，它的立法精神是，对普通人民群众参加民事活动的基本要求是符合法律的行为才能够得到法律的承认和保护，不符合法律的行为无法得到承认和保护。当然，当时计划经济时代背景下，主要的民事活动就是订立合同和履行合同，这些行为必须服从国家计划。但是，现在我国已经进入市场经济时代，立法必须尊重民众的自我决定权，法无规定，皆为自由。在市场体制下，法律必须承认和保护那些法律还没有规定的民事行为的正当性。《民法典》第133条的立法就体现了这个精神。

相比《民法通则》第54条，民法典关于民事法律行为的本质在于民事主体的意思表示的规定，具有强烈的制度改造和理论更新的意义。从法理上看，这个条文体现了要把人民当作真正的主体、让民事主体的自我决定权充分实现的指导思想。从制度改造的角度看，这个条文的再造意义更为强烈。因为，现行法律中很多制度都体现了民事权利来源于公共权力，因此必须服从公共权力的观念，比如不动产物权变动中物权的法律效力来源于不动产登记的制度就非常典型。民法典关于民事主体的自我决定权的规定，对于这些制度和观念的改造很有价值。

《民法典》第133条的规定，体现了近现代民法意思自治的基本原则。这一原则的含义，一方面要求公共权力必须对民事主体的自我决定权予以充分承认；另一方面是在民事案件的分析和裁判中，必须按照当事人的内心真实意愿来确定他们之间的法权关系。这两个方面的含义既是互相区分的，也是互相关联的。

实事求是地说，这两个方面的含义，在苏联法学中不但没有得到充分承认，反而受到了很大的限制。受苏联法学影响，我国法学界长期以来对民事主体的意思表示理解不深，甚至一些民法学家不能准确透彻地理解意思表示理论中的核心效果意思学说，因此不能接受人身权的法律行为理论，不能接受物权行为理论，不能接受负担行为和处分行为的区分。长期以来民法学界的主导理论观点看不到人身权利与财产权利相区分、物权与债权相区分，其要点恰恰就是民事主体在这些权利变动的问题上的效果意思的区分。

在这些不透彻、不准确的观点的导引下，把婚姻登记当作合法婚姻的根本要件、把不动产登记当作不动产物权变动的根本要件、依据合同的法律效力来分析和裁判物权变动的效力，或者依据物权变动的实际效果来分析和裁判合同的法律效力的观点，一直在中国民法学界笼罩了数十年，至今仍然没有得到清理。这些不科学的理论观点，在我国司法实践中造成相当负面的影响。

本次民法典编纂写入了人身权利的法律行为理论和制度，而且在财产权利部分完全贯彻了合同之债和物权变动区分原则，这些规定，不但对于民法理论的更新，而且对于我国司法实践的进步，都具有极大的意义。我们学习和研究《民法典》第133条的规定时，理解这些要点是非常必要的。

在理解了民法上的意思表示理论之后，就能够充分理解为什么民法把意思自治作为其基本原则，也就能够理解我国民法数十年来曲折的发展道路。当然，在民法典本次改造之后，我们能够进一步清晰地理解民法典规定人身权法律行为的重大意义，能够理解上文提到的交易中的区分原则，理解合同自由原则及其制度，等等。

除此之外，在民事主体自我决定权方面，还有一个一直被我国民法学界所忽视的重要规定就是《民法典》第130条的规定。该条文说，民事主体按照自己的意愿依法行使民事权利，不受干涉。过去很多民法学著述一直认为，民事主体行使权利的行为，是一种事实行为，行为的效果不能和主体的内心意思相互关联。

这种观点已经被《民法典》第 130 条否认。根据第 130 条规定，民事主体行使物权，那就是根据物权意思；民事主体行使债权请求权，那就是根据债权意思，根据债权意思只能发生请求权的结果，而不能发生处分标的物以及处分物权的结果。这一点，并不只有理论价值，而且也有重要的司法分析和裁判的指导作用。

（六）进一步完善民事责任制度

民法典确定民事责任制度，在国家治理中当然具有核心意义。虽然民法典中的全部规范并非都是追究民事主体责任的规范，引导民事主体从事各种民事活动的规范还是大多数，但是，民事主体在民事活动中违反法律规定不履行自己的义务时，那就会损害他人的权利，此时依据法律就要追究其责任。同时，通过追究其法律责任，在保护其他民事主体权利的同时，通过明断是非给社会更多的人树立行为标准，这就是国家治理在民法上的具体体现。

上述六个方面，从国计民生的国策大计，到民法基本制度的设置，民法典在这些国家治理的大制度设置中，都有重要的制度改造，体现了民法上的理论更新。民法典不只是现在法律的简单串接，它有实质的意义，对这些重要的制度改造和理论更新，法学界甚至民法学界应该有清晰的认识。

三　民法典编纂弥补现行法律缺陷、提升民法体系效应

最高立法机关在民法典的立法理由中明确指出，民法典是依法治国的基本遵循。关于民法作为国家治理基本遵循的意义，上面已经进行了讨论。在这里我们要讨论这样一个问题，就是民法典编纂的必要性。因为我们知道，2014 年中央决定编纂民法典时，我国并不是没有民法，而是已经有很多民事法律，比如《民法通则》《物权法》《合同法》《婚姻法》《继承法》《收养法》《侵权责任法》《专利法》《商标法》《著作权法》《公司

法》《票据法》《保险法》《破产法》，等等。这些法律的数量已经不少，甚至从外表上看它们也能够成为一个体系。

那么，我国为什么还要编纂民法典呢？如果仅仅只是说，现在编纂民法典的条件成熟了，那就无法让社会看到民法典编纂的必要性和迫切性，因为这个说法没有点出民法典编纂的问题意识。作为提出本次民法典编纂议案的全国人大代表和第十三届全国人大宪法和法律委员会委员，作为本次民法典编纂的全程参加者和不少制度改造的建议者（我本人在本次民法典编纂过程中提出议案、人大代表建议和立法报告七十余份），我觉得这个问题完全有必要指出来，否则我们就看不到民法典所取得的成就。

（一）现行民法的重大缺陷以及民法典的弥补

我在多份议案、建议和立法报告中谈到，现行民法作为依法治国的依靠，确实存在很多的缺陷，亟须制定民法典来弥补。

我们首先来分析一下在现行民法体系中处于基础和龙头地位的民法通则。我国民法通则制定于1986年，是计划经济时代的产物。虽然在改革开放初期发挥了强大的作用，贯彻了改革开放的思想，但是，该法更多遵循了计划经济体制的要求，因此，在经济体制改革发展到市场经济体制的时候，它就表现出了很多重大缺陷。

比如，第一点，民法通则强调计划经济体制原则，第7条提出要求民事主体遵从国家计划的原则。第二点，民法通则不承认现代企业制度。在公有制企业领域，民法通则坚持国家所有权统一性唯一性的学说，第82条规定全民所有制企业的资产来自国家授权。该法不承认政府投资理论，更不承认现代企业运行和治理中的企业投资规则。第三点，民法通则只承认农村承包户和城市个体工商户，不承认民营经济和私营经济。民法通则制定于1986年，当时已经有深圳经济特区，其中已经有了私人投资企业。但是，因为法律不承认私人投资企业，所以出现了这些私人投资企业给自己冠名为集体所有制企业的现象。这就是后来出现大量纠纷的"红帽子"现象。第四点，民法通则明确地建立了对公共财产和私有财产权利不平等承认、不平等保护的原则和制度，对普通公民权利的保护是很不充分的。

这些问题都是体制性的大问题，但是，即使到我国确立市场经济体制之后，该法的这些问题也都没有解决。一些明显的条文错误虽然得到了纠正，但是整体上来说于事无补。比如，该法规定的强调民事活动要遵从国家计划的原则，到 2008 年才被删除。

值得注意的是，《民法通则》第 80 条第 3 款规定，"土地不得买卖、出租、抵押或者以其他形式非法转让"。这个显然早已脱离社会现实的条文，也是 2008 年才删除的。1988 年我国就开始修改宪法，建立了房地产市场。这些明显的制度性问题，甚至在 2002 年最高立法机关编纂《民法典（草案）》时也没有改动。立法机关 2008 年修改《民法通则》的个别条文，也仅仅只是为了保留该法作为民法体系的基本法律、龙头法律的需要，也就是为不再编纂民法典而做的一种不得不做的事情。至于该法不承认现代企业制度、轻视民间投资民间资产的大问题，到 2013 年本人担任全国人大代表之时，也一直没有得到清理。

2013 年我在担任全国人大代表时进行了调研，发现《民法通则》156 个条文中，仅有宣告失踪、宣告死亡等极少数条文还在被法院使用，绝大部分相关内容都被其他法律和最高人民法院的司法解释替代，因此提案明确指出《民法通则》已经处于几乎被"掏空"的境地。这一点成为事实上《民法通则》必须重新制定为《民法总则》的理由，也成为《民法典》编纂的基本理由。

现在我们可以看到，《民法通则》的这些缺陷，已经完全被《民法典》弥补。《民法典》以市场经济体制为导向，全面更新了基本原则和具体制度。《民法典》采纳了现代企业制度，在公有制企业中采纳了政府投资理论以及"股权—所有权"的法权结构，承认了民营经济的地位而且给予民营企业平等保护的地位。《民法典》全面承认了民事主体的自我决定权，完全消除了贬低个人财产权利法律地位的表示。这些具有重大制度改造和基本理论更新的内容，上文已经充分地做了分析。

现行民法体系中，除《民法通则》具有显著缺陷之外，其他法律也都有一些显著缺陷，比如《婚姻法》否定人身法律行为的缺陷等，这一次也得到了弥补。

在涉及市场经济体制的法律建设中，《民法典》合同编的制度改造和理论更新分量很大。《民法典》合同编的条文相比合同法增加了近九十个条文。特别值得指出的，就是本次合同编完全贯彻了上文提到的区分原则的要求，删除了妨害交易分析和裁判的《合同法》第 51 条等条文，重新撰写了第 597 条等条文。《合同法》第 51 条将当事人没有所有权或者处分权而订立合同的行为，称之为"无权处分"，而且认为这种合同不能当然生效；只有在合同可以履行的时候，才能生效。

《合同法》第 132 条规定，订立买卖合同时必须要有标的物存在，出卖人必须有所有权，否则也不能得到法律的承认和保护。这两个条文的明显错误，就是不能准确理解合同之债的含义，把合同成立、生效的条件，硬性规定为合同履行发生物权取得的条件。

这些规定，只能符合一手交钱一手交货这种农贸市场的交易情形，完全不符合远期合同这种典型合同的交易情形。在远期合同条件下，合同成立之后到履行期限届满之前，尚有较长的期限，这个时候合同必须生效，产生债权的约束力。比如购买预售房的合同，在工厂里订货的合同就是这样。但是按照《合同法》第 51 条、第 132 条规定，这种合同不能正常生效，不能获得法律的承认和保护。这不但违背了合同之债的民法原理，而且也严重损害了交易诚信。这种情形和 20 世纪 90 年代我国法学界以及立法、司法解释的一系列理论混乱是一致的。

这种混乱，就是以合同生效来确定物权取得效果、以物权取得的效果来确定合同效果。1995 年实施的《城市房地产管理法》、1995 年实施的《担保法》、1999 年的《最高人民法院关于适用〈中华人民共和国合同法〉若干问题的解释（一）》第 9 条的关于"不动产的合同不登记不生效"的司法解释规则，都是这种理论混乱的产物。

我们知道，在日常交易中，当事人之间首先要订立合同，然后再履行合同。但是，合同成立生效后有些会得到很好履行，有些却没有得到履行。基于合同应该履行但是并非绝对会履行的客观事实，我们一定要在立法上建立合同成立生效的法律效果和合同履行的法律效果的区分原则，引入合同成立生效产生债权、合同履行产生物权变动的理论，建立清晰明确的交易分析和裁判的规则。所以在承受很大压力的情况下，我还是提出了区分原则，即把债权的法律效果和物权的法律效果区分、把它们的法律根据区分的理论。

这一理论的客观意义在于，一切法律上的交易都存在订立合同和履行合同的基本区别，存在债权（或者请求权）和物权（或者支配权）的变动，所以这一原则具有强大的普适性。区分原则的提出，针对的就是 20 世纪 90 年代初期和中期的民法制度建设和理论混乱。

经过约二十年的努力，我国 2007 年实施的《物权法》采纳了这一原则。2012 年最高人民法院发布的《关于审理买卖合同纠纷案件适用法律问题的解释》采纳了这一原则，否定了《合同法》第 51 条的规定，而且最高法院在做出该项解释的论理中，明确地引用了本人著作的内容。本次编纂民法典删除了第 51 条，而且按照区分原则的要求重新撰写了第 597 条："因出卖人未取得处分权致使标的物所有权不能转移的，买受人可以解除合同并请求出卖人承担违约责任。"

这个条文，明确指出合同生效后、买受人未发生所有权取得的情况下，可以依据追究违约责任的方式来寻求自己的利益救济。它规定订立合同产生合同之债的请求权，不受履行合同产生的处分权的约束。相比《合同法》第 51 条、第 132 条，可以清楚地看到，这个条文在合同效力这个问题上贯彻了区分原则。这样，合同法中一个最大的缺陷也得到了民法典的弥补。

需要指出的是，在《民法典》废除《合同法》第 51 条并在第 597 条根据合同之债的原理重新做出规定之后，还有一些学者把第 597 条称为"无权处分条款"，一些有关《民法典》的出版物仍然把这个条文标称为"无权处分"，这些说法不但于理不合，而且于法无据。

仅仅通过以上分析我们就可以看出，《民法典》之前以《民法通则》为核心的现行民法体系确实问题很大，而这些问题通过《民法典》都得到了解决。如果不编纂民法典，不解决这些现行法律中存在的问题，那么，现行民法体系作为依法治国的基本遵循，确实是不可靠的。现在民法典已经彻底地弥补了这些缺陷，解决了民法成为依法治国原则下基本遵循的可靠性问题。

（二）通过规则体系产生"法典体系化效应"，对执法司法产生强大指导作用

我在民法典的议案、建议和立法报告中多次提到，民法典的编纂会有一种"法典体系化效应"。法典确立的立法体系，不但对于消除以前多个立法并存而出现的枝节化、碎片化的弊端很有作用，而且对于消除执法和司法的随意性任意性非常必要，对人民法院的精准司法非常必要。

编纂民法典并不是为了形式上的好看，而是为了解决立法本身的问题。在18世纪大革命的背景下，欧洲曾经编纂出来很多民法典，消除了当时占统治地位的习惯法所固有的因人而异、因地而异及执法和司法效果不统一、不公正的弊端。这种"体系化效应"首先出现在法国。梅汝璈老师在一篇论文中曾经提到，法国民法典制定之前，法国50多个省里有400多个习惯法体系，法律体系不统一，造成司法不统一，从而严重制约了法国的工业化发展。

对此，伏尔泰在他的启蒙思想著述中也提出了强烈的批评。伏尔泰说骑马去外地的时候，骑着一匹马，就可以穿过好几个民法体系，"换法快于换马"。他说，如果法律不统一，我们的经济永远发展不起来，只能做英国的附庸。这句话刺激了拿破仑。拿破仑执政后决心统一法国民法，制定统一民法典，发展法国经济。历史记载，制定法国民法典的国民议会召开了102次，拿破仑亲自主持了至少57次。法国民法典制定后，法国在短短几年一跃成为继英国之后的第二大世界强国。这就是法律统一带来的效果。

法律统一之后，还会带来明显的政治效果。在习惯法背景下，法国民法典颁布前，法官都是贵族，执法和司法存在严重的任意和随意的情形。法国民法典确立了统一的裁判尺度，并且明确要求法官必须严格依法裁判，如果违法裁判要追究其政治责任，从而限制了法官的权力，实现了裁判的统一。所以统一的民法典也成为法律文明、政治进步的标志。法国民法典的颁布在欧洲发挥了示范性作用，产生了经济化效应和政治化效应的体系化效应。法律的体系化效应也因此成为民法法典化运动的经验总结。

民法法典化的体系化效应，无疑对我们民法典的编纂和实施都有重大借鉴意义。我多次呼吁，希望把体系性、科学性作为民法典编纂的基本指导方针。民法典编纂完成后，这一点仍然是我们理解民法典的关键所在。本次民法典编纂建立了一个比较好的民法体系，这个体系中有总则和分则的区分，有共同性规则、一般规则、特殊规则，还有但书规则。所以无论是法官还是其他法律工作者，无论是教授还是一般法律学习者，都应该注意到规范的体系问题，分析裁判适用法律，要具备体系化思维，要掌握体系化规则。

在适用法律时不能仅仅只是寻找某一个适合案件的条文；在运用具体条文分析案件时，一定要注意一般性条款、共同性规则，以及民法典总则编所规定的基本原则的体系化适用。一个现实问题是，一些法官、律师在分析案件的时候，只找可以适用的那个具体法律条文，而不考虑这个条文之上还有限制它的上位条文、限制它的一般规则，还可能有排除它的但书规则。

如果你只看具体条文，而不考虑这个条文的上位规则、共同规则、一般规则，以及排除它的但书规则，那你的适用就一定是错误的。民法典建立科学和谐的规则体系，不仅要确保民事执法和司法有法可依，而且基本上要可以满足精准司法的需要，实现司法分析和裁判的统一和公正。这一规则体系，包括总则与分则的区分、共同性规则、一般条款、但书规则等系统内容，极大地体现了民法的包容性和准确性，为人民法院司法和行政执法提供了充分的法律依据。

《民法典》的规范体系化，这一点在立法和司法上的效应是很大的。如果不掌握体系化思维，就会产生枝节化、碎片化的结果，甚至是错误的结果。在《民法典》编纂中，一些观点没有掌握体系化思维，结果出现了理论乌龙。比如在民法典决定删除原《合同法》第51条时，有观点批评说，出卖人没有所有权订立的买卖合同都能承认，那么是不是也要承认有人出卖天安门城楼的合同？还有人提出，《合同法》第51条是保护钓鱼岛的唯一法律条文，如果这个条文没有了，钓鱼岛被人家卖了，我们还要承认。这些观点引用的标的物，都是公法上强制保护的物品，私人出卖的合同当然是无效的。

对此，我国《民法典》第8条、第143条、第153条都有明确的规定，这些合同当然无效、自始无效、根本无效、整体无效、绝对无效。这些学者提出的观点，就是欠缺体系化思维的典型，因为它没有看到《民法典》关于民事活动、法律行为的一般规则。总的来说，公法规则、特别法规则具有限制甚至排除民法典一般规定的法律效力。法律工作者掌握体系化思维，必须包括这些知识。

此外，我们还需要特别注意法条中的但书规定。但书是一般规则的例外情形，在法律上具有优先适用的效力。物权法上有很多但书规则，在法律实务上意义重大。比如《民法典》第209条（《物权法》第9条）的规定，就包括一个意义非常重大的但书，目前还没有得到很好的应用。

（三）民法典编纂与大民法体系的内在和谐

本次民法典编纂，从民法的体系化建设角度还解决了"大民法体系"需要的内在规则和谐统一的问题。所谓大民法体系，指包括民法典、商事法律、知识产权法、社会权利立法，以及特别的民事权利立法（如农村土地承包法、消费者权益保护法）、特别民事行为立法、特别民事责任立法等这些法律所构成的广义民法体系。这些法律都是关于民事主体的民事权利的立法，但是因为民法典立法的体系要求，以及其他法律的特殊性比较强，所以很多民商事立法的特殊规则都没有写入民法典之内。

在民法典体系初创时期曾经出现了一种观点，主张把全部涉及民事权利的立法都写入民法典，即民商合一。但是，这种观点后来没有得到广泛的采认，因为商事法律体系成熟而且庞大，无法写入民法典之内。随着时代的进步，涉及民事权利的立法越来越多，越来越庞大，最典型的就是知识产权立法、消费者立法、社会权利立法等，这些权利立法都写入民法典显然是做不到的。

我国民法典编纂，对此采取了一般法和特别法之间规范关系的立法逻辑，把民法典作为大民法体系的一般法，把其他民商事法律作为特别法，在民法典中规定大民法体系的一般原则和一般联系，在特别法中规定具体民事权利的特殊规则和详细规则；在法律适用上采纳特别法优先原则，特别法没有规定或者规定不清晰的情况下适用一般法。民法典关于商事法人制度的规定，关于捐助法人的规定，关于商事权利的规定，关于知识产权一般规则的规定，关于特殊主体的民事权利的规定（如第128条关于社会立法中民事权利的规定等），都属于特别法的一般规则。

这些规则写入民法典，体现了一般法和特别法之间的逻辑关联。所以，民法典解决了以前大民法体系之中各个法律各自发展、逻辑关系不清晰的问题。民法典通过这些规定，完善了大民法体系，使这个大体系在完成国家治理责任方面的能力得到了显著提升。

结语：实施民法典必须准确理解民法典

在民法典实施阶段，我们更需要准确理解民法典。在立法和学习中我发现，现在对于民法典的理解，不论是立法工作者、学者还是宣传部门，都比较重视民法典在提升国家治理能力方面的制度设置，强调民法对市场经济建设和人民权利保障的作用。

这些都值得肯定。一些对民法以及民法典知识有欠缺的解读，也还是希望大家予以足够的警惕。比如，前面提到的把民法典作为权利宣言而未能弘扬民法实践性特征的问题，还有一些学者强调民法典为私权保障法的问题，都应该得到及时的纠正。要注意中国民法学中的"私权"和国际上的理解是不一致的。我国民法中的私权，并不包括公法法人作为民事主体享有的权利。如果把我国民法典理解为私权保障法，那么就无法理解上文讨论过的公法法人物权问题，这一点对于我国民法典的作用发挥相当不利。

在如何理解民法典这个问题上，我还想交流一点心得。

民法典编纂过程中，在全国人大常委会审议阶段，有些领导和常委会委员、专委会委员多次跟我说，民法典体系太大以至不容易理解，希望我能够总结出一些简明扼要的学习方法。

后来，我结合几十年的学习体会，把进入民法这个大体系的方法，或者说分析民法典的方法，总结为三个切入点。我将它称为打开民法典知识宝库的"三把金钥匙"。

第一把金钥匙是法思想，就是民法典编纂中立法者对民法典整体的认识，以及如何看待各种主体的法律地位以及他们的民事权利的认识，这是民法典编纂的指导思想。第二把金钥匙是法感情，也就是广大民事主体对于立法者所设计出来的民事立法的切身体认。第三把金钥匙是法技术，也就是庞大的民法规范如何编纂起来又如何加以适用的科学技术逻辑。

总之，无论是学习研究还是贯彻实施民法典，都需要从民法典如何担负国家治理的职责、如何建立和完善国家治理基本遵循、如何消除现行立法的缺陷的角度来认识。希望大家能够切实认识到这一点，把我国民法典实施好。

（来源：《中国法律评论》2020 年第 6 期）

《民法典·总则编》"法律行为"一章
学者建议稿的编写说明*

内容摘要：本文是作者作为全国人大代表的身份直接向全国人大常委会法工委提出的立法建议。依据我国全国人大代表方面的立法，全国人大代表向立法机关提出立法建议是其职权之一。法律行为制度是市场经济体系下民法的一项基本制度与核心制度，它要解决的问题是，怎样分析和裁判民事权利义务关系的设立、变更和废止，关键是分析和裁判民事权利的这些变动怎样才能够得到法律的承认和保护的最基础的根据。在法律发展的历史上，上帝或者其他神灵的裁示或者君主贵族老爷的指示，就是民事权利义务关系变动的根据。近现代以来，和宪法上的意思自治原则相适应，民法根据人文主义革命的要求，根据意思表示的理论，将民事权利主体包括普通的老百姓的个人内心的真实意愿作为享有权利或者承担义务的法律根据的法律行为制度。法律行为制度的产生，在法律发展历史上具有划时代的意义，从此以后，民事主体包括普通民众不再是神或者君主的奴仆，他们作为主体能够依据自己的意愿来决定自己的权利和义务，民法也因此成为近现代的法律。但是苏联民法为了满足计划经济体制的需要，他们废止了法律行为这个概念中当事人的意思表示这个核心要点，把法律行为确定为民事主体贯彻法律规定的行为，强调民事主体必须服从法律，否则其行为就不予承认和保护。苏联法的这个核心性质的修正，事实上完全篡改了法律行为理论和制度的核心，使得民法的道德伦理基础发生重大倒退。20世纪50年代我国民法引入苏联法学，并且将其奉为圭臬，即使改

---

* 本文是作者撰写的"民法典总则编"中法律行为一章学者建议稿的立法理由。考虑到作者创制的"学者建议稿"对法律行为一章的变革甚多，需要完整的立法理由书，因此将其收录。

革开放时期制定的《民法通则》在法律行为制度上仍然坚持了苏联法学。2015年以来我国最高立法机关编纂民法典工程，在《民法总则》制定时仍然有大量观点甚至是主导性观点，在法律行为制度设置上坚持苏联法学。本文作者深知此事重大，因此提出人大代表建议，通过法律行为制度的历史分析，阐发意思表示理论作为法律行为的要素的重大价值，以及据此构建法律行为制度的必要性。建议主张废止把合法性作为法律行为的要素的观点，从而为我国社会充分调动民事主体的主观能动性建立法律基础。本人在提出这一立法建议的同时，也提出了编写法律行为制度的具体方案。为了对民法典编纂时期一度强硬的苏联法学观点提出正面的应对，从而产生推动立法的效应，本人将自己提出的立法建议撰写为学术论文，发表于2016年第4期《法学研究》杂志。从后来《民法典》第133条的规定看，本人的这些建议得到了完全的采纳。

一　法律行为的制度价值

法律行为制度，是民法总则甚至是整个民法的核心制度之一。这一制度的基本意义，是确立民事主体享有权利、承担义务以及责任的法理根据。在民法制度体系中，权利处于核心地位；但是这些权利在现实生活中要发生取得、变更和丧失；相对应的是，民事主体也要承担义务和责任。在民法上需要解决的问题，首先是要明确界定民事主体的权利和义务的具体内容，但是同时也要依法确定这些权利和义务的法律根据或者法律基础。传统民法因此建立了法律根据或者法律事实的制度规则。关于法律根据或者法律事实，现代民法是以民事主体的行为作为根据，将其区分为法律行为和非法律行为。其中的法律行为，指的是以民事主体的意思表示作为核心要素的行为。此外，其他那些能够引起民事权利和民事义务及责任发生的法律事实，传统民法称之为非法律行为。非法律行为在民法制度建设中也是一个非常大的类型，我国民法总则也将确定其规则，我们在此仅仅考虑法律行为的制度建设问题。

法律行为作为民事权利义务发生变动的法律根据，其最基本的要素是民事主体自己的意思表示，也就是他关于民事权利义务关系发生变动的真实的内心意愿。用通俗的话说，这也就是要把民事主体的"是的，我愿意"（Yes，I will），作为其享有权利行使权利的正当性根据，也将此作为其承担义务和责任的正当性根据。将民事主体的意思表示作为民事权利义务关系发生变动的法律根据，这一点在历史上意义非常重大。从历史发展的角度看，它不仅仅只是民法上的一项制度建设问题，而且也是体现十分重大的人文和政治价值的革命性制度进步。之所以这样，是因为在历史上，法律上看待民事权利和义务的伦理正当性根据，并不认为它们和民事主体本身有关，更不会认为它们和民事主体的内心意愿有关。法律确定民事主体享有权利、承担义务和责任的法律根据，是神的意志、君主的意志以及社会的公共统治权的强制要求等。法律把这些规定为法律根据，以此来确定民事主体应该享有的权利和承担的义务，民事主体对此只能接受，不享有主动选择的权利。当然，法律在确定这些与民事主体无关的法律根据时，首先要考虑的，是统治者对于人民的统治权，而不是人民自己的感受。即使法律上的权利义务对于一般民众有一种强加于人的十分不利的效果，民众也不可以否定。所以，这些法律并不是民主与法治的立法，而是君主统治人民的手段。在人文主义革命之后，民法之中引入民主与法治的精神，这样民法的制度建设之中才有了民事主体尤其是一般的人民可以依据自己的意愿来发生权利义务关系的规则，也就是法律行为的制度规则。从此民法的本质发生了变更，所以，民法上确定将民事主体自己的内心意愿作为他自己的承受权利义务关系的根据，这不仅仅只有民法制度发展的重要意义，而且可以说这是现代法律制度最深层的变更。因此，法律行为制度进入民法，是历史上最伟大的进步之一。①

　　在传统法学中，民法属于私法，民事权利义务关系一般都是民众之间的权利义务关系。如果民众自己的权利义务关系，民众自己不能根据自己的意愿来选择和决定，那显然违背民法的私法本质。而法律行为理论的产生，就是要承认民事主体对于自己的权利义务甚至法律责任的选择权和决

---

　　①　关于法律行为理论产生的背景资料，有兴趣者，可以参阅［德］汉斯·哈腾鲍尔《法律行为的概念——产生以及发展》，孙宪忠译，载杨立新主编《民商法前沿》第1—2辑，吉林人民出版社2002年版，第136—152页。

定权，所以该理论提出并被确立为法律制度之后，民法才找到了符合私法关系建立与保障的符合普通民众真正利益的道德伦理根据。意思自治原则与法律行为制度的建立，废除了封建时代自然人方面的等级身份制，也废除了法人的特许主义，从实质上开启了人人享有平等、自由与尊严的社会，极大地促进了社会经济的发展。所以这一理论对人类社会的发展贡献非常伟大！[①] 在意思自治这一民法基本原则下，法律行为不仅仅是民事权利义务关系得以建立的正当伦理依据，而且是规范公共权力管理民事法律关系的各种行为的正当性根据。只有按照当事人自己设定的权利义务关系来确定当事人的法律责任，即，只有符合当事人自己意愿的法律关系，才是符合人类社会进步的、文明的法律所追求的正义性价值。我国的法律尤其是民法当然要采纳这一理论以及以此建立的法律制度。

二 制度产生以及发展

法律行为概念诞生在近代法学时期，罗马法中尚无这个概念。文艺复兴运动发展到人文主义革命之后，17世纪欧洲社会兴起了理性法学派，此时德意志法学家古斯塔夫·胡果提出了法律行为的概念，并建立这一概念的基本体系。此后该理论在德意志法系各国的立法中得到了确认。后来，萨维尼以及以萨维尼的学生温迪谢德为代表的德国潘德克顿学派的法学家对这一理论做出了极为重要的发展，在这一学派的努力下，该理论终于成为完善的体系。[②]《德国民法典》以及后来继受德国法学的国家，其民法立法都采纳了这些理论体系。《法国民法典》即使没有明确采纳这一概念，但是却采纳了意思自治原则，法官和民法学界也普遍承认这一概念的科学性，并在学理上为丰富这一理论做出了贡献。其他后来制定民法典的罗马法系国家，虽然不属于德意志法系，但是其民法立法基本上都直接采纳了

---

① 王泽鉴：《民法总则》，台湾：三民书局2000年版，第266页以下。

② Hans Hattenbauer, Grundbegriffe des Bürgerlichen Rechts, Verlag C. H. Beck, 1982, Seite 67 – 74 usw.

这一概念。① 明治维新之后变法产生的日本民法，和 20 世纪 30 年代制定的我国旧民法，也直接在民法总则中规定了法律行为制度。英美法系国家在学理上也采纳了这一概念。

以苏联民法为代表的改革开放之前的社会主义民法，一般也直接或者间接地采纳法律行为的概念，立法上也建立相应的制度。但是，因为计划经济体制的需要，民事法律关系的作用范围受到极大压抑，社会主要的财产转移依据政府指令划拨或者调拨，而不再依据民事行为；当事人自己意思自治原则更是无法发挥作用。在这一方面一个最典型的例子就是婚姻。苏联法体系已经将婚姻法从民法之中择了出去，它们把对于民事主体而言非常个性化、隐私化的婚姻行为，都不再从婚姻当事人的意思自治原则的角度去分析和理解，而是从社会利益需要的角度去分析理解。这种不再把婚姻作为法律行为结果的理论和制度，实际上已经违背了婚姻的本质。至于这一法系中合同、财产处分、公司的发起及其运作等，法律行为理论在其中已经很难发挥作用。因为这种经济体制，这些国家立法中的法律行为制度也都非常简单。②

苏联法学建立的法律行为制度，适应了计划经济体制的要求，但是违背了民法意思自治这个基本原则。这一制度模式传入我国后，对我国后来的立法发展的消极影响非常大。这种变形或者说变质的法律行为理论，现在还可以从我国主导性的法理学理论、宪法学理论中清晰地看出来。我国法学理论上，法律行为的概念，不是从当事人意思表示这个核心来分析和定义的。我国法理学、宪法学上所称法律行为，被定义为"具有法律意义的行为"或者"能够导致法律关系发生的行为"，它既包括宪法行为、民事法律行为、行政法律行为、诉讼法律行为这些一般的法律行为，还包括各类别的法律行为如合法行为、违法行为、犯罪行为等。法律行为是这些行为的上位法学概念。③ 实际上，这种理论已经完全脱离了法律行为理论

① K. Zweigert and H. Kötz, An Introductiong to Comperative Law, translated by Tonz Weir, Second Editon, Volume II, Clarendon Press Oxford, 1987, pp. 16 – 18.

② 对此有兴趣者，可以参阅《苏联民法》（上、下），法律出版社 1984 年版、1986 年版。

③ 对此有兴趣者，可以参阅张文显主编《法理学》，高等教育出版社、北京大学出版社 1999 年版，第 101 页。

的本源。像苏联法学一样，我国立法和主导学说也不再将婚姻行为作为法律行为，将民事主体处分财产的行为不作为法律行为而仅仅作为事实行为，这都是苏联法学限制甚至否定主体意思表示的法律行为理论造成的。显然，如果不从意思表示的角度理解法律行为，那么就不能理解意思自治原则；而不理解意思自治原则时，民法甚至整体的法律制度都会变质。

幸运的是我国改革开放之后，我国民法理论，一直在努力地跳出苏联法学的巢窠，基本上成功地转型为市场经济体制的类型。尤其是《合同法》《物权法》，以及最高人民法院关于合同法、物权法的司法解释的颁布，是我国民法成功转型的标志。

除受苏联法学影响这一段时间之外，我国立法从清末变法至今，一直接受法律行为理论。其中1930年制定的中国旧民法建立的法律行为制度在当时已经非常完善，在世界上享有盛名。改革开放之后，为适应市场经济体制的发展和人民权利保护的需要，我国民法不但采纳法律行为制度，而且在尊重民众意思自治原则方面，制度进步一直没有停止过。比如，1986年颁布的作为民法基本法律的《民法通则》就建立了法律行为制度；1999年颁布的《合同法》则以比较细致的规则，规定了我国法律中的债权行为，在这一方面极大地弥补了《民法通则》的众多疏漏。对于我国社会经济生活具有重大意义的2007年颁布的《物权法》，直接或者间接地承认了一些非常重要的处分行为。① 我国《婚姻法》中强调了婚姻的法律效果必须取决于当事人的内心真实意愿，即婚姻自主原则。我国《继承法》则比较细致地规定了遗嘱行为。我国《公司法》等商事法律则规定了一些多方法律行为也就是共同行为。最值得注意的是，我国最高人民法院在立法规则缺乏可操作性的情况下，为指导法院裁判案件，在这一方面颁发了很多关于法律行为的司法解释文件，比如合同法的司法解释（一）（二）（三）等，在弥补立法漏洞、提供法院裁判的渊源方面做出了极大的努力。

---

① 对此有兴趣者，可以参阅孙宪忠《中国物权法总论》（法律出版社2014年版）中的"物权变动"一章。

三 现行法律的制度缺陷

从立法的角度看，我国现行法律对法律行为的理论"接受"和制度建设还是有许多不足。当然，首先的不足是已有制度不成体系，彼此之间没有逻辑联系。此外，从民法总则立法也就是从制度建设的角度看，比较明显的不足有以下几点：

（1）我国法学整体对"意思自治原则"不能全面接受，因此对法律行为理论认识出现重大偏差。

我国法学整体的主导理论不能完全彻底接受"意思自治原则"，在承认民众享有自我决定权方面显得小心翼翼，十分拘谨，因此导致民法立法无法完全接受法律行为理论，从而出现很不应该的制度偏差。如上所述，这一点主要是受到苏联法学的消极影响所致。改革开放之前因计划经济体制的需要，公共权力对社会全面而又强力的管控，具有法律道德层面的至高无上的伦理正当性，而民众依据自我意愿寻求生存和发展的基本权利受到极大限制，意思自治原则不但不能获得承认，反而被当作资产阶级法学的本质和典型特征受到批判。① 过去的这种观念，和我国过去不发达的交易生活相适应。这种体制导致曾经一度的主流民法学说，不完全承认民间社会的存在，不完全承认自然人、法人按照自己的意思追求法律效果的效力。这些学说导致的立法结果，首先是我国立法在《民法通则》使用"民事法律行为"这一概念而不采用"法律行为"这一概念。这是典型的似是而非。民事法律行为这一概念来源于苏联法学，虽然从表面上看它与法律行为这一概念似乎没有什么差别，但是其差别很大。因为，法律行为

---

① 我国旧有法学对意思自治原则的批判，最为人熟知者，即资本家购买工人活劳动的例子。这个例子在过去所有的政治教科书中都出现过，在法学中，它被当作资本主义形式平等原则掩盖实质不平等的典型。但是这种政治性质的批判从历史研究的角度看是非常不准确的，因为形式平等原则首先是否定封建等级身份制体制下人与人之间合法的、公开的不平等；而意思自治原则，是为了否定民事权利义务关系由国家统治者规定，而不能由民事主体自己约定的情形。因此，不论是形式平等原则还是意思自治原则，从历史发展的角度看都是人类社会法律制度的重大进步。对旧有法学的批判，有兴趣者，可以参阅曾宪义等译《苏联民法》；以及佟柔主编《民法原理》（法律出版社 1983 年版）的"民事法律行为"一章，关于民事法律行为的意义的讨论。

概念的核心是意思表示，即当事人内心真意的表达；法律行为的效果，必须来源于当事人自己的效果意思。但是，"民事法律行为"这一概念只是强调能够发生民事权利变动的法律根据，它的法律效果来源于法律的规定。因此法律行为的概念和我国法律采用的"民事法律行为"的概念内涵，是大相径庭的。如上所述，我国法学界将法律行为的概念和"行政法律行为""诉讼法律行为"的概念相并列的观点，就更是不成立的。但是恰恰是这种并不看重当事人的意思表示"民事法律行为"的概念目前在我国法理学、宪法学的著述中居然是主导性的学说。①

如果法律行为的概念之中抽去了当事人的意思表示，也就是抽去了民事权利义务关系得以确立的道德正当性的基础，也就抽去了法律行为的灵魂。在公法领域，尤其是在行政法领域，并不存在依据当事人尤其是民众的意思表示发生法律效果的可能。因此，行政法领域，只有行政机关的管理行为和民众接受或者不接受管理的行为，在这一领域里，不可能有任何意义的当事人意思发生法律效果。所以，公法上不可能存在法律行为。与"行政法律行为"这个概念似是而非一致，"民事法律行为"这个概念同样似是而非。

另外，《民法通则》还使用了"民事行为"这一概念，这就导致了法律概念的更多混乱。从表面上看，似乎"民事行为"涵盖着"法律行为""事实行为"与"不法行为"这些部分，但是从立法的内容看，《民法通则》有时又将民事行为与法律行为这两个概念混同使用，对于它们之间的区分，在立法上、司法上和学理解释上均不清楚。

（2）我国法律只是明确承认法律行为理论的一部分，而不承认一些更为重要的法律行为类型。因此，现行法在法律行为制度的体系上是很不全面的。这一方面的问题主要有：

第一，现行民法重要法律，不论是《民法通则》《合同法》还是相关民法立法，只承认双方法律行为，而不承认单方法律行为（如悬赏行为、抛弃行为）、多方法律行为（三方当事人以上的交易行为）、共同行为

---

① 对此有兴趣者，可以参阅张文显主编《法理学》，高等教育出版社、北京大学出版社1999年版，第100—108页等。

（比如公司发起行为，决议行为等）等非常重要的法律行为类型。因为立法不承认这些分类，当然也没有建立相应的规则。^①虽然后来的《公司法》《合伙法》等法律规定了多方行为和共同行为，但是这些重要的行为类型在基本法律中尚付阙如。

第二，现行立法尤其是民法基本法律只承认财产法中的法律行为，基本上不承认人身关系中的法律行为。恰恰从民法的发展历史看，从人文主义法思想的角度看，意思自治原则在人身关系领域里发挥作用，意义十分重大。因为个人的幸福、个性的满足，都必须从当事人自己的内心真实意愿的角度去理解，才能够得到完满的答案。这里，最典型的涉及人身关系的法律行为就是婚姻。意思自治原则的起源，本来就是和婚姻的个人自主性相联系的。但是恰恰在我国，在现行法律关于人身关系的规则中，我们基本上看不到法律行为尤其是当事人的效果意思发挥的决定性作用。比如，从《婚姻法》规定的婚姻效力的条文中，看不出婚姻当事人的意思表示在婚姻缔结以至终止中的决定作用。^②至于在我国实践生活中得到广泛应用的婚约，我国法律基本上不予理睬，对此毫无规定。可以说立法至今认识不到婚约的社会功用，也不知道如何加以规范，现实中涉及婚约的案件全部依靠法院的司法解释来裁判。至于当前社会中应用越来越多婚姻契约或者婚前约定等，民法基本法律中的法律行为制度基本上也是未予以涉及。

第三，对于其他涉及人身关系、人事关系的法律行为，法律更无规定。一些法律将这些法律行为规定为行政行为，排斥了当事人的意思表示在其中发挥的作用。而在民法之中，也没有认识到这些法律行为的基本特征。比如，对于雇佣这样涉及人身自由、可以订约但是不可强制义务人履

---

① 《民法通则》第57条要求，法律行为的行为人"非依法律规定或者取得对方的同意，不得擅自变更或者解除"。从这个条文我们可以知道，在那个时代出现的民法基本法，仅仅只是承认了需要"对方"的双方行为，而没有承认单方行为、多方行为、共同行为这些重要的法律行为类型。甚至到现在其他几种重要的法律行为类型在民法基本法中也是难觅其踪。

② 例如，《婚姻法》第10条规定的"婚姻无效"的事由，并没有因意思表示瑕疵而导致的婚姻关系效力瑕疵的规定。关于意思表示不自由情况下婚姻关系的撤销，《婚姻法》第11条也只是规定了"胁迫结婚"这一种情形，而对于欺诈等情形没有规定。另外，我国的《婚姻登记条例》也体现出了以登记作为婚姻法律效果的根据，而不是以当事人的意思表示作为其根据的特点。

约的法律行为的特征，立法实际没有给予足够的关注。

（3）对于现代社会新出现的法律行为类型，立法基本上是不睬不理。比如，类似于像运动员转会、人事资格流动等，虽然这些都属于特别民法问题或者特别法律行为问题，但民法总则中应该有基本的规定。至于现代日常生活中大量存在的人体器官移植、输血、生命元素移植（如人的精子卵子捐献）中当事人意思表示的效力等，法律至今无动于衷。显然，在这一领域，我国法律应该有更大的创造。

（4）事实上我国现行民法立法在法律行为制度中最为重大的缺陷，是没有规定负担行为和处分行为的区分原则。之所以我们认为这一点是最为重大的缺陷，原因是，民法上的基本权利类型有请求权和支配权的区分，这些基本权利也有依据法律行为发生变动的法律制度建设问题，但是我国现行法律仅仅只是承认债权可以依据法律行为来发生变动，而不承认支配权可以依据法律行为发生变动。这不仅仅只是一个重大的法律制度缺失的遗憾，而且也对支配权的变动比如所有权取得、消灭等重大的法律事实不能建立足够的法律根据，从而在民众所有权保护方面造成了不应有的现实问题。

依据法律行为理论的基本知识，对应于民法基本权利类型划分的法律行为，即负担行为和处分行为的区分，而且这一划分，属于基本的法律行为分类。但是我国立法恰恰在这个基本的类型划分方面出现了重大的制度问题。我国立法和支持立法的民法学理论，在法律行为理论以及制度建设方面是只承认模模糊糊的"泛意思表示"和"泛法律行为"，① 而不承认对于所有的交易——不论是民法上的物权交易、债权交易，还是商法上的权利转移、支持产权上的让与和许可等所有的交易，都具有分析和裁判意义的具体的意思表示和具体法律行为的划分，即负担行为和处分行为的划分。事实上，这两种基本的法律行为在法律交易之中承担的法律规范功能有着清晰而且明确的区分。在所有的法律交易中，当事人之间先要订立合同，然后才履行合同，订立合同和履行合同之间有时间上的间隔，这本是交易常规的现象，有些合同从订立到履行相隔数年也是正常。之所以人们

---

① 参见孙宪忠《中国物权法总论》（第3版），法律出版社2014年版，第305页。

会相信，虽然合同订立的当时没有履行而以后肯定会按约定的时间履行，原因就是合同从订立之时起，就发生了法律上的约束力，即债权。当事人如果不履行合同，就是违约行为，就要承担违约责任。所以，债权承担的法律功能，就是在合同订立之后履行之前保障合同的持续效力，也就是保障当事人之间的信用关系。这是交易的法律规制的第一步，而这个建立债权请求权法律效果的行为，就是债权行为。因为它给双方当事人设置了一个债权意义上的法律负担，所以这个法律行为也被称为负担行为。另外，因为这个法律行为给当事人设置的是履行义务的负担，所以这个法律行为也被称为义务行为。

在合同约定的履行期限到达的时候，如果当事人约定的法律条件仍然正当，那么此时当事人会以自己独立的意思表示来履约，也就是完成合同中指明的权利变动。比如，如果当事人订立的是买卖合同，那么出卖人会把标的物以及标的物的所有权证书交付给买受人，而买受人应该支付合同约定的价款。此时出卖人履行合同交付标的物和标的物的所有权证书，同样是自己意思表示推动的结果，也就是他的物权变动的效果意思的结果。而这个意思表示的内容，就是完成所有权的交付或者所有权转移。这个意思表示，和债权行为不同，是目的在于完成所有权转移的法律行为。这个法律行为，就是物权行为。如果当事人之间的交易目的不是物权的转移而是其他权利的转移，比如证券权利、股权、知识产权甚至债权的转移，那么，这种行为被称为"准物权行为"，其性质和物权行为一致。因为此时当事人的意思表示的内容在于完成物权或者其他权利的转移或者变更，所以这一行为也被称为处分行为。处分行为、物权行为的法律功能，就是保障交易能够按照当事人的意思表示来完成物权的变动。这个意思表示，当然是债权意思表示之后的另一个意思表示。

除上文分析的买卖这种最为典型的法律交易中必然包含典型的负担行为和处分行为的区分之外，其他任何民事权利的交易也都存在着负担行为和处分行为的区分，它们在交易中发挥的作用和买卖合同类似。正因为此，法学理论上建立了负担行为和处分行为的区分原则。这一原则——尤其是其中包括的民事主体依据意思自治原则行使对于物以及物上权利的处分权的法思想，在民法上得以建立具有极为重大的价值。首先是在权利的设立、变更、转让和处分这些法律实践之中，彻底地贯彻了民法上的意思自治原则，体现了民事权利发生变动的基本伦理：不是神权、不是君权，也不是国家公共权力，而是民事主体自己拥有对自己权利的最终支配权。从这一点看，在我国法学界某些学者至今还坚持否定物权行为理论的观点，确实存在着严重的缺陷。而一些学者坚持的仅仅只承认债权契约成立过程中存在法律行为，而物权处分过程中不存在法律行为的"债权形式主义"学说，① 其学术观点的不足也在于此。这种观点，就是看不到处分行为之中，民事主体独立的意思表示发挥的作用。这种观点反映在立法上，要么是把物权处分的法律根据确定为债权行为，要么是将物权变动的效果确定为公共权力机构的行为，最终的结果都是排斥了民事主体对于自己权利的最终处分权。所以这种观点也就是在民法的核心领域，或者说核心要点上，排斥了意思自治原则的作用。

从法律技术的角度看，这种"债权形式主义"的理论也是难以成立的。因为，以此理论，交易中只有当事人之间发生债权变动的意思表示，那么物权变动的效力从何而来？它当然不能是债权意思表示的结果。但是是什么法律上的力量确定物权变动？对此"债权形式主义"只能从公共权力赋权、授权学说，来理解交易中的物权效力来源问题。他们因此把不动产登记理解为行政规制的行为，把不动产物权变动从不动产登记的行为之中获得的物权效力，理解为行政权力对于民事主体的赋权或者授权，以及政府对不动产市场进行监督和管理强制力。② 这个理论不仅仅存在着明显的认识错误——如一个买卖房屋所有权的交易，买受人取得所有权，到底是从出卖人手中取得还是从不动产登记机构手中取得？这个问题"债权形式主义"历来是回答不了的。在民法上，交易涉及的权利变动是否正当，归根结底都应该从当事人的意思表示中确定，所以债权意思表示不能发生

① 所谓"债权形式主义"学说，指的是一种目的在于解释和分析物权变动的理论，其要点是在依据法律行为发生物权变动的整个过程中，当事人之间只会发生债权性质的意思表示，即当事人之间订立的债权合同；当事人的债权意思表示再加上不动产登记以及动产交付这些形式要件，就发生了物权变动的效果。这种学说的要点是绝对否定当事人之间发生物权意思表示。对这种学说有兴趣者，可以参阅梁慧星、陈华彬《物权法》（第4版），法律出版社2007年版，第81—83页。

② 对此有兴趣者，可以参阅崔建远等《中国房地产法研究》，中国法制出版社1995年版，第238页；王崇敏《我国不动产登记制度若干问题探讨》，《中国法学》2003年第2期等。

物权效果。在一些坚持"债权形式主义"、不承认出卖人的物权意思表示的观点看来，交易中买受人的房屋所有权只能是来源于不动产登记机构的赋权或者授权，好像出卖人原来没有所有权一样。①

债权形式主义的理论缺陷一旦应用于法律实践，就会造成严重的政治错误。我们在拆迁和征地的法律实务中可以看到很多案例，一些地方政府的官员一再声称，民众的不动产所有权来源于政府的授权；既然来源于政府，我政府为什么不可以收回？② 所以，我们必须坚持交易物权的来源只能是民事权利主体本身，而绝对不是政府的公共权力这样的民权观点。坚持公共权力对于民众权利的赋权或者授权，对于民事权利有着致命的危害。苏联法学就是滥用了这种赋权和授权学说，才给一些政府利用其公共权力损害民众权利创造了借口。

但是如果承认了当事人之间发生物权变动的法律效果，根源是当事人关于物权变动的效果意思，也就是当事人的物权行为，这样的理论和实践错误都会烟消云散。

区分原则第二个非常重大的价值，就是它作为核心的裁判规范，对于所有的民事权利包括商事权利、知识产权权利等的交易案件的分析和裁判，具有普遍的指导价值和贯穿的作用。在所有法律交易之中，当事人之间首先会订立合同，产生请求权；然后会履行合同发生支配权的变动。实践中涉及交易的案件，常常就发生在合同订立之后这一阶段，当事人之间经常为合同效力问题、是否履行以及是否发生物权变动或者其他支配权的变动问题发生争议。而区分原则恰恰就是在这一领域发挥核心的裁判规范的作用，它能够指导人们准确地按照当事人交易中的意思表示，准确地裁判什么时候发生了债权变动，什么时候发生了支配权——包括物权、知识产权、票据权利以及成员权中的股权的变动，从而对当事人之间的争议做出既符合当事人意思，又符合民法原理的裁判。

因为我国法学界一度的主导学说并不知道民法学说中还有"区分原

---

① 对此请参阅梁慧星、陈华彬《物权法》（第 4 版），法律出版社 2007 年版，第 82 页。

② 对这些案例有兴趣者，可以参阅孙宪忠等《物权法的实施》第 2 卷《城镇拆迁》（社会科学文献出版社 2012 年版）的案例选编部分。

则",我国现行立法,在涉及债权变动和支配权变动之间关系的法律裁判规则出现了极大的混乱。其表现显著者有四:

其一,合同不履行者不生效的规则。20世纪90年代初期,在我国出现的一系列立法和最高法院的司法解释,提出并采纳了诸如"不动产的合同不登记者不生效"的规则。最典型者,为我国《担保法》第41条以及第64条的规定。如该法第41条:"当事人以本法第42条规定的财产抵押的,应该办理抵押物登记,抵押合同自登记之日起生效。"第64条规定:"出质人和质权人应当以书面形式订立质押合同。质押合同自质物移交于质权人占有时生效。"这一规则的核心错误,是把不动产登记和动产交付这些物权变动的法律根据,依法规定为合同生效的根据。这一时期制定的《城市房地产管理法》、最高法院的司法解释等,也都采用了"不动产的合同不登记不生效"这样的裁判规则。但是交易生活实践告诉我们,登记是不动产交易的最后环节,登记表示不动产交易的终结或者完成。"不动产的合同不登记不生效",其含义就是交易彻底完成之后合同才生效!那么,当事人之间订立合同有什么意义?本人曾经在自己的著作中引用过一个现实的案例,案件中的房屋开发商没有按照合同的约定向购买房屋的一些民众交付指定的房屋,在这些民众将房地产开发商起诉到法院之后,法院却以这些合同没有进行不动产登记因而应该无效为由,驳回了民众的起诉。也就是这样,法律的这些规定保护了不诚信的行为。[①] 这样的案件在当时发生过多次。从法理上分析我们会清晰地看到,对法律行为的认识不当,首先是会损害债权,损害交易的诚信。

其二,"债随财产走"的规则。1994年,最高法院出台了"债随财产走"的司法解释,对我国社会造成的消极影响非常大。这个规则出台的本意,是为了解决当时大量存在的恶意避债问题,它的基本要求是,当债务人将借贷而来的金钱转移至第三人时,原债权人的债权针对该第三人也为

[①]　对此有兴趣者,请参阅孙宪忠《从几个典型案例看民法基本理论的更新》,载《争议与思考——物权立法笔记》,中国人民大学出版社2006年版,第362页以下。同时也可以参阅孙宪忠《物权法制定的现状以及三点重大建议》,《金陵法律评论》2004年秋季卷,第37页。

有效。① 这一规则在 1994 年至 2007 年期间得到法院普遍应用，也得到了一些法学家的赞同。这个规则的制定的本意也许是好的，但是因为它不能区分债权和物权的法律效力，也不能区分债权和物权的法律根据，所以它作为裁判规则是错误的。债权只能是请求权，它不能指向第三人，依据一个有效的债权，在任何时候都不可以直接向第三人主张权利。实际上，民法、商法中针对"恶意避债"问题的解决方法有很多，完全用不着以违背法理的方式来达到目的。②

　　其三，债权上的"无权处分"规则。现行《合同法》第 51 条的规定就突出地表现出这一问题。该条文规定："无处分权的人处分他人财产，经权利人追认或者无处分权的人订立合同后取得处分权的，该合同有效。"如上所述，本来的交易过程是订立合同在先，合同能不能生效，应该从当时的条件能不能产生请求权作为法律根据。到履行合同的阶段才发生标的物或者权利处分，因此到合同履行阶段应该考虑处分权是否存在以及可以行使的法律根据问题。所以订立合同本质上与"处分权"无关。这正好比一家公司到另一家工厂里订购产品，合同订立的时候当然产品是没有的，处分权当然也是没有的，但是这个合同必须首先生效，必须对双方当事人产生法律约束。但是，按照《合同法》第 51 条的规定，这一合同只有到工厂把产品生产出来以后才能够有效。那么，工厂如果不能积极组织生产，工厂反而是没有责任的！《合同法》第 51 条的错误同样在于，它把物权变动的法律根据，依法强制规定未债权生效的法律根据，从而导致了交

---

　　① 参见最高人民法院《关于审理与企业改制相关民事纠纷案件若干问题的规定》第 6 条、第 7 条。

　　② 在此以一个本人曾经参与讨论的案例分析：山东某地公司甲，此前曾经向公司乙借贷用于经营活动；然后公司甲成立了独资的石油公司。因为公司甲所欠公司乙的借贷一直没有归还，公司乙向公司甲提出还贷的诉讼要求，并提出因石油公司为公司甲投资设立，因此追加石油公司为第三人。此案，经法院多级审理，判决将石油公司资产直接用来为公司乙还贷。法院依据的规则，就是"债随财产走"，多级法院的判决书均引用了这一规则。但是，法院判决存在严重错误。因为公司乙依据借贷合同仅仅只能向公司甲主张权利；而公司乙向公司甲主张权利也能够满足其利益，因为公司甲对石油公司的股权价值就能够满足其诉讼请求；法院将石油公司的财产直接拿来给公司乙清偿债务，那么石油公司自己的债权人，其权利又如何得到保护？所以，"债随财产走"的裁判规则是错误的。

易逻辑的混乱。①

　　其四，《合同法》132条。该条文第一句规定："出卖的标的物，应当属于出卖人所有或者出卖人有权处分。"这个条文的错误之处同该法第51条一样，是把物权变动的生效条件即法律根据，规定为债权生效的法律根据。这当然是不符合交易实情的，也不符合债权生效的法理。一个民事主体在没有所有权、没有处分权的情况下，可不可以订立出卖合同？是不是出卖人一定在取得所有权之后才能订立出卖合同？在现实生活中存在着大量的中间商，他们在产品的制造者和使用者之间发挥桥梁作用，比如把制造商的产品出卖给使用者。这些合同，基本上都是出卖人尚未取得所有权的合同。但是这些合同的存在是很正常的，尤其是在国际贸易中，这些合同是常见的。②

　　从上面这些分析可以清楚地看出，20世纪末期在我国民法的发展过程中，出现了交易规则的系列性混乱。而且，如上所示，这些混乱都是关于债权成立发生的法律根据，和物权变动的法律根据的混乱。这些混乱用来分析和裁判交易中当事人之间到底是发生了债权关系还是发生了物权关系之时，就必然发生违背交易常识，或者损害交易诚信。③所以，为纠正这些基本的法律分析和裁判规则的错误，在参与撰写"中国物权法学者建议稿"的过程中，在借鉴德国民法科学中物权行为理论的基础上，本人提出

---

　　①　《合同法》第51条产生后，支持者对此展开了非常积极努力的辩护性论证。其中论证之一，是指出合同如果不把物权处分权当作条件，那么就会导致人们订立那些根本无法履行的合同，而这样的合同如果生效就会欺骗民众。对此，请参阅崔建远《无权处分辩》，《法学研究》2003年第1期，及王利明《合同法新问题研究》（修订版），中国社会科学出版社2011年版，第310页等。但是这一论证是不能成立的。因为合同也是法律行为，它的生效必须服从立法对于法律行为设置的最一般的条件。根本无法履行的合同属于标的不能，而且是自始不能，所以该合同自始无效、根本无效，不会得到法律的承认和保护。这些与合同的处分权基本无关。

　　②　王泽鉴教授在分析债权变动和物权变动的法律根据的区分时指出：债权因其对人请求权的本质，其发生效果不需要物的特定化、不需要出卖人有所有权或者处分权，更不需要不动产登记或者动产交付；而物权的本质是对物的支配权，故物权变动的生效，标的物必须特定化、出卖人必须享有所有权，并且以不动产登记和动产交付作为其必要条件。对此请参阅王泽鉴《民法总论》，台湾：三民书局2000年版，第284页以下。

　　③　对此有兴趣者，可以参阅前引拙作之《从几个典型案例看民法基本理论的更新》中列举的几个案例。

了"区分原则"的更新理论和规则，并且为此进行了系统性论证。① 这些
论证的基本思路，首先是坚持在民法的基本权利类型之中，确定支配权和
请求权的法律效力为基本的划分；而在依据法律行为发生支配权和请求权
的变动时，其法律根据必须要有处分行为负担行为的区分。正如支配权和
请求权的区分在民事权利中为基本类型划分一样，处分行为和负担行为的
区分是法律行为的基本划分。当然，处分行为之中，物权行为是典型
形式。

这种区分并不只是具有理论意义，其实践意义才是根本性的需求。只
有在这种清晰的理论指导下，民法才能建立起科学的民事权利变动法律规
则。尤其是在一个交易涉及多种民事权利变动时，法官和其他裁判者需要
对这些不同的权利变动从时间上和效力上做出清晰的判断，从而对于处理
复杂的交易行为建立了科学的根据，而区分原则正是建立起了这样的根
据。相比之下，否定区分原则的种种理论都是捉襟见肘的。也就是因为这
样，我国民法学界越来越多的学者尤其是青年学者都开始接受这一理论。

在立法层面上，"区分原则"的提出也逐渐得到了采纳。该原则提出
十年之后，中国《物权法》第9条、第15条、第23条等，从法律根据的
一般性的角度承认了债权变动和物权变动的区分。因为《物权法》具有基
本法的意义，所以这些规则对于从根本上改变中国民法的裁判规则系统、
改变中国民法学基本理论体系奠定了基础。在这一点上，具有重大的实践
价值的是，《最高人民法院关于审理买卖合同纠纷案件适用法律问题的解
释》②，从裁判规则的角度旗帜鲜明地采纳了区分原则。该解释第3条规
定："当事人一方以出卖人在缔约时对标的物没有所有权或者处分权为由
主张合同无效的，人民法院不予支持。""出卖人因未取得所有权或者处分
权致使标的物所有权不能转移，买受人要求出卖人承担违约责任或者要求

---

① 对此有兴趣者，可以参见拙作之《论物权变动的原因与结果的区分原则》《物权行为理论探
源及其意义》《物权变动中第三人保护的法律基准》《再谈物权行为理论》等论文。这些论文初发表于
《中国社会科学》《法学研究》《中国法学》等杂志，后一并收入文集《论物权法》，法律出版社2001
年版，第36页以下。该文集2008年再版，这些论文都得到了保留。另外，拙作《中国物权法总论》
一书，从民事权利的基本分类到法律行为的基本分类的逻辑，对此也有系统阐述。该书第1版，法律
出版社2003年版；第3版，法律出版社2014年版。
② 2012年3月31日最高人民法院审判委员会第1545次会议通过并发布。

解除合同并主张损害赔偿的，人民法院应予支持。"尤其值得注意的是，最高法院参与撰写这一解释的法官和学者的著述中，明确提出："物权法第15条明确表明我国立法已经接受'区分物权变动的原因与结果'的原则，因此在解释《合同法》第132条与第51条的关系时，应特别注意区分负担行为与处分行为，区分物权变动的原因与结果，区分合同的效力与合同的履行，区分买卖合同与物权处分。"① 从这一司法解释以及说明中，可以清楚地看到我国法院已经把区分负担行为与处分行为为基础的裁判规则准确地应用到了实践层面。该解释既否定了该院"债随财产走"的司法解释，也否定了《合同法》第51条所谓的"无权处分合同"所代表的债权变动和物权变动的逻辑混乱。这是我国民法走上科学化的重大进步。该解释发布后，我国法学界尚有学者对该"解释"第3条持批评态度，他们认为中国《物权法》第15条并未明确承认负担行为与处分行为这些概念，也没有建立这些行为的区分原则。"解释"第3条以物权行为理论为基础，这违背了生活经验和我国《物权法》确定的物权变动模式，实际上改变了《合同法》第51条的规定，属于司法权对于立法权的僭越。② 但是正如上文分析所指出的那样，以《合同法》第51条为典型的一些法律规则，体现了系统性的法理逻辑混乱，而这里所说的最高法院的司法解释，体现了交易裁判规则的逻辑和科学法理，这才是真正的学术进步，值得充分予以肯定。另外，该解释所列条文和《物权法》第15条的规定，内在逻辑也是一致的。

四　立法建议

在以上分析的基础上，我们在这里提出中国"民法总则"一编中，"法律行为"一章的基本编制设想。

---

① 对此有兴趣者请参阅《最高人民法院关于买卖合同司法解释理解与适用》，人民法院出版社2012年版，第77—78页。

② 对此可以参阅梁慧星《买卖合同特别效力解释规则之创设——买卖合同解释（法释〔2012〕7号第3条）解读》，2013年11月21日，中国法学网。以及王利明《王利明教授做客民商法前沿暨华润雪花论坛 畅谈买卖合同司法解释的理解与适用》，2013年11月21日，中国人民大学法学院网站。

各国法律对法律行为制度，一般都是将其规定在民法典的总则编中，也有一些立法将其散乱地规定在涉及不同权利变动的章节中。《德国民法典》中"法律行为"一章分为六节：第一节，行为能力；第二节，意思表示；第三节，合同；第四节，条件和期限；第五节，代理、代理权；第六节，单方面的同意、许可。①《日本民法典》中"法律行为"一章分为五节：第一节，总则；第二节，意思表示；第三节，代理；第四节，无效及撤销；第五节，条件及期限。《韩国民法典》中法律行为一章分为五节：总则、意思表示、代理、无效及撤销、条件与期限。我国旧民法中"法律行为"一章分为六节：第一节，通则；第二节，行为能力；第三节，意思表示；第四节，条件及期限；第五节，代理；第六节，无效及撤销。

我国《民法通则》将原来属于法律行为制度的行为能力制度纳入自然人法而不再规定在法律行为部分；另外，它还将原来属于代理制度也从法律行为部分析出，将一般代理即直接代理、结合法定代理、间接代理和广义的商事代理，单独规定为代理一章。在这种情况下，目前我国的法律行为制度，内容范围比较窄。在这种情况下，即使我们现在接受的法律行为一章的立法覆盖面稍稍狭窄一些，但是也还有很多必要的内容要加以规定。另外从上文分析可以看出，我国立法在这一部分必须有立法观念以及制度的继承、创新和发展。本人提出的建议稿认为，我国的法律行为制度，应规定为如下七节：第一节，一般规则；第二节，意思表示；第三节，人身法律行为；第四节，负担行为、处分行为；第五节，无效、撤销、追认和效力待定；第六节，条件与期限；第七节，法律行为的解释。

（来源：《法学研究》2015 年第 6 期）

---

① 以上德国民法的内容为本部分作者孙宪忠自译。

民法基本权利和基本分析方法

内容摘要： 民法和核心使命是为民事权利立法，而现实生活中因为民事活动复杂多样，民事权利类型众多而且庞杂，因此不论是在立法上还是在司法实践上，都需要将民事权利予以归类分析，尤其是做出基本类型的归类分析，从而给民事立法和司法实践提供理论指导，以达到类型化统一立法和司法的目的。故这种类型化分析对于涉及民事权利的行政管理实践也是非常必要的。我国民法理论，以人身权利和财产权利的划分作为民事权利的基本类型，这种划分虽有方便社会大众理解的优点，但是却难以对法官司法和行政官员执法提供准确的指导，因为各种民事权利的行使归根结底要取决于权利人自己的内心真实意愿，不论是针对民事权利的行政管理还是司法裁判，都需要依据权利人的内心真意做出分析和判断，所以，在民事权利基本类型的划分方面，能够为法律实践提供准确分析的，是关于民事权利划分为绝对权和相对权的理论、支配权和请求权的理论。关于绝对权和相对权的划分，支配权和请求权的划分，我国法学理论结合法律实务界并非一概不知；但是长期以来居于主导地位的民法理论著述对于这一方面的理论及其实践价值的介绍和研究并不十分准确。本文从相关历史资料的钩沉出发，从绝对权和相对权的区分、支配权和请求权的区分的产生渊源出发，结合我国民法理论和实践的实际，对这一方面的理论做出了全面探讨，弥补我国民法基本理论方面的一个较大的缺憾。文章对于我国民法基本理论的发展以及相关法律实践的指导，均有显著意义。本文来源于作者在中国社会科学院大学（原中国社会科学院研究生院）法学系多年授课的讲稿。文末，附有某次上课时其他教授的评议和对学生提问的回答。

本文结构

引言   问题的提出
一   民法分析从基本权利入手
（一）民法上权利的意义
（二）民法规范的法技术与民事权利
（三）世界民法法技术的共同性
（四）民事权利区分为财产权和人身权
（五）民事权利区分为绝对权和相对权、支配权和请求权
（六）小结
二   民事权利变动及其法律根据
（一）问题的提出
（二）区分原则产生、背景及立法应用
（三）对外国法资料选择性采认的消极后果
（四）法国民法和德国民法在法思想上的共同点
（五）法国民法基本权利和基本裁判规则
（六）德国民法基本权利和基本裁判规则
（七）小结
三   区分原则在民商法中的广谱应用
（一）概说
（二）商法上的股权交易、票据交易、证券交易等
（三）知识产权的交易
（四）设立物权的法律行为
（五）所有权保留协议、让与担保和融资租赁中的物权意思
（六）纯粹处分行为
（七）涉及行政审批的采矿权等准物权的取得
（八）物权法第 142 条但书条款的重大价值
（九）特殊的交易：省略中间登记的所有权转移
（十）关于权利证书的占有和交付

引言 问题的提出

民法上的基本权利以及基本的分析方法，这个题目是一个民法基础理论研究和讨论的对象，对这一问题的研究和讨论对整个民法学科建设具有贯穿性的价值。民法立法以民事权利为核心，民事执法、司法也是以维护民事权利为核心，但是现实中大家见到的民事权利有很多，权利受到侵害的案件非常多，立法要解决的问题自然很多，维护权利执法和司法工作也是多方面的。那么，我们如何才能掌握这么多的知识？方法就是从基本权利和基本分析方法入手，首先通过掌握大量民法现象的一般知识也就是它的基本规律，然后逐步深入和展开，日臻完善。这就是纲举目张的道理。所以，民法上基本权利和基本分析方法讨论，不但能够使我们认识民法的本质，而且也能够引导我们更好地学习民法和应用民法，完成民法承担的国家治理的职责。

本文的阐述，当然首先要从正面开始，但是也会从反面的角度来揭示。本文会提到，20 世纪 90 年代我国民法的主导基本理论给立法和司法实践造成的损害。通过正反两个方面的分析，我们就可以更加清楚地看到，涉及民事权利和民法分析的基本理论的讨论，对于民法甚至相关法律的立法和司法有多么的重要。

不过我们可以很高兴地看到，经过几十年的努力，这些理论的混乱，现在部分得到了澄清，但是还是留有一些麻烦。在立法和最高法院发布的司法解释里面，涉及民法基础的分析和裁判的规则，已经越来越符合科学法理了。目前正在进行编纂的民法典，虽然最终的程序还没有完成，但是在基本理论方面也发生了重大的更新。现在阐述这个民法的基本问题的时候，我自己确实还是有一些自豪的感觉。在这一段涉及民法基本理论更新的艰苦过程中，本人也可以问心无愧地说，本人所提出的学术观点发挥了首创、坚持、推动的作用。所以今天讨论这个题目，其实也是在简述本文作者自己的一段学术历程。本文谈五个大的问题，最后再有一个小结。

一　民法分析从基本权利入手

（一）民法上权利的意义

民法分析的第一步，就是确定民法上的权利。它一般也称为民事权利，指的是为民法承认并且由民法保护的利益。自古以来，法学家不仅仅是民法学家，还要讨论民事权利，都要给它做定义。但是，把民事权利定义为民法承认和保护的利益，这个定义是法学界普遍认可的，也是国际上通常的认识。这个概念，包括了如下几个因素：（1）受法律承认和保护的利益，即具有合法性基础的利益，道德性的利益有些可以纳入民事权利有些无法纳入。受法律承认的利益，法学上称之为"法益"，以具有道德正当性、合法性作为其基本依据。（2）民事权利是受民法承认和保护的利益，它和受宪法等其他法律承认和保护的利益有关联，但是其内涵不一样，范围也不一样。比如大气等自然资源，可以成为行政法保护的利益，但是却无法受到民法的承认和保护，因为其客体无法确定，而民事上的权利客体总是明确肯定的。但是，民事权利及其他法益也可以依据宪法以及行政法的规定来加以确定，宪法权利、行政法权利、诉讼法权利受到侵权的，可以依据民法侵权规则得以保护。比如，在我国，损害选举权的，就可以依据民事侵权法的规则加以保护。（3）法益因交易习惯、立法和司法传统文化，其概念的内涵和外延明确肯定，并且被类型化时，即成为权利。所以权利就是可以被类型化的法益。但是在客观上还有很多受法律承认和保护的利益无法被类型化，成为法律有规定的权利。即便如此，这并不妨碍民法对于这些法益的保护。不论是在交易状态下还是在侵权状态下，法益，即使没有被类型化为权利，它也受民法的承认和保护，保护的方法是比照最为近似的民事权利。

当然要完全揭示民事权利这个概念的法律意义，我们就必须从历史的角度、社会的角度、政治的角度、法律规范的角度等做出很长的讨论。历史上的各种人物关于民事权利的认识，现实社会中各个阶层的人对于民事权利的认识，政治上的认识，法律上的认识，都值得写出很多很大的文章。但是，这样的长篇大论不是本文的目的。上文所说，本文只是要讨论在当前的背景下、从法技术分析的角度看看民事权利的规范意义，也就是看看各种各样民事权利的行使和保护的立法技术和裁判技术的意义。这样，我们需要先脱离开不论是所有权还是人身权、不论是合同权利还是法定权利的具体属性，而直接地探讨各种民事权利的规范属性，这样我们就可以从纷繁复杂的各种民事权利之中，总结出权利立法和司法的一般规律。

因为民法承担的国家治理的责任虽弱于宪法，但是就一般民众而言、就市场经济的运作而言，民法仍然是诸种法律之中的国之重器，因为民法上的权利是每个人、每个团体甚至整个国家的基本利益。所以，很多人都记得，本次启动编纂民法典工程的时候，全国人大的领导就这样讲过，民法是调整和保障国计民生的基本法律，民法典的编纂是完成依法治国使命的基本举措，民法在法律体系中的地位仅次于宪法。我们认为，这一说法准确地揭示了民法在依法治国中所发挥的作用。我们要进一步阐明的是，民法在依法治国中的作用，就是通过承认和保护民事权利以及各种民法利益的立法、执法和司法来呈现的。民事权利是立国之本，是法治国家是否得以实现的基本指标。治理国家的一定之规，其最基本的规矩就是人民的权利，这是我国的国体决定的。

（二）民法规范的法技术与民事权利

民法在我国法律体系之中的地位重要是毫无争议的，但是民法是怎样来承担依法治国的职责呢？简要地说，民法发挥作用需要依赖自己独特的法律规范，也依赖自己调整社会关系独特的科学方法。民法上的法律规范，以民事权利为核心，它把各种各样的民事权利落实在各种各样的法律规范之中；然后依据民事法律关系的基本逻辑，把这些权利一一落实在具体的自然人和法人身上。民法上的主体是明确肯定的，权利是明确肯定的，权利落实到人，义务和责任也会落实到人。这样，民法就把它所承载的治理社会的思想落实到了具体的人的身上。

必须注意的是，正是民法科学建立的法律概念科学、规范科学、体系科学和法律关系的基本逻辑，保障了民法的基本功能的发挥。这些科学，就是现在我们要讨论的法技术问题。

民法的法技术，就是民法体现其可行性、以法律概念的差异性和同一性为基础、形成既有差别又有联系的法律规范和制度体系规律的科学。民法上，法技术所要解决的首要问题是建立法律概念，将社会事物以及各种问题分门别类地做出确定的表述。法律概念的基本要求是准确、正确、统一。从这个要求出发，概念就必然有差别，但是同时也有同一性。按照差异性和同一性的联系，在相关法律概念的基础上形成了法律规范，在系列法律规范的基础上形成了法律制度，最后形成了法律体系。因民法调整的社会关系庞大而且复杂，因此民法自身的概念很多，法律规范很多，制度体系十分庞大。但是这个庞大而且复杂的概念和规范的群体不是一麻袋土豆，不是随意而且毫无章法地集合或者堆积，恰恰相反，民法概念和规范是按照一定的科学逻辑编纂成了完整的体系。这个体系，是人类社会几千年历史经验的结晶，也是法学界的先人们运用科学思维所进行的整理和总结。我们今天来分析讨论民法的规范体系的时候，已经不再感到繁复庞杂，也不会感到无章可循。而且法官和执法者应用民法的时候，也会利用这些法技术，准确地找到他们应该适用的法律规范。这就是民法体系化科学化的成就。

民法科学，就是专门研究民法参与国家治理规范社会行为调整社会关系的特定领域和特定方法的科学。民法科学，是按照法律概念的差异性和同一性建立民法的规范、制度和体系以及应用这个规范体系的科学。

　　大家在学习和讨论民法科学的时候，还会遇到一些轻蔑地描述民法体系性科学性的观点，甚至批判这种法技术逻辑的观点。这些观点在改革开放以前很常见，现在还出现在我国民法学界的一些著述之中，但是总的来说这些观点已经不是中国法学的主流。因为这种轻率地批判的做法，不但很不中肯，而且最关键的是它无法揭示民法参与国家治理的切入点和基本方法。历史证明，批判他人总是很简单的，但是要建设好自己国家的法制那就难了。如何建立和完善我国自己的法律体系，尤其是当前如何编纂好自己国家的民法典，不研究法技术上的科学性体系性，那简直就是盲目蛮干。

　　但是，本人要揭示的是，虽然说民法的法技术是立法、司法和学习的基础，可是我们会发现，世界上还没有哪一个国家的民法在立法中明确地宣告它采用了什么样的法技术，也没有立法给执法者和司法者指出要如何运用什么样的法技术。甚至我们分析当今世界上有代表性的民法制度体系的时候，会发现它们呈现出来的形式是不一样的。确实，因为历史的原因，世界上的各个民族或者国家的民法的发展道路的差异，民法的立法形式出现了很大差别。那么，民法科学还是一门科学吗？讨论民法的法技术还有意义吗？民法的法技术有没有得到大家公认的规律或者知识呢？

　　我国法学界曾经就有人依据这些推理，否定民法的科学性。但是，我自己的研究发现，不论是英美法系还是大陆法系，还是大陆法系中立法模式明显不同的法国法和德国法，虽然它们的法律表现形式是不一样的，但是在基本权利和基本分析和裁判的法学知识中，都在应用着绝对权和相对权（或者支配权和请求权）的区分、侵权责任和违约责任的区分这些基本规则，都在应用着请求权的基本规则，都在运用着法律关系的基本逻辑。其实这些就是民法上法技术的规律或者逻辑。这些基础性的知识在世界上得到了普遍认可，说明了民法科学领域有着普遍承认的规律，也有着普遍承认的技术手段。这一点奠定了民法科学性的基石。

　　以本文作者的研究，民法现行制度体系是法思想、法感情和法技术这三个方面的因素在历史上一次又一次相互结合发挥推进作用的结果。所谓法思想，就是立法者制定法律的指导思想。法感情，指的是一般民众对于法律的理解和接受感觉。法技术，指的是法律规范以及法律体系的形成、编纂和适用的技术。从历史发展的角度来看，这三个方面都曾经发挥了很大的作用，都是值得我们很好地去研究的方向。不过限于本文的主题，我们在这里对这三个方面的问题不展开讨论，对此有兴趣者可以参阅本文作者其他的著述。但是，本文作者希望指出，我国的法律人，包括立法者、执法者和司法者和法学界，有些时候也包括我国社会思想界，对于近现代以来的民法发展的了解是不足够的，对于民法所体现的先进法思想接受是不彻底的，对于民法的科学性的接受也是不完全的。比如对于民法的基本原则如平等原则和意思自治原则，我国法学的主导观念至今还受到苏联法学的束缚，没有完全接受这些民法的原则。关于民法的法技术科学，我国社会了解的就很少了。如上所述，民法上的技术，包括它的概念、规范、制度、体系的逻辑分析，看起来似乎脱离了政治分析，但是并不是这样。因为，民法的法律技术体系实际上是围绕着对民事权利的基本认识而建立起来的，民事权利集中地体现了立法者对于涉及国计民生的基本权利尤其是普通民众的基本权利的认识，其思想性最为强烈。所以如果民法的指导思想不能跟上时代的要求和民众的期待，立法技术也不讲究，那么至少我们说这样的民法立法质量不高，实际上这样的立法不但不能满足我国社会的需要，甚至对于人民权利和市场经济体制的发展是有损害的。这些问题，客观上是存在的，所以习近平总书记多次强调，立法要科学，要保证质量。对这些要求我国民法的发展当然是务必遵守的。

（三）世界民法法技术的共同性

在民事权利的一般规律的研究方面，这些年来我有一个发现，即，虽然从历史发展的角度来看，世界上的法律对民事权利的表述用语不完全一致，但是，从我自己的这些年来的学习经历看，可以发现世界各国对于民事权利的理论分析和行为规范技术出现了趋同的特征。在民事权利的法技术认知方面，英美法系和大陆法系的差别，以及大陆法系内部的差别，都已经不是太大了。以前做比较法研究的学者习惯于总结英美法系和大陆法系差别有多大，甚至不断强调大陆法系内部德意志法系和拉丁法系关于民法上的权利的认识的差别有多大，强调它们之间的差异当然也是具有学理意义的，但是不能指出其共性，却是一个明显的缺陷。在市场经济发达国家，具有代表性的国家，不论是判例法还是成文法，当前国际民法学的发展显示，各国法律以及裁判上对于民事权利的基本认识大体是一致的，对权利的救济理论和司法实践也是大同小异。比如说在英美法系中，从法律概念的角度看它没有物权和债权的区分，甚至连公法和私法这样区分都没有。但是在英美法系，不论是在它们主导的法学基础理论中，还是在司法实践中，它们还是非常讲究支配权和请求权的区分的。我看到的基本有代表性的"财产法重述""侵权法重述"，都采纳了支配权和请求权相互区分的理论。英美法系的基本特征，是从权利救济的角度建立分析和裁判的规则体系，这个体系的特征就是把违约责任和侵权责任严格区分开，而这一区分，也是支配权和请求权的区分。很多英美法的著述，直接把权利区分为支配权和请求权。在大陆法系中，虽然《法国民法典》没有规定债权和物权，但是现在它们的法学著作都在使用这些概念，司法实践都区分了这些制度。虽然《法国民法典》之中没有物权和债权的概念，但是该法典之后的采纳法国法系的民法立法，多数直接规定了物权和债权的区分。至于法学家的著述，现在基本上都采纳了支配权和请求权的区分。早先，法国法系在法理上对违约责任和侵权责任也没有做清晰的区分，但是现在接受了支配权和请求权的区分之后，法理上已经能够清晰地把违约责任和侵权责任区分开了。因此我可以说，世界上的民法学家，已经开始有了专业领域的普通话，也能够用这种普通话来从事学术交流了。

（四）民事权利区分为财产权和人身权

民事权利的具体类型非常之多，因此法学家们经常采用分类的方法，以此来寻找各种民事权利之间的共同属性，并以此来建立共同的立法和裁判规则。能找到共性，也就能找到其差异性，从而为他们建立有不同的分析和裁判规则。这种区分的方法，是最基本的科学研究方法，将其应用在民法科学中，其实就是上文所说的概念法学中的差异性和共同性法技术的研究方法。

我国民法立法的传统，和法学家的学术习惯是把民事权利划分为财产权利和人身权利两大类。1986 年制定的《民法通则》就是这样分类的，2017 年制定的《民法总则》也是这样分类的。财产权，指的是那些具有经济价值的权利，比如所有权、土地使用权、合同债权等。而人身权，指的是体现自然人的人格尊严和人身自由价值、体现其主体资格维护的权利（人格权），以及为了维护自然人的生存和发展而要求他人赡养、抚养和扶养的权利（身份权）。把财产权和人身权作为基本的权利类型划分，这是一种非常直观的分类方法，一般社会民众比较容易理解这种分类方法。

把民事权利区分为财产权和人身权，基本上可以把全部民事权利包容进去。只是企业的字号、公司的名称这些和主体资格相关的权利，表面上看起来好像是企业的人身权，但是其本质都是财产权。企业的字号是可以转让的，公司的名称也可以许可他人使用，但是这些转让和使用许可都是商业化的运作，其本质和人身权尤其是和人格权的立法本意无关。

民事权利的这个分类是具有显著价值的，因为这种分类方法，不仅仅能够突出人身权利的伦理价值，而且也能够揭示出民事权利是否可以纳入交易体制的分类特征：财产权利是可以交易的，而人身权是不能交易的，一般是自然人所专有的。如果我们的立法和法学理论能够把这一点区分开，这就是一个很大的进步。事实上，我国法学家对这一方面的认识是存在着缺陷的。在我国立法上和一些学者的著述中，常常把企业的字号、公司的名称等也称为人身权，但是这种观点是望文生义。因为，看起来企业的字号、公司的名称和它们的主体资格相关，但是这些都是财产权，要纳入工商登记，受财产法的保护；而且它们也可以像一般财产权利那样进行交易，而人身权是无法交易的。

因为财产权是可以交易的，而交易总是很复杂的，所以，立法必须建立庞大的交易法律规范；此外，财产权利也面临着侵权方面的问题，所以财产权利立法也包括侵权法规则。而人身权是不能交易的，立法要解决的人身权问题就是被侵害后的救济问题，所以人身权的立法基本上是以侵权法规则作为核心而展开的。无论如何，人身权和财产权的法律规范体系在数量上或者规模上，是有比较大的差别的，人身权法律规范数量当然要比财产权法律规范少很多。所以如果我们不懂得从支配权和请求权这个角度、从绝对权和相对权这个角度去研究民事权利的分类，那么就会产生民法重物轻人的误解。事实上，财产权利之中，很多权利也是具有人权价值的，比如一般民众的财产所有权，在世界上就被认为具有人权的含义。所以，财产权利的法律规范数量大，这是非常正常的。如果将此批评为重物轻人，那就是偏颇的了，因为财产权利归根结底也是人的权利，而且一些权利还是普通民众迫切要求保护的权利。

当前在中国法学界出现了这样一个问题，就是有一些法学家试图把人身权纳入到可交易的权利范畴，其出发点是想把人身权的规范体系扩大，这样给世界上一种中国强化人身权法律规范的印象。但是这种做法，对于人格权以及其他人身权恰恰具有贬损的后果。比如一些学者提出的"人格权的可转让""人格权的商品化开发"等观点，实际上贬损了人格尊严和人身自由至高无上的地位和只能由自然人专有的宪法属性和道德属性。这些观点，不但在法理上是讲不通的，因为除了肖像权这种并不典型的人格权可以由主体许可他人使用之外，其他的人格权都没有可以交易的问题；而且更重要的是，这些观点违背了人格专有、人格权专有的法律伦理。把肖像权这一种非典型的人格权的使用许可，扩大到整个人格权体系中各种权利都可以转让，扩大到整个人格权体系中全部权利都商品化开发，不仅仅学理上属于夸大其词，很不中肯，而且严重损害了人格以及人格权的法律价值。

（五）民事权利区分为绝对权和相对权、支配权和请求权

上文说到，在世界民法学领域，人们更加普遍地使用的民事权利的分类方式，是支配权和请求权的区分，也就是绝对权和相对权的区分。上文已经说到，不管是英美法系还是大陆法系，不管是大陆法系中的拉丁法系即法国法系还是德意志法系即潘德克顿法系，它们在民法学术上都趋同地认识到了支配权和请求权的区分，而且在司法实践中也运用了这种区分。在当代德国法学中，支配权和请求权的区分，也就是绝对权和相对权的区分。①

---

① 对此有兴趣者，请参阅拉塞尔等著，楚健等翻译的《德国民商法导论》关于民法权利的讨论，以及拙著《中国物权法总论》一书对此的探讨。

1. 含义

首先我们来看看绝对权和相对权这一对民法概念的含义。我们都知道法律上的意思自治原则,这个原则应用于民法,那就是要强调民法上的权利行使,本质上就是权利人的权利,而且要依据民事主体自己的内心真实意愿来确定行为的法律效果。因为这个原则,诞生了民法上的法律行为制度和理论。法律行为理论的核心是意思表示理论,这一点学习民法者都是知道的。从意思表示这个核心出发,我们分析民事权利的时候就会有新的发现:一些权利,当事人仅仅依据自己的意思表示,就可以实现权利的目的;而另一些权利,权利人仅仅有自己实现权利的意思权利并不会实现,他还必须借助于另外一个相对人、在这个相对人的意思配合下,其权利目的的才能实现。那些仅仅依据权利人自己的意思就可以实现的权利,最典型的就是所有权。比如,我有一个房屋所有权,我依据自己的意思行使这个权利,我的目的就能够实现了。我按照自己的意思进入房屋,我在房屋里做各种事情,只要我自己愿意,一切都以我的意愿。这种权利的特点,就是权利人自己的效果意思可以绝对发生效果,所以,在民法上将这些权利称为"绝对权"。我们在法律分析和裁判上,也是以权利人单方面的意思表示作为权利发生的根据。所以这个概念的产生,并不是一种学术上的癖好,而是建立裁判科学的必要。

这样的权利,在民法上非常之多,最典型的就是以所有权作为标志的各种物权,各种知识产权,以及人格权。就所有权等物权作为绝对权,我在上文列举的著述中已经有比较多的讨论。其实在民法上,最能体现绝对权特征的就是各种人格权,它们只能由权利人行使,也就是只能由权利人单方面的意思表示作为法律根据,不能因为合同或者其他原因,要求人格权人出让其人格利益。比如性自主权就是这样。妇女结婚后,丈夫也不能违背其意愿强行和她发生性关系,因为性自主权就是绝对权。从这个角度看,上文提到的那些人格权转让、人格权商品化开发的观点,明显就是有问题的,因为这些观点产生了把人格权交给他人行使这个严重的违背人格权基本属性的问题。

那么,相对权又怎样认识呢?同样从权利人的效果意思的角度看,我们会发现,在法律上还有另一种权利,权利人自己单方面的意思发生不了效果，而必须有特定的相对人的配合，两个方面的意思形成一致，权利目的才能够实现。这种权利就是相对权。比如当事人依据买卖合同所享有的权利就是这样的。你购买一个东西，想取得标的物，就需要与出卖人订立合同。但订立合同以后，即使合同是有效的，合同也到了履行的期限，但是你的权利却只能是向出卖人提出交付标的物的请求，你没有权利仅仅依据自己的意愿从出卖人手中取得标的物。标的物要交到你的手上，还必须有出卖人做出配合你请求权的意思表示。比如，你买的是一套房屋，到了合同履行期限，你要求房主向你交付指定的房屋，房主向你办理交付的手续，包括房屋占有的交付、办理房产过户登记手续等，这些都是房主做出的配合你的请求权的意思表示。只有你的履行合同的意思和房主履行合同的意思相配合，你才能取得房屋及其所有权。如果仅仅只有你请求履行合同的意思，而没有对方配合履行的意思，那房子及其所有权就不能依据合同到达你的手中。这种情况下，你享有的权利，就是民法上所说的相对权，因为你的意思表示只能发生一种约束相对人的后果，而不是一种直接实现合同约定的交易目标的效果。

实际上，不论是谁，我们都会认识到，一个合同订立之后，从法律的角度和事实的角度看，即使这个合同是受到法律承认和保护的，即使这个合同订立的时候是可以履行的，但是，到履行期限届满之时，这个合同是否能够必然地得到履行，这确实不能得出绝对结论。从合同当事人的主观角度看，从合同所处的客观环境看，合同履行期限届满，合同是否还应该履行，我们也不能得出绝对的结论。所以，我们说依据合同产生的债权也就是请求权，属于相对权的道理就在这里。因此，买受人不能仅仅依据合同行使对于标的物的支配权，他的意思表示不能绝对发生后果，而只能发生相对的后果。合同的履行必须借助于出卖人的相对的意思表示，这是我们理解相对权、债权这些权利的关键。这也是中国民法学曾经的主导理论没有打通的关键。

从权利的效果这个角度看，绝对权在民法上等同于支配权，因为绝对权都是民事主体支配某种客体的权利；而相对权等同于请求权，因为相对权的效果就是对特定相对人提出请求。从权利的对象的角度看，绝对权也被称为对物权，因为支配的对象一般情况下是特定的物；而相对权有时候也被称为对人权，因为请求权只可以对特定的人提出，不能对其他人提出。绝对权和相对权对应；支配权和请求权对应；对物权和对人权对应。这些分类，从某种意义上揭示了民事权利的不同角度的属性，在民法研究方面很有价值。不过，最能体现民法权利特点的是绝对权和相对权、支配权和请求权的区分，下文的分析以此为核心展开。

2. 民事权利本质的揭示

为什么要把绝对权和相对权的划分作为民事权利的基本划分和分析的基础？首先的原因是，这一种区分更能揭示民法上权利的本质，更能够促进民事权利体系以及整个民法知识体系的科学化，更能够促进民法分析和裁判规范的科学化。我国民法学著述，对这种权利分类及其意义讨论不足，这一点显示了我国民法理论不深入的缺陷。

为什么说这种区分能够揭示民法的本质？因为，把民事权利区分为支配权和请求权、绝对权和相对权，其理论依据是民法上的意思自治原则，而这个原则不仅仅是民法而且是现代法制的本质体现。关于意思自治原则，首先来说它并不仅仅只是一个民法原则，而本质上它是一个宪法原则，或者说，它是民主与法治国家反映国体的基本原则。正如本人曾经探讨过的，它的历史贡献在于否定了民权神授、民权君授的封建主义法权观念，把民事权利的正当性根据建立在民事主体自己的意思表示之上，从而重新建立了更加符合民事权利本质的法权伦理和法律制度。① 用通俗的话说，意思自治原则的核心就是民事权利让民事主体自己说了算。但是在历史上，民事主体的权利被认为是上帝授予的，或者其他什么神灵授予的，或者是皇上国王授予的，因此，民事主体如何行使权利，他自己说了不算数，最后是神或者国君的一致决定民事权利。这就是神权政治、君权政治体制下的民法本质。这种体制，就是公共统治权从根本上决定民事权利（对此，请联系下文讨论的"债权形式主义"或者"折中主义"思考），这种体制下，民事主体并不像主体。只是到人文主义革命之后，才从法律伦理的角度彻底解决了这个问题，把民事权利返还到了民事主体手中，这

① 对此请参阅拙著《权利体系与科学规范》中关于"法律行为"的立法建议的报告和几篇论文，社会科学文献出版社 2018 年版。

样才有了法律上的意思自治原则。所以，意思自治原则具有鲜明的宪法意义。

当然，意思自治原则在民法上具有核心的地位和立法价值。民法上的法律行为制度，就是贯彻意思自治原则的主要制度。我们知道，法律行为制度的核心是意思表示制度，也就是按照权利人的效果意思来决定权利的设立、转让、变更和废止的法律效果。其要点是，关于民事权利的取得和丧失，也就是民事主体行使这些权利，是否应该生效，应该由权利人自己说了算，而不是神或者上帝说了算，不是国王或者统治者说了算。这个要点和意思自治原则是一样的，是要解决民事权利的伦理基础问题，即行使权利的伦理正当性问题。大家都知道"Yes，I will"，从法律伦理上看，当事人以自己内心的真实愿意行使民事权利，其结果才是正当的。上文说到在这个原则没有产生之前，一切权利听从上帝的召唤，听从国王的召唤，这样才是正当的。人们结婚也罢，订立财产合同也罢，都要从神那里寻找依据。比如人们结婚，都要履行很多拜神的仪式，目的是让自己的婚姻获得神灵的承认。而订立财产合同时，也要有这样的仪式。中世纪时，寺院法的著名学者托马斯·冯·阿奎纳说，订立合同看起来是两个当事人在定约，其实本质是两个当事人在对神立约，这些合同也是在上帝的监督之下，因此一切合同都应该履行（pacta sund servanda）。而意思自治原则却强调，当事人的意思表示才是他们拥有权利行使权利的正当性基础。这个理论否定了封建神权学说、君权学说之后，把民事主体变成了真正的民事主体，把民事权利变成了真正的民事权利。因此，民法上的人才开始了巨大的物质文明创造过程，人类社会才发生了巨大的变革进步。所以这个理论的历史贡献非常之大。

我国《民法总则》第130条规定，民事权利的行使必须要符合当事人自己的意思表示，当事人按照自己的意思来行使权利的，受法律承认和保护。这个条文也是意思自治原则的反映。建立在意思自治原则之上的民事权利制度，以及整个民法的制度，才是符合当代思想文明、符合人民权利的。而支配权和请求权的区分，绝对权和相对权的区分，正是建立在意思表示理论基础上的权利分类。

3. 民法裁判的基础

法律行为理论要求，必须按照权利人自己的内心真实意愿，就民事权利的设立、转让、变更和消灭的各种事由来做出法律分析和裁判。民法上的案件大多发生在交易之中，而这些案件的分析和裁判，必须按照当事人的效果意思来确定（当然，有一些民事权利变动的根据如果不是法律行为，那么其效力就不能按照当事人的效果意思来确定，对此下文要予以讨论）。因此，我们在分析和裁判交易型的民事案件，一定要准确地把握当事人的意思，也就是他的内心真实意愿。这是民事案件裁判分析的要点之一。这个要点不仅仅在涉及婚姻家庭的案件中必须予以贯彻，而且在一些交易型案件包括商事案件中也应该予以贯彻。一些学者认为，商事案件的分析和裁判体现了方便快捷的原则，裁判者并不着重于分析当事人之间的意思表示是否真实。这种观点似是而非。因为交易本身是当事人意思自治的产物，而按照方便快捷的原则处理交易争议的分析和裁判方式同样是当事人之间意思自治的产物。商事案件之所以能够按照方便快捷的原则得到裁处，本质还是当事人之间对商事案件特征的自我体会和认识，以及他们对于裁处结果的自我接受。所以，意思自治原则在这里发挥了本质的作用。

依据法律行为理论进行民法分析和裁判的要点之二，是要准确地理解和把握当事人内心真意到底是一种什么样的意思。我们说，意思表示的核心是效果意思，也就是当事人追求的权利的设立、转让、变更和消灭的法律效果的意思。但是，如上所说，民法上的权利种类是很多的，当事人之间的效果意思到底指向哪一种权利？提出这个问题的意识和解决问题的意识，必须作为法官、仲裁员和律师的基本功夫。就以我国法学界熟悉的财产权和人身权的划分看，我们在分析和裁判案件时就首先要搞清楚当事人的效果意思，是指向财产权还是指向人身权的效果意思？这种情况，在分析婚姻家庭案件时非常必要。对于财产权利交易的案件，我们在做法律分析时，也要搞清楚，当事人的效果意思是债权的意思还是物权的意思？这种区分，当事人在提起权利保护的请求时，自己可能不会做出准确的表达，但是作为法官和律师却必须做出准确的界定，这样才能够准确地分析和裁判，也就是界定当事人之间的权利义务。这些基本法律理论的掌握是十分必要的。一般的法官和律师在分析和裁判交易型案件时，仅仅只会应用过去教科书上讲的那些合同法的知识，只会简单地依据 1999 年《合同法》第 52 条关于合同效力的规定，而不大会使用法律行为理论，不知道法律行为在支持债权生效和支持物权变动生效时必须有所区分，因此他们办不了复杂的案子，一办案就要出错。因为一般的合同案件不涉及第三人，但是现在的交易必然涉及第三人。而在案件涉及第三人的时候，就必须应用债权相对性和物权绝对性的原理，应用债权生效和物权变动相互区分的原理。比如，2007 年的《物权法》第 106 条、第 107 条关于善意取得的规则，仅仅依据合同法知识是完全无法理解的。但是这些原理在过去多数教科书不予提及，少数提到的，却没有从绝对权和相对权的原理上加以探讨，所以其结论捉襟见肘，漏洞百出。所以仅仅依据过去的那些合同法的知识是非常不够的。

把民事权利划分为绝对权和相对权，从民法分析和裁判的角度看，最大的意义就是指导我们区分和处理侵权责任和违约责任。因为，上文讲到了民法立法的基本功能就是确定行为规范和裁判规范来引导社会，这个功能，很大程度上是由民事责任的制度来承担的。不论是民法立法还是司法，最重要的制度建设就是确定民事责任，而民事责任其实是按照绝对权和相对权原则建立起来的。我国《民法总则》明确规定，民法上的责任区分为违约责任和侵权责任两大类。那么，这两大类责任是如何确定的呢？大家想一想就知道了，如果你有一个相对权，你的权利的实现必须要借助于相对人的意思，而你的权利实现不了的原因就是相对人没有接受你的要求。而你的要求或者按照民法学界常用的词汇就是你的请求是由合同或者各种协议来确定的，对方不按照你的请求履行合同或者协议，从而使你的权利受到损害，这种情况就是违约，法律要追究的就是违约责任。所以，违约责任是建立在相对权的基础之上的。

与此相对应，侵权责任就是建立在绝对权基础上的法律责任。因为，绝对权是仅仅依靠权利人自己的意思就能实现的权利，它的实现不需要任何人的协助或者干预。因此，任何违背权利人意思，妨碍权利人行使权利的行为，那就形成了侵权，就要承担侵权责任。

因此，掌握了绝对权和相对权的区分，我们就一下子清楚地掌握了违约责任的侵权责任的法理基础，这对于我们准确地裁处案件是十分必要的。

（六）小结

从以上分析我们可以看到，关于绝对权和相对权的区分，以及其对于民事权利本质的揭示，在民法学上、在民法立法上、民事司法上，都是十分重要的基础知识，它对整个民法科学都有贯穿性的指导意义。我们可以清楚地看到，民事权利，要么是绝对权，要么就是相对权。要么是支配权，要么就是请求权。所以这个权利类型的划分可以将全部民事权利囊括进去，并为之建立准确的分析和裁判规则。在掌握了这种区分的科学道理之后，我们分析和裁判民事权利的视野会更加宽阔，把握问题的能力会更高。这种理论优势和实践优势，是我国理论界熟悉的人身权和财产权的类型划分所不具备的。

对此我举一个某歌星山西太原演唱会票权受侵害案来讨论一下。很多年以前某歌星和山西太原的一家文化公司订立了一个演唱会的合同，合同的内容是在春节期间该歌星到太原举办演唱会，由文化公司向歌星支付固定的报酬，而文化公司从演唱会门票中获得自己的收入。合同订立之后，文化公司开始租赁会场、出售门票等，一切有序进行。但就在演唱会开幕之前几天，当地的一家晚报却登出来一个惊人的消息，内容是该歌星在日本旅游期间把腿摔断了，在日本医院里治疗，不能按期来到太原演唱。那个时候因为没有手机，该歌星确实也没有联系上。接着就出现了大规模的退票，基本上出售的票都退完了。但是该歌星和她的团队按照合同规定来到太原，开始了演唱会的准备工作。文化公司一看就急了，赶紧在报纸上、电视上登消息，宣布演唱会正常进行。尽管如此，文化公司还是发生了票款方面的重大损失。后来，该晚报自己也承认发表的是未经核实的小道消息。在文化公司起诉该晚报时，就如何起诉发生了争议。因为歌星和文化公司之间的合同履行了，受到损害的却是文化公司在演唱会中获得的合同报酬。很多人对这样的案件不知道如何分析定型。我们民法学家，掌握绝对权和相对权知识的，也就是掌握支配权和请求权知识的，非常简捷地就给出了答案：文化公司根据演出合同享有债权，这个债权也是文化公司的支配对象，本案晚报的行为就是损害了文化公司的这个支配权、绝对权，这也是侵权。这种案件，在民法上也被称为第三人损害债权。其原理，从支配权与请求权相区分的角度一看，结论非常清楚。

从绝对权和相对权相区分的角度来分析法律责任，可以说，理论上清清楚楚，实践上明明白白。

我再举一个例子。在1995年时中国社会科学院课题组首名起草中国物权法学者建议稿，但是有学者提出不同意制定物权法，而主张制定财产法。制定物权法的基本原理是物债二分法，即民法上的财产权就是物权和债权，如果按照这个道理来制定物权法，那么就会把知识产权排挤出民事权利的体系；但是制定财产法就可以解决这个问题。当时我也给国家立法机关写了一个报告，就这个问题做出了说明，基本道理就是，在大陆法系中，民事权利的基本划分是绝对权和相对权的区分，也可以被定义为支配权和请求权的区分，知识产权是一种绝对权、支配权，当然包括在民事权利的体系之内。但是，从立法科学的角度看，物权法、财产法、知识产权法难以互相包容，无法制定为一个法律。后来的立法过程大家都知道了，我国在2007年制定了《物权法》。

绝对权和相对权作为基本权利的分类方法，可以发挥极高的概括效应。尤其是从民法的行为规范和裁判规范的角度看，这种分类能够建立准确的分析和裁判规则，能够准确地指导法官、执法者、仲裁员和律师分析和裁判案件。这个区分，确实要比我国法学界所熟知的人身权和财产权的区分具有更大的理论优势和实践优势。人身权肯定是绝对权，但是在财产权中有些是绝对权，有些是相对权。所以把民事权利区分为财产权和人身权这种习惯做法，虽然也有优点，但是在基本理论方面是不透彻的，对实践的指导作用是有缺陷的。最重要的是，这种理论使人们搞不清楚意思自治这个原则究竟确切地在什么领域发挥作用、发挥了什么作用，也无法清晰地掌握民事主体行使权利以及承担责任的民法原理。所以，把民事权利划分为财产权和人身权，这种研究方法虽然很有价值，但是在民法理论上，恐怕只能发挥辅助性的作用，基本的权利分析还是应该坚持绝对权和相对权相区分的研究方法。

二　民事权利变动及其法律根据

（一）问题的提出

不论是在哪一种经济体制下，都会发生民事权利的变动，因为民事权利也有从产生到消亡的问题，原来没有的权利会产生出来，产生的权利会转让给他人，也会在权利人自己的手里发生变更，也会归于消灭。所以民事权利的变动传统民法自古以来就是民法要解决的大问题，因此也建立了相当大的制度群体。一些罗马法的著述把这一部分制度简称为权利的取得与消灭，我国台湾的学者习惯于把这一部分制度简称为权利的得丧。不论是在法国民法还是在德国民法体系中，民事权利变动的制度都是内容极为丰富的大制度，因为市场经济的发展越来越复杂，各种权利进入市场交易，需要大量的法律规范去调整。通过比较法的研究方法，我们会发现，学习和讨论民事权利变动，核心的问题是要掌握法律根据的规则，掌握民事权利变动时发生效力的根据。而关于权利变动法律根据的知识是十分丰富的，甚至可以说是丰富多彩的，非常具有研究的价值，最重要的是制度建设的价值。所以，民事权利的变动，不论是理论价值和实践价值都非常大，可以说是当代民法的核心。

但是在我学习和研究我国自己的民法学的时候，却惊人地发现，我国民法知识体系中，关于民事权利的内容是非常简单的。比如，20 世纪 80 年代初期我学习民法的时候，民法教科书里面就没有民事权利变动这样的概念，仅有的一点内容，是写在所有权之中关于所有权取得的部分。这一部分的介绍不但非常的简单，而且还特别强调国家对于各种民事主体所有权取得的决定性作用。[①] 之后，在这一方面还出现了很多民法教科书，这些教科书不论是从民事权利的法思想的角度看，还是从民事权利裁判的法技术的角度看，大体上都没有脱离 1983 年这个民法教科书的框架。这种情况产生的后遗症，一直到今天都未能得到很好的医治。

---

① 对此有兴趣者，可以参阅法学教材编辑部主编的《民法原理》，法律出版社 1983 年版中所有权一章。

从支持民事权利发展的法思想的角度看，我国民法学受苏联法学的影响，对于民事权利的分析一直未能得到本质的更新。很多教科书甚至主导的教科书，不能准确地揭示民事权利发生的渊源，它们过分强调公共权力对于民事权利的决定性作用；在民事权利变动的范畴内，这些教科书欠缺意思自治原则的角度的思考，限制压抑甚至不承认民事主体的自我决定权利。比如甚至到了今天，我国民法学界还有不少学者所坚持的物权变动的折中主义观点认为，在民事主体之间发生不动产交易的情况下，合同当事人之间只有债权的意思表示，然后通过不动产登记这种公共权力行为，受让人取得物权。按照这种理论，物权的取得，归根结底是从公共权力手中取得的，而不是从物权出让人手中取得的。比如你从张三手里购买了一个房屋，但是按照折中主义的观点，你取得的所有权归根结底不是来自于张三，而是来源于不动产登记机构。也正是这些民法理论的支持，我们可以看到，一些机构和官员都敢于声称，老百姓的民事权利是他们给的。

类似于折中主义这种理论缺陷，揭示了民法学界知识背景方面的问题，事实上也揭示了我国法学整体的背景问题。从表面上看，我国法学只是承认了人身权和财产权这种有缺陷的类型划分，而没有承认理论上实践上更有优势的绝对权和相对权的区分；但是这种民法知识的缺陷，恐怕还不应该仅仅从民法的角度去认识。这种情况和我国过去的经济体制有关。我国过去实行计划经济体制，一切都听政府的，听市长的，听县长的，听乡镇长的，甚至一度连婚姻也要听组织的。所以，那种背景下民事主体没有多少意思自治的可能，这才是我们要认识到的。这个基础性的缺陷，使得我国民法的知识体系和制度体系之中，无法建立绝对权和相对权的区分、支配权和请求权的区分，更是无法看到这些权利变动的法律根据的多样性和基本的区分。

我很高兴的是，2015 年以来编纂民法典，在编纂《民法总则》时，我曾写了多个议案和立法报告，坚持强调在民事权利一章这种写入民事权利变动的法律根据，尤其是要将民事权利依据当事人的意思行使作为正当性根据的规则写入法律。现在《民法总则》第 129 条、第 130 条就是我的议案推动的结果。① 大家可以对比 1986 年的《民法通则》，就可以发现这几个条文是新增加的。对这个条文，希望能够结合本文的阐述来理解，希望大家看到这个条文在民法立法和司法上的基础性作用。

那么，《民法总则》第 129 条第 130 条，其意义到底是什么？简单地说，这个条文就是要揭示民事权利发生变动的根据，要揭示民事主体的意思自治在权利发生效力时的决定作用。第 129 条，其内容是："民事权利可以依据民事法律行为、事实行为、法律规定的事件或者法律规定的其他方式取得。"而第 130 条的内容是："民事主体按照自己的意愿依法行使民事权利，不受干涉。"在 1986 年的《民法总则》制定时，这些条文的意义是民法学家和立法者认识不到的，但是它们的增加对于民事权利的制度体系意义重大，因为，它不像以前的立法那样仅仅只是宣告民事权利的存在，而且是要揭示，民事权利是要发生变动的；而民事权利发生变动，是需要法律根据的；在各种法律根据之中，当事人的意思表示发挥着核心的作用。显然，《民法总则》关于权利变动的根据的这几个条文，虽然也不多，但是其内容的揭示我们要充分认识。而且虽然这几个条文比较简短，但是也满足了市场经济体制发展的需要，满足了普通民事主体权利保护的需要；而且更为重要的是，它给人民法院、民事权利执法机关、仲裁机构等分析和裁判民事权利案件指明了方向，那就是，必须从法律根据的角度来解决民事权利变动的各种问题。

《民法总则》第 129 条规定的是民事权利变动的一般根据，而第 130 条特别指出民事主体依据自己的意思来行使权利的正当性。为什么要特别强调这个条文的重大意义？因为我国民事立法、民事司法解释和民法学界的主导观念，在 20 世纪 90 年代以来，曾经有相当长的时间里不承认意思自治原则，不承认权利变动尤其是物权变动必须借助于当事人的行使物权的意思来推动这个基本的道理，因此，这些法律规则或者裁判规则以及这些皇皇理论，搞不清债权变动和物权变动的区分，最关键的是搞不清楚债权变动和物权变动的法律根据的区分，更搞不清楚从意思表示或者法律行

---

① 对此有兴趣者，可以参阅拙作《我动议——孙宪忠民法典和民法总则议案、建议文集》中本人关于民事权利一章的立法报告。

为理论的角度来贯彻这种区分（这些理论对于那个时候多数的民法学者和立法者简直就是天书啊！），以至于出现了系统性的、核心的错误行为规范和裁判规范。虽然现在很多立法规则和裁判规则已经得到了纠正，但是民法学界的一些观点还是没有得到改进的。用这些理论来指导立法、解释立法、指导法律适用，势必继续造成错误的分析裁判。因此，我们完全有必要从民事权利变动的法律根据的角度，从民事基本权利区分的角度来系统性地讨论其中的法理问题。

（二）区分原则产生、背景及立法应用

我国一般民法学著述，都承认债权和物权的法律效力的差别；也会讨论民事权利变动的法律根据。但是，恰恰在权利变动法律效果是否需要不同的法律根据这个问题上，我国法学界长期以来知识是混乱的，甚至是错误的。一般情况下，这个错误就是，在涉及交易的权利变动中，它只承认以合同来作为统一甚至唯一的根据，这就是说，这种理论，就是以合同既确定债权变动的法律效果，同时又确定物权变动的法律效果。这样就得出了债权和物权同时生效同时无效的结论。还有离奇的是，1994 年的几个立法和司法解释，把物权变动的生效反过来作为合同生效的原因，立法上和司法解释中都出现"不动产的合同不登记不生效""动产的合同不交付不生效"的规则。这一期间还出现了债随财产走等等理论混乱。这些制度混乱都得到了民法学著述的支持。当时，法院直接以合同是否生效来分析和裁判物权变动，反过来又以物权变动是否已经发生来分析和裁判合同是否生效，这样的案子屡屡发生。

这种情况在 20 世纪 90 年代尤为剧烈，1994 年的《担保法》、1995 年的《城市房地产管理法》，甚至 1999 年制定的《合同法》，其中涉及民事权利变动的规则，都出现严重混乱，同时也造成司法裁判出现极大混乱。

1992 年我国建立市场经济体制之后，急需民商法"保驾护航"，同时也急需相关的法律理论的支持。但是从后来的情形看，相关的民商法理论的发展却没有能够满足经济体制的需求，因此，这一时期的立法出现了很多背离常理的情形。比如，1995 年最高法院的一个司法解释确立了"不动产的合同不登记不生效"的规则。① 显然，这是一条裁判规则，也就是依据合同履行的情况来裁判合同是否生效，得到履行的合同才能生效。正如本人在当时多次立法研讨会上阐述的那样，这个规则发生了严重的本末倒置、违背法理的问题。因为在现实生活中人们订立买卖合同的时候，比如我国最常见的购买商品房的交易中，购买人订立合同的时候，房屋常常是没有的，出卖人交付房屋常常是在订立合同的数年之后。而且，购买人也常常是在办理接受房屋交付的手续（验收、确认交付等）之后数年，一般都是入住数年之后，房地产开发商才能够将他们从政府那里办理的"大产证"更换为业主需要的"小产证"，并且依据登记过户的方法把房屋所有权转移到业主手中。② 所以，不动产的登记是在合同完全履行完毕的时候进行的。那么如果按照上述裁判规定，在办理登记手续之前，这些事实上已经履行大体完毕的合同却还是无效的。如果以登记来判断合同的生效，那么就产生了一种严重的混乱：我当时已在提出，难道一个不动产的合同，只有到了履行完毕的时候才能够生效吗？这个裁判规则实在是太荒唐了。以这种规则来从事法律交易裁判，不出现错判才真是奇怪了。③

但是，即使如此，这样的观点居然也是当时我国民法学界的主导学说。在这种主导理论指导下，该年制定的《担保法》第 41 条还是规定了不动产的合同不登记不生效，第 64 条规定了动产合同不交付占有不生效的规则。至于 1999 年制定实施的《合同法》第 51 条本质也是如此。该法条将当事人没有所有权或者处分权而订立合同的行为，从法律概念上定义为物权法意义的"无权处分"；把物权变动的法律根据用来作为合同之债的法律根据。该法第 132 条，规定订立买卖合同时必须要有标的物存在、

①《关于审理房地产管理法施行前房地产开发经营案件若干问题的解答》，1995 年 12 月 27 日发布。在我国，最高法院的"司法解释"虽然在名义上仅仅只是在解释法律，但是多年以来都是在积极地创建新的裁判规范，而且我国法学界也普遍认为这种解释可以作为法律的渊源之一。

② 2003 年，国家建设部进行了一次关于不动产登记的调查，发现购房人常常是在入住二三年之后才去办理登记手续。以武汉市为例，该市当时入住已经二年但是还没有办理登记手续的，就有 20 多万户居民，涉及居住人口将近百万。

③ 事实上这些不合法理的规则确实造成了很多错误的判决，本人曾经撰文对此进行过分析。对此有兴趣者，可以参阅孙宪忠《从几个典型案例看民法基本理论的更新》，《判例与研究》2003 年第 2 期。当然，这些规则不符合法理的要点，违背了债权，只是请求权、相对权，其成立生效并不需要标的物存在，也不需要处分权作为法律根据。

出卖人必须有所有权的规则。

显然在市场经济实践中，没有标的物、没有处分权，当事人之间当然可以订立先行合同，这并不是什么"无权处分"。比如，我们在工厂里订货，订货的时候当然没有标的物，更不会有标的物的所有权。这些合同当然都是没有处分权的合同。如果按照第51条和第132条，这些合同都应该被判无效了。显然，这些立法规则是错误的。

但是，后来发生的无数次的争论说明，我国《合同法》《担保法》的这些规则，正是我国当时多数民法学家的基本认识。比如，《合同法》第51条这个显著错误的条文，却被当时一些法学家高声赞颂，称之为我国法学皇冠上的明珠。1995年本人从德国留学回国后，也参加了合同法立法的一些讨论，对这种立法和法学观点提出了不同看法。但是本人的观点被定义为"个别人的观点"，因此没有得到立法的承认。当时甚至还有学者指责说：无权处分，就是自己没有权利就敢于出卖他人之物，这毫无公正可言！完全违背了中华民族数千年的诚信传统！现在看来这些说法未免过激，但是在当时都是义正词严、大义凛然的。显然，这些学者搞不清楚订立合同只是产生债权，而且债权仅仅只是相对权、请求权、对人权这些基本的民法原理。订立合同只是在出卖人和买受人之间产生法律上的请求权约束，而不发生物权效力。这个理论要点，显然当时民法学界普遍搞不清楚。到2015年民法典编纂工程开始，甚至到今天，还有学者坚持这种观点，他们提出一定要把标的物存在和出卖人享有所有权规定为买卖合同生效的前提条件。他们认为不这样规定的话，这样的合同就是欺骗。

在1995年开始进行的我国《物权法》的制定工作中，本人提出了建立在潘德克顿法学基础上的"区分原则"，就是把债权变动的原因和物权变动的结果区分开、把它们的法律根据区分开的原则。在本人受命撰写"我国物权法学者建议稿总则"时，将这一原则贯彻到了立法方案之中。区分原则在德国法学中是处分行为理论（物权行为理论）的内核，不过本人在我国提出这一原则时，以及在撰写我国物权法的学者建议稿时，考虑到我国立法者和法学界可接受的程度，在相关的论证报告中，仅仅只是强调了物权和债权法律效力的区分，以及物权变动的法律根据和合同之债法律根据的区分。至于物权行为理论中所包含的"无因性原则"，本人则对它采取了淡化处理，并未在这一点上多做阐述，希望以此避免过多理论纠缠，使人们能够更加容易地接受潘德克顿法学的精华。在这一方面，本人在我国最著名的法学杂志上发表的论文共有十余篇，[①] 而且也在《我国物权法总论》[②] 这本书中比较系统地介绍了这一理论。

本人受命撰写的我国物权法学者建议稿的总则，通过建立不动产登记制度和动产交付制度，对我国主导民法学说中原来的物权变动制度进行了本质性改造：把物权变动从合同法中提取出来，写入物权法之中，使物权变动的法律效力在体系上和债权法分开，这就改变了我国法学界一直坚持的交易法律制度就是合同法这个"共识"或者"通说"，使得我国民法理论发生重大改变。另外，这一建议稿坚持物权公示原则，把不动产登记和动产交付作为常规化的物权公示方式，并把它们作为常规化的物权变动的法律根据，这样就实现了民法基本的分析和裁判规则的改变。这样就基本上实现了区分原则的要求。

因为现实生活中，一切法律上的交易都存在着订立合同和履行合同的基本区别，也就是存在着债权（或者请求权）和物权（或者支配权）的变动，因此，区分原则的分析和裁判方法，对于整个民商法的交易分析和裁判具有共同的指导和规范作用。

经过约二十年的努力，我国 2007 年制定的《物权法》第 15 条等，明确采纳了这一原则。最让人欣喜的是，2012 年颁布的《最高人民法院关于审理买卖合同纠纷案件适用法律问题的解释》[③] 的第 3 条，公开否定了我国合同法第 51 条的规定，[④] 而且最高法院在做出该项解释的论理中，明

---

① 如《论物权变动的原因与其原因的区分原则》，《中国法学》1999 年第 5 期；《物权行为理论的探源及其意义》，《法学研究》1996 年第 3 期；《再谈物权行为理论》，《中国社会科学》2003 年第 3 期等。

② 《我国物权法总论》，法律出版社 2003 年版、2008 年版、2013 年版、2018 年版。据我国"知网"统计，该书是我国物权法学著述中，被引用最多的一本。本书也曾获得中国社会科学院科研成果奖。

③ 该项司法解释于 2012 年 3 月 31 日由最高人民法院审判委员会第 1545 次会议通过，现予公布，自 2012 年 7 月 1 日起施行。

④ 见该司法解释的第 3 条：当事人一方以出卖人在缔约时对标的物没有所有权或者处分权为由主张合同无效的，人民法院不予支持。这个条文，受到合同法制定的参与者的批评。但是最高法院以司法实践需要应用区分原则为由，否定了这些批评意见。

确地引用了本人著作的内容。目前最高立法机关发布的民法典分则合同编草案，已经果断地删除了第 51 条，也在根本上改变了第 132 条。这样，我国《合同法》不符合民法原理的问题就得到了解决。这一点，也说明了我国立法的科学性确实在取得显著的进步。这样，区分原则理论在中国从提出到采纳，期间经历二十年，其价值目标得以完满实现。

（三）对外国法资料选择性采认的消极后果

考察 20 世纪 90 年代中国民法知识体系和制度体系的混乱状况的时候，我们会有一个惊人的发现，那就是，造成这些混乱的主导学术观点，不论是从法思想的角度还是从法技术的角度看，都是苏联那种具有民粹主义观念的法思想遗留，但是这些观念却都不显示自己和苏联法学的切割。这些观点常常引用西方法学的资料，披上了西方法学的外衣。但是我们稍微看一下相关学者的著述就可以发现，这些观点并不是直接地来源于西方法学，尤其是直接来源于作为大陆法系代表的德国法学和法国法学，而是来源于日本法学。

如上所述，本文着重探讨的民法基本权利和基本分析方法涉及的绝对权和相对权的区分、支配权和请求权的区分、法律行为的区分等理论，基本上都是来源于德国现代的潘德克顿法学。本人提出的区分原则，借鉴了潘德克顿法学中的标志理论——处分行为理论，或者说物权行为理论的研究成果。我国民法学界当时的主导观点对此持否定态度，但是，令人惊奇的是，一些学者引用的资料，总是在说德国本土的法学家对潘德克顿法学的否定，对物权行为理论的否定。可是，在我自己在德国学习的经历中，尤其是我自己带回中国的一批著述中，基本立法和主导民法学家都显示着对于物权行为理论和潘德克顿法学的坚强支持。对此，我也和日本民法学家进行了多次交流，最后才看清楚了，原来否定物权行为理论的、不能透彻理解潘德克顿法学的日本学者，也只是部分日本学者；我国一些否定物权行为理论的民法学者对于日语资料的态度完全是选择性的，对于日本支持潘德克顿法学、支持物权行为理论的学者的观点，我国一些学者不予理会。在日本坚持物权行为理论者为数很多，成果很多，例如日本当代著名民法学家我妻荣、当前仍然活跃的民法学家田山辉明等，在多个著述中对于物权行为理论的高度评价，在中国一些学者的著述中从来没有提及。进一步的研究我们会发现，我国学者所选择引用的日本法学观点，其本身对当代德国民法的资料的引用也是选择性的，他们从自己否定潘德克顿法学和物权行为理论的目的出发寻找和引用资料，哪怕一些观点很偏激、哪怕是昙花一现，这些日本学者也要把这些观点包装成为主流观点甚至是立法基础理论。比如，那段在我国影响巨大的批评物权行为理论是理论对现实生活的强奸的话，来自于著名自由派法官奥托·冯·基尔克。基尔克这一段批评我为了以正视听也翻译到国内了。基尔克的批评，根据是一马克买一双手套，一手交钱一手交货，老百姓理解的法律交易简简单单；可是物权行为理论要把这个交易区分为一个债权变动、二个物权变动（手套和钱的交付），这种分析是完全故弄玄虚，没有必要；这就构成了理论对现实生活的强奸！① 从这一段评论我们可以清楚地看到，基尔克是一个很有思想的人，他要求法律人民化的思想也不能说不对；但是他对物权行为理论的这一段批评却是十分偏颇的。因为一双手套的交易，在法律上不会形成争议，当事人基本上不会到法院诉讼，不会形成案件来让法官裁判；一马克、一手交钱一手交货的交易，无法形成我们所说的债权债务的法律关系。关键是在交易时当事人就买卖标的物的型号、品质、大小等就已经十分明了，也无法形成法律上的争议。所以，拿这一类案件，作为典型案件，从中寻找立法和司法的基本遵循，那就不应该了。因为，在立法上、司法上要解决的问题，是类似于买卖飞机这样的交易。这样的交易，合同订立之时还没有标的物，当事人之间只能先产生债权债务关系；到合同履行期限届满，合同能不能得到全面履行还无法绝对肯定；和订立合同相比，履行合同的法律手续更加复杂，必须办理复杂标的物和所有权交付手续；支付货款也必须通过第三人也就是银行协议等。这样的交易，怎么能够一手交钱一手交货？而且，这样的交易很容易产生争议，订合同不容易，履行合同更不容易，立法上必须确立明确肯定的权利义务分析，保障这样的交易得到完满进行。而且，立法必须考虑到，如果这样的交易发生了争执，那么就要用物权行为理论这样的知识来分析和裁判。显然，如果

---

① 对此，请参阅 K. 茨威格特和 H. 克茨著，孙宪忠译《抽象的处分行为理论——德意志法系的标志》。

一个法官、一个律师掌握了买卖飞机这种交易之间的民法分析和裁判知识，那么，你分析和解决一马克一双手套就没有能力上的障碍。但是，如果你只是掌握分析一马克一双手套的民法知识，那你绝对处理不了买卖飞机这样大交易的法律问题。也就是因为这样，《德国民法典》编纂时没有采用基尔克的观点。而且，从《德国民法典》编纂到现在，德国很多人赞赏基尔克自由派的思想，但是没有人认为他对于物权行为理论的批评是中肯的，没有人认为他的观点可以用来做民法分析和裁判。但是，从中国一些法学家转引过来的日本民法学家的观点，却把基尔克的这一批评包装成为德国法学主流，似乎其观点具有绝对权威的意义。

中国个别民法学家喜欢引用的另一个德国学者否定物权行为理论的观点，也是从日本一些学者的资料里面引用的，是菲利普·海克所倡导的利益法学（利益法学并非海克首创）。海克的学术生涯高潮在第二次世界大战之前，他对德国民法典采用物权行为理论的批评，根据是一般民众日常生活行为并不会区分物权债权，因此这种理论不会成为民众的法律指导或者引导，没有立法上的实际利益。他的批评，在德国民法学界普遍认为是不专业的。因为物权行为理论是为现代复杂的市场交易提供分析和裁判规范的理论，这一点如上文对买卖飞机的交易所示。而且一般民众的日常活动，用不着事先查阅法律，先从立法中寻找根据，但是一旦民众之间发生法律争议，那还是要应用物权行为理论来进行分析和裁判。物权行为理论的提倡者，从来也没有让普通民众在日常生活中贯彻该理论，而法官和律师却必须掌握这一基本功！当事人购买机器设备飞机不动产，从订立合同履行合同，到司法诉讼，如果每一步都能够得到物权行为理论的引导，那么交易关系自然清晰，权利义务明确肯定，也会得到法律的支持。海克的研究显示了一定的学术价值，但是他还不懂得法律关系的分析方法，不知道行为规范和裁判规范的区分。德国一些民法学著述将海克定义为民法学习者，因为他本来是学习机械制造的，受民法的熏陶时间不长。尤其遗憾的是，他的这一观点出现在纳粹主义民族主义高涨的时代，他的法律利益观念和纳粹的观念是契合的。因为这个原因在第二次世界大战之后，他本人从学术圈子里失踪了。他的学术生命可以说是昙花一现。所以，这是一个有一定影响的学者，他的理论我也不想彻底否定。但是我觉得奇怪的是，在日本一些学者的著述里面，其地位不但可以和萨维尼、温迪谢德这样世界级的法学大师并列，崇高得不得了，而到了中国个别学者嘴里，海克及其观点更成了当代德国民法发展的理论顶峰，地位超过了萨维尼等世界级的法学家。这种"做学术"的现象，恐怕只能出现在日本和中国一些学者的著述之中了。

和日本部分学者曾经留学欧洲的经历不同，一些中国学者缺乏欧洲学术的经历，那些否定物权行为理论声音很高的，甚至没有和现代欧洲民法学法律界尤其是德国民法学界和司法界发生过任何学术上的接触。可是一看他们的观点，可以说是语不惊人死不休。同时，和日本法学家的普遍谦抑不同，一些中国学者的观点十分张扬。大家都还记得，几位中国民法学者曾经勇敢地宣告，物权行为理论在现代德国法制中已经消亡。这个大胆的宣告传到了德国，引起了很大混乱。中国政法大学、中国社会科学院法学所等数次邀请德国大学教授讲座，内容凡涉及这一点的时候，德国教授法官都要声明德国当代民法仍然以物权行为理论作为基础的真相。数年之后，混乱逐渐得到了澄清。应该说，我国一些民法学家在发展我国法学方面是很有成就的，但是他们在物权行为理论方面的这种言论，在学术上不仅仅是不谨慎的，而且是很不规范的，给国内外的民法学界留下的印象都是很负面的。

正如我的著述中多次讲到的那样，处分行为理论不但在德国仍然是主导的理论，而且在清末变法时也为我中华立法所接受，其成果写入1930年的中国民法典之中（该法至今仍然在我国台湾生效，被称为台湾"民法"）。那些否定物权行为理论的中国学者，甚至以前都不知道我们中国清末变法以来尤其是20世纪30年代制定的民法，都是采纳该理论的。近年来，该理论的重要性越来越被我国民法学界公认，我国民法典编纂多处采纳了该理论的逻辑。

我国民法学界这种选择性采认法学资料，仅仅追求自圆其说，而不求理论通透的研究方法及其结论，现实影响不小。比如，折中主义这种在法理上似通不通、实践上有严重弊端的观点，居然在《物权法》制定后，被一些学者自我宣告成为立法的指导观念。而依据这种解释指导司法裁判的案件，负面后果十分严重。我国2007年制定的《物权法》第二章第一节写入不动产登记，这本来正是物权行为理论的应用，它把依据法律行为导致的不动产物权变动，脱离开合同之债，解决过去民法立法、司法和法学长期以来把合同之债直接当作物权变动生效的法律根据的问题。同时这个制度也把不动产登记从行政管理的角度解脱开来，成为当事人之间就不动产物权变动所形成的意思表示的公示方式。这种做法，既符合物权法的原理，也符合中国传统的民法实践，也符合当代中国的不动产实践的国情。本章立法规定的是依据法律行为发生的物权变动，但是在我国一些民法学家的著述中，这里的法律行为仅仅指的是当事人之间发生债权的效果意思，这种物权变动被解释成"债权形式主义"或者折中主义，也就是当事人依据债权的意思表示来推动物权变动，而物权变动的效力来源于不动产登记机构的观点。这种观点，曲解了物权公示原则，把当事人的意思表示的公示，解释为当事人意思表示之外的公共权力对于民事权利的赋权行为。这样，民事权利又一次变成了公共权力的附属。一些不动产登记机构依据此种理论，公开宣称老百姓的权利是政府登记给予的。一些法院在分析和裁判民众之间的商品房买卖这样的物权变动的时候，简单地认为，没有登记的，就没有取得所有权。本人收到多次当事人投诉，房屋购买者接受房屋交付很多年了，其中有一个都居住十七年了，但是因为没有登记（即使没有登记也不是普通民众的过错），法院也不承认买房者的所有权。有一个福建的律师来找我反映，说他们那个地方，一个商品房交给购买人居住多年了，楼里住了近四十户人；因为开发商欠银行的债不还，结果法院把这座楼房全部查封了。因为法院认为，这座楼房虽然全部住户都已经居住多年，但是他们没有办理过户登记手续，因此这座楼房的所有权还是开发商所有，不是住户所有。这个法院的法官对于物权变动的认识，也就是我国民法学界一些学者所主张的折中主义，或者说就是典型的债权形式主义的认识。这些学者、这些法官，不承认物权行为理论，所以他们否认了开发商交付房屋的意思表示、和购买人接受交付的意思表示的法律意义；也否认了房屋验收、交房签字的物权意义，意识不到这些物权行为对于物权变动的决定作用。同时，这些学者和法官也不知道我国《物权法》第142条"但书"条款的内容和价值（对《物权法》第142条的"但书"的讨论，本人在《中国物权法总论》一书中有详细讨论，对此下文还要说到）。

债权形式主义或者折中主义的观点认为，当事人之间关于物权变动的意思表示没有价值，物权变动的效力仅仅来源于不动产登记。法院的执行部门，一些执法部门，也是把不动产登记理解为物权变动的唯一正确性根据，一些法院仅仅以此为由查封当事人的房屋。但是，房屋购买交付后没有登记过户的情形是很多很多的，原因也是很复杂的。没有登记过户，有时候是立法制度方面的原因（比如需要把"大产证"转化为"小产证"的制度、夫妻共同认可的制度等），有时候是政府方面的原因，有时候是开发商的原因，有时候是购买人的原因。所以，这种只认可过户登记、将其作为唯一的不动产物权变动法律根据的做法，实在是很不公平。退一万步说，即使没有过户登记的过错在于购买人，我们也不能因为仅仅这一过错而剥夺购买人的房屋所有权！

我自己在调研中遇到的与此类似的案例很多，这个问题十分严重。我国教育部认可的民法以及物权法教科书、一些著名大学法学院的老师都受到这种理论的影响，都坚持这种带有严重理论缺陷和实践瑕疵的观点，在他们的教导下，很多法官律师不懂得科学的物权变动理论和制度，因此分析案件裁判案件造成错误。所以关于物权变动的民法学的理论更新，实在是刻不容缓。

这些年来，我一直在结合现实，研究我国民法学界关于物权法学的各种理论和观点，对于我国市场经济体制发展和人民群众权利保护的正负作用。我发现，折中主义或者债权形式主义，和20世纪90年代那种无法区分物权变动和债权变动的理论，根源是完全相同的。而这些理论观点，都和20世纪90年代后期，日本部分民法学家的观点传入我国密切相关。这种观点，被一些学者表述为经过比较法验证的成熟法学，一度甚至成为我国民法学的主流，进而进入立法和司法解释，造成的负面影响很大。为了说清楚日本法学这种学说的缺陷，我紧密跟踪其源流，开始了自己戏称为"考古"的资料研究工作，最后才搞清楚这种对我国立法、司法和法学研究产生过很大影响的观点，其实是中国一些民法学家选择性地采认了部分日本民法学家的观点的结果。而这些日本民法学家常常以引用德国法和法国法学资料为自豪，但是他们的研究，也表现出严重的选择性，和民法基本理论不通畅的特征。法国民法和德国民法的基本理论，经过一而再地选择过滤，已经失去了其本意。

这些年来基本上问题已经厘清，在这里和大家分享一下。

（四）法国民法和德国民法在法思想上的共同点

关于物权变动的立法模式，我国民法学家的讨论所涉及外国法资料，基本上就是法国法学和德国法学。这一点毫不奇怪。树有根水有源。大家都知道，我国民法体系的建立始于清末变法，在那时，我国民法就借鉴、引入了大陆法系的概念、规范和体系模式。从此，我国民法的发展陆续受到德国民法、法国民法、苏联民法和日本民法的强烈影响。① 但是要说从法思想的深度彻底改造中国民法的，那还是苏联民法。在法技术的层面上，苏联民法学也是来源于法国民法和德国民法。引人注意的 20 世纪 90 年代以来，在中国民法学界传导最多讨论最多的，还是最能够代表大陆法系的德国民法和法国民法。我的研究发现，如上文所说，我国一些民法学家在物权变动这个问题上的理论误传，首先是来源于对于现代日本民法学术界对于法国民法和德国民法的选择性采认，甚至掺杂了太多个人臆想；而日本民法学的这些研究成果进入中国后，在中国特殊的背景下得以发酵，酿成 20 世纪 90 年代至今的理论和实践混乱。因此本人研究的重点也是以这两个国家关于物权变动的立法资料，从源流来澄清我国民法理论和实践的混乱。

但是，本人在跟踪这个主题时发现，虽然法国民法和德国民法在物权变动的立法上存在分歧，但是在欧洲尤其是在法国和德国，立法的差异却没有造成司法实践的法律效果很大差异，这一点很有趣味，颇值思考。至少，在这两个国家都没有发生类似我国民法理论和司法实践上的混乱。反之，在日本和中国，物权变动的学理、立法和司法实践却引起很大麻烦。这到底是为什么呢？

我在分析这个现象时，结合法思想和法技术的研究方法，很快就有了自己的答案：那就是法思想方面，法国法与德国法的思想渊源分歧并不是

---

① 对此感兴趣的，请参阅孙宪忠《中国民法引入潘德克顿体系》，《中国社会科学》2007 年第 4 期。

那么大。因为法思想接近，所以法国民法在法技术上的立法缺陷，在司法层面没有造成像我国司法这么严重的混乱。而且，法国民法典之后，法国民法还是有很大的发展。比如，《法国民法典》并没有采纳物权和债权的概念以及相互区分的规则，但是后来的立法还是建立了区分的规则。总体来说，因为德国法与法国法在法思想方面有本质的共同点，因此他们的司法实践结果是近似的。简要地说，法国民法和德国民法在法思想方面的共同点有以下几点。

1. 决定民法体系的民法大法典思想、民法法典化思想

法国民法与德国民法都是近代民法法典化思想的产物。民法的法典化，是欧洲罗马法发现和重新解释后形成的思想，它的直接动因，是借鉴罗马法这种成文法的传统，消除习惯法的碎片化和枝节化，形成一种体系化的效应。这种效应，也就是从现行立法的体系中寻找法律渊源，而不是随意地采用习惯、进而消除司法随意性或者任意性，保障了司法效果的公平一致。这一点意义很大，成为后来人们仿效法国民法典的基本原因之一。有一位法学家叫艾伦－沃森，他写了一本研究大陆法系的发展形成的著作，对此有很多讨论，我在以前的著述中谈到了，有兴趣的话可以看看。艾伦·沃森的著作还谈到，民法法典化思想的另一个方面，是形式理性的理论。它的含义是，民法法典化，采用了将全部民法规范都规定为一个法典这种形式，目的就是要限制立法者、行政机关和法院滥用权力，以保护普通百姓的权利。我国一些比较法研究的学者，对这种限制法官的做法提出很多批评，认为这种限制妨害了法官的"表现才华"和"司法温度"。但是这些批评是不中肯的。因为历史上的法官属于贵族阶层，如果任由他们随意司法，一般来说对于普通民众是很不利的。所以民法法典化，看起来是冷冰冰的形式，但是却包含了思想的理性。

不过，我们可以肯定的是，大法典思想造就了欧洲大陆法系，当然也造就了法国民法和德国民法。在体系化立法面前，即使某些部分的不公正，也可以从其他部分的立法规范中得到纠正。这就是法国民法和德国民法在司法实践中的差别不大的原因之一。

另外，我们知道《法国民法典》是人文主义革命和启蒙思想的产物，这种法思想上的进步，对于弥补它在法律技术上的一些不足也发挥了作

用。德国民法其实也是启蒙运动的产物。立法要实现的基本价值是一样的。比如，在启蒙运动的时候，人们对于民法立法有这样一个认识，就是要把所有的法律，尤其是把民法这样的法律变成一个大法典，把人民的权利都能够写进去，这样把法律变成一本书，人们把它装在口袋里，走到哪里都方便使用。当有人损害他的权利时，尤其是在法官妨害其权利的时候，他自己可以方便地把法典翻出来，这就是法典化最初的动因。当然，法典化促进了体系化，那么多的民法规范编纂为一个整体，这就需要体系化思考，这就出现了民法立法的科学思维。除此之外体系化的考虑，也有引导官员尤其是法官准确适用法律的重大价值，它对于防止了公共权力滥用、保护民事权利意义重大。

2. 指导民法的自由主义哲学

康拉德·茨威格特和海因·科茨共同撰写的《比较法总论》这本世界名著（汉译版见贵州人民出版社，1994 年），揭示《法国民法典》和《德国民法典》在法思想方面高度的一致，就是它们都是主宰当时欧洲社会而且对后世产生过巨大影响的自由主义哲学的产物。

关于自由主义这个名词，在我国现实很多人的思想观念中是个贬义词，很多人认为自由主义就是不遵守纪律的意思。这是个误解。从哲学的角度看，从历史的角度看，自由主义高举反对封建神权和君主专制的旗帜，主张人人平等，主张人民权利，主张契约自由，主张自己为自己的行为负责等，是针对历史上那个阶段还在发挥主导作用的神权决定一切、君主掌握民众生杀大权、贵族高高在上、人与人之间公开合法的不平等的社会问题提出来的。自由主义作为一种思想产生后，在消除这些历史重大弊端的过程中发挥了强大的作用。对此，我们应该予以充分的尊重。现在我国社会主义核心价值观写入了自由，这一点我们要充分认识。

受自由主义思想的影响，《法国民法典》体现了人人平等、私权神圣、契约自由和自己责任四个民法原则，奠定了现代民法的思想基础和体系基础。对于这些原则，我国法学界过去负面评价很多，但是这是不中肯的。我们知道，法国大革命要解决的基本问题就是等级身份制、普通劳动者没有权利的现实问题。那时的法国，人与人之间是存在等级的，法律明确将人们划分为僧侣贵族、世俗贵族与平民这三个等级。僧侣贵族是根本不纳税的，世俗贵族包括国王和将军、宰相、王公大臣等，他们也不纳税，也要受国家供养。在这种情况下，只有第三等级的平民才必须积极劳动和纳税，以此来养活贵族。所以法国大革命从一开始，就提出了平等原则，这是一个非常重要的思想。中国社会科学院法学所谢鸿飞教授，曾经写到民法在一定意义上曾发挥过宪法的作用，这个说法是有历史根据的。我们知道，人人平等实际上不是一个简单的民法问题，它其实主要是一个宪法问题，但是这个理想最初是通过民法来实现的，这个意义是非常大的。例如，《法国民法典》提出人人都应该享有民法上的权利，而且要为自己的行为负责任，这些最后演变成为民法上的所有权制度、合同制度和法律责任制度，这样自由主义思想的主张都通过民法得到了很好的体现。所以《法国民法典》在世界上产生了很大的影响，这不是没有理由的。

资料证明，《法国民法典》对《德国民法典》的出台发挥了促进的作用，虽然它们的立法技术是不一样的。《德国民法典》其实也是自由主义哲学的产物，《法国民法典》奠定的民法基本思想和基本原则，都在《德国民法典》中得到了体现。比如，《德国民法典》第 1 条写道，"人的权利能力始于出生终于死亡"。很多人看不懂这个原则，以为这个原则干巴巴的，看不出来它的思想。但是实际上这个条文的思想价值实在是太重大了。因为"人的权利能力始于出生终于死亡"，这里的"人"不区分男人与女人，不区分贵族与平民，不区分黑人、白人与黄种人，也更不关心你有多少财产，这个"人"指的就是社会上的每一个人，这就是民法中的平等原则最典型的表现方法。很多人批判《德国民法典》，实际上是因为他们不懂得该法典强调法律技术的道理，不懂得形式理性的规则。

在自由主义哲学的指导下，不论是《法国民法典》还是《德国民法典》，都在法思想的角度解决了民事权利和国家的公共权力机关之间的关系问题。大家可以想一想，在这种思想的熏陶下，谁能说普通民众的民事权利本质上是政府的授权？谁敢说物权变动，物权的效力来源于政府的不动产登记？像一些日本民法学家、我国一些民法学家主张的折中主义或者债权形式主义，把民事主体之间的房屋买卖，把购买人的所有权取得解释成为从不动产登记取得，这样的话语，在法国也罢，在德国也罢，在整个欧洲，怎么能说得出口？仅仅从这一点，大家就可以看出，我为什么要强调法思想研究这种问题。

3. 推动民法体系科学化的理性法学

法国民法和德国民法同时也是 17、18 世纪出现的理性法学的产物。理性法学，大家一看这个词就知道的，它和启蒙思想相关。启蒙思想的核心就是两个词，一个是科学，一个是理性。启蒙思想认为万物必有规律，我们就必须要寻找这些规律，用科学解释世界，解决自然和社会的各种问题。不能感性地说一切都是上帝创造的，我们人类对此解释不了。而启蒙思想认为，不论是自然问题还是社会问题，都应该纳入科学思考。理性法学就是为了寻找和建立立法、执法和司法中的科学规律而建立起来的法学。这种法学就是科学主义，科学主义法学这个概念就是从那个时候出现的。

理性法学在法国的发展，对《法国民法典》的影响并不是非常大，但是对法国行政法的影响很大。法国的宪法、行政法受理性法学影响，提出了有限公权的思想，类似于我国习近平总书记所说的"把公共权力装进制度的笼子里"的思想，这一点在世界上产生了很大的影响。法国的行政法因此得到很好的发展，成为世界的模范。相比而言，《法国民法典》对立法的科学性体系性要求不强烈，它更加强调法律概念和结构的通俗易懂，它是用直白感人的语言写出来，《法国民法典》中有很多激动人心的话语，读起来有一种振奋人心的效果。这样，它的一些条文就有点像政治口号，无法作为法律规范。

理性法学在德国发展的主要成就是体现在民法方面，从而形成了德意志法系，也称为潘德克顿法学体系。这一方面的成果，如法人制度、意思表示理论和法律行为制度、物权制度、债权制度、违约责任与侵权责任的细致区分等，都是在 17、18 世纪的时候，在德意志法系之中产生和完善的。这些理论，对于民法的分析和裁判提供了强大的现代武器，成为近代以来民法科学发展的高峰。《德国民法典》在法技术方面，其实就是理性法学的整理和记载。该法典特别强调立法的科学性和体系性，体现了理性法学对民法立法构造的影响。该法的立法者想把民法编纂成为计算机一样，输入一些事实，能够得到确切的结论。也就是因为这样，该法律实现了"通过罗马法而超越罗马法"的效果。《德国民法典》比较强调立法技术的科学性，它更加体现了立法的严谨。但《德国民法典》是非常理性的，它的法律语言都是经过深思沉淀下来的，它的立法技术使得它分析问题和解决问题的能力极大地提升了，成为后来民法立法的典范和仿效的主要对象。

4. 共同的民法基本素材：人、物、权利

我曾经翻译过的一篇德语论文（汉斯·哈腾鲍尔著《法律行为理论的产生及流变》）中提到，法国民法与德国民法还有一个非常重要的共同点，就是它们都是罗马法的继承者，而且它们都接受了罗马法把全部民法问题提炼归纳为"人、物、权利"这三个方面的法技术。这个归纳来源于公元2世纪时，古罗马的盖尤斯等人的贡献。他们利用归纳抽象的方法，把全部民法问题整理为人、物、权利三个方面，从此以后，全部民法的理论和立法，基本上都是围绕解决这三个方面而展开和发展起来的。所以这三个民法基本因素的整理，历史价值非常大。一直到现在我们要解决的问题还是这三个方面的问题。盖尤斯他们的贡献还不仅仅在于此，一个更为重要的贡献是，他们按照这三个因素之间的关系，编纂完成了人类历史上第一个具有民法典原型意义的《法学阶梯》。它的第一章编纂的是人的法律，第二编是物的法律，第三编是取得财产的各种方法，实际上就是怎样取得权利，怎样取得物以及权利，第四编是针对权利侵害的救济。这是民法体系化科学化的第一步。大家可以注意到我在这里说到盖尤斯时，使用的是"他们"这个词，这个名字到底指的是一个人还是多个人，如果是一个人，他是个什么人？遗憾的是做出这么大贡献的人，历史上居然没有资料留下来。

但是，这个重要的遗产，还是被后人继承下来了。《法国民法典》在立法结构上直接采取了《法学阶梯》的模式。《德国民法典》在立法结构方面没有采取《法学阶梯》的立法模式，它是按照潘德克顿法学编纂的。但是，即便如此，潘德克顿法学也是按照"人、物、权利"这三个因素所组合的法律关系的逻辑形成和发展起来的。对此我在下文中会予以提及。

总体而言，不论是法国民法还是德国民法，在这一段历史发展过程中都给我们提供了丰富的值得研究甚至借鉴的资料。不过我们作为研究者，应该尽力全面收集资料，应该通透地进行研究。

（五）法国民法基本权利和基本裁判规则

1. 《法国民法典》如何认识物权变动：同一主义原则

德国法和法国法，由于所处历史背景不一样，民法的传统不一样，更重要的是二者在那个历史背景下要解决的重大现实问题不一样，所以二者的编纂体例有很大的不同。1804 年颁布的《法国民法典》采用了三编体制，人法、财产所有权法及其相关权利、取得财产的各种方法。近几年法国立法者又给该法典增加了新的一编担保法，作为民法典的第四编。从该法颁布时的情况看，我们可以发现它和上文提到的《法学阶梯》基本一致。该法的立法者也明确地宣告，它们采取了《法学阶梯》的立法模式。

对《法国民法典》涉及交易基本权利和裁判规则的分析，我们还是围绕着交易涉及的权利展开。那么我要提出的问题是：如果交易指向的物还没有产生，买卖合同可不可以订立？如果能订立，那么当事人之间发生了什么样的法权关系？买受人在合同成立生效后取得了什么？《法国民法典》立法者是怎样回答这些问题的？

该法解决这个问题核心的法律条文是《法国民法典》第 1583 条。这个条文体现了立法者对于交易涉及的民事权利及其所依赖的法律根据问题的基本认识。这个条文是关于买卖合同的规定，我们知道，买卖是出卖人和买受人关于转移所有权的交易，所有权的转移，可以说是物权变动的核心问题和基本象征。所以在法学研究中，一般都是把第 1583 条这个条文当作该法的象征。该条文规定：买卖合同依法成立，即使标的物未成就，即使价金未支付，标的物所有权也应该归属于买受人。

通过这个规定我们可以看到，在《法国民法典》的立法者看来，所有权是直接依据买卖合同的成立生效来取得的。只要买卖合同生效，法官就可以把所有权确定为买受人取得。所以我们在上文中提到的，订立合同与履行合同过程中相对权到绝对权的转化，在法国民法中是不存在的。因为所有权直接依据合同取得，所有权取得和合同生效之间并没有时间差。

在上述情况下，法国法建立了著名的同一主义原则，也称合意原则。同一主义原则是指在整个交易过程中，当事人之间只有一个法律上的合意，这就是合同；也只有一个法律后果，就是广义财产权，最后转化成所有权。这个原则非常有名，在世界上成为法国法系的特征。这个特征的要点，就是把当事人之间的财产关系仅仅定义为财产权，不做债权和物权的区分（也就是说该法没有采纳相对权和绝对权相区分的理论）；而且在法律分析和裁判上，它认为当事人之间仅仅只有一个法律事实那就是合同，不做债权发生和物权变动的区分，然后法官可以直接依据合同的效力来裁判标的物所有权的归属：如果合同有效，那么所有权直接归属于买受人。

在这个关键的问题上，法国立法者采取的"广义财产权学说"也是特别需要关注研究的问题。该法的立法者认为，合同订立时当事人因此取得了一种"广义财产"，广义财产因合同而直接生效。这种"广义财产权"符合普通老百姓的交易观念。普通老百姓从事的交易都是一手交钱一手交货，他们认为订立了合同就应该有权利，而且可以直接取得标的物的所有权，这与我们中国的老百姓的思考是一样的。而且，这个观念与我们上文提到的、20世纪90年代中国多数法学家、中国立法者和中国法官的认识基本上也是一致的。所以广义财产权理论是具有相当民众化色彩的理论，在欧洲在中国都是一样。从现在我们已经接收到的民法知识，我们习惯于从物权与债权相互区分的角度来分析合同成立生效和合同履行之间的关系问题；但是《法国民法典》的立法者认为根据民众订立合同就是立法，而且立法就应该执行的观念，得出了同一主义的结论。立法者认为民法典不应该规定物权、债权，因为这些概念老百姓不容易理解。按照《法国民法典》第1583条的规定，买受人根据合同获得所有权。基于这些原因，在德国民法和中国民法中占据核心地位的债权这个法律概念，在《法国民法典》中是不存在的。对于"合同成立生效后没有履行之前"当事人之间的权利义务，这个最值得关注的法律问题，法国立法者并无回答。关于这一点，在K. 茨威格特和H. 克茨的《比较法总论》这本书里面有细致的分析。

2. "Packta sund servanda"的革命意义及其缺陷

现在看来，如何认识法国民法中的合同，是我们分析本节我们提到的交易基本权利和基本裁判分析的关键。K. 茨威格特和H. 克茨所著的《比较法总论》这本书，揭示了《法国民法典》的立法者对于合同的基本看法。该法的立法者不采用物权和债权相区分的概念体系的原因，主要是他们受到了强烈的人文主义革命思想的影响，即订立合同就是自己给自己立法的观念。不管是拿破仑本人，还是国民大会里的立法者，都接受了自然权利的观念。在这种观念的指引下，《法国民法典》确立了法律应该来源于民众的自然权利，而订立合同就是为自己制定法律的手段。在这种理论下，合同订立生效后，就必须像执行法律一样得到切实的履行；而买卖合同的切实履行，买受人就必然会取得所有权。因此，该法典第1583条才会做出直接依据合同来确定所有权取得的规定。

在第1583条这样的核心规则制定的时候，立法者也受到了"Packta sund servanda"理论的强烈影响。这个理论，也就是著名的"契约应该履行"或者是"契约应该严守"的理论。这个理论并不是罗马法的理论（我国一些民法学家认为这个观点是罗马法创立的，这个提法不对），而是中世纪的神学家托马斯·冯·阿奎那提出的。罗马法时代的合同，是符合一定形式条件的才能够依法履行，不符合相应形式条件的合同不能依法履行。但是阿奎那认为契约都是当事人对神的立约，所以一切契约都应该严守，都应该得到履行。

契约应该履行的理论，到了法国大革命时代，和那个时代"契约就是法律"的观念实现了高度的契合。在自由主义高涨的旗帜下，打倒神权和封建君权，强调民众的意思自治的法律效果，以至于让民事主体的意思表示直接成为法律，这一点成为革命的象征。也就是在这样的背景下，合同自然也就成了法律。同样基于合同就是法律的革命思维，也就得出了契约一定会得到履行的革命性的结论。这个结论，被认为是高度尊重人民自决权的象征。所以法国立法者和法国社会对这一点是十分珍惜的。所以，虽然在民法理论上出现了德国民法学术不断被高度认可的局面，但是，法国立法者和法国社会至今对于他们的民法典所体现的革命化思维钟爱不变。根据这个结论，我们就能够理解《法国民法典》所做出的直接根据买卖合同的生效，来确定买受人取得所有权的逻辑。

所以，《法国民法典》立法者眼中的合同，与后来一些日本民法学家和中国很多民法学家的认识并不相同。《法国民法典》立法者眼中的契约或者合同，是"意思自治"的意思；而一些日本学者和中国一些民法学家将其定义为"债权意思"。请大家关注这个理论要点的区别，我在后面还要提到。关于这一段革命化思维影响立法结果的问题，是我对这段历史进行学术"考古"后才在我国民法中揭示的。这个问题是中国法学家们一直没有搞清楚的（这也是他们简单援引部分日本民法学者的著述造成的问题），所以，一些日本的民法学家，和我们中国民法学界才提出了十分迷惑青年学者的"债权意思主义""债权形式主义"的观点。混乱就是从此而生的。关于这一点，我在下文讨论债权意思主义和债权形式主义时会谈到。

显然，合同应该履行是对的，但是合同全部绝对履行，那是做不到的。生效的合同得不到履行，原因是很多的。以房屋买卖的合同而言，很多生效的合同履行不下去，有时是出卖人的原因，有时候是买受人的原因，有时候是客观条件变化的原因。如果一个合同因为客观的原因无法履行，那么在司法上怎么还能将标的物裁判给买受人？这是同一主义的缺点之一。

另外，同一主义原则下的交易，只考虑了出卖人和买受人两个当事人的情形，而没有考虑到第三人的存在。这个立法模式下无法容纳第三人，第三人加入不了交易。但是在现实交易中，一个债务人能与一个债权人订立合同，同时他也可以与其他人订立合同，即一个债务人对多个债权人负债。对于一个债务人有两个债权人的情况，如果按照同一主义来理解，就没办法理解了。

再次，同一主义原则下没有债权，所以它只能理解和处理即时结清的合同问题，也就是一手交钱一手交货的买卖。如果合同是远期合同，而远期合同需要债权保障。这显然是法国民法的一个技术缺陷。

最后，同一主义原则无法区分当事人的法律责任是违约责任还是侵权责任。以合同来确定买受人以及所有权人的时候，可能实际上买受人连标的物的占有也没有取得。这时候，出卖人的责任到底是违约责任还是侵权责任？这一点，按照法国民法是说不清的。这个问题说不清，司法公正的目的实现就会遇到极大的障碍。

我在自己的著作中引用过德国朋友给我讲过的一个笑话，涉及法国法同一主义原则的缺陷问题，我和大家分享一下。德国民法的领军人萨维尼曾与一位著名的法国民法教授讨论物权变动问题，他通过一个例子指出法国法的缺陷。这个例子是，一个法国老人把自己的房子卖给乙，合同约定，半年之后把房子交付给乙。在订立合同时，双方当事人的各种情况都是正常的，所以合同依法生效。可是到第三个月的时候，出卖人发生了精神病，合同发生了无法履行的障碍。因为法院并不能强制一个精神病人交付其房屋。所以，这种情况按照《法国民法典》的分析和裁判规则，在法律上就产生了无法化解的问题。因为按照该法第1583条的规定，买受人这个时候已经取得了房屋的所有权；但是同样按照法国法，任何人都不能强制性地从一个精神有障碍的人那里取得房屋。所以实际上所有权既没有转移给买受人，以后也无法转移给买受人。这种情况下也无法追究出卖人的违约责任，因为所有权已经转移给买受人了，所以也无法区分这到底是侵权责任还是违约责任。所以《法国民法典》的同一主义确实存在着难以避免的理论和司法缺陷。但是如果依据德国民法确立的区分原则，这个问题非常容易理解和解决。在讨论中法国人一看说不过萨维尼，他就开玩笑说，"你看我们法国，阳光灿烂，人们的精神状态都很好。可是你们德国经常下雨，所以你们德国才有精神病，我们法国没有精神病"。

开玩笑是开玩笑，但解决不了立法上实际的问题。

3. 《法国民法典》实施后的法技术缺陷弥补

当然，法国民法的立法者是不会那么拘泥不化的，他们当然也会根据实践的需要来修正其立法。

首先，立法者通过民法附从法的制定改变了民法典的一些核心规则。以法国1855年制定的《不动产登记法》为例，该法规定："不动产的物权变动，不经登记不得对抗第三人。"这个法律提出了"第三人"这个概念，而且建立了不同于《法国民法典》第1583条的制度，试图要解决第三人保护这个问题。

其次，《法国民法典》确立的基本权利和基本裁判规则，受到了其他法律的改正。比如，关于合同履行，法国民法引入了公证人制度来弥补民法典没有建立物权变动制度的漏洞，通过公证，实现了合同成立与合同履行的区分。

再次，法国经过人文主义革命的洗礼，国民以及法院对私法契约以及因此而建立的社会诚信很尊重。受人文主义思想和社会诚信制度的约束，当事人不能轻易违约。

所以虽然立法存在一些问题，但司法实务方面有很多弥补的措施。所以，关于同一主义原则的理论争议，在现实生活却没有产生太多的消极影响。

4. 似是而非的"债权意思主义"和"债权形式主义"

仔细考证法国法关于民法基本权利和基本分析与裁判的规则之后，我们会发现了日本部分民法学家和我国民法学者所造就的中国民法一度的主导理论，存在着核心的历史缺陷和表达缺陷，这就是关于债权意思主义和债权形式主义的引入。我们更能够清楚地看到，把所谓的债权形式主义也就是折中主义"确立"为我国民法中物权变动的基本制度的学理缺陷和实践缺陷。

在我国一些民法学家的著述，经常会提到的涉及民法基本权利和基本分析裁判的理论或者立法模式，之中一个是债权意思主义，一个是债权形式主义，这两个理论或者立法模式，据上述这些学者的著述，就是来源于法国法律。但是在上文分析了法国民法的相关理论和立法之后，我们发现，日本和我国一些民法学者的说法是对法国民法的认识错误和表达错误。

（1）关于债权意思主义。债权意思主义这个名词，据一些日本民法学家和中国民法学者所称，就是指《法国民法典》第1583条的规定。这些学者的著述认为，第1583条揭示了该法的立法者对于物权变动这个交易核心问题的基本看法，那就是当事人直接以债权的意思来发生物权的变动；而且直接以债权意思表示的生效而确定物权变动的生效。但是，这种解释符合历史吗？符合《法国民法典》立法者的立法思维吗？说到"债权意思"，那么我们就一定要搞清楚什么是"债权意思"。我们知道，意思表示指的是法律行为理论中当事人关于民事权利发生变动的内心意愿，也称效果意思，即民事主体要设立、转让、变更和消灭某种民事权利的内心意愿。因此"债权意思"指的是合同当事人内心产生的发生债权约束力的意思。明白这个核心概念之后，我们一下子就发现了这个概念的错误：

其一，《法国民法典》并没有采纳债权和物权这些法律概念，其第1583条的规定，如何能够确定是当事人的债权意思？

其二，既然《法国民法典》的立法者认识到当事人债权意思的存在，那么他们就应该知悉债权的全部理论，在此基本逻辑上，他们怎么能够直接依据债权意思确定发生物权？这样描述法国民法的立法者，是不是显得特别怪异？

其三，既然《法国民法典》的立法者已经认识到民事主体的内心真实意愿是发生债权，而立法者却依据这个债权意思直接确定发生物权效果，这岂不是违背了当事人的真实意愿？岂不是违背了该法所倡导、所遵循的意思自治原则？

所以对债权意思主义这个提法，我是越想越奇怪。后来自己考察了历史，才知道这个概念是日本搞比较法学的学者，把德国民法上债权物权相区分的理论用到了法国立法身上。由于这些日本学者只是认识到有个债权的意思表示，而认识不到物权意思表示的存在，所以他们就发明了这个奇怪的概念。

但是通过上文我对法国民法发展历史的考察，我们已经知道日本法学家这个表述是不准确的。因为《法国民法典》的立法者建立和遵循意思自治原则，第 1583 条是"合同就是当事人自己给自己立法"这个意思自治原则的体现。依据这个革命的意思，法国立法者才确立了"同一主义"的原则，后来法国法学界据此提出了"广义财产权"理论。这些原则和理论，是该法的立法者对于交易中的民事权利及其裁判规则的基本认识。日本和我国民法学界一些学者没有仔细考察法国民法立法的大背景，认识不到该法典制定时期意思表示的革命含义，仅仅根据自己的理解就将其定义为"债权意思"，并且将其生拉硬扯地作为一种立法模式，这个做法在学术上确实显得荒谬。

（2）关于债权形式主义。上文已经多次提到了债权形式主义，也被称为折中主义。所谓债权形式主义的提法，同样来源于日本法学，为我国部分民法学者采用。这也被称为是一种立法模式，指的是，法国后来在 1855 年制定《不动产登记法》对其民法典的重大修改。上文已经谈到。法国立法者在 1855 年制定《不动产登记法》，修正了《民法典》第 1583 条的规定，提出了不动产的物权变动不经登记不得对抗第三人的规则。这个规则相比《民法典》第 1583 条，其显著特征是认可了物权这个概念，认可了第三人的存在，还提出了物权变动、第三人保护这个重大的民法问题。这一立法在法国民法中意义重大，显示了该国立法者因应现实需要的积极改进。后来，这一做法也被扩展到动产方面，产生了动产物权变动不交付不得对抗第三人的规则。

我们知道，承认物权、物权变动的概念系统，也就承认了它和债权的区分，这是德国法学的特色。所以，法国民法这一时期的发展，被一些日本法学家称为是在《法国民法典》和《德国民法典》之间的"折中"。后来，一些日本法学者每年还拉上瑞士民法，称《瑞士民法典》也是"折中主义"的。但是《瑞士民法典》的起草者约瑟夫·翁格尔却明确地说，他们采纳的是潘德克顿的立法模式，并没有提到什么折中主义。

所谓债权形式主义的提法，还是日本比较法学家的创造，其要点就是，当事人在民事交易中订立的合同是他们之间的债权意思的体现，但是要发生物权变动，就要加上不动产登记或者动产交付这样一个形式。关于当事人之间发生民事交易也就是要发生物权变动的法律行为，仍然被定义为债权意思这一点的错误，上文已经进行了分析。

上文在债权形式主义给我国立法和司法实践带来诸多混乱的分析中，已经对这种理论和模式作过细致的讨论。现在一些中国民法学者认可这种理论，关键的问题，就是他们不能彻底接受意思自治原则，只知道当事人之间的债权意思，不承认当事人处分物权的意思，把物权变动的理论和实践理解得十分简单（参见下文关于区分原则和物权行为理论的广谱性实践效果的讨论）。尤其是这个理论把不动产物权变动归根结底理解成公法的授权，造成了民事权利来源于政府行为的弊端，给民众权利保护带来了严重的障碍。

从债权意思主义到债权形式主义，其理论上的不透彻和似是而非的弊端实在是太清晰不过了。其违背大革命时代历史真实、认识不到那个时代的法思想，现在也留下很多后遗症，那就是歪曲民众的意思自治的问题，给我国市场经济体制发展和人民权利保护造成混乱，这一点是我们必须清楚认识到的。

（六）德国民法基本权利和基本裁判规则

1. "债权"概念的产生

现代德国民法同样接受了"Packta sund servanda"这个原则，但是它的理解是，契约应该履行不等于绝对履行，这是第一个要点；第二个要点是，契约即使没有履行也不能说它不产生法律效果。而且，契约的法律效果，应该是统一地在它依法生效的时候产生，而不能有所例外。在理性法学运动中，德国民法就已经清楚地界定了契约应该履行的法律后果，和契约实际履行的法律效果的区分。在上文的分析中我们已经看到，在契约成立和契约履行之间的法权状态应该怎么界定的这个核心的问题，法国法是没有界定的，而德国法借助了罗马法中"法锁"的概念，把这个状态定义为"债权"。

在债权这个概念产生以后，我们一下子会有豁然开朗的感觉。正如上文所分析的，在一手交钱一手交货的买卖或者交易之中，有没有债权这个法权概念真的是无所谓的；但是大量的对于国计民生具有重大意义而且容易产生争议的买卖或者交易，是那种异地交易、远期交易，这些合同成立生效后不能马上履行，这时候立法就必须解决这种状态下当事人之间的法权关系问题。从现在的资料看，自古以来世界各国的立法者对这个问题都有所探索，所以可以说世界各国早期的法律都有债权制度的雏形。但是只是在理性法学时代德意志法学才提出了系统的债权理论，把合同成立生效后到履行之前的法律效果给予了清晰的理论界定。

德国民法把合同依法成立之后应该具有法律效果定义为"schuld"，这个含义大体上相当于英美法上的。当事人因此而享有的权利被称为"Schuldrecht"。Schuldrecht 这个词也就是我们所说的债权。但是，中国汉语中的"债权"与现代民法意义上的"债权"，含义还是有差别的。因为，我们中国人讲债权基本上都是讲金钱之债，欠账还钱这个含义。但在现代民法学中，债权指的是契约或者是合同成立生效后受法律保护的应该履行的效力，或者说它是特定当事人相互之间的法律约束力。所以按照现代民法，任何合同都会产生债，产生债权，而不只有金钱借贷或者欠账还钱才会产生债权。既然这两个词汇有差别，那么，为什么我们要用这个词呢？说实话这个词汇并不是我们中国人率先使用的，而是从近代日本传入的。因为日本明治维新在先，日本当时也是使用汉字，他们就遇到了把德语中"Schuldrecht"这个词翻译成汉字的麻烦。因为在汉语中，没有一个更好的词与"因为合同产生的法律效果"相对应，所以挑来挑去，日本的法学家就把"合同成立以后产生的法律效果"这个概念翻译成"债权"了。现在我们也用"债权"这个词。很多人都认为这个词翻译的不是很准确，但是大家仔细想一想，除了这个概念之外找不出一个更好的词了，所以日本法学家的翻译还是最好的，只是在面向大众的时候，这个概念需要简单解释一下。

债权这个法律概念其实是民法上最为抽象的之一。很多人都说物权的概念很抽象很难理解，其实不然。因为物权所针对的是具体的物品，土地、房屋、桌椅板凳，人们很容易想象。但是债权就不一样了。它纯粹是法律的拟制，指的是合同成立生效到履行之前这个法权状态。它指的是什么？不要说普通民众难以想象，就是法学家包括一些民法学家，也很难说就搞清楚了。要不，你怎么理解20世纪90年代我国立法和司法出现的那么多涉及债权的混乱？正因为债权理论更为抽象，所以它在传播时受到了很大的阻碍。原因并不仅仅只是普通民众不太理解，更重要的是，立法者、法官和一大批法学家包括民法学家在内，像《法国民法典》的立法者那样，都愿意把一手交钱一手交货当作典型的法律交易，在这个基础上建立民法基本权利和裁判的法律规则。我自己参加中国民法立法活动的次数很多，就很多次听到我国立法机关的官员和一些学者这样主张。从我国这一时期的立法看，他们的这些主张事实上在我国也取得了成功，比如1999年制定的《合同法》第51条、第132条等多处规定，都体现了一手交钱一手交货的精神。本次民法典编纂，坚持这种观点的人还是不少。如果连债权准确的法律概念都不能坚持，那我们的民法典还有啥意义？市场经济体制的法律制度还怎么建设？我很高兴的是，经过这么多年的市场经济体制法治实践之后，这个问题才基本上解决了。

2. 债权相对性

在债权这个法权关系产生之后，不仅仅远期合同、远程合同的当事人之间的法律关系一下子清晰了，而且交易中的第三人的问题也解决了。以前我国法学界普遍认可的潘德克顿法学的优点是概念和体系的严谨，其实我们更应该肯定的是其制度的优势。从我国现在已经建立的市场经济体制对法律制度的需求看，潘德克顿法学就更应该是我们认可和采纳的对象。应该承认，这些优点确实是1804年《法国民法典》所无法比拟的。

但是从上文的分析我们可以看到，债权概念在社会生活中并没有得到准确的解读。因此本人愿意在此对它的法律特征再多阐述一下。我们在现实的经济生活实践中可以看到的交易情形，是一个债务人对多个债权人负债。我们可以看看图1，它就说明了这种情况。现实中我们经常会遇到购买商品房这种交易。如果你要从开发商那里购买一个房屋，那么，你应该知道，这个开发商在和你订立合同之前，他已经和银行订立了贷款的合同，他已经是银行的债务人。同时他还必然要购买机器设备，购买原材料，他也要和这些供应商订立合同，这样，他又成为这些供应商的债务人。同时，他还要雇用工人，这些工人也是他的债权人。这时候，你也成了他的债权人。这种一个债务人向多个债权人负债的情形，在经济生活中是十分常见的，在法律上也是很正常的。大家想一想这是为什么呢？当然，你如果认为一手交钱一手交货才是最典型的交易，或者说你坚持20世纪90年代一些民法学家主张的民事权利观念，那么你恐怕永远也无法理解这种情况。

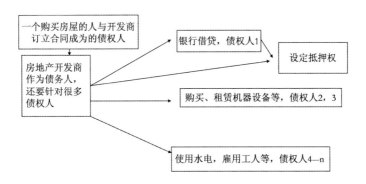

图1　一个债务人对多个债权人负债的情况

一个债权人能够对多个债权人负债，其最基本的道理就是债权的本质是相对权、请求权。

关于请求权，我们在上文已经多次阐述，它指的是特定人向特定人提出的，要求其为某种行为或者不为某种行为的权利。同时我们也已经知道，债权的基本原理是其相对性，其法律关系只发生在特定人和特定人之间，是特定人向特定人提起的请求权。关于这一点，我国一般的法学教科书里面都会谈到。但是，债权人向债务人提起请求权之后的效果会怎样？这一点，我国民法学的教科书却都没有谈到。为什么呢？因为我国民法学界此前的主导性观点，就是认为债权人提起请求权之后，债务人就必然会履行义务。这就是说，这种主导性的观点，没有认识到契约应该履行不等于契约绝对履行的道理。

其实更为重要的是，我国以前民法学界的主导观点始终认识不到债务人履约，其实是债务人自己的意思自治的体现。这种观点至今还有一些著名的民法学家在坚持着。这些学者的著述，没有能够从意思自治的角度来认识债权行使问题，它们仅仅只是看到债权人可以向特定人主张权利的行为，而没有注意到债权人提起请求权之后，债务人基于自己的意思自治，可能做出履行义务的意思表示，也可能做出不履行的意思表示。法律实践中经常会有一种情况，那就是债务人宁肯违约也不履行其义务的情况。中国民法学术研究，至今仍然受到这种不能彻底承认意思自治原则的困扰，这一点在民法分析和裁判中带来很多混乱。

当然，经常也会出现即使债务人想履行，但是客观条件又不许可的情形。从这些实际情况来分析，我们就会明白，债权相对性原理的真正含义，指的是债权人依据自己意思表示实现权利目的时，其意思只能对债务人发生相对的拘束的后果这一点。债权人的请求不能直接指向标的物，也不能直接导致债务人履行的行为。从民法上说，债权相对性原理，指的是债权的生效与债权目的最终实现之间没有绝对关系。

因为债权相对性的本质，债权具有平等性或者包容性的特征：一个债务人可以同时对多个债权人负债，可以和多个债权人同时发生债的法律关系。

债权平等性原理的根据，是债权人只享有向债权人提出给付的请求权，而无法向第三人主张任何权利，因此，各个债权人都处于一种互相包容的平等状态。债权相对性原则以及根据这一原则建立的债权平等性的规则最典型应用，就是债务人清算时（比如债务人破产），法律关于债权人的地位和他们获得清偿权利的规定：各个债权人谁也不能排斥别人，大家都有按照他们自己的债权在债务人所负担的总债权中所占的比例获得清偿的权利。近年来，债权平等的原则在司法实践中得到了比较好的普及。

但是，对债权相对性原理，我国社会首先是我国法学界的认识还是有问题的，比如很多人包括一些法学著述常见的对债权的不理解，表现为：（1）它的请求权的本质。很多人难以理解，为什么法律规定合同仅仅发生请求权的效果，而不能直接取得标的物、直接取得标的物的所有权。他们不懂得合同应该履行和已经履行的差别；不理解其中涉及第三人保护的道理。（2）债权作为请求权，只是向特定人提出请求，而不能直接支配债务人的行为。我国民法学著述，数十年来照本宣科，照抄苏联民法关于"债权的客体是债务人的行为"的观点，现在大学教科书中普遍还采用物权的客体是物、债权的客体是债务人的行为的观点，把债权的效力直接及于债务人的行为。其实这个观点是错误的，因为债务人也是民法上的主体，其行为只能受自己的意思支配，而不受债权人行为的支配。上文说到，债务人是否履行义务，情况比较复杂，并不是债权人请求履行时债务人必然履行。而且，即使债务人履行义务，也是他自己意思自治的结果，他的行为只能由自己的意思支配。如果把债务人的行为理解为债权的客体，那么，就会得出合同绝对履行的结论。如上所述，这个结论极不现实，违背了债权相对性的原理。所以，我特别强调，我们必须从意思自治原则的角度来理解债权的本质。

如上所述，最高法院 1995 年关于合同的司法解释提出"先成立的合同先履行"；1994 年，最高法院又出台了"债随财产走"的司法解释等；《合同法》第 51 条规定订立合同发生"无权处分"的问题等，都是对债权相对性认识不足产生的立法和司法问题。

3. 法律交易：从相对权到绝对权

在德意志法学建立系统债权理论以后，交易中的法权关系问题一下子就清晰明确了。我们可以清晰地看到，在法律交易的整个过程中，人们首先通过订立合同在特定人和特定人之间产生一个请求权，或者说产生一个相对权；到履行合同时，因为标的物的交付，所有权的转移等，受让人才取得了支配权，或者取得了绝对权。所以，一个法律的交易，就是从相对权转化到绝对权的过程。这个理论是潘德克顿法学从理论上阐述清楚的，它给交易案件的司法分析和裁判提供了强大的手段。

从相对权转化到绝对权，最主要的问题是这两种权利所依赖的法律根据是不一样的。一个法律交易的过程至少是要划分为两个阶段，就是订立合同的阶段和履行合同的阶段，这两个阶段要区分开。在不同的阶段产生不同的权利，但是权利变动的生效，需要法律根据的支持。在 1804 年《法国民法典》所创立的同一主义的立法模式中，权利只有一种，法律根据也只有一个。但是，在潘德克顿法学体系中，权利至少有两种权利，它们的法律效果有显著的差异，因此，其法律根据当然也是有显著差异的。掌握这一方面的认识，可以说是法官、律师和执法者的基本功夫。

上文我们说到的《法国民法典》第 1583 条，它就是一个裁判规则，就是依据买卖合同成立生效的这个法律事实，把所有权裁判给买受人。那么德国民法对这个问题是怎么看的？上文我们已经分析到了，德国民法采用的是区分原则，它把交易区分为两个以上的交易阶段，即债权（或者相对权）发生效力的阶段和物权（或者支配权）发生效力的阶段，而且不同的法律阶段上，有不同的法律根据的支持。对这个问题，王泽鉴老师曾经撰写过三篇论文来讨论，这些论文发表在他的《民法学说与判例研究》中。从表面上看，王老师的这几篇论文是针对中国台湾"民法"108 条的解释而展开的。但是我们知道，台湾"民法"不论在立法层面还是在司法实践层面，在理解物权变动这个问题上没有出现理论和实践上的混乱。那么，王老师写这些论文是要解决什么问题呢？王泽鉴老师的论文应该是在1997 年左右写的，我想这个问题，大家想一想这个时间点上，大陆这边的民法理论和实践的混乱，就会明白他为什么要写这些论文。王老师的这几篇论文不但看问题很准，而且论述的角度特别具有启发性。我在这里和大家分享一下。

王泽鉴老师的讨论仍然是以买卖合同涉及所有权转移这个典型的交易作为分析对象而展开的，关于这三个问题讨论中的论证，是我自己参考王泽鉴老师的思维方法，根据我们大陆这边的情形展开的。

第一，订立买卖合同的三个提问：

（1）是不是只有等标的物存在以后才能订立买卖合同呢？

对这个问题，我想大家基本上都会说不必。确实，稍有经济知识的人都会说不必。现实的交易，常常是在没有标的物的情况下订立买卖合同，最常见的买卖预售的商品房。另外，在工厂里订货也是这样。按理说没有标的物订立合同是很正常的，可是如果你认为一手交钱一手交货那才是正常的，你就没有办法理解这种标的物不存在的买卖合同了。

问题是，大家看看《中国合同法》就知道了，该法第 132 条规定买卖合同的订立必须要有标的物。所以说，这个法律就是按照一手交钱一手交货的模式建立起来的。在这个交易规则方面，我们的法律不但不先进，而且还是相当的落后。问题还在于，2015 年以来编纂民法典，很多民法学者还是坚持这一条不能改动。在立法机构召集的研讨会上还有几个法学家提出，你没有标的物，你怎么能卖标的物呢？如果有一个美国人到中国来推销月球上的土地，结果法院还都认为这个合同是有效的，那这不是在帮助"美国骗子"欺骗我们中国人吗？

大家想一想这个学者说的对不对？

对这些学者的发问，我想很多人就不敢那么直接地回答了。因为，这个看似简单的发问，涉及了民法上几个有点儿专业性的基础知识，如果你的民法学功力不足，还真有可能被这个问题问倒了。我想简单地回复一下：（1）订立远期的买卖合同，只能在当事人之间发生债权性质的约束力，而不发生标的物及其物权的取得。（2）双务合同的履行要遵守对应履行（同时履行）的规则，人民法院不可能仅仅只裁判其中的一方履行。（3）法院裁判合同履行发现合同标的物最终无法交付，而且从一开始就属于确定的不能交付的情形（标的不能）时，就会裁判出卖人的行为属于合同欺骗，就会裁判合同无效，不但不会裁判相对方履行，而且要追究欺骗者的责任。

大家在了解了这些基本的知识和我的回答之后，你们对这些学者的发问是否可以明确地回答呢？

王泽鉴老师在提出自己的第一个问题后讨论说，因为合同只是产生请求权的法律事实，而请求权只是请求他人履行合同而已。刚刚订立的合同在没有到达履行期限的时候，买受人只是享有请求权而已。没到履行合同的时候，标的物不存在是正常的，后者标的物没有特定化也是正常的。所以王泽鉴老师的第一个答案就是，没有标的物照样可以订立买卖合同。

（2）非所有权人可不可以订立买卖合同？

没有所有权，可不可以订立买卖合同呢？王泽鉴老师在提问后讨论说，订立买卖合同，只是在当事人之间，即出卖人和债权人之间产生一个债权法上的约束。买卖合同的最终目的是出卖人交付标的物和标的物的所有权给买受人，但是，只要到履行合同的时候，出卖人能把所有权转移给买受人就行了。订立合同和履行合同之间是有时间差的，是有一个过程的，出卖人在订立合同的时候不必要一定享有所有权。因此在立法上，在订立合同的时候对出卖人提出必须具有所有权的要求，不符合债权的特征和法理。

大家再想一想，王泽鉴老师为什么会提这个问题？大家看看《合同法》第 51 条的规定就知道了，原来王老师就是针对这个条文发出了疑问。该条文规定，没有所有权订立的合同是无权处分的合同，而无权处分的合同不是当然生效的。因此，该条文认为，出卖人没有所有权的时候，订立的买卖合同是不应该生效的。这也就是说，出卖人自己没有所有权的时候，订立的买卖合同不受法律承认和保护。在上文中，我已经对这个法律条文进行了很多讨论，我想大家现在已经明白这个条文的缺陷了。为了方便讨论，我想在此简要地再说一两句。1995 年我回国时也参与了制定《合同法》的一些讨论，也表达了对第 51 条的否定性看法。我的观点就是订立合同只是产生请求权，所以订立买卖合同不能叫作无权处分。这种法律行为不涉及处分，不涉及所有权人，只在当事人之间产生法律上的约束力，所以没有所有权的出卖人订立的合同是正常的。但是当时就有学者发怒了，说出卖他人之物有何公正可言？没有所有权都能出卖所有权，完全违背了中华民族几千年的优良传统！这个话讲得十分霸气，让我一时无法回复，立法机关以及其他学者就不再说什么了。后来第 51 条写进了《合同法》。一些学者在其著述中称赞这个条文是中国《合同法》皇冠上的明珠。

但是大家想一想就知道了，这个条文是真的错了。现在我们已经明白，关键是这些学者，不能区分订立买卖合同只是产生债权的行为，和交付所有权的履行行为之间的区别。他们的思维就是一手交钱一手交货，除此之外的交易比如远期合同，这么重要的交易他们反而认识不到。所以他们认为，只要出卖人订立了一个自己还没有所有权的买卖合同，甚至所有权还在第三人手里的买卖合同，那这个合同就无法保证履行，甚至侵害了第三人的所有权。所以他们把这个问题上升到了中华民族传统道德损害的高度！所以，归根结底，还是这些对于债权相对性的原理理解有误。我们一再说，这种情形下的合同，并不对第三人产生法律上的约束力，而只是对当事人产生约束力。

也许也有人要问，立法许可出卖人订立自己还不享有所有权或者处分权的出卖合同，这一点在经济上和法律上有什么正面的积极的意义？从经济上看，其意义当然是显著的。在商业活动中，有很多商家的业务，是先和"下家"订立买卖合同，然后再去寻找货源，再和"上家"订立买卖合同。只要他能够保证在合同约定的期限里把标的物和所有权交付给下家的买受人就可以了，在此之前，他和下家订立的买卖合同当然是有效的。在国际贸易中，这种合同很多。我国以前实行外贸代理制，买卖合同都是先和下家订立，然后再和上家订立（外贸代理制，是改革开放初期再往前很多年，我国实行的外贸管理制度。在这种制度下，国家制定部分国有大企业享有外贸权，一般企业要进口某种设备，需要先和这些企业订立买卖合同，然后由这些企业和外国企业订立买卖合同）。如果按照我国《合同法》第51条，裁判这些合同都无效，那对这些正常的经济活动就会造成损害。所以说，《合同法》第51条的立法视野是很狭窄的，债权分析和裁判受到一手交钱一手交货的思维方法的严重限制。

从法律上看，出卖人没有所有权或者处分权的合同，扩展了民事主体交易能力，所以在立法上具有正当性。这一合同只是设定了出卖人和买受人的法律义务，对第三人的所有权人的权利没有任何损害，不涉及什么道德问题。

（3）订立买卖合同要不要进行不动产登记或者动产交付？

订立买卖合同要不要进行不动产登记或者动产的交付？经过上文的讨论，我们也已经知道这个要求是很不得当的。问题是20世纪90年代我们大陆的民法和司法解释出现了这样的裁判规则，所以王泽鉴老师就提出了这一问题。对这个问题上文讨论比较多，我就不再多说了。

关于买卖合同涉及债权的三个提问，是我们明白了债权的法律根据就是"三个不要"：不要标的物、不要处分权或者所有权、不要不动产登记或者动产交付（不要公示）。这就是债权法律根据方面基础清理。

通过这三个提问，我们也就一下子明白了债权行为、负担行为这个概念的含义。我们知道，法律行为就是民事主体以自己的意思表示来发生民事权利的设立、转让、变更和消灭的行为。法律行为的本质是当事人内心的真实意思，这个意思指向民事权利发生这些变动的效果；这些理论相结合，我们就知道了法效意思或者效果意思的确切含义。也就是因为这样，当事人关于债权意义的合同的订立，就是债权行为。债权行为的效果意思，就是在民事主体之间产生债权约束力。同时我们可以清楚地看出，债权意思其实就是当事人通过这种意思表示给自己设定了一个应该履行的负担，所以债权行为在法律上叫做负担行为。有人说这个概念特别抽象不好理解，现在大家看看，还是很难理解吗？只要你不受一手交钱一手交货这种交易方式的束缚，你就会很容易地理解它。

债权行为，它的法律根据是不需要标的物、不需要处分权或者所有权、不需要进行不动产登记和动产交付的法律行为。

第二，履行合同的三个提问。

到合同的履行阶段，也就是当事人之间的关系转化为绝对权这个阶段时，王泽鉴老师又提出了三个问题：

（1）履行合同时要不要标的物的存在并且特定化？

这个问题的答案应该是很容易回答的。因为订立买卖合同的目的，就是通过履行合同向买受人转移或者交付标的物。要交付标的物，那么标的物肯定是要存在的，而且必须是特定化的。否则就无法履行。

（2）履行合同时出卖人是否应享有标的物的所有权或者处分权呢？

回答当然是 yes 了。因为买卖交易的目的，实际上就是要转移所有权或者相应的处分权给买受人；所以在履行合同的时候，出卖人必须自己首先获得所有权或者处分权，这样它才能将权利转移给买受人。所以，履行合同的出卖人就必须要有所有权。

（3）履行合同要不要进行不动产登记或者动产交付？

回答当然也是需要的。因为所有权是抽象的，是上层建筑，是看不见的，但是所有权是我们法律交易的核心，怎样把抽象的所有权转移到真正的买受人手中呢？那就是要通过不动产登记和动产交付的形式。

买卖合同的履行，其实就是所有权转移。这就是一个最为典型的物权变动。所以通过这三个提问，我们就又清晰地掌握了关于合同履行或者说关于物权变动的裁判规则。那就是"三个要"，合同的履行和物权的变动需要标的物存在并且特定化、出卖人要有所有权或者处分权、要有不动产的登记和动产的交付，也就是要有法律上的物权变动的公示形式。这三个要，是一般情况下物权变动生效的三个必要条件，这是立法、司法和执法者都必须清楚掌握的裁判规则。在实践中很多法官遇到交易中的物权变动的司法分析和裁判时手忙脚乱，分析不到点子上，关键就是他们不理解物权变动的法律根据就是这三个要。如果大家清晰地记得了这三个要，那么你分析和裁判物权变动就不会有大错（当然，我这里所说的是一般情况，特殊情况的例外，参阅我的论文《我国物权法中物权变动规则的法理评述》，载《法学研究》2008 年第 3 期。下文在分析《物权法》第 142 条时还要提到）。

通过这三个问和三个答，我们就解决了法律交易上最为重大的问题，也就是上文提到的，当事人之间的关系从相对权转移到绝对权的过程，这个过程既有权利性质区分的问题，也有权利变动的法律根据问题。在全部的法律交易中，事实上都存在这个问题，这就是我们从事民法分析和裁判必须掌握的知识要点。

4. 关于物权行为

通过债权发生效力的"三个不要"和物权变动"三个要"的分析，我们也就掌握了交易中民事权利变动的法律根据的一般规则。这就是区分原则的精要。掌握了这个基本规则之后，20 世纪 90 年代以来我国民法立法、司法和法学上的混乱，大体上就可以厘清了。法官也罢，仲裁员也罢，包括律师在内，一般的交易中的民事案件就可以做出清晰而且准确的分析了。当然，交易之中更为复杂的一些案件，就需要利用物权行为理论或者处分行为理论来做出分析了。

事实上，掌握了上述物权变动的基本道理之后，我们已经能够清晰地掌握关于处分行为、物权行为这些重要的民法概念的含义了。和订立合同过程中当事人依据自己的意思表示、在当事人之间发生债权约束力一样，在合同履行的过程中，当事人之间也要通过自己的意思表示来推动物权变动，完成物权的设立、转让、变更和消灭。所以，当事人关于物权变动的履行行为，当然也是法律行为，在民法上就被称为物权行为。这一理论，一点也不玄妙，一点都不难理解。说这种理论玄妙、不可理解的，都是故意吓唬青年学者的。

物权行为理论，一度被一些中国民法学家否定，其中的原因，我在上文已经分析了，主要是他们的视野受到一手交钱一手交货的思维拘束。大家可以想一想，在一手交钱一手交货的情形下，当然没有必要区分债权生效和物权变动的差异。而且，既然履行行为无法仔细区分清楚，那么履行行为之中的独立意思表示就更难以分清了。但是正如上文提到的，一手交钱一手交货，怎么能够看成是典型的民事交易呢？如果以此为典型，那首先就不会有债、债权这些法律制度（所以很多民法学家搞不清楚什么是债权），也不会有典型的物权。这样民法就一下子倒退成了小农经济时代那种自然经济的法律制度了。所以，法学界的视野是十分重要的。

此外，把合同履行定义为事实行为的观点，也是难以成立的。因为，这种观点否定了债务人履约的意思自治。以为债权生效之后物权变动也会随之必然发生，这实际上是一种幻想。如果看不到在合同履行之中债务人自己的意思自治，那么也就是把债务人当作由债权人操作的机器了，以为债权人可以直接支配债务人的行为，债权人让债务人干什么，债务人都一定会干。

这些法律上的问题，我国《民法总则》第130条的规定已经解决。关于这个条文，我在上文已经分析到了。通过这个条文的规定，我们可以看到，履行合同也是当事人意思表示促成的。当事人履行合同绝不是没有当事人的意思自治的事实行为。这个规定是符合客观实际的。依据这个条文，我们就能够准确理解债权，就能够准确地理解履行行为是法律行为的含义，能够准确理解履行行为是一种法律行为，就能够理解物权行为的含义。

在民商法的交易过程中，都会发生履行行为，其中物权行为是它的典型。除此之外，还有很多类似于物权行为的履行行为，比如交付股权、矿权等。包括物权行为在内的这些履行行为，在民法上称之为处分行为。

关于物权行为、处分行为，本人的著述已经就这种理论的起源及其意义进行了比较多的探讨。我想说的是，我国民法学界那些否定这种科学理论的观点，连物权行为理论都描述不准确呢！这些学者至今也没有准确地理解物权公示原则和当事人的意思表示之间的关系（对此有兴趣者，请参阅本人《中国物权法总论》一书关于物权公示原则的讨论）。确实，如果一个从事民法分析和裁判的人，仅仅只是习惯于一手交钱一手交货法学思维，要认识买卖飞机这样的复杂交易的分析和裁判规则，确实也需要时间。在其他诸书里本人对此已经有足够的分析，对此有兴趣者，可以参阅这些著述，这里对此就不再赘述了。

（七）小结

通过上文一段历史的钩沉，我们可以看到，在民法基本权利及其分析和裁判规则这个要点上，对我国影响最大的大陆法系之中的两个分支，即德国法系和法国法系的基本差异以及缘由。本人也一再指出，德国民法和法国民法在立法上虽然差别比较大，但是其实践效果的差异却比较小。其中最主要的原因，还是它们在立法上的法思想和立法出发点的一致性。从这些分析看，我们大体上明白了我国民法（其实不只是民法）出现的一些混乱的缘由。

本文分析，把民法上的基本权利及其分析和裁判的规则，总结为合同成立和合同履行这两个不同阶段、不同法律效果和不同法律根据的区分。我的分析找到了"契约应该履行"这根古老的症结，并且沿着这个问题而展开，分析了法国法学和德国法学对这个基本问题的看法，也分析了日本部分民法学家似是而非的观点，以及这种观点传入中国成为我国主导民法学所造成的混乱。民法立法就合同成立产生的法律效果存在不同看法，是因为人们自古以来就对契约诚信有所依赖（中国古老的说法："说话算话"），但是也许因为这样，一般民众不会树立合同成立和合同履行的应该相区分的观念。但是民法学家不应该这样，不应该坚持合同成立，就等于合同履行，更不应该不断地自圆其说，并要求在立法上、司法上把合同成立和合同履行混为一谈。我国民法一度出现的立法、司法和知识体系的混乱，这应该是一个教训。本文认为，20 世纪 90 年代以来的民法混乱，主要的原因是当时主导法思想有轻视意思自治原则的缺陷，以及主导的民法理论把一手交钱一手交货作为典型的交易模式的误解。

通过对这些问题的梳理，我们会对科学主义的民法分析和裁判规则、尤其是对区分原则增加更多的理解，对我国立法和司法科学化增加更多的理论支持。

通过这些学习和分析，我们还可以看到，类似于区分原则、物权行为理论这样科学的民法知识体系总是简明易懂的；而与之相反的一些民法知识体系比如折中主义（或者债权形式主义），其实才是烦琐难通的。被某些中国民法学家信奉的债权形式主义表面上坚持了意思自治原则，但是它却不承认合同履行阶段当事人的意思自治。不但如此，这种理论还试图把公共权力确定为物权变动的根据，把民事活动中所有权等物权的取得，确定为公共权力的授权或者确权。也就是因为这样，这种理论的本质是违背民事权利的基本法理的，对普通人民权利是非常有害的。我国一些学者模仿日本学者——其实包括这些日本学者在内，也都是在模仿上文提到的奥托·冯·基尔克和菲利普·海克——所进行的否定物权行为理论的分析和论证，都是那么的冗长而且缠绕不清，有些还引用了大量的数学符号和自我设立的数学公式，把民法理论搞得酸涩无比。而区分原则，仅仅依据合同成立不等于合同履行这个简单质朴的交易事实，就说明了其理论的自治与完善。

同时我们还要注意到，那些以普通民众的法律理解作为立法和司法的标准的观点也是十分错误的。因为，普通民众虽然习惯于一手交钱一手交货的交易方式，但是这种交易方式在市场经济体制下并不具有典型性，普通民众也不从事专业的司法案件分析和裁判。普通民众按照习惯的交易，如果没有发生争议，那么在司法上就不会有障碍。但是一旦发生争议，那么，还需要用专业的法官使用债权和物权相互区分的理论来裁处。这一点可以说是一个常识。上文也已经说到，所以，我们的立法和司法视野，在任何情况下都不可以受到一手交钱一手交货的思维模式的限制。我们从事市场经济体制建设以及相关法律制度建设，我们的视野和认识从债权和物权相互区分、绝对权和相对权相互区分这些基本道理开始。

德国当代影响巨大的法学家卡尔·拉伦茨在《法学方法论》这本书中说，法律的体系实际上是两个体系，一个是由法律的概念、规范和制度组成的体系，这个体系是外在体系；另一个体系是指导这个法律编纂的思想体系，即内在体系。学习法律当然要学习它的概念、规范和制度，这是我们适用法律时必须随时用得上的。但是应该知道，这些概念、规范和制度，都是由历史上特定的法律的思想体系决定着的。总而言之，内在体系决定着外在体系。拉伦茨的这个揭示，对我本人有很大的启发。我和大家一样，在研究和学习民法的时候，一开始也是比较重视其概念、规范和制度的准确含义，也就是法技术的内容；但是到一定阶段之后，常常遇到一些法概念、法规范、法制度之间的区别甚至冲突，这时候我在学习和研究这些技术性知识之后的思想体系后，很多问题迎刃而解了。在学习和研究20世纪90年代以来我国民法一度的立法、司法和法学理论的时候，面对其中的混乱，我从法技术的角度去理解时，常常也是十分困难。但是从法思想的角度看，很多问题都得到了清晰的解答。在当前，我本人参加国家立法的机会增多，也常遇到争论不休的难题，很多也是从民法思想的角度得到了化解。

本文涉及的民法基本权利和基本分析与裁判规则这个核心问题方面，我们必须掌握的，是从类似于购买波音飞机这样的交易之中产生的远期合同、债权的发生、飞机作为标的物的交付、飞机所有权的转移登记、购买飞机价款的支付等法律事实之中建立的法律规则。这样我们会理解区分原则以及整体物权行为理论的科学性及其现实意义。我的研究证明，像区分原则这样的科学主义法学成果进入中国遇到阻力，从表面上看似乎有法技术方面的原因，但是从法思想的角度看，主要还是计划经济体制和自然经济体制，限制了我国很多法学人的视野。因为，在计划经济体制和自然经济体制下，人们无法透彻地理解意思自治原则，也无法准确地理解绝对权和相对权、支配权和请求权、法律行为这些基本概念和制度体系。这一点上文已经说到。所以我国民法基本理论的更新，要重视法技术的更新，更要重视法思想的更新。

三　区分原则在民商法中的广谱应用

（一）概说

区分原则理论的要点，是强调法律交易中订立合同的行为，和履行合同的行为的区分，强调这是两个法律事实，甚至至少是两个法律事实。如上文提到的买卖飞机，不但涉及订立合同的法律事实，而且涉及交付标的物的法律事实、转移所有权的法律事实、出卖人和购买人和银行订立支付合同的法律事实、购买人向指定银行支付价款的法律事实和银行向出卖人转移价款的法律事实等。（这种交易用一手交钱一手交货的模式怎么能够理解呢？）

物权行为理论强调的是，在履行合同的环节里，当事人以处分物权的意思表示来推动合同的履行，而且要按照当事人的处分意思来确定物权的归属。当然，物权行为理论还强调，交易中当事人关于物权变动的意思表示实行形式要件主义，必须符合物权公示原则，以不动产登记和动产交付作为常规性的物权意思的表达方式和生效要件，另外还要考虑到既符合当事人的物权意思，又符合物权公示要件的其他形式要件（如下文关于《物权法》第142条"但书"条款的讨论）。

区分原则和物权行为理论以精准的法律思维，解决了法律交易中，当事人之间的关系从相对权到绝对权这个法权关系的转化过程中的分析和裁判问题。我们可以说，只要存在着法律上的交易，那就存在着订立合同和履行合同的区别，那就存在着相对权和绝对权（支配权和请求权）的区别。法律上的交易，没有不发生订立合同和履行合同的法律事实。远期合同情形下，这种法律事实的区分当然是十分清晰可辨的。一手交钱一手交货的情况下，虽然一般情况下也不会发生争议，而不发生争议的时候看不出这两者的区别，但是发生争议的时候，我们还是要从债权和物权两个不同的角度来分析和裁处其交易的法律效果。

从交易涉及案件的分析和裁判的角度看，不论是立法、执法还是司法，要做的事情就是要从法律事实的角度，来看看当事人之间到底有没有发生物权变动，或者更广谱地说，有没有发生支配权、处分权的变动，要进行这些交易分析和裁判。所以区分原则具有在民商法中广谱使用的价值，而物权行为理论对此提供着既符合当事人意思自治的法思想，也符合民法权利科学分类法理的理性支持。

所以，掌握区分原则和物权行为理论，实际上是法学分析的基本功。上文我们使用商品房买卖这个典型的交易对这一理论进行了分析，下文我们再看看，这种理论更多的使用价值。

（二）商法上的股权交易、票据交易、证券交易等

在商事活动中，当事人之间从事的交易，除了上文提到的涉及所有权的实物交易之外，还要从事比如股权交易、票据交易、证券交易等。这些权利交易，也存在着订立合同和履行合同的法律事实的区分。而且最为重要的是，商法上的权利交易，非常强调权利交付、权利登记等形式要件，以此作为支配权变动的生效要件，并以此和订立合同发生的债权清晰地区分开。而且，商事权利（支配权）的变动，基本上都是不要因的行为，即交易的基础性原因即使被依法撤销，而交易的结果也不能撤销的行为。这就是人们常说的物权行为理论中的无因性原则或者抽象性原则。所以商事交易的法律规则，是充分贯彻区分原则和物权行为理论的领域。我国民法学界一些人坚决反对的物权行为理论，其实是商法上的基本理论。一般来说我们都知道，民法商法为一个学科，但是在这个问题上，一些民法学者表现出了对商法基本理论的忽视。无论如何，区分原则在商事交易的法律分析和裁判中，提供了最为有力的理论支持，这是我们从事交易分析和裁判必须予以掌握的。

（三）知识产权的交易

知识产权的各种交易，也存在着订立合同和履行合同相区分的法律事实。知识产权，当然是民事权利体系的一部分，在民法上属于支配权、绝对权。知识产权的交易，一般来说，有转让和许可两大类。转让是指将权利完全转让给受让人，原权利人不再保留任何权利或者利益。比如将专利权转让给受让人。这种交易也可以称之为专利买卖。而许可，指的是权利人仍然保留自己的权利，但是许可受让人在一定的时间段或者在一定的地

域使用自己的知识产权。这种情况在专利权、商标权领域中都常有应用。无论如何，知识产权的交易，也清晰地区分为订立合同和履行合同两个大的阶段。而且在关键的履行阶段，关于知识产权的交付必须强调按照支配权转移的法律形式，有的是交付权利证书，有的是进行权利转移登记。这些都是区分原则和物权行为理论得以应用的例子。将区分原则应用于知识产权交易的分析和裁判，在立法和司法实务方面显得特别重要。

（四）设立物权的法律行为

如果不能承认区分原则和物权行为理论，那么就无法理解设立物权的法律行为，而设立物权的法律行为在现实中是大量存在的。《物权法》第9条规定了依据法律行为设立物权时、物权生效的分析和裁判规则。依据法律行为设立物权，比如设立抵押权、设立土地使用权等，这些民事活动在经济生活中可以说非常多见。我们知道，法律行为强调的就是依据当事人内心的效果意思作为要素来确定行为的法律后果，所以，设立物权的法律行为，就是以当事人的物权意思表示作为要素来确定其法律效果。如果不承认物权意思表示，那就无法理解这种法律行为。

在《合同法》的立法过程中，中国法学会民法研究会举办了多次相关研讨会，曾有主导该法制定的学者宣传说，我国的《合同法》包括了一切常见的合同类型，是世界上包括合同类型最多的合同法。但是当场就有一个学者提出，为什么《合同法》没有写入抵押合同和质押合同呢？难道这两种合同不是常见的合同吗？（本人在研讨会现场）这个问题提出后，不论是立法机关的官员还是主导该法制定的几位学者，都一时语塞，无法回答。为什么呢？因为，抵押合同和质押合同是设立物权的合同，其中包括了当事人设立物权的意思表示。与此类似的设立物权的合同还有好些种，比如设立土地使用权的各种合同。当然我也清楚地知道，学术界关于这些设立物权的合同到底是债权行为还是物权行为还有一些争论，但是，认为这些合同属于债权合同的学者，仍然坚定地认为，此后在设立物权的公示行为中，还要承认当事人的物权意思表示（对这个问题的讨论，有兴趣者，可以参阅拙作《中国物权法总论》中关于物权行为理论的探讨）。无论如何，如果你不承认物权意思表示的存在，你就无法回答为什么中国

《合同法》不写入抵押合同和质押合同、不写入设立物权的各种合同的这个提问。而事实上，连这些否定物权行为理论的学者也明白，这些合同也不能写入债权法体系的《合同法》。到目前为止，民法典合同编还是无法写入抵押合同和质押合同，原因很简单，这些合同涉及物权意思，而物权意思表示是客观的，无法否定的。

近年来数次遇到抵押合同、质押合同履行发生争议的案件，比如这些当事人设定抵押已经订立合同，但是登记手续不全甚至尚未登记的案件。一些这样的律师不会分析，法官不会裁判。其难以把握的要点，就在于如果抵押权的设立，未能完成抵押登记，那么抵押权就不会得到承认；如果抵押权不存在，那么抵押人的财产就不能用来实现债权。此时，债权人权利可能无法实现或者无法足额实现。这种履行合同受阻的情形，发生在债权担保不能实现的情况下。而债权的担保，并不是债权债务关系本身，而是另一个法律关系的作用。显然，仅仅依据债权债务关系的分析，不能自然而然地涉及抵押权这种附属性权利。因此，有必要对债权授权作为一种民事权利的性质予以重新认识。显然，这种权利如果仅仅将其理解为一种债权，那么就无法解释清楚它和抵押权之间的关系。准确的认识是：债权受偿权，相对于抵押权而言，就是一种支配权；在抵押权未能依法设立时，就是债权受偿权这种特殊的支配权受到了损害。因此这里涉及了侵权法的法理问题。因为对债权受偿权受损害，这种特殊的法律责任认识不清，一些律师和法官对这些案件的分析显得捉襟见肘，漏洞很多。

其实，以区分原则来分析这些案件是很容易得到答案的。首先我们应该从抵押合同的角度、从权利设立的请求权进行分析，看看抵押权设立登记的请求权基础，确定抵押权未能设立时当事人的过错。其次，我们应该看到，抵押权未能设立，是对债权人实现其债权的履行期待权的损害，这个责任应该是过错责任。最后，应该确定由过错方承担损害赔偿的责任。这样的法律责任，既有债权请求权的内容，也有物权支配权（期待权）的内容。这些道理，从支配权和请求权相互区分的原理中，可以清楚地予以掌握。

（五）所有权保留协议、让与担保和融资租赁中的物权意思

现实生活中有很多法律交易，在当事人之间会发生债权请求权的法律后果，同时也会发生物权支配权的法律后果。这些混合式交易，以所有权保留、让与担保和融资租赁为典型。在这些交易发生争议而形成案件时，必须对这些案件进行分析和裁判，而必要的手段是掌握当事人之间法律关系的细节；而当事人之间的法律关系的分析和处理，又必须从当事人的意思表示入手，看看哪个环节上当事人的意思表示是真实的合法的，哪个环节上的意思表示不真实不合法，依此做出分析和裁判，才能够公正司法。如果不能理解债权意思和物权意思的区分，其分析无法进行，裁判无法公正。

所有权保留，就是在买卖合同的背景下，由当事人做出的一个关于物权的特殊意思表示。这个意思表示的所指，就是出卖人向买受人履行买卖合同约定的交付标的物的义务的同时，双方当事人另外所做的一个将标的物的所有权暂时保留在出卖人手中的约定。或者说，这个约定就是推迟向买受人移转所有权的意思合意。这个意思合意，当然不是债权合意。如果不能理解物权行为理论，就不能理解这个合意。当然，这种物权合意并不需要以交付标的物（因为标的物已经转移到买受人手中，以满足其生产生活的需要）作为公示要件，这是这种物权意思表示的特殊之处。众所周知，所有权保留发挥的实际作用是担保出卖人的债权，在买受人支付全部买卖价款后，所有权就应该移转给买受人。所以这是一种特殊的担保法律制度。至于这种担保如何建立、如何实现，这些内容比较复杂，不涉及本文的主题，故在此不再赘述。

让与担保，或称担保让与，起源于罗马法中的混合交易，它也是一种和买卖合同相关、利用所有权来担保出卖人债权的交易方式。它的内容有：出卖人和买受人订立买卖合同（一般是具有经营意义的不动产和重大动产），但是在履行合同时约定，出卖人先交付标的物给买受人用于生产经营，但是所有权却保留在出卖人手中；此时同时发生以出卖人作为出租人、以买受人作为承租人的租赁关系，由承租人持续地支付租金来代替标的物价款；等已经支付租金的价值等同于标的物价款之时，标的物的所有权即移转至买受人手中。这种情形，在客观上还是体现了以所有权担保债

权的特点。不过，它引用了租赁合同、以租金的支付来实现债权的方式。不过整体来看，这种交易之中的核心就是所有权的让与，发挥了担保的功能。这种做法确实古老，但是曾经在欧洲应用普遍，所以在欧洲各国的民法典中都有规定，不过《德国民法典》是通过占有改定这一制度间接地承认了它的意义。我国《物权法》第 27 条的规定也是占有改定。理解这种混合式交易，最关键的是区分当事人的意思表示在建立法律关系上的差别。如果不承认物权意思表示的独立性与客观性，恐怕永远无法理解、分析和裁判这种交易。

至于融资租赁，其内容和上文分析的让与担保这种混合式交易颇为接近，差别是它在所谓的出租人和承租人之间，加入了第三人融资给承租人，然后承租人将所有权约定给融资方作为担保这一点上。融资租赁，是改革开放以来使用很多的交易方式，它多使用在一些大型、高价的机器设备的购买交易之中，对满足我国一些不发达地区的生产经营的需要发挥了很好的作用。融资租赁，其中的所有权担保环节是个核心，这几年来出现的法律争议基本上都在这个环节上面。如何理解、分析、裁判这一问题，关键就是要利用物权独立意思，以此确定所有权交付的法律效果。

（六）纯粹处分行为

所谓纯粹处分行为或者纯粹物权行为，指的是民事主体的法律行为，仅仅包括处分标的物或者处分权利的意思表示，而没有任何请求权的内容。这种行为最为典型的，就是所有权的抛弃。我们以抛弃作为典型分析，再来思考其他的纯粹物权行为。

抛弃是最为常见的法律行为，民事主体经常将自己认为无价值的物品抛弃，有时候也明确地将有价值的物品抛弃。这种抛弃，其实就是抛弃之上的所有权。抛弃所有权，将按照当事人的意思表示发生权利消灭的结果。我国民法学界对于抛弃行为一直研究不足。一些否定物权行为理论的著述，仅仅只是承认债权上的法律行为，这样他们就无法理解当事人所做出的纯粹的处分性质的意思表示。因此，一些著述一般对抛弃行为避而不谈，不予提及，从而试图达到闭目塞听的结果。不承认处分意思存在的客观性的时候，无论如何理解、解释不了所有权抛弃。

　　还有一些民法学著述为了达到否定物权行为理论的目的，不认为抛弃是当事人意思自治的结果，将抛弃解释为事实行为。我们知道，事实行为不把当事人的意思表示作为行为效果的必要条件，故，如果把抛弃确定为事实行为，那么不但在所有权消灭这个问题上严重地损害了民事主体的意思自治，而且在很多案件的司法裁判方面也违背公平正义。比如，一个未成年人抛弃物品时，他的所有权会不会当然消灭呢？如果把抛弃确定为事实行为，那么这个未成年人抛弃的意思表示是否有瑕疵这一点，在司法裁判上没有必要考虑，如果这时候别人拾到了这个物品，那么拾得人就可以因为民法上的先占而取得这个标的物的所有权。但是，如果这个未成年人抛弃的是一个很有价值的物品，而抛弃者因为年幼不懂事，认识不到这个标的物的价值，那会怎么办呢？比如一个小孩子在整理家务时发现一个很老旧的劳力士手表，他就把这个手表当作废品给扔了。这时候一个收废品的人拾到了这个手表。如果孩子的家长发现这块手表不见了，而且也知道它被收废品的人捡去了，那么，他能不能把这块旧手表要回来呢？这时候，关于抛弃是法律行为还是事实行为，就成了关键的分析标准。如果我们能够认识到，抛弃是一个法律行为，那么抛弃人的行为能力有缺陷的时候，那么这个抛弃的意思表示也就是有缺陷的（无行为能力或者限制行为能力），所以这个抛弃是可以被撤销的。所以，这块手表是可以要回来的。如果拾得人不愿意返还，所有权人可以诉及法院解决这个问题。但是如果抛弃是一个事实行为，那么抛弃行为并不受未成年人的意思表示缺陷的影响，一旦抛弃，这块很有价值的手表就没有理由要回来了。仅仅从这个分析就可以看出，认识到纯粹处分行为或者物权行为的存在，在法理上是通畅的，在司法实践中是有利于实现公平正义的。

　　下文，我还要讲到，抛弃的行为还要符合公示原则。如果把抛弃当作事实行为，那么，就无法理解这里为什么要符合公示原则。另外，如果把抛弃物权当作事实行为，就完全无法理解下文要讨论的不动产所有权放弃、商事权利放弃、知识产权放弃、债务赦免、债权让与等行为。

　　总之，纯粹处分行为或者纯粹物权行为，就是指民事主体仅仅只要发生对物的处分、对物权的处分、对支配权的处分的意思表示。这种意思表示与债权的发生没有任何关系，完全不可以用债权行为来解释。具体说来，这些行为有：

1. 民法上抛弃物的行为

抛弃行为如上文举例。抛弃标的物，即抛弃标的物以及标的物上的所有权的行为。民法上抛弃标的物的行为是非常多见的。在日常生活中，我们几乎每日都会抛弃一些自己不再使用或者自己认为不再具有使用价值的物品。

但是，抛弃所有权的行为，怎样才能够发生法律上的效果，在法学上仍然值得研究。一般的动产所有权抛弃，其抛弃的意思表示，以抛弃的行为作为要件。如果某人声称抛弃某一动产，但是客观上并无放弃的行为，其所有权并不因此而丧失。

但是抛弃不动产所有权的行为，法律上的制度就比较复杂了。因为国家建立不动产登记制度，所有权人放弃其所有权的意思表示，必须在不动产登记机构做出，而且还必须纳入不动产登记簿之后才能够生效。这是不动产所有权抛弃的常规。非常规的情形是不动产所有权尚未纳入不动产登记簿的情形。在此情形下，不动产的所有权人必须首先有足够证据，证明自己为正确所有权人，将该项权利纳入不动产登记簿，然后才能做出放弃权利的意思表示。这些做法看起来很烦琐，但是为保护正当的所有权秩序，这样的规则都是必要的。

2. 其他支配权的抛弃

民法上所有权之外其他支配权的抛弃，如用益物权和担保物权，都可以因为权利人的抛弃意思导致权利消灭。这些抛弃，同样属于纯粹处分行为。比如，建设用地使用权，抵押权，皆可以抛弃。而这种抛弃，也经常会遇到。其基本规则，也遵守公示原则，不动产物权抛弃必须按照当事人的意思表示而纳入不动产登记，动产抛弃必须放弃对标的物的占有。对不动产物权消灭遵照我国《物权法》第 9 条等处理。但是，《物权法》没有把占有规定为动产物权的公示方式，这个问题希望在以后的立法中解决（占有作为公示方式，还可发挥权利享有的推定作用，法院可以依据占有推定占有者为权利享有者）。

3. 物权法上商事权利放弃、知识产权放弃

放弃商事权利也要依据公示原则处理。因为商事权利一般情形下也都

纳入了工商登记，因此放弃权利的意思表示，应该向工商登记机构做出，并且要在工商登记上明确载明当事人放弃其权利的意思，登记后放弃的行为才能够生效。

知识产权的放弃，其意义与制度，和商事权利的放弃类似，放弃权利的意思也必须纳入相关登记，放弃的行为自登记后生效。

4. 债务赦免

债务赦免，其实就是债权的放弃或者抛弃。在我国《合同法》制定时期被认为是一个债权法问题，但是其本质是支配权的抛弃，在法学上它同样属于纯粹处分行为，或者准物权行为。因为抛弃债权并不需要债务人的任何意思表示，只需要债权人的单方面的意思表示就可以成立，故债务赦免的本质是债权人抛弃债权。因为债务赦免对债务人有特别意义，因此债权人应当对债务人做出明确肯定的意思表示。当然，债务赦免同样必须符合公示原则，债权人不但要有赦免的意思表示，而且还必须以公开的方式销毁其债权文书。

（七）涉及行政审批的采矿权等准物权的取得

准物权，指的是具有物权的属性（即特定主体支配特定标的物的物权特征），但是不论其取得还是转让却又必须经过行政审批的一些民事权利。其典型准物权有采矿权、林木采伐权、特定种类的捕鱼权等。在一些民法、物权法著作中，它们也被称为类物权。这些权利具备物权的基本特征，而且也可以进入市场交易。比如，采矿权就是权利人独占性的支配矿场并采掘矿藏取得矿物的权利。依照我国法律，采矿权也是可以进入市场交易的。不过，基于我国矿藏所有权归属于国家的法律规定，同时考虑到采矿权涉及生态和环境保护方面的问题，以及采矿涉及的生产安全等问题，我国规定采矿权的享有者必须具备专门的资质，并非一般民事主体都可以取得采矿权。因此采矿权的取得必须经过行政审批，这是法律强制性的规定。所以，采矿权具有一般物权的特征，但是也具有依附于行政权力的特征。与此类似的还有林木采伐权和特种鱼类的捕鱼权等。

这些群权利被称为准物权或者类物权，在物权保护这个问题上可以类推适用，或者准用《物权法》规定的物权规定。我国《物权法》第123

条以及涉及土地、矿产、森林、渔业等自然资源的立法，都有关于这些权利的规定。

我以采矿权为例说明区分原则要解决的问题。

我们知道，中国有很多矿藏，而矿权的获得、转让要经过审批。在矿权转移的过程中，出让人和受让人之间当然要订立合同，矿权转移需要批准。但是以前不论是法学家还是实践家都搞不清楚，认为这里所说的批准是合同的生效要件，订立的合同要批准才生效，不批准合同不生效。因此，从20世纪90年代以来，我国立法都规定合同未经批准无效。这时就发生了很多"耍赖皮"的司法实践的问题。我们都知道，这些年我国矿产品的价格（比如煤炭）总是不太稳定，这就影响到了矿权转让合同的履行问题。一个矿权转让合同订立完成后，矿产价突然高涨了，出让人就不想交付了，他会拖着不去办理批准手续。因为办手续需要双方提交申请，出让方拖着不提交，批准手续就无法办理。另一方当事人起诉到法院，法院却认为，合同没有批准就没有效力；没有效力就不能约束当事人；既然合同还没生效，对方也就不能让他履行，也没办法追究他的责任。

大家想想问题出在哪里啦？就出在我国法学界一度公认的合同法理论里面，它搞不清楚合同债权生效的条件，把债权生效所需要的条件，和矿权转移（支配权变动）所需要的条件搞混了。后来在立法论证时，也还是我提出来，应该依据区分原则来解决这个问题。当事人之间达成转让矿权的协议时，合同就已经生效，当事人应该受到这个合同的约束，当事人的合同义务其实就是办理批准手续，完成矿权的移转。这个合同用不着批准，应该批准的是矿权的变动。因为从立法目的来看，合同只涉及当事人关系，不涉及公共利益；但是矿权转让是涉及公共利益的，是应该批准生效的。把区分原则引用进去之后，这里全部的法律问题就清晰了。

区分原则解决了合同成立后没有约束力这个问题，这个规则可以适用到所有这些类物权或者准物权转让的交易之中。目前，一些涉及矿权的立法以及类似的立法，都明确了当事人之间的协议在行政机关批准之前对当事人发生约束力，当事人不按照约定办理批准手续就应该承担违约责任的规则。这个写法和我所说的区分原则的用词虽然不完全一致，但是其基本原理是一致的。现在矿权等司法实践问题越来越多，依照区分原则解决这个问题，可以说实践意义非常大。

（八）物权法第 142 条但书条款的重大价值

在我国《物权法》中有一个非常重要的分析和裁判规则，就是该法第 142 条但书条款的规定。这个条款对于保护普通民众的房屋所有权，意义太重大了，但是我在阅读中发现，很多民法学著述包括一些物权法学的教科书都没有提到它，这实在是一个憾事，因此我要着重介绍一下。

第 142 条的但书条款，所要解决的问题，是一个非常普遍存在的中国物权法实践问题。我举一个例子大家就知道了。2019 年东南某省的一个县的一座居民楼，三十多户居民购买了房屋，接受交付入住了三年多，但是因为盖楼房的开发商和地方政府登记部门的问题，这三十户居民的房屋一直没有办理登记过户手续。这时候这个开发商的债权人一家银行起诉该开发商欠账不还，而且指出该开发商在不动产登记簿上还有一座楼房，因此法院就把这个楼房给查封了，要把这三十多户居民赶出去。这个案子中，居民都已经住进房屋三年了，有没有发生所有权的转移？没有办理登记，这种情形如何理解？我一个校友打电话给我说，他买的房屋已经居住了十七年，就是因为没有办理登记过户，现在原来的房主向法院起诉他了，要求他退还房屋。这些案件该怎么办呢？

像这种已经交付给业主多年，但是还没有办理过户登记手续的房屋，所有权到底是谁的？如果是按照我国一些学者所主张的债权形式主义理论的规则，物权变动的效力来源于不动产登记，因此还没有办理登记就不可以认为发生了物权变动。因此就可以认为，这些已经居住多年的住户是没有所有权的，应该把房子退给原来的房主。所以，像上面提到的案件，法院就做出了查封买主居住多年的房屋或者要把这些业主赶出去的裁判。这些裁判，都是这些法官接受了他们老师教导的债权形式主义的道理之后做出的。

但是这样公平吗？符合物权法的科学原理吗？

但是按照物权行为理论来看，这些住户居住在这里，不但因为他们和开发商、和原房主订立了合同支付了价款；在合同成立生效之后，双方之间已经就交付房屋（房屋的验收、接收）的物权意思表示达成了一致，而且开发商、房主向买主交付了房屋的占有权。这样既有所有权转移的物权意思表示，也发生了标的物的实际交付，从物权法原理上看，房屋的所有权已经完成转移了。因此，按照物权行为理论，所有权已经在住户手里，开发商、原房主无权主张所有权。所以，法院这个时候不能把原房主、开发商仍然作为所有权人。

如何理解不动产登记？按照物权行为理论和区分原则，不动产登记只是当事人之间就发生物权变动的意思表示的公示方式而已，而不是物权的来源，所以登记这个手续可以补办。但是，如果按照债权形式主义，登记才是物权的来源。所以按照债权形式主义处理这些案件，老百姓就遭灾了。

事实上第142条的但书，就是要解决这个问题。这个但书条款是《物权法》颁布的前夜，2007年3月5日晚上，立法机关将该法的最后文本拿来征求法学家的意见。当时有五个法学家，其他四个人都认为，所有交易性质的物权变动都应该以不动产登记为主，他们坚持债权形式主义规则。但是我坚决反对，我坚持物权行为理论和区分原则。我当时讲，在我们中国没有办理登记，但是实际上已经住进房屋的老百姓非常多。我曾经有一段时间担任国家建设部的法律顾问，因此做过一些社会调查。2004年一个调查显示，仅仅武汉一个城市，当事人已经居住三年但是还没有办理登记的住户有20万，涉及的居住人口大概是100万人。仅仅武汉一个城市就这么多，全国已经入住但是还没有办理不动产登记手续的房屋有多少？涉及老百姓有多少？大家可以想一想。如果这些住房，仍然确定为开发商拥有所有权，那么对老百姓的损害有多大？所以这不仅仅只是一个法学理论问题，而且也有政治问题和社会问题在里面。所以我不同意按照债权形式主义的道理，只认可不动产登记的房屋所有权确权。道理非常简单，按照这种理论，房屋的所有权当然仍然确定给开发商和原房主。我的意见，这个时候，房屋所有权必须确定给已经接受交付的业主。

因此，本人在物权立法时一直坚持，物权独立意思在符合公示原则的前提下，也应该许可其发生物权确认的效果。① 比如，不动产购买人已经

---

① 见《交易中物权归属的确定问题》《房屋买卖交付而未登记的法律效果分析》等。这两篇论文分别发表于《法学研究》和《人民法院报》，后一并收入《争议与思考——物权立法笔记》文集，中国人民大学出版社2006年版。

获得标的物的实际占有，这就是符合公示原则的；而开发商或者出卖人向购买人交付占有，也肯定是其交付房屋所有权的意思表示推动的；当然购买人接受这一交付同样是取得所有权的意思表示推动的结果。交付房屋的客观要件完全可以证明物权转移的意思表示，交付也有公开性的效果，所以应该获得法律的认可。《物权法》第 142 条的"但书"，可以说是本书作者长期努力的思想的体现。

我坚持物权变动尤其是在合同履行这个问题上，要遵循当事人的意思表示，当事人转移房屋所有权的物权意思表示已经表达，而且标的物已经交付，这就符合了物权变动既需要当事人的意思表示也需要公示方式的条件。这种情况下，不动产登记只是一种公示方式，而不是物权变动的来源。所以，这个条文中就出现了这个但书条款。

《物权法》第 142 条首先规定地上建筑物、构筑物及其附属设施的所有权归属于土地物权权利人；而它的"但书"指出，如果建筑物、构筑物的占有人等有相反证据证明自己的权利时，这些建筑物、构筑物可以不归属于土地物权人。登记之外的不动产权利拥有的证明，就是不动产占有的交付。所以，这一条文承认了不动产交付作为物权取得的公示手段，也就是发生物权变动的根据。

在这个问题上，我们要坚持的一个要点，那就是当事人要有真正的所有权转移的意思表示，同时要发生现实的标的物的交付。只有这样，才符合物权法学的原理。如果没有符合当事人意思表示的标的物交付，那么就不符合该但书条款的本意。现实生活中会发生各种情形的不动产占有，但是这些占有并无当事人转移所有权的意思表示，所以，不能仅仅以占有来确权（2007 年 3 月 5 日夜的讨论中，就有学者提出可以对业主进行占有保护和确权，这也是一种似是而非）。

据调查，当前中国民法学界仍然坚持债权形式主义的观点，仍然自认为是主流和多数，一些官方组织的教科书和考试，也把这样的学术观点当作唯一正确的观点。但是，这种观点不但在学理上似通不通，而且在实践上损害普通民众利益，正如上述举例说明的情况那样。实际上，这种观点也是不符合《物权法》第 142 条规定的。2008 年《最高人民法院关于审理建筑物区分所有权纠纷案件具体应用法律若干问题的解释》（征求意见稿）第1条，明确承认的业主即建筑物区分所有权人的身份，除依据不动产登记确认之外，也可以依据接受房屋占有交付的而尚未纳入登记的权利人。这一规则，同样承认了不动产占有的交付的物权公示效果。

因此，我希望不论是民法的理论家还是实践家，都应该看看《物权法》第142条这个但书条款，不要忽视了这个条款的作用，还要再思考一下，民法理论的透彻性和科学性的问题。

（九）特殊的交易：省略中间登记的所有权转移

在物权变动和不动产登记这个问题上，有一个很有理论价值和实践价值的司法裁判问题，就是省略中间登记的所有权转移问题。比如，张三把自己的房子卖给了李四，李四住了一段时间之后又把它卖给了王五，王五又把它卖给了赵六等。在这些房屋买卖的交易中，有一种现实是，张三是不动产登记簿上记载的权利人，但是其他人还都没有办理不动产登记过户手续。此时出现的物权法理论问题和实践问题之一，以什么标准来确定后续购买人的所有权？这个问题在上文讨论《物权法》第142条的但书条款时已经明确回答了。

但是，还有一个问题是：如果最后的也就是现时的业主，需要以房屋办理抵押等法律事务，而依据法律规定他必须首先办理不动产所有权的登记手续时，应该如何办理的问题，以及我们如何理解这里面的所有权变动的问题。当然，如果仅仅只是办理不动产登记的手续问题，我们可以参照日本不动产登记法建立的"中间省略登记"来完成此种手续。这一程序，是充分考虑到现实不动产交易的复杂性而建立起来的，它的建立并不是很难。

但是如果要考虑到这里面的所有权转移问题，尤其是考虑到交易安全的重大问题，那么，就应该仍然坚持上文分析的，把当事人之间所有权转移的意思表示和现实的标的物占有交付两个要点相结合，以确定业主的所有权取得。比如，以上文的举例，如果张三出卖给李四，当事人在订立合同后，做出了交付房屋的意思表示而且完成了交付，那么司法上就应该认定李四为所有权人。如果李四和王五之间的交易也符合这个条件，那么，王五也是真正的所有权人。那么，王五可以根据这些法律根据，去办理

"中间省略登记"来将自己登记为不动产所有权人。但是，如果占有人赵六的取得却并不是根据出让人转移所有权的意思表示，那么他就不可以主张办理"中间省略登记"，不可以主张所有权人的登记。在现实生活中，确实存在着一些合法的不动产占有人而不是所有权人，他们对于不动产的占有支配权利有时候也需要进行不动产登记，这个时候，区分所有权和其他权利的登记差别，意义十分巨大。而这样的区分，必须借助于物权行为理论的分析。

从这个特殊的法律视角分析，我们也可以看出，当事人之间有没有共同的物权意思表示，是确定这种情况下是否可以进行"中间省略登记"的核心要素。如果坚持债权形式主义，那这种交易就完全理解也无法推动了。因为，张三把房子转让给李四，李四又转让给王五，如果李四没有办理过登记过户手续，那么李四就没有房屋所有权，当然，李四也就没有权利把房子转让给王五。以此类推王五也是没有所有权的。所有权就没有发生过变动，这时候中间省略登记根本无法办理。但是依据物权行为理论支持的区分原则来理解这个问题，这里面就没有障碍发生了。

当然，这种物权的意思表示需要客观证明，而现实中也是可以证明的。无论如何，如果当事人之间没有共同的物权意思表示，那么法院也罢，不动产登记机构也罢，都不能进行中间省略登记。总之，这个特殊的法律问题，必须借助于物权行为理论、区分原则的精确指导才可以得到妥善解决。

（十）关于权利证书的占有和交付

我国《物权法》除了规定不动产登记和动产交付之外，还建立了不动产物权证书（《物权法》第16条、第17条规定的用益物权证、建设用地使用权证、农村土地承包地权证、宅基地使用权证等）、动产的权利证书（《物权法》动产抵押权部分的抵押权证）、权利质权证书（《物权法》第223条至228条规定等）。在建立权利证书的法律制度之后，不论是立法还是司法，甚至在行政执法的工作中，都必须考虑权利证书的占有和交付对于立法和司法的意义，尤其是它在案件分析和裁判中的作用。

事实上，从民法分析和裁判的角度看，权利证书发挥的作用不能忽视。

（1）在非交易状态下，证书作为权利证据，对民事权利的承认（确权）发挥重大作用。一般而言，权利证书的拥有发挥静态权利的公示作用——权利享有的证明作用（对此我国《物权法》第 16 条和第 17 条都有明确的规定）。因此在立法和司法中，我们必须对这个规则有足够的重视。因为一些民事诉讼为确权之诉，尤其是物权的确权之诉，因此，在司法和执法的过程中，我们必须对于权利证书的拥有给予足够的重视，即承认证书的拥有可以作为确权的主要根据。当然，如果另有法律证据比如不动产登记簿的记载，和权利证书不一致的时候，此时的司法和执法就必须非常谨慎，必须寻找更多的权利证明。

从司法裁判的角度看，以权利证书的持有表示拥有权利的拥有，这是对于支配权给予司法承认和保护的切入点。对这个重要的分析和裁判的规则，我国《物权法》第 17 条在规定不动产物权证书时，有一个非常重要的裁判规则，在该条文的最后一句话之中。为了准确理解，我在这里将这个条文全部写出来："不动产权属证书是权利人享有该不动产物权的证明。不动产权属证书记载的内容，应当与不动产登记簿一致；记载不一致的，除有证据证明不动产登记簿确有错误外，以不动产登记簿为准。"这一条的前半部分，都说明了不动产的权利证书发挥着权利证明的作用。而分号后面这半句话中，也包括在证明不动产登记簿的错误的过程中，不动产权属证书有可能发挥的作用。

至于其他的权利证书是否能够发挥和不动产权属证书同样的作用，我国《物权法》的规定语焉不详。但是以物权法的科学法理而论，其他权属证书应该同样得到立法和司法的尊重。比如，债权文书对于债权的持有，就可以发挥确认债权拥有的作用。因此，在债权转让的过程中，立法和司法就应该强调债权凭证的交付，现行《合同法》第 80 条的规定因此是有缺陷的。

《公司法》《票据法》等法律对于商事支配权的规定，已经不仅仅把权利证书的持有作为权利的证明，而是将其作为权利的根据。这一点，对于民事裁判意义更为重要，更值得得到重视。

（2）在民事交易的状态下，此外，权利证书的交付，也发挥着强烈的公示作用。这一点也是不能忽视的。在不动产交易中，当事人之间常常会在进行不动产过户登记之前，交付不动产的权利证书。这一点如何理解？其法律效果如何？在我们仔细研究《物权法》第 142 条"但书条款"加以确立的社会现实背景之后，我们就能够理解，这同样是当事人之间关于物权移转的真实意思表示的体现。本人在 20 世纪 90 年代中期的社会调研中，就遇到了当事人先交付房产证来表示自己向购买者交付房屋所有权的案例。现实中这样的案例仍然很多。现房购买时，购买人常常提出的要求是，房屋所有权人在办理过户登记之前先交付房产证，因为办理过户登记常常需要复杂费时的手续。在这种情况下，我们当然要对当事人真实的物权意思给予承认和保护，而不能以不动产登记没有变更而否定购买人的所有权取得。

商事权利交易必须交付票据，这个十分重要，大家一般来说都已经掌握了。但是在一般民事交易中，我们也强调权利证书的交付。比如，在债权转让的交易中，如果按照《合同法》第 80 条的规定，通知了债务人就能够表示债权转让的成立生效，那么，债权人并不向受让人移转债权文书，那会怎样？显然，这样并不行。我在调研中遇到了一个案件就是这样，债权人讲自己的债权转让给第三人了，也通知债务人了。按照《合同法》第 80 条的规定，债务人就必须向新的债权人履行义务了。可是，原来的债权凭证还在原债权人手里，这个债权人按照自己的债权文书，向银行做了一个质押借贷，把债权文书质押在银行里了。这样债务人就要承担双份义务了。这个案子，法院根本无法处理。这个问题，就是《合同法》制定时期，立法者（主导的是一些民法学家）不承认支配权和请求权的区分、不承认这两种权利变动的法律根据的区分这个原因造成的。在现实的司法实践中，我们一定要避免这些无法解决的问题发生，而避免的方法，就是律师、法务工作者，要帮助当事人回避这些法律上的大漏洞。

权利证书的占有和交付，必须从物权意思的角度去理解，否则就不能准确地保护真正的权利。比如，不论是把权利证书的持有理解为事实状态的占有，还是把权利证书的交付理解为事实行为，都不但不符合事实和法理，而且都会对权利人构成实质的损害。

(十一) 土地承包经营权、地役权、居住权设立的特殊性问题

我国《物权法》还有土地承包经营权、地役权的设立，以及未来的民法典物权编规定的居住权的设立，在物权变动中有特殊的法律规则，即依据合同或者当事人之间的特殊协议直接设立，不必要进行权利设立的不动产登记。之所以不必要进行登记，是因为这些权利的市场化程度，和其他权利是不一样的。但是应该注意的是：

（1）农村中的土地承包经营权，在原来《物权法》制定时期其市场化程度不高，而且农村里面是熟人社会，订立承包合同还要开集体大会，所以这种权利设立原来也是具有其特色的公示要件。现在，按照"三权分置"的要求，土地承包经营权要进入市场机制，因此按照中央的部署各地都进行了农村土地承包经营权的确权登记。所以，这种权利的公示问题已经得到了解决。这一点也是区分原则的应用。

（2）地役权和居住权的设立，因为一般情况下不涉及第三人，故不必要把不动产登记作为权利设立的要件。但是，如果涉及第三人，则应该事先纳入登记。

(十二) 小结

本节讨论的这些特殊的民事交易，多是民法典规定的所有权移转之外的交易。本节的总结不算完善，但是从本节的分析，我们大体上可以看出民商法中特殊交易的分析和裁判规则。简要地说，这里的分析和裁判规则，还是区分原则，即把交易区分为合同成立和合同履行两个阶段，在这两个阶段里产生不同的权利，而且权利发生效果必须有不同的法律根据的原则。我们可以看出，如果不使用区分原则来进行分析和裁判，就不能彻底贯彻当事人的意思自治原则，也不能实现交易结果的客观公正。20 世纪90 年代以来所形成的民法主导理论，其理论上的不彻底的缺陷，依据区分原则基本上得到了弥补。

同时，本节所列举的一些特殊的民事交易的情形，和本文的第一节和第二节相呼应的是，我们可以看出，这些特殊交易如果依据"不动产的合同不登记不生效""动产合同不交付不生效"、债权形式主义等理论来分

析时就会出现更多的混乱、误解和无解。上文指出，我国民法理论多年的混乱以及所造成的立法和实践问题，根本原因就是不能在交易的整体中贯彻意思自治原则，结果造成了订立合同可以有意思自治，而处分所有权却不承认意思自治的荒谬。这种理论上的不彻底必然会造成民事主体实体权利的损害。引入区分原则之后，使用物权行为理论分析之后，我们看到了一种法理上的清晰、明确、透彻的分析结论，也看到了实践上更为客观公正的裁判效果。这就是说，区分原则，物权行为理论，使得民事主体的意思自治原则得到了充分的贯彻，交易的客观公正得到了保障。而且，依据区分原则办理案件，总是十分方便快捷的。联系上文那些支持债权形式主义的观点所进行的冗长而烦琐、为了自圆其说而别别扭扭的论证，及其这种观点指导下那些缺陷百出的裁判效果，我们会更加确信区分原则理论的科学性和透彻性。

区分原则主要应用于民事权利交易的场合，也就是当事人依据法律行为设立、变更和消灭民事权利的场合。非依法律行为发生的民事权利变动，比如以行政指令或者法院判决书发生的权利变动，并不适用这一原则。

从上述分析看，区分原则的适用有着广泛的普适性。同时我们也要看到，适用区分原则要注意两点要求：

其一，就是学会和掌握法律交易中的当事人意思自治的分析。民法上的意思自治原则是一个基本原则，它体现了民法的本质，因此我们不仅仅要在合同成立的阶段里贯彻意思自治原则，而且也要在合同履行的阶段里贯彻这一原则，即准确地尊重当事人在物权变动这个环节里的意思自治，要体现物权人的处分权和处分意思。如果看不到当事人在履行合同阶段里的意思自治，那么这不但是对民事主体的意思自治原则的不尊重，而且还会导致很多民事案件无法分析和裁判。因为法律行为的基本特征就是按照当事人的效果意思来确定权利变动的效力，故否定物权变动中的当事人的意思表示，那就必然会把物权变动的法律效力来源归结于其他因素，这样就从根本上违背了当事人的意愿，因此就必然得出错误的分析和裁判结论。

其二，要掌握物权公示原则的本质及其应用。物权公示原则其实就是当事人的物权意思表示的客观展示，具体的公示方式而不是行政赋权或者确权，更不是事实行为。在实践中我们必须掌握的是，物权的公示方式不是单一的。一些学者理解的物权公示方式仅仅只有不动产登记和动产交付这两种，但是仅仅在中国物权法中，我们就看到了不动产物权的公示方式就有不动产登记、不动产权属证书、不动产的现实占有、不动产交付等等；而动产物权的公示方式有占有和交付两种情形；此外还有权利物权的公示方式，有权利证书的占有、登记、交付等。这些公示方式，在不同的情形下支持着物权的享有或者物权的转移。

区分原则应用于民法分析，从方法论的角度看，就是在以法律行为作为基础、以公示方式的有无确定物权变动的效力。坚持这两个要点，并且将这两个要点结合起来，这就是区分原则理论完整而且简便的分析和裁判方法。

四　民法分析和裁判基本方法的整体思考

上文第二部分分析了关于房地产买卖交易涉及的合同成立生效到合同履行这种典型的民事交易，从中我们已经能够清晰地掌握一个民事交易之中当事人之间的关系，从债权转化到物权或者说从请求权转化到支配权的精确过程。而第三部分的分析，则给我们提供了区分原则更为广泛的使用空间，我们也可以看到该原则在民商法广谱的范围内对民事权利的分析和裁判所发挥的指导、支持和规范的作用。本文第四节，我们将从民法分析和裁判所依赖的法律适用的角度，来更加广泛寻求法理和立法上的渊源。

民法的分析和裁判，即使是交易性质的民事权利变动分析和裁判，当然不能仅仅依据上文重点探讨的区分原则，而且还要适用其他民商事法律的规则，也要考虑行政管理法规的适用。所以，寻求和整理民法分析和裁判的广泛的法律渊源至关重要。但是，本节的分析的角度是和民法分析及裁判相关联的法理规则的探讨，这个角度是特定的有限的，一些题目相关的更为广泛的含义不在此文探索之中。比如本节第一个小题目关于"公法和私法的区分"就不会将这个题目涉及的全部问题加以探讨。

（一）法律渊源上公法和私法的区分

从法律渊源的角度来讲，我们要把公法与私法区分开。民法是很重要的，但是民法是不能包打天下的，不能说所有问题都是民法问题。所以在解决问题时，一方面，对于行政法上的问题，民法要尊重，对于宪法上的问题，民法也要尊重。但是另一个方面，我们在民法中要注意应用宪法规则，也要注意应用行政管理法规则，尤其是现在很多民法中的规则都还规定在行政法中，大家更要注意应用。

（二）民法渊源中一般法和特别法的区分

从法律渊源的角度来讲，我们也要注意一般法和特别法的区分，这是我 2016 年在全国人大常委会做立法报告时提出的。当时我就讲，我们现在做的工作是民法典的立法工作，民法典实际上是民法的基本法，或者是民法的一般法。但是我们也意识到，在当代体系下，民法典不可能把所有的民法制度都规定进来，所以在民法之外肯定要有特别法。在这种情况下，我们就要从立法的角度和司法的角度掌握应用好一般法和特别法的关系问题。

现在我们可以确定的民法一般法就是民法典，特别法中有商法、知识产权法，另外还有社会立法等。关于商法和知识产权立法，有一部分写在了民法典之中，但是更多的内容是写不进来的，因为这个体系太庞大了，另外也因为这些法律本身有其特殊的地方。比如说商法，商法实际上也是关于民事主体的立法，商法不管是组织法还是行为法，都没有跳出民法的平等主体、意思自治和自己责任的法律基本范畴，只是在法律行为和法律效果方面，商法更加强调客观的判断逻辑。但是尽管如此，它也还是民法中的一个范畴，不能认为商法不属于民法，因为从主体的角度，从组织的角度，从行为规范角度和责任角度，它都是民法的范畴。

知识产权法就更是这样了，知识产权就是解决民事权利，但是知识产权发展是非常之快的，而且知识产权有时候也会涉及行政性的因素。比如商标权最后的确认是商标委的注册，商标委的注册是通过行政程序来确认。4 月份时，全国人大宪法法律委员会开第 52 次会议，在会议上我们讨论了《专利法》的修改。《专利法》中也涉及专利的确认，专利确认实际上也涉及行政法规，所以知识产权有它本身的一些特点，不是简单用民法就能把这些问题解决了，所以把它作为特别法是合适的。

当前，在市场体制国家都把社会立法当成民法特别法来看的，它不是行政管理法，因为它只解决一部分民事权利主体的特别权利保护的问题，它更多的是解决责任承担的问题。比如医疗保障，医疗保障不是让人们不生病，而是人们到医院看完病后，医疗费用给人们报销一些，让大家没有后顾之忧。实际上它是把人们在看病时对医院产生的法律责任，通过社会保障的方式承担了，这是民法中的最基本的规则问题。当然《社会保障法》还有很多其他的内容，但是它更多的基本原理都是来源于民法。所以我们强调它有特性，它是民法的特别法。

在法律和分析过程中，我们还要注意有一些民法中的权利是规定在行政管理法中的。我们在开宪法和法律委员会第52次会议时，还讨论了《土地管理法》、土地所有权、使用权等，这方面的很多问题都规定在《土地管理法》中，那么我们在法律适用时，要记得特别法是要优先适用的。但是另一个方面，如果特别法没有规定，还得要适用民法，这就是民法的母法作用。这两个方面都是不可偏废的，不能说因为是特别法就脱离了民法。举个简单的例子，山东有一个姑娘叫齐××，齐××被他人冒名顶替入学就读，当时针对这个案件有很多争论，很多人认为这是受教育权问题，是个宪法问题，一直争议不下来。后来征求了我们的意见，当时我提的意见是按照德国法的规则，不管宪法怎么规定受教育权，实际上这个案件的结果是民事主体的利益受到了损失，这种情况下，可以把它当成民事利益受损来加以救济，这样用民法规则是可以解决的。

（三）权利分类上绝对权和相对权的区分

绝对权和相对权的区分是民法中最基本的权利类型的区分。在过去，我们对这方面的研究是不够的，通过刚才我对整个过程进行分析以后，大家就会认识到，这才是民法中最核心的问题。

（四）法律根据上法律行为和非法律行为的区分

权利变动有法律根据，上文中所讲的主要是法律行为根据的区分，还有一些是非法律行为的根据，比如依据行政命令、征收、自然事件、事实行为、时效等造成的民事权利的变动。交易所造成的民事权利的变动，是我们分析的要点，但还有一些不是交易的，不是说交易法律制度就代表了一切，交易之外还有很多。现在，很多老师和同学对这方面还没有很好的掌握，在以后的学习和研究过程中，希望大家都能掌握。

（五）法律行为中负担行为和处分行为的区分

在法律行为中，我们要注意掌握负担行为和处分行为的区分。在权利的转化中，支持相对权成立的是负担行为，支持绝对权变化的是处分行为，虽然听起来很抽象，但相信大家听了我前面的讲解后也能明白了。

（六）法律规范中行为规范和裁判规范的区分

我们在引用法律规范时，要注意行为规范与裁判规范的区分。民法上来讲，行为规范是引导当事人行为的规范，而裁判规范是支持法院裁判的规范。做出一个法律裁决只能应用裁判规范。如果有一些规范是引导当事人的行为的，最好就不要引用它，比如婚姻自由，婚姻自由就是一个基本原则，它实际上是行为规范的范畴。法院做裁判时，不可能直接引用婚姻自由，只能引用其他具体的裁判规范裁判案件。

（七）强制性规范和任意性规范的区分

在法律上，有些规范是强制性的，强制性规范是指不管是当事人还是法官都必须要适用的，而任意性规范是指可以由当事人选择的规范。但是当事人选择任意性规范之后，就产生了法律上的约束力，这时它也成为法官裁判的依据了，比如价款等就是这样的问题。

（八）民法总则、民法基本原则应用于分析和裁判

民法上的原则在法律上有三大功能，包括指导立法，弥补法律漏洞，

甚至有时候它还能直接用来裁判案件，比如公序良俗原则，这个原则的司法意义非常之大。我在学习德国法时，曾经注意到这个问题，事实上很多人都在研究公序良俗，但是公序良俗并不仅仅是指公共的秩序和善良的风俗，它的概念比这个更大，甚至对它的解释都不一样，甚至也包括国家的政策等。最近出现了很多奇怪的例子，有些确实是属于违背公序良俗的，我们都可以用公序良俗的原则来判断。比如女婿与自己妻子离婚，再与丈母娘结婚，还有儿媳妇与公公结婚的。从中国人的观念来讲，这实际上就是对于公序良俗的违背，这种违背公序良俗的做法是根本不应该提倡，不应该鼓励的，但是当地法官还有登记机关却许可了这种行为，从我自己来讲，我是接受不了这种事情的。

（九）法律行为逻辑应用于民法分析和裁判

法律行为的逻辑就是主体、客体、权利义务和责任的逻辑，这是我们民法的基本功。民法认为所有的主体都必须是明确肯定的，客体也必须是明确肯定的，权利义务和责任更是要明确肯定的。我最近在一个仲裁委当首席，我就用这个逻辑裁判了一个案子。有一个当事人提了一个要求，他要求法院把这个案子中以及以后涉及此案的所有案子中，对方当事人应取得的利益都归他所有。后来我裁判：从民法角度来讲，任何请求权都必须是明确肯定的，权利必须要明确肯定，请求的标的也必须是明确肯定，现在这个案子中你没有讲清楚你到底有什么权利，还甚至要把未来的权利都给你，对于未来权利到底是什么，你也没有讲清楚。这不但违背了法律行为的逻辑原理，还可能侵害了他人的合法权利，所以是不能支持的。

（十）违约责任和侵权责任

我在前面已经给大家讲了，什么是民法上的侵权责任，什么是违约责任。实际上这是请求权基础的问题，大家要真正掌握其用法。从法院来讲，有时候法院自由裁量权还大一些，要是从仲裁的角度来讲，若仲裁请求权提的不准确，那案子就败了。原因就是仲裁完全就是依据请求权提起来的，请求权提的不准确，就不能支持这个案子。

五 总结与互动

今天我讲了这么多，实际上核心的问题就是：我们民法上所有的行为规范和裁判规范所围绕的核心都是民事权利。民事权利的认识不同，导致了法律技术上的认识差异，但是现在全世界都比较趋同，只有我们国家曾经在一些问题认识上出现了比较大的混乱。主要的原因是我们中国法学家，包括立法者、法官在内，他们对于法思想的认识是不过关的，他们对于民事权利和意思自治原则的认识也是不够的，才最后导致了一些稀奇古怪的理论。所以我们从民法角度来讲，首先还是应该要讲究法律技术的运用，还是要强调民法上的平等原则、权利神圣原则、意识自治原则、自己责任原则、社会公正和社会正义原则。如果没有这样的法律思想基础，也无法强调法律技术，法律技术不应该作为错误裁判的基础。我们应该知道法思想和法技术是同时推进的，但是法思想在其中发挥了核心和基础的作用。我们国家的这种司法混乱，立法混乱，说到底还是民法学说的困扰，所以法学家应该有一份担当，法学家应该认识到自己说错了话，做错了事，会给立法和司法造成混乱。现在这些问题我们正在纠正之中，但是我们还有很多问题是需要好好解决的。希望我们各位在座的年轻的老师和年轻的同学们，以后我们大家共同努力完成这个任务。今天我就讲到这里，谢谢大家。

附 课堂评论、提问和回答

点评一：

非常感谢大家给我这个机会，因为作为学生，我已经很久没在孙老师的课堂上听过课了。今天感觉特别实在地又听了一次老师的教诲，学了非常多的东西，感触也特别的深刻。下面与大家做个简单的交流，孙老师所讲授的内容中，实际上背后有很多波澜壮阔的斗争史，我觉得值得用"波澜壮阔"四个字来形容它。因为实际上我国的物权立法大概是在1993年就开始了起草工作，2002年从人大初审第一次到十届人大常委，前后至少是经过六次审议。2005 年公布征求意见的草案，一直到最后 2007 年立法正式公布的这两年之间，据我知道的，都至少有一百多次大大小小的座谈会和论证会在讨论这个问题。那么最后的结果是什么呢？就是孙老师刚刚在讲座中所坚持的"区分原则"以及这样的公示原则，在我们的立法当中站住了脚。在今天看来，这好像是一个应当确立的普通化似的原则，但当时它从整个债权的体系当中分离出来了，实际上这是对传统民法学说的一次本质性的改造。因为我是从 2001 年读博士开始接触到孙老师的学说，所以我特别能体会到这样一种学说，如孙老师所说，是德国法的一种普通化似的原则，能够进入中国的立法并且影响司法，成为我国的行为规范和裁判规范，是有多么的不容易，太艰难了。我个人觉得应该向孙老师致敬。而十多年后的今天，我重新坐在老师的课堂上，发现他还在为这些基本的原则和精神而努力和呐喊，我感受到了一位师者的坚持。是一位师者心中对学问的那份坚持，所以我再次向孙老师致敬。

说实话，我实际上是一度对民法丧失过信心的，但是经由两次讲座，我个人感觉好像又回来了。因为至少我们有很多的学者或者说是我们的同行在努力地坚持，将建立在意思自治基础上的民法作为我们市民社会的一个基础，并在此基础上去确立基本权利，和确立人们基本的行为规范以及裁判规范。我想这才是我们所有学习民法的人应当去努力追求、去致力于创造的一个世界。

不管未来的趋势怎么样，我觉得当下这份努力还是值得的。此外，我还想谈谈最后一点想法，我时常也会问老师："这样一些观点在我看来是对的，在您看来也是对的，在我的学生看来也是对的。为什么这些我们大家都认同的观点走到立法程序当中，就不一样了呢？立法为什么就不能支持这些我们看到的观点？"后来经过老师的点拨，我意识到，这几十年来，实际上学界的关系和官员的关系也在发生着微妙的变化，大家可以自行地体会一下。所以我希望在座的同学将来毕业以后不一定全去大学当教授，你们也可以去考考公务员，可以去实务部门发挥实际的影响。因为这样一个世界或者说这样一些位置，你如果不去占据的话，就有可能被和你观点不同的人所占据。我希望我们的社科院大学、社科院研究生院能够培养出越来越多的能继承老师衣钵的，能将我们正确的思想发扬光大的，各行各业的顶尖人才，谢谢。

点评二：

首先，我今天听到这个讲座感觉也特别荣幸，因为自从博士毕业以后，我虽然在研究生院工作，但是因为各种各样的原因，已经很长时间没有这么踏踏实实地坐在课堂上，听自己的老师讲这么生动的民法基础理论课了。这个学期开学的时候我就听说我们法学前沿课可能会请孙老师来，但是那一次因为工作原因错过了，这次正好借咱们社科法硕高级学术论坛的光来听老师的课。周二的时候通知我做点评人，我非常感谢也很荣幸，当然我也觉得很诚惶诚恐。从外面海报和对孙老师的介绍当中，虽然只是列了一些非常少的他的学术称谓，但大家也能够看出，孙老师平时其实是非常忙碌的。他要参加非常多的学术活动、立法活动还有一些社会活动，而且我们师门的人都知道，孙老师每年要撰写大量的立法报告和学术论文，所以他的时间非常宝贵。尽管老师这么忙碌，但他每年还是会抽出宝贵的时间来给研究生院的法学硕士、法学博士，还有法律硕士们至少上一到两次的讲座课。所以，我觉得大家也是很幸运的。那么，在此我提议大家再次以热烈掌声感谢孙老师的不辞辛劳。

这是我想表达的第一层意思，第二层意思是：孙老师在刚才这两个多小时的时间里，将他最为关切的关于民法科学化体系化问题当中的民法基本权利和基本裁判方法的问题，以及他的研究成果或者说是他整个的学术历程，给大家做了一个非常全面、深入的讲解。孙老师从民法的基本理论出发，尤其是围绕权利分类，也就是绝对权和相对权的分类，比较了法国民法和德国民法中有关基本权利和裁判规则的逻辑差异及其背后的社会历史根源和时代背景，最终又将研究分析的重点回归到我国民法典的立法的现实分析上，着重分析了物权的变动理论，也就是"区分原则"。孙老师的讲座在我看来既有宏大叙事，也有现实表达，我听完以后和师姐一样深受感动，也觉得受益匪浅，对物权行为理论理解更为深刻。也希望同学们通过今天聆听孙老师的讲座，能够汲取很多的学术养分，拓展学术视野，增强学术信心，这是第二层意思。

最后，我想用三句话来对我的发言做一个小结：第一，孙老师作为我们社科院研究生院毕业的学长，这个身份可能之前孙老师没有说，对于法律这一学科的孜孜以求，是我们法学系所有后辈学子的奋斗目标。第二，孙老师作为研究生院法学系的导师，对于每届学生严格无私地培养和教导，也是我们法学系一辈辈年轻导师们的学习榜样。第三，孙老师作为代表社科院最高学术水平的学部委员、全国人大代表、著名的民法学家，为祖国的立法事业和人民权利的不懈努力和追求，也是我们所有社科人的榜样和骄傲。希望在座的同学和老师们都能像孙老师一样志存高远报家国，谢谢大家！

同学提问一：孙老师好，我是 2018 级法硕的学生。您刚才最后讲到的，有一个关于"女婿跟丈母娘结婚，公公如果跟儿媳结婚"的事例。我刚才在思考的是，您说关于这个问题应该用"公序良俗"就可以解释清楚，但是民法有一个基本的原则：就是避免在有法律规定的基本条款的情况下，向基本原则逃避。既然我们规定了"婚姻自由"的条款，为什么我们要用"公序良俗"这个原则来否定？虽然这个事例我是不赞同的，但是我想向孙老师请教一下这个问题，谢谢。

答：这个问题问得很好，确实是很值得讨论的。简单来说，民法的基本原则有几大功能，其中一个功能就是发挥对所有具体法律规范的统率作用，所以具体的法律规范就不能违背民法的基本原则。从这个角度来讲，就能对你的问题做一个回答。其次，我们民法上讲"婚姻自由"，但这也是一个原则性规定。"自由"在任何情况下都有其合理合法的边界，尤其在婚姻这个问题上，是没有绝对的自由的。我认为从这个角度能给出一个答案，谢谢。

同学提问二：刚才孙老师谈到，我国民法有一般法和民事特别法，民事特别法就涉及一些公民的权益保障，比如消费者的权益保障等。我知道我国台湾地区也是将《消费者权益保护法》视为《民事特别法》，但是在我国大陆的法律体系中，我们倾向于把这样的法律视为经济法体系的一部分。那么我们到底是应该把它归入经济法体系，还是归入民事特别法体系更加合理呢？谢谢老师。

答：你是想强调学科的分类，还是想强调裁判规则和行为规则呢？其实这个问题，这几十年都在争论。为什么今天我没有谈经济法？经济法确实也是很有意义很值得研究的，但是现在经济法本身还有很多的争论。我们至少可以看到经济法很多问题的着眼点和民法不同，民法上研究平等主体之间的交易规则，如同我今天所说的核心问题——从相对权怎么转化到绝对权的整个过程。你把这个过程琢磨一下，这小伙子这么聪明，慢慢你会琢磨到的。实际上比如消费者权益保护，它的法理基础还是合同债权，如果离开合同债权谈消费者保护，那你就不知道消费者的那些撤销权是什么意思。如果你把这些逻辑都掌握了，那今天就算是学到了。谢谢你。

中国《民法典》采纳区分原则的
背景及其意义

　　内容摘要： 本文讨论的是在中国民法学术和制度建设上，一个涉及全局性的基本理论改造更新的问题，这就是关于法律交易中订立合同和履行合同所产生的法律效果是否应该有区分以及区分其法律效果时需要的法律根据是否也应该有区分的理论问题。本文作者为此理论和制度的科学化奋斗二十余年，这一科学理论首先在 2007 年的《物权法》中得到基本实现，然后在 2020 年的《民法典》中全部得到实现。这一科学理论的内容、创新以及实现过程的大体情况，这里简要介绍。在各种法律交易中，买卖最为典型，所以我们可以以买卖为例来建议阐明其中法理。长期以来，我国民法主导理论受自然经济和计划经济观念束缚，把"一手交钱一手交货"作为法律交易的典型，并且以此来确定民法上合同债权于标的物所有权之间关系的模式。其实，一手交钱一手交货的交易情形，没有标的物就不能卖货；又因为合同立即得到履行，所以也不必要在法律上建立订立一种法律规制，来区分合同产生的法律效果和履行合同的法律效果。但是现代市场经济体制下，对于国计民生具有重大意义的合同都是远期合同异地合同；而且合同经常因为当事人的主观因素或者客观因素没有得到履行，因此标的物及其所有权（包括其他物权）并不必然地随同合同发生变动。因此我国长期以来的民法主导理论，不但违背合同效力和物权效力相互区分的基本法理，同时也不符合现代市场经济的需要。虽然我国 1993 年宪法的修正案规定我国实行市场经济体制，但是这一时期我国民法主导理论并没有及时改造更新，立法上司法上不能区分合同之债和交易中的物权变动，理论和司法实践出现了普遍而且比较严重的混乱。

为纠正此种乱象，本文作者于 20 世纪 90 年代提出"区分原则"，即从法律效力和法律根据的两个方面，区分交易中的债权发生和物权变动的原则。该理论的法理根据是：首先，在合同法上，合同订立之后未履行之前就应该马上生效，而不能等到合同履行时才生效，这就是合同之债的理论；其次，因为合同应该履行不等于合同绝对会履行，因此，不能把合同生效作为物权变动生效的充分根据；最后，因为物权的法律效果和债权本质不同，因此应该在合同之外为物权变动重新建立符合其权利性质的法律根据。区分原则的主要内容是：第一，合同必须在合同履行之前生效，借助于合同债权的约束力保障合同得到履行。第二，合同成立发生债权，不能把这一债权作为物权变动的充分根据，更不能把物权变动作为合同生效的根据。第三，物权的设立、变更和废止，以公示原则（不动产登记和动产交付）作为生效要件。当然，非交易性质的物权变动比如依据公共权力或者事实行为的物权变动（类似于传统民法的原始取得制度）不在此列。显然，区分原则和 20 世纪 90 年代出台的一系列立法（包括原《合同法》关于合同效力的规定，尤其是其第 51 条的规定），和最高法院的一些司法解释所确立的规则是完全不同的。

区分原则自提出后，虽承受我国民法学界曾经的主导理论的压力，但是经过努力，首先得到了经济发达地区人民法院民事裁判的认可，然后逐渐得到立法和最高法院司法解释的采纳。在本文作者受托撰写"物权法学者建议稿"总则编时，就物权变动的制度做出了如下的安排：一是打破原来的立法方案，将物权的设立变更和废止这些制度全部从合同制度中提取出来，放置在物权法之中；二是把物权的设立变更和废止区分为依据法律行为的物权变动和非依据法律行为的物权变动两大部分；三是把依据法律行为的物权变动区分为不动产的物权变动和动产物权变动两种类型；四是在依据法律行为的物权变动制度设计上，确立一般规则（不动产登记和动产交付）和例外情形（即"但书"规则）之间的区分。2007 年的最高立法机关制定的《物权法》全部接受了这些安排。尤其是《物权法》的第 15 条，专门就 20 世纪 90 年代以来民法理论和制度建设方面的混乱（包括原《合同法》第 51 条的错误），制定了一个针对性的纠正措施。这样，我国民法在涉及交易中的权利分析和裁判方面的一个核心症结，已经得到了妥善的解决。2020 年《民法典》又在合同编中，在合同效力这个债权发生的核心制度上，废止了原《合同法》第 51 条等条文，根据区分原则重新建立第 597 条，即合同效力不能以物权变动作为前提条件的规则。这样，区分原则在我国民法涉及交易的法律制度中就得到了完全彻底的贯彻。如上文所述，市场经济体制下各种法律交易都存在订立合同和履行合同的法律问题，所以区分原则应该在我国民商法涉及交易的规制中具有广谱性的应用价值，因此，它是我国民法基本理论近二十年来最为重要的创新。

关于区分原则，本文作者撰写的论文和著述比较多，本文集收录选择这一篇"以例说法"的讲座整理稿。此稿虽然呈现比较早，但是它比较完整地呈现了区分原则面世前后，我国民法关于相关问题的实际情况，而且文稿文体平和，容易阅读理解。

民法中的"区分原则"是笔者提出来的，从 1999 年发表区分原则的论文以来，笔者一直坚持区分原则的法理。2007 年，物权法立法采纳了区分原则，规定于《物权法》第 15 条。现在，《民法典》第 215 条继续采纳区分原则。司法实践中，如果不会使用区分原则，那做出的裁判就有可能不仅违背了当事人的意思，也违背了法律的公平、正义。

一　北京市物权法第一案带来的法理思考

（一）基本案情

《物权法》实施后，在北京出了几个案子，其中的一个案子被称为北京市物权法第一案。这个案子大体上是这样的：1989 年，昌平有一个老百姓从房地产开发商那里买了六套房屋，并顺利地办理了房屋交接手续。1994 年，六套房屋都过户登记到了买受人名下。在《物权法》尚未生效之前，买受人把部分房屋出租了。后来，买受人发现出租的这些房屋中，承租人很久没有交房租了，于是，他去查看出租的房屋，但却被现时的住户给赶了出来。住户说，这些房屋是他们从法院拍卖来的。自己买的房屋怎么会被法院拍卖了呢？事实是，大概是在 1995 年，房屋的开发商因经营不善，欠银行的钱还不了。到了 2004 年，银行向法院提起诉讼，要求开发商还债。2006 年，法院依据我国最高人民法院"债随财产走"的司法解释，判定银行的贷款要用开发商盖的房屋来偿还，意思就是开发商用银行的钱盖了房屋，现在银行的钱就凝结在开发商盖的房子上。虽然这些房子已经出卖给一些购买人了，但是银行的钱还是在这些房屋上，因此，法院就把这些房屋给查封拍卖了。法院这样判的时候，丝毫没有考虑到这些房屋是否已经发生了合法转让。现在住在房屋里的人，就是根据这一次拍卖买到了这些房屋。昌平的这个购买了六套房屋的买受人，也就这样失去了房屋，即使他交付了房款已经将近 20 年，办理房屋过户登记的手续从 1994 年到 2006 年也都 12 年了，但是，法院还是把这些房屋给拍卖了。

本案中，法院的裁判所依据的就是所谓的"债随财产走"这个原则，法院系统内部一直贯彻这个原则已十多年。大体是在 1993 年，企业之间的"三角债"比较常见，一些企业"聪明"地将优质资产进行剥离，重新成立一个新的企业。这样做的目的是让旧企业给债权人承担责任，而自己从新企业享受利益。针对这种恶意避债的方法，最高人民法院司法解释出台了"债随财产走"规则，用以保护债权人的利益。所以，很多法院同志认为，"北京市物权法第一案"的判决是正确的。但是，从法理上分析，这个案子就是判错了，错在它完全不遵守法律关系的逻辑，完全不考虑第三人的利益，完全不遵守物权和债权相互区分的法理。

（二）法理思考

1. "无权处分"问题

上述这个案子中，支持法院裁判的法理是"无权处分"理论。有些学者论证说，开发商欠银行的钱没有还，怎么可以卖房子呢？那么开发商欠银行的钱没有还之前，就真的不能订立合同卖房子吗？当然是可以的！从开发商订立买卖合同这个角度看，欠银行的钱，卖了房子就能归还了。你不让卖房子，开发商拿什么钱归还银行？

所以我们基于常识就知道，这些学者提到的无权处分，确实就是用错了地方。订立合同怎么就是"处分"？我们必须知道，"处分"这个概念到底是指订立买卖房屋的合同，还是指交付房屋给购买人呢？如果房屋盖好之前订立买卖房屋，到底有没有法律上的效果？这个合同的效果其实就是产生债权请求权，和交付房屋发生所有权转移，这两件事情，其实就是发生债权效果和发生物权效果的区分，这个道理是不是很浅显呢？但是这里面一些很浅显的道理，让一些学者越讲越糊涂，这又是为什么呢？原因就是这些学者搞不清楚债权效果和物权效果的区分。

2. 不动产合同不登记不生效问题

关于物权和债权的区分，还有一个令人印象深刻的案子，其来自于新华社对笔者的一次采访。案子的情况是：北京四合院原来的房主是一对夫妻。1984 年，他们要到美国定居，因此将该房屋出卖给北京某公司。双方达成协议，房价大概是 200 万元。为了出卖人在美国的生活方便，购买人直接给了出卖人 20 多万美元。房屋在当年就交付了，并办理了公证手续。2008 年，这对夫妇从美国回来后，向法院提出撤销原来买卖合同的请求。撤销的理由是，根据中国的法律和最高人民法院的司法解释，不动产买卖合同没有登记，不能生效。合同无效，就是自始无效。因此，这对夫妻提出来要求返还四合院。但是，大家想一想就能明白，1984 年我国还没有正规的不动产交易市场，在当时人们的观念里，城市里的小四合院也值不了多少钱。但是，到了 2008 年底，一座四合院至少值几千万元。这对夫妻的撤销合同的请求，显然是违反诚实信用的。但是，就"不动产合同不登记不生效"这个规则，当时《城市房地产管理法》里面有明文规定，最高人民法院的司法解释也是这样写的。

这就是理论上的缺陷，法律规定和司法解释的缺陷，这些缺陷造成了很严重，而且普遍的裁判错误，违背了法律公正。

二　区分原则的提出

笔者一开始学习民法就比较重视民法基本理论，到德国做博士后之后，更进一步地掌握了民法上基本权利类型区分思想，包括其效力区分和法律根据区分。笔者认为，这些基本法理是一种科学的原则，是不可以违背的。简单地说，民法上的裁判规则，基本思想就是区分，就是物权和债权的区分，一个是对物权一个是对人权，一个是绝对权一个是相对权，一个是支配权一个是请求权，这是最基本的法理。但是，在当时的中国民法学界，这些基本法理，总是不被理解，跟谁说，都不支持。当时，不论是立法者、法官还是法学家，主流观点就是没有标的物又没有处分权，不能订立合同。现实中发生的很多案子也是按照这些规则来分析和裁判的，连最高人民法院也是一样判。最权威的法学家也支持法院的这些裁判。那时，法学界的主要理论依据就是亲民化的思维，认为老百姓不理解物权和债权的不同，所以不要加以区分。笔者1995年刚回国时，《合同法》还没有制定完毕，当时笔者提出了对于该法第51条规定的"无权处分"的不同看法，一些教授认为，一没有标的物二没有所有权，就要出卖标的物并转移所有权，这不是骗人吗？有一位学者批评说，无权处分就是出卖他人之物，这有何公正可言？这完全违背了中华民族诚实信用的传统！所以，在制定《合同法》的时候，笔者表达的不同观点，丝毫没起作用。

1995年起草《物权法》时候，我的导师王家福老师和中国社会科学院法学所副所长王保树老师共同给笔者安排了一个任务，就是在中央批准制定《物权法》后，执笔为中国社会科学院课题组写一个关于物权法大概结构和内容的报告。这个报告很快就写完提交了。随后，我国最高立法机关决定由中国社会科学院课题组提出《物权法》的学者建议稿。受课题组负责人梁慧星教授的安排，笔者撰写物权法学者建议稿的总则部分。关于如何撰写物权法学者建议稿总则，主持这个课题的梁慧星老师的意见，就是让写几个条文就可以了，包括物权法立法根据、基本原则基本效力，大约七八个条文。但是，笔者最后完成的总则部分却有七十多个条文，关键部分是我把物权变动从合同法部分拉出来，写在了物权法之中。这个做法，和当时国内民法学界坚持的财产交易的全部法律问题都是合同法问题的观点大相径庭。因为笔者的观点是，物权变动并不是合同法能够解决的问题，依据合同只能产生债权，债权不能自然而然地直接导致物权变动。笔者不接受合同订立了就会履行，履行了就有物权变动这个当时国内的主导学说。笔者的看法是，物权变动必须写入物权法，要强调物权公示原则的作用，也就是不动产登记和动产交付对于物权变动的决定性作用。这就是区分原则的基础。笔者写的物权法学者建议稿，最后几经删除，基本的结构和条文还是留下来了。其中，最主要的区分原则，也通过几个条文体现出来了。大家看到的主要是《物权法》第 15 条，但是和这个条文相关的，还有第 9 条、第 23 条和第 24 条等。

三　一手交钱一手交货

人们最常见的法律交易就是买东西，买卖这种交易是最普通、最典型的交易，法律上很多涉及交易的规则都是参照买卖建立起来的。在分析买卖这种交易时，我们都知道，其交易的目标是取得标的物和标的物所有权。就一般民众而言，他们接触到的买卖是在农贸市场进行的，一手交钱一手交货。这种一手交钱一手交货的买卖，长期以来被认为是民众能够接受的交易模式，因此一些声称亲民或者具有民众化思维的法学家认为，法律上的交易模式应该按照这种方式建立起来。

在提出和论证区分原则的过程中，笔者的基本观点恰恰就是不能把这种交易方式当作典型的交易，更不能在这种交易的基础上建立民法分析和裁判的规则。因为，在一手交钱一手交货的交易中，合同订立的时候也就是履行的时候，人们无法认识到合同产生债权的阶段。一般情况下人们达成了协议就会履行，所以人们会有一个错觉，那就是合同订立和合同履行是一回事儿。而且，这种交易还有一个最值得警惕的地方，那就是，交易如果没有进行下去，那么达成的协议也没有拘束的效果。比如你在农贸市场上买了一个东西，但你最后决定又不要了，退货，对方也就算了，因为对方也没有什么损失。这种交易模式下，合同本身没有意义，没有严肃性。笔者一直坚持不认可这种模式。

1992 年，我国开始建立市场经济体制，但我国民法学界普遍认可的交易模式仍旧是这种一手交钱一手交货的交易模式。在一手交钱一手交货的交易结构中，其法律结论是：合同和物权变动必须同时生效或者必须同时不生效。"不动产合同不登记不生效"这个立法例，是我国 1995 年制定的《城市房地产管理法》中的一个条文。问题是，房地产买卖到了登记的时候就是履行完毕的时候，难道说，一个合同到了履行完毕才生效吗？这个规则是很荒唐的。

这种"亲民""民众化"的思维方式，不仅仅是我们中国人有的。在编纂《德国民法典》时，有一个自由派的法官叫基尔克，就对德国民法典中建立的区分原则提出了十分严厉的批评，甚至是咒骂。他说一个人到商店里面去买手套，一马克一双手套，一手交钱一手交货，这么简单的事情，为什么立法要把它区分为物权生效和债权生效？本来一个很简单的交易，结果搞了这么多的区分、搞了这么多的概念，造成一个复杂的概念系统来侵害现实生活。基尔克说："这简直是理论对生活的强奸。"

虽然我国的《物权法》后来采纳了区分原则，但是，还有学者表示不认同。一位有名的教授批评说，买卖就是交易的规则，我们买一个杯子就是指一个现实的杯子，可是德国人就奇怪了，他们搞了一个现实的杯子，还有一个抽象的杯子。现实的杯子被打破了，可是抽象的杯子还在！你说，德国的理论多么荒谬？

民众化的批评经常能够煽动起来很多民粹的响应。但是，从法律知识的角度分析，这些批评其实是很容易反驳的。如果说，交易就是两毛钱一根黄瓜，那么，谁见过当事人在法院为一根黄瓜打官司？这种交易怎么就成了典型交易？法院里受理的合同诉讼绝不是这种交易，而是那种数额比较大而且订立以后过一段时间才履行的合同。另外，这个交易就是买卖杯子的批评，它实在也是一句话就可以批倒的观点。如果认为"真实的杯子打破了，抽象的杯子还在"这个规则很荒谬，那么你怎么理解，合同没有履行的情况下（杯子不在了或者没有杯子），要追究不履行合同一方的违约责任的原因呢？追究违约责任不就是"抽象的杯子"在发挥着作用吗？

四 法国民法上的"同一主义原则"

区分原则是建立在充分的法律科学理论基础之上的。在笔者提出区分原则并将它应用在我国民法立法的过程中，关于这个原则的讨论，最有价值的争议并不是那种民众化的观点，而是基于法国民法的"同一主义原则"。因为《法国民法典》在国际上具有旗帜的作用，它是那个时代毫无争议的最伟大的民法典，但它并没有采用区分原则，因此，我国法学界有国际学习经验或者国际资料的学者，经常使用它来批评区分原则。所以，有必要讨论一下法国民法中的"同一主义原则"。

作为一部民法典，《法国民法典》也要建立法律交易的基本规则，以此来满足现实法律案件的分析和裁判的需要。民法典所要解决的第一个大问题，就是交易中的物权确认问题。所谓交易中的物权确认问题是这样提出来的：在现实的交易中，比如说买卖房屋或买卖其他任何东西，我们首先会订一个合同，但是，合同不是交易的目的，交易的目的实际上是取得这个标的物的所有权。这样的话，你先订立合同再取得所有权，交易的顺序一般是这样的。这样就发生一个问题，就是订立合同时的法律事实跟所有权取得的法律事实之间是什么关系呢？在立法上、在司法上应根据什么标准来分析和裁判确定购买人实际取得了标的物的所有权呢？依此类推，其他涉及物权的交易，也都存在这个问题。这就是交易中的物权确认问题。

法国法解决这个问题的立法模式，在欧洲大陆法系民法学界叫同一主义原则，以示其和德国的区分原则的不同。《法国民法典》第1583条即是同一主义原则的立法。依据该条，买卖合同生效即直接取得所有权；合同的生效和物权生效是同一事实，法律上的权利变动不做债权和物权的区分。一个法律事实发生了一个法律结果，所以叫同一主义原则。从《法国民法典》的全文看，该法中没有所谓物权和债权的区分，尤其是该法没有采用当时已经成熟的债权理论。因为合同成立时就生效了，同时购买人就取得所有权了，立法上没有债权发生作用的空间。

但是，司法实践上的问题是：订立合同的时候，购买人能够确定取得所有权吗？标的物有没有呢？标的物灭失了怎么办呢？买房子的人把房子盖好了，可还没有交付就着火了，法律规定这个时候购买人已经取得了标的物的所有权，那么他真的取得了吗？

法国民法在立法上没有回答这些问题。法国法学家提出了一个理论来圆满他们的立法，这个理论叫作"广义财产权理论"。该理论解释说，《法国民法典》第1583条所说的所有权，从其本意来看，可以定义为广义财产权。买卖合同生效后，购买人就取得广义财产权。广义财产权可以直接指向所有权，也可以在以后随着时间的推移，转化为所有权。但是，法国民法学界始终也没有搞清楚广义财产权是怎么样转化为所有权的。因为，在笔者的观念里，订立合同产生广义财产权是可以理解的，我们可以把债权理解为财产权。但是，订立合同后没有履行合同的情形很多，广义财产权转化为真正的财产所有权并不是绝对的。在这个关键的理论要点上，很多法国民法学家的论著也没有写清楚这个转化是怎么回事。

法国民法确立"同一主义原则"的理由，核心在于没有债权这个概念。在笔者看来，交易中订立合同产生债权，恰恰是民法科学主义立法的关键。法国人用广义财产权的概念，把物权和债权之间的界限给模糊化了，把这两个概念尤其是债权的概念消灭了。如果一个交易之中不产生债权，那么符合这个概念的交易是什么状况？也就只能是一手交钱一手交货那种情形。

但问题还不是这样简单。法国民法采纳同一主义原则，其原因还和我国一些民法法学家想象的不一样，他们并没有想把交易的法律规制问题高度简单化，恰恰相反，法国民法建立的这一套模式在理论上非常高大上，在全世界具有旗帜的作用。笔者一开始也误解了法国民法的立法者，也以为他们的立法缺陷太明显，立法规则太过简单。但是经过认真学习和研究以后，笔者才发现法国民法这样做，有其重大的理由，那就是法国人在《法国民法典》制定过程中所追求的高度的革命理想。因为这个时期的法国，打破了封建君主统治，进入高度崇尚自由的政治境界，国家和法律运作的基本理念，就是民主，就是民众自己的意思自治原则。意思自治原则具有至高无上的价值，民主演化到民法上，就是不论什么领域都要由民事主体自己说了算，也就是所有的都是自治。在资产阶级革命之前，民众的事情谁说了算？是神和君主，普通民众不能意思自治。现在革命了，就要意思自治。

这种革命的理想运用到民法中，就产生了这样一个逻辑结果：契约应该履行，就等于契约已经履行。法国民法典的立法者认为，依据民事主体的意思自治所产生的契约本身就具有立法的意义。因为，立法也是意思自治原则的应用，民事主体订立合同，就是自己给自己立法。订立买卖合同，就是给自己订立一个买卖法律。《法国民法典》第1134条就是这样规定的，合同成立以后就具有法律的效力。现在看这个条文觉得稀松平常，那是因为我们缺少对这个法条的历史背景的了解。这个条文在法律史上，尤其是在民法史上，意义极为重大。在此前的人类历史上，只有神和君主才是立法者，所有的能够产生法律效果的渊源都要解释为神或者是君主的意志，民事主体都是神和君主的奴仆。但是《法国民法典》的这个规定指出，合同是当事人自己给自己立法，合同能够生效，其法律效果来源于当事人自己的意思自治。这就是民主和自由。从此以后，民事主体成了真正的主体，这个立法思想在此前的人类历史上是没有过的，其意义非常重大。

　　笔者研究这一段历史还发现，法国民法上的同一主义原则的产生，还借鉴了寺院法上最为著名的"契约应该履行"这个非常重要的原则。契约应该履行原则，其含义也是十分丰富的。根据契约应该履行的精神，再加上契约就是立法的思想，法国民法的立法者得出了自己的结论，那就是采纳同一主义原则，以合同的成立作为所有权取得的标志。在司法实践中，就得出了把合同成立生效作为买受人享有所有权的裁判逻辑。

　　所以，要理解《法国民法典》的同一主义原则，就必须从法国当时大革命的时代背景来看。但是，在日本民法学进入中国后，这个问题的研究就变味了。因为从历史看，法国民法的立法者在交易中的物权确认这个问题上，强调合同是革命的意思，革命的精神，他们并没有区分，说合同是债权意思还是物权意思，《法国民法典》里面并没有债权、物权、法律行为这些概念。所以法国民法中的意思表示，只是统一的意思表示而已。这个统一的意思表示，德国法里面叫泛意思表示。但是，日本民法学传入中国后，法国法上的泛意思理论就变成了债权意思。而债权意思这个理论，必须建立在物权和债权严格区分的基础上，必须建立在法律行为理论的基础上。可是这些概念在《法国民法典》中是没有的。现在，我国一些民法学家经常讲的"债权意思主义"，以及后来演化出来的"债权形式主义""折中主义"等，都是来源于日本民法学，是一种很不严谨而且给我国带来了很多弊端的学术观点。我国部分民法学家对此一段历史并不了解，因此坚持折中主义，这从一开始就错了。

五　《德国民法典》怎样看待"契约应该履行"

　　跟法国民法的立法者一样，《德国民法典》的立法者也是接受"契约应该履行"这个原则的。但是,《德国民法典》的立法者除了接受契约应该履行原则之外,还看到了问题的另一面。法国民法的立法者以民法革命的思想,得出了契约应该履行等于契约绝对履行的结论,而德国民法的立法者的结论是,契约应该履行不等于契约绝对履行。现实中,正常成立生效的契约,没有履行的也很多。这样就产生了一个重大的法律问题,那些没有履行的契约怎么办呢?如果按照一手交钱一手交货的交易规则,这些契约是没有意义的,是可以无效的。但是在现实中,这些契约是不是就应该无效呢?当然不可以。

如果说这些没有履行的契约也是有效的,生效又指的是什么呢?提出这个问题而且非常完满地解答这个问题的,是17、18世纪的后注释法学派到理性法学派。这个学派以德意志的法学家为核心,他们的研究力量十分强大,后来萨维尼创立的历史法学派所继承的法学知识,多来源于这个历史时期的重大创造。这个学派历经几代人的努力,他们在人文主义思想的指导下,首先得出的结论是,合同应该根据当事人的意思表示真实一致而生效。因此,那些没有履行的合同也是应该生效的。但是,因为合同还没有履行,合同拟定的物权变动(比如所有权转移)还没有发生,因此合同的效力并不当然等于物权的效力。这些法学家借鉴了罗马法中"法锁"的概念,把这种效力称之为债,把当事人因此产生的权利叫作债权。

古罗马法其实也有债的概念,但是那个时候债的概念含义和我国古代社会所理解的意思差不多,基本上就是欠账还钱的意思。而德意志法学派所创立的债的理论所说的债,指的是全部的各种各样合法有效的合同都具有的法律拘束力。或者更具体地说,不论是什么合同,包括借贷合同在内,成立生效之后即具有法律拘束力,这种拘束力称为债。这个概念是德意志法学从罗马法中的潘德克顿法学发展出来的。德文中 Schuldrecht 这个词,是近代日本民法革新时期,由日本法学家翻译成为债权这个词汇的,它和我们日常生活中欠账还钱的债权的意思并不一致。

在理解了债、债权这个科学的定义之后,我们会有一种豁然开朗的感觉。这种感觉,就是从一种革命的理想回到实际的感觉,而且是因为同一主义原则、债权意思主义、折中主义等理论上的缺陷都得到圆满解决的感觉。一切科学的道理都是简单的、质朴的,债权作为合同有效成立发生拘束力的理论，它一下子非常清晰明确地指出了合同成立生效的本质，和合同履行的本质之间的差异。这就是区分原则的根源。我国法学界长期以来没有解决好的问题恰恰就是对债的理论的把握不准。

对债的理论的把握，有两个基本的要点，一是因为债的法律关系，当事人所享有的权利本质和物权显著不同；二是债的法律关系有效的法律根据，和物权法律关系显著不同。我国民法学界过去恰恰在这两点上出了问题。从本文上面所举的例子看，从这些案例中所应用的立法看，这个问题的焦点所在，一下子就清楚了。比如说，"债随财产走"这个规则的错误就是不理解债权和物权的权利本质的区分。比如说，不动产合同不登记不生效，动产合同不交付标的物不生效，这个规则的错误就是不理解债权法律关系的法律根据和物权本质有异。而《合同法》第51条等规则错误包括了以上两个方面的要点。

可以说，这就是区分原则的基本要义。

在理解了区分原则之后，我们会发现，在交易中的物权确认这个民法的核心制度建设上，德国民法和法国民法出现了重大差别。在德国民法的立法者看来，合同的成立生效和物权的取得在法律上必须作为两个法律事实甚至是三个或者更多的法律事实来看待，而不是像法国民法那样是作为一个法律事实来看待。把法国民法那种一个法律事实区分为多个法律事实，这种区分有没有必要呢？在《物权法》制定期间，立法机关的同志和一些学者看到笔者写的总则方案说，你把《物权法》搞得这么复杂，只有你一个人清楚，我们都理解不了。果真是这样吗？笔者的回答是：

第一，我们应该把远程合同和远期合同作为典型的交易类型，从这里看合同生效和物权变动生效的关系，以此来建立我们的法律规制。一手交钱一手交货的合同不是典型交易，因为这种合同是没有信用的合同，也就是债权约束力无法清楚彰显的合同。因为合同成立马上就履行了，就没有信用关系的发生。但是，远程合同和远期合同就不一样了，这种合同生效的时候无法履行，而且最重要的是，即使到了履行期，也还是不能绝对履行。所以我们首先要知道，合同的生效，不能把是否必然履行当作其生效的条件。这是我们理解的核心。

第二，在远程合同和远期合同生效期间，经常还会出现第三人，第三人的利益我们必须保护。在一手交钱和一手交货的交易模式下，不会出现第三人。但是，远程合同和远期合同则会有第三人。比如，我们在房地产开发商那里购房时就知道，这个开发商不仅和我们订立了合同，也会和很多人订立同样的合同。另外，他还要向银行借贷，还要购买机器，还要使用水电气，还要雇用工人。所以开发商要同时和很多债权人订立合同。在法律上，一个债务人和多个债权人订立合同都是有效的。这是我们要考虑的另外一个重点。

在多个第三人的情况下，我们就要考虑第三人的利益保护问题。当然，这个时候最为重要的，是拿债权人的权利和其他当事人的权利来比较，以此确定谁的权利更值得保护。这就是权利发生的法律效果问题和法律根据问题。如果债权人中有一个当事人同时享有一个抵押权的担保，那么这时候这个债权人就要依据抵押权而优先于其他债权来实现了。当然，在法律上，除了物权还有其他优先权。在多重的法律关系之中，我们必须考虑权利的性质，还要考虑权利产生的法律根据。

以上这些基础性问题，在一手交钱一手交货的模式中是无法想象的。

六　债权相对性和物权绝对性

知道了物权和债权的法律效力和法律根据应做出区分之后，我们还可以在理论上进一步深化。深化的要点是意思自治。在现实生活中尤其是在市场经济体制下，订立合同也罢履行合同也罢，其实都是当事人的意思自治。而恰恰是因为意思自治，使得物权和债权才出现了本质的差别。从意思自治原则来看债权和物权的区分，这也是我国主流民法学界一度所认识不到的，甚至是被忽略了的民法基础知识问题。

先说债权。在我国民法学的教科书里都能看到关于债权相对性原理的表述。债权相对性可以说是民法基础理论的要点。民法学家一致认为，债权相对性原则，指债权仅仅只是在特定的当事人之间发生法律效果，对第三人没有效果。

坚持债权相对性原理，那么，依据合同所生的债权就只能是请求权，而绝对不能是支配权和处分权。请求权的意义何在？张三和李四订了一个合同，张三要买李四的房子，现在到了合同期限，张三要求交付房屋，这就是请求权。但是，请求权不能直接转化为支配权。因为即使到了合同履行期限，张三向李四提出交付的时候，他是不是必然会交付？不是。因为房子有可能没盖好，也有可能盖好了他又卖给了别人了，也可能设置了抵押交付不了，也有可能盖好的房子被烧毁了，无法交付。这就说明债权有可能履行，也有可能不能履行，这就是债权的相对性原理。债权依其本质不能发生绝对性的效果。

从意思自治的角度看，债权不能发生绝对性效果的原因还在于，债权人只能向债务人提出请求，但是，债务人是不是响应或者履行请求，还需要自己的一个意思表示——债务人的意思自治。债务人基于意思自治，可能会履行对方的请求，同样也可能不会履行。债务人履行了，它就没有违约责任。但如果没有履行，就有可能要承担违约责任。但是，有时候债务人更愿意承担违约责任而不愿意履行，在美国称为"效率违约"，法律也承认和保护这种不履行和承担违约责任的情况。因为，在某些情形下，继续履行合同极可能对债务人造成本质的损害，而债权人的利益通过违约责任也能够得到弥补。

还要指出的是，合同成立生效而不能履行的原因很多，也不是任何情况下都要追究债务人的违约责任。问题是，债权人有时也不主张债务人履行。无论如何，我们可以得出一个清晰的结论：债务应该履行不等于债务绝对会履行。而且，债务履行必须是债务人自己意思自治的结果，债务人的行为在法律上受到债权人权利的约束，但是，归根结底是受自己的意思自治的支配。债务人的行为并不是债权人权利的支配对象。这个要点是我们理解债权相对性、理解债权请求权的本质要点。

请注意，这里的表述和我国民法学界一度的主流观点表述之间是有差别的。这就是：债务人履约与否，是债务人自己意思自治的结果，而不是债权人请求权的直接结果，此其一。其二，债务人的行为并不受债权人请求权的支配，在民法上不可以说债务人的行为是一种法律关系的客体。任何人的行为都不能是他人权利的客体，这是现代民法所贯彻的权利自由、意思自治思想的体现。所以说，这既是一个民法技术规则问题，更是一个民法的思想问题。我国民法学界的主流观点所坚持的通说是，债权人的请求权直接支配债务人的行为，债务人的行为是债权人权利的客体。这个观点有违债务人权利自由的法思想，有违债务人独立的主体资格，同时，这种观点，也导致我国立法长期以来分不清债权和物权，甚至一再导致以债权直接支配标的物的制度出现。所以，这种一度主导的民法学观点是有严重缺陷的，这也是我国民法不能彻底贯彻债权相对性原理的原因。

再说物权。清楚债权相对性原理之后，我们也会清晰地看到物权绝对性原理的真谛。同样是基于意思自治原则，物权人行使自己的权利时，他的权利目的可以直接实现。比如，一个房屋的所有权人，他无论想在什么时候进自己的房子都是可以的，关键是法律承认和保护他这样做。别人妨害他这样做的时候，就会成立侵权。所有权人的意思，可以发生绝对性的效果，所以我们把这种权利称为绝对权。

同样，抵押权既是物权，也是绝对权。抵押权的法律本质，就是抵押权人的意思，可以排斥其他债权人的意思而优先受偿。抵押权是设定在一个债务人对多个债权人负债的情况下。一个债务人对多个债权人负债是正常的。但是，如果债务人以自己的财产给多个债权人中一个设立了抵押权，那么抵押权所担保的债权就有了优先性，原因就是抵押权人的实现抵押的效果意思可以绝对发生，可以排斥其他债权人而保证抵押权人的债权优先实现。在民法上，人们也常常把物权意思能够绝对实现的特征，定义为物权意思的绝对性，这是物权的一个基本道理。实际上，具有绝对性特征的民事权利是一大类型，像人身权、物权、知识产权等都是。民法上把它们称为绝对权、支配权。这些权利和相对权、请求权形成了鲜明区分。我们经常举例的物权和债权的区分，不过是其中的典型而已。

绝对权或者支配权的本质是处分权。在德语法学中，如果要说某人对某事具有处分权，那么这个权利就是绝对权。"支配"这个德文词，本身就是"供处分"的意思。如果一个德国人和你说，我的这件东西供你支配，那么这句话同样可以翻译为这件东西供你处分。

理解债权相对性原理和物权绝对性原理之后，我们一下子也就理解了常见的一些民法概念的确切含义，比如债权平等性和物权排他性之间的区分、对人权和对世权之间的区分、违约责任和侵权责任之间的区分等。这些概念不仅仅在法学上要经常使用，而且在司法上比如案件分析和裁判时也经常使用。

其实，法国民法的立法者也看到了本国民法典的缺陷，但是他们没有修改民法典，而是重新制定了《不动产登记法》，修改了《公证法》等，通过这些措施，弥补了民法典的不足。从世界两大法系来看，英美法也存在区分原则。英美法明确区分合同与契据（deed），契据就是直接作用于财产权移转的意思表示。

七　负担行为和处分行为的区分

上文的分析侧重于民事权利静止状态的区分，但是民事权利是经常处于变动之中的，没有权利的时候会产生权利，现有的权利会转移给他人，既有的权利也会消灭。民事权利的变动是十分正常的事情，是我们人类生活在法律社会中的必需和必然。民法作为社会的基本法，它的重大意义就是建立法律制度来规范权利的变动。

民法规范民事权利变动的主要制度，主要是基于上文所说的权利区分，以及确定符合这些权利要求的法律根据。法律根据也被称为法律事实，也就是能够导致民事权利发生变动的客观事实。这些事实有四大类：国家立法（针对全体人的抽象国家行为）、行政行为和司法行为（以国家名义所为的具体行为）、民事行为（特定民事主体的具体行为）以及自然事件（与任何人或者人的团体无关的自然事实，比如火山爆发、洪水等行为可以消灭民事权利，再如水流淤积土地、小鸟播种等可以产生民事权利的自然事实）。不论是民法立法、司法还是法律学习，都要知道这些民事权利的变动需要什么样的法律根据，也要知道什么样的法律根据可以导致什么样的民事权利变动。在民事行为这种法律事实之中，依据法律行为导致民事权利变动的基本规则，可以看到区分原则作为分析和裁判规则的另一个方面的作用：负担行为和处分行为的区分。

法律行为，就是民事主体根据自己内心的意愿来设立、变更、转让和消灭民事权利的行为。法律行为理论强调民事主体的真实意思表示，以民事主体自己的意思表示来决定涉及他们自己利益的权利义务关系是否能够生效、是否应该消灭。所以它是落实近代人文主义革命思想、自然权利思想、自由权利思想的法律制度。依据法律行为来发生权利的变动，这是民法最为重要的法律制度。在涉及交易中的权利变动这个问题上，法律行为制度发挥着核心的作用，因为不论是在市场经济活动中，还是在一般的民事活动中，人们每天都在依据法律行为来推动着民事权利的变动。但是，在涉及民事交易时，法律行为制度也存在着重大的制度建设问题，这就是负担行为和处分行为的区分问题。对于这个核心的民事制度，我国法学界一度的主流居然不予承认。

关于负担行为与处分行为的区分，王泽鉴老师有过非常精彩的分析，笔者在这里依据他的分析思路，结合我们大陆的民法立法和学术观念，讨论一下相关法理。在分析这个问题时，王泽鉴老师从合同成立与合同履行两个不同的角度提出了同样的三个问题：

第一，订立买卖合同的时候，需要标的物的存在作为必要条件吗？

我们要买房屋，首先要和开发商或者其他人订一个合同。那么，是不是没有标的物的时候就不能订立合同？是不是只有等标的物生产出来以后才能订立合同？很显然是不必要的。大家知道在现实生活中间，尤其是工厂的订货都是订立合同以后组织生产，房地产开发依法立项之后开发商就可以取得销售许可证，就可以订立买卖合同。所以，没有标的物，订立的合同也是有效的。

第二，订立合同的时候，出卖人是不是一定要享有处分权（包括所有权）？没有处分权能不能订立买卖合同？

这个问题和第一个问题是联系在一起的。我们联系第一个问题就知道，连标的物不存在的时候都能订立合同，合同也能生效，那么为什么一定要出卖人在订立合同时享有标的物的所有权呢？

在此，针对"出卖他人之物有何公正可言"这话，再做一个简要分析。

先抛开那些标的物没有产生，所有权也没有产生的买卖合同（如在工厂订货的合同当然可以成立生效）不谈，我们来分析一下，如果一个标的物已经产生，所有权当然也随之产生，而一个非所有权人来出卖这个标的物、转让这个所有权的合同吧。大家想一想，是不是这种合同不道德、不应该成立生效呢？我们还是联系一下上文关于债权相对性原理来分析，如果一个买卖合同，仅仅只是在出卖人和买受人间发生了债权请求权的效果，而对这个标的物的所有权人没有任何效果，大家做何想法？关键的问题是，大家能不能理解合同债权这个概念。如果能够理解债权请求权、对人权、相对权的本质，那么大家就能够明白这种合同和道德没有任何关系。在这里，合同在相对人之间发生拘束力，而所有权人是第三人，不是当事人。用民法上的法律关系的逻辑一分析，我们就知道上面提到的这个正义凛然，其实是望文生义。

有人可能会问，这样分析有什么意义？如果购买人直接和所有权人发生法律关系那不是更好吗？为什么要从他人那里来购买呢？其实这就是经济生活的需要。在经贸活动中，尤其是在外贸活动中，你会发现一种常见的情形是，你已经找到了市场，可是还没有确定好货源，这时候，你会先以出卖人的身份和购买人订立买卖合同（出卖合同），然后再以购买人的名义去和生产商订立购买合同。

所以，没有所有权的时候，就订立买卖合同，这种制度满足了市场交易的需要，我们没有理由一概认为这种合同不道德、不生效。现代市场经济，一个商家，不可能先把标的物从国外进口，先放在自己的仓库，使自己成为一个光荣的所有权人，然后再把货卖给中国的商场。这个道理想通了，也就知道没有所有权的合同是可以成立生效的。然后，也就明白了，一些所谓落地有声、大义凛然、不可辩驳的道理，其实反而不是道理。

第三，订立合同的时候，要不要进行不动产登记或者动产的交付？

王泽鉴老师为什么要提出这个问题？须知全世界的法律，只有我们中国大陆的法律和司法解释规定，不动产合同不登记不生效，动产合同不交付不生效。订立合同只是产生债权，只在当事人之间产生法律约束力，当然是无须登记和交付的。在预售和远期合同的情况下，登记和交付也完全无法做到。如果一个不动产的合同到了登记的环节，那就是履行完毕的环节。我国大陆的立法居然规定合同履行完了才生效，这种荒腔走板实在不忍评述。

有人问，不动产合同不登记不生效的规则，在实践中有什么不好的效果吗？笔者可以举一个亲历的调查来说明一下。2003 年，《物权法》制定之前，国家建设部在武汉调查不动产登记现状时遇到这么一个案子。在 20

世纪 90 年代城市房地产大开发初期，有一个楼盘项目中有 139 套房屋，因为那时房子出售困难，订立合同后有很多购买人不来收房的，因此开发商就多订了 36 套房子的销售合同。那时候我国也还没有建立商品房销售备案制度。但是，没有想到这个项目房子很好卖，房子一下子交付完了，最后就有 36 个购买人没法取得房屋。后来这 36 个人向法院起诉，官司一直打到湖北省高院。但是法院判定的是，不动产合同不登记不生效，这些购买人的合同还没有登记，那就是无效的。因为合同无效，开发商不承担任何法律责任。这个案子就清楚地说明了，一个错误的立法规则所造成的问题：不诚信的开发商受到了保护，而诚信的老百姓被法律给涮了。

从王泽鉴老师所提的这三个问题中，我们得到了一个法理上的确认：订立合同发生债权效果，不要标的物，不要处分权包括所有权，不要公示也就是不要不动产登记和动产交付。

我们知道，订立合同是法律行为，通过订立合同，仅仅只是在当事人之间产生了拘束力。这种拘束力，就是法律给当事人设立的负担，所以，从法律行为的角度看，这种法律行为就被称为负担行为。负担行为也被称为义务行为，因为它给当事人设定了履行合同的义务。

负担行为并不仅仅只是双方行为，也有单方行为比如悬赏广告，也有多方行为比如社团发起行为。

王泽鉴老师接着又从买卖中所有权转移的角度，也就是合同履行的角度同样提出了三个问题：

第一，履行合同转移所有权的时候，是不是应该有标的物的存在？

当然需要了。这个时候，买受人购买的就是标的物，要实现对标的物的占有使用，没有标的物怎么行！

第二，履行合同转移所有权的时候，出卖人是不是应该对标的物享有处分权？

当然需要了。不仅仅是我们学法律的人，而且所有的人都知道，买房子并不仅仅只是取得对标的物的实际占有，归根结底是取得所有权。一般社会民众也知道，买两居室、三居室、四居室或者别墅，关键就是取得所有权。如果你不考虑所有权这个核心关键，你只是考虑到现实的占有，那么，你的交易目标就没有实现。从未来的经济生活看，占有保护是远远不足够的，真正的长期、稳定的居住是要取得所有权才行。在出卖人向买受人转移所有权的时候，出卖人就应该在这个时候享有确定无疑的所有权或者处分权。

第三，出卖人怎样向买受人转移所有权？

那就是不动产登记或者动产交付。因为所有权是抽象的，完全是人们从上层建筑的角度拟制出来的或者是创造出来的，现实生活中我们看不到它，但是，恰恰这个所有权是法律交易的核心。那么作为交易核心的所有权是怎样转移到买受人手中的呢？这不是一个十分复杂的问题，实际上我们中国老祖宗几千年以前就已经解决这个问题了。我们老祖宗发明了地契和房契制度，在《汉书》里面就有地契和房契。这些契据是典型的所有权证书，他们不是现在一些学者所说的契约。房契、地契是所有权的证书，是国家通过一个机构颁发给所有权人的产权证明。在现实生活中，如果当事人要履行买卖合同，那么出卖人把房契、地契交给买受人就可以了。把政府颁发的所有权证书交给对方，就是把所有权交给对方了。所以，虽然所有权很抽象，但是我们中国人用一个很简便的方法，通过所有权契据的交付这个公示化方式，实现了所有权的客观转移。这个制度说明我们中国人具有极其高度的抽象思维能力和解决抽象问题的能力。这种情况，是现在一些学者坚持的两毛钱买一根黄瓜的规则完全无法理解的。

这样，我们就能够清楚地看到，当事人以自己的意思表示来推动所有权转移的法律行为，它们的生效条件也是三个：一是要物；二是要有处分权；三是要公示。这三个关于物权变动的法律条件，和债权生效的三个条件是完全不同的。

上面关于债权相对性原理和物权绝对权原理的分析部分，我们已经知道，物权变动是当事人意思自治的结果，当然也是典型的法律行为。这种法律行为的特征是，当事人意思表示的核心是直接推动物权的设立、转让或者消灭，也就是为物权的处分。所以在法学上，这种法律行为被称为处分行为。

实际上处分行为也是个大概念。如果处分行为直接指向物权的变动，那么这就是物权行为，这是最常见、最典型的处分行为，所以民法上经常用物权行为来替代处分行为。此外，其他绝对权、支配权（比如知识产权、股权、对债权的支配权等）如果发生权利转移，那么这也是处分行为，这些处分行为在法学上称之为准物权行为。物权行为可以是双方行为，比如当事人双方关于不动产登记、关于动产交付的协议等，也可以是单方行为比如抛弃物权、免除债务等。

经过王泽鉴老师这样仔细的梳理，我们就可以清楚地看到，债权和物权，不仅仅法律效果显著不同，而且发生变动的法律根据也是完全不同的。这种区分的意义在于法律案件的裁判。上文一再提到，法律上的交易都要通过订立合同和履行合同来实现，学习和掌握了区分原则之后，我们就知道了，当事人之间什么时候发生债权的约束力，什么时候发生物权变动。同时我们也就知道了，我国民法从 20 世纪 90 年代以来之所以出现了很多错误的规则、造成了法院错误的裁判的原因。

这里再探讨一下不动产登记制度的民法意义。因为在我国此前的法学界，一般认为不动产登记是行政管理的方式，和民法无关。在撰写物权法学者建议稿总则的时候，一些民法学家也认为，民法不应该写入行政管理意义的不动产登记制度。这一认识，是不准确的。上文已经讲到，民法上的权利变动归根到底是当事人的效果意思的结果，不动产登记就是当事人推动不动产物权变动的效果意思的外在体现，它和行政管理可以说没有任何关系。其实不动产登记，真正的本质在于出卖人有一个所有权，要让渡给买受人，双方到不动产登记机关去做个登记，借助于公共权力机关，实现物权变动的公示。这里面有一个基本的观念就是对意思自治，对民事权利本质的认识，这里面没有什么行政管理。但是，中国的现实是不动产登记一直在行政管理部门，把这件事情转化到民法物权制度上来，一时间很多人还不习惯。

八　物权变动和第三人利益保护

在讲到物权变动的区分原则时，还有必要了解一下这个制度涉及的第三人保护的规则。有学者认为，区分原则只解决交易中当事人之间的关系，不涉及第三人。这种看法是错误的。因为，除了当事人之外，第三人也会进入到交易的网络之中，有时候第三人还很多。这时候，我们就要判断，第三人到底有什么权利？是第三人有权排斥当事人，还是当事人有权排斥第三人？显然，在两毛钱买一根黄瓜或者是一块钱买一双手套的交易中，第三人是无法进入的。但是在远期合同中，第三人经常有很多。

在有很多第三人的情况下，民法分析和裁判的要义是区分债权第三人和物权第三人，这是一个基础的知识。在这些年的民法研究中，笔者遇到了一些现实的案例，不少法官、律师搞不清楚这个要点，错误的分析和裁判也不少。

在第三人保护这个问题上，当然必须明确第三人确切的含义。所谓第三人是不参与法律关系，但是对当事人之间的法律关系的结果有利害关系的人。在交易中，当事人直接参加法律关系，但是当事人一方可能会和第三人也发生法律关系，比如，一个债务人会和多个债权人举债，作为多个债权人的债务人。在物权变动中，第三人也很多。比如说甲把房屋卖给乙，乙又卖给了丙，并办理登记过户手续。这时候甲和丙之间并没有法律关系，但是，因为甲和乙之间的合同可能会被当事人撤销或者被法院宣布无效，这时候交付给丙的房屋怎么办？这就是第三人保护的问题。

在保护第三人问题上，我们必须运用区分原则。要点是把第三人的权利区分为支配权和请求权，一般情形下是区分为物权和债权。如果债权人仅仅享有一般债权，那么根据债权相对性原理或者根据债权平等原则，这个第三人并不享有优先的地位，他们的权利应该平等受偿。这个原则，在破产法等法律中得到了明确的运用。在最高人民法院的司法解释中，出现了按照合同订立的先后来安排受偿顺序的情形，这是不符合法理的，应该予以否定。但是，如果第三人的债权具有法定优先性，比如工人工资债权、《海商法》中的法定优先权等，那么这些权利就享有优先实现的特权。

一般情况下，第三人保护的问题在物权变动中成为特别重要的问题。因为物权绝对性原则，物权具有排他性，所以一个物权和另外一个物权，在权利实现的时候会发生效力的冲突。这种情形下的第三人保护，笔者在《中国物权法总论》一书中有详细的探讨，其中一些核心的理论，比如第三人保护的理论突破了我国一度主导的民法学说，对司法分析和裁判颇具参考价值，希望有兴趣的朋友可以参阅。

关于物权变动涉及的第三人保护，也就是上面所说甲和乙之间的合同被当事人撤销或者被法院宣布无效后，交付给丙的房屋怎么办的问题，这就是物权变动中的第三人保护问题。笔者从历史的考察，将民法上的基本理论总结为四种情形：

第一个理论是古罗马法上的传来取得理论。其制度要点是，所有权就是通过合同取得的，合同被撤销了，所有权就应该返还。这种理论下，第三人一开始是得不到保护的。第二个理论是9世纪罗马法建立的善意取得制度。其特点是，第三人可以以自己的善意作为抗辩的理由，对抗原所有权人的返还请求权。第三种理论是，德意志国家在14世纪建立的"以手护手"理论，其特点是，交易过手之后，前手的瑕疵不得对后手主张。第四种理论是德国现代民法建立的"无因性"理论，其特点是，根据不动产登记和动产交付发生有效物权变动的法理，原所有权人不可以直接向第三人主张所有权返还，而只能通过不当得利的方式向他自己的合同相对人主张权利，如果没有第三人，那么原所有权人的主张可以导致所有权返还的结果；但是如果第三人存在而且其利益合法有效时，原所有权人就无法获得所有权的返还了。显然，这种理论非常有利于第三人的保护。

保护了第三人，就保护了交易安全。这里面的法理和制度，尤其是产生这些法理的理性，是我们民法学界一度的主导观点认识不到的。因为，中国法学界包括我们民法学界一度的主流，非常崇尚交易中的所有权返还，但是不理解在交易中所有权的标的物常常只是商品而已，从市场规则的角度看，所有权返还并没有那么大的伦理含义。如果你知道这只是一种商品的交易，那么，你非要主张所有权返还干什么？大家明白了这个道理之后，就会知道，我国民法学界一些学者对物权行为理论中的无因性规则大动肝火，痛加批判，实在是既没有必要，而且显得见识不高。说到底，这是中国欠缺市场交易的基础，忽视第三人利益的原因。笔者从德国回来后，努力宣传物权行为理论的正面价值，而且也在中国《物权法》的总则部分以及《民法典》的物权编规定中，实现了一些自己的主张。比如，《物权法》第106条（现《民法典》第311条）在善意取得制度上，就采纳了笔者关于依据公示原则来确定有效的物权变动，提升第三人保护程度的主张。

九 结论

　　这些年来，民法学界多数的学者尤其是很多青年学者接受德国法的理论，他们慢慢明白了区分原则的道理。大家也都知道，《合同法》第51条被一些学者评价得那么高，这实在是不应该的。《民法典》正式删除了该条文，而采用无权处分合同有效的规定，《民法典》第597条第1款规定："因出卖人未取得处分权致使标的物所有权不能转移的，买受人可以解除合同并请求出卖人承担违约责任。"现在，《民法典》第208条、第209条、第215条、第224条等，已经明确规定区分合同成立生效和物权变动生效不同的法律根据。

　　区分原则在整个民法学的知识体系中具有核心的地位，凡是法律上的交易，都要经过订立合同和履行合同这两个阶段，而且都是法律行为推动的，所以，这个原则虽然主要表现在债权的法律效果和物权的法律效果的区分之上，但是，凡是民事上、商事上可以交易的权利，都要适用区分原则。所以这个原则的理论和规则具有普适性。另外一个就是这两种权利的法律根据的区分。笔者分析了以前我国立法和司法解释的缺陷，分析了他们产生的背景，这并不是刻意的批判，恰恰相反，这只是想说明，在不科学的法理的指导下，立法和司法解释定会出问题。为了说明法理，笔者分析了法国民法和德国民法不同的立法模式，也分析了民事权利的基本分类，分析了法律行为的基本分类，讨论了权利性质差别所产生的法律根据的差别。这些都是最常用的分析和裁判规则。此外，第三人保护视角下的区分原则问题，也是很重要的分析和裁判规则。这样系统地分析之后，涉及区分原则的整个理论体系就清晰化了。

（来源：《法治研究》2020年第4期）

如何认识《民法典·物权编》

内容摘要：《民法典》的物权编，规定各种民事主体的物权，而物权是民事主体安身立命的基本权利。物权编是整个民法典的第二编，这一点彰显该编重要意义。物权编的内容不但具有极为重要的司法分析和裁判的价值，而且因为它对国家经济基础的直接反映、对人民权利的平等承认和保护等规定，而表现出强烈的政治意义。物权编的一系列内容，都体现了民法最为重要的更新和进步。20 世纪末之前，我国物权法理论和制度长期以来受计划经济体制法学思想和自然经济交易观念影响，物权立法和物权法学的发展都极为滞后。一方面，当时的物权立法和物权法学主导观点，一直坚持公有制财产权利的政治优越性和法律优势地位，轻视普通民众所有权及其他财产权利。其表现就是把物权法主要规定为所有权法，进而把所有权区分为国家、集体和个人所有权三种类型（这就是本人所称的"三分法"），在"三分法"中明确强化公有制财产神圣性地位和特殊受保护。另一方面，当时的物权立法和主导法学观点，认为物权法仅仅只需要按照"三分法"的规则规定不同主体的物权即可，认为物权的交易比如购买商品房等，只是一个合同法问题，认为只要订立了合同就可以直接取得标的物和标的物的所有权。这种观点完全忽视了合同成立与合同履行之间的差别，忽略了合同履行时涉及第三人利益保护的重大问题。在这一观念下，当时的物权立法和物权法主导理论之中，没有关于物权变动和第三人保护这些核心性质的制度内容，因此这样的物权法制，丝毫没有司法上分析和裁判的意义。2007 年制定《物权法》时，这些带有根本性质的制度错误大部分得到了纠正，本次《民法典》编纂，其余缺陷也基本上得到弥补。《民法典》直接的物权制度，一部分规定在"总则编"第五章民事权利之中，主要规定在"物权编"之中。这些规定对此前民法立法和民法主导观点进行更新的地方是，它首先承认了"平等原则"，极大地提升了普通民事主体财产权利的法律地位；其次在物权法之中建立物权变动制度，并且按照不动产和动产的区别、物权变动是否依据当事人之间的法律行为、一般的物权变动和特殊的物权变动等，建立司法上具有可操作性的、精准的分析和裁判的物权法规则；再次，建立第三人保护制度，保护交易诚信；又次，承认法人所有权制度，将政府投资权利和企业法人支配权明确区分，促进现代企业法律制度的发展；最后，建立完善用益物权制度和担保物权制度等。这些重要的制度改造，不仅仅使得我国物权法律制度和民法整体制度的法思想和法技术得到本质更新，而且也使得我国法律制度在涉及国家和人民的基本权利保障方面的核心要点得到了改造更新，其意义非常显著。

本文结构

（四）依据法律行为发生的物权变动规则中的但书规则

五　我国民法物权制度几个争议点：疑问和回答

（一）关于所有权的主体

（二）民法所有权的概念的科学性、现实性问题

（三）农民集体所有权

（四）城市居民住宅建设用地使用权七十年期限问题

（五）如何理解居住权

（六）其他的用益物权

（七）城市居民小区公共区域权利问题

（八）抵押关系存续期间抵押人处分标的物规则的重要变化

（九）《民法典》总则编关于权利根据、权利行使的规定对于物权制度的意义

一　我国《民法典·物权编》的立法体例

（一）物权编为什么要放在《民法典》的第二编

打开《民法典》我们会发现，物权编在总则之后，处于《民法典》的第二编的重要地位。这种编纂的体例，是需要解释的。《民法典》总则编是法典整体的龙头和基础，把它放在第一编这一点当然没有争议。但是物权编为什么要放在第二编这个重要的位置上，一直有争议。立法者鉴于物权编的重要地位，把它放在了第二编。这个做法引起了两个不同意见。其一是有学者提议将人格权编放在物权编之前，其二是有学者提议将债权编（具体是合同编）放在物权编之前。关于物权与债权哪一编应该在先的问题，《德国民法典》的做法是债权编在前，物权编在后。从表面上看两种设想都有道理。债权编放在前面的理由是，人们总是通过订立合同来取得财产的。而物权编放在前面的理由是，即使不订立合同民事主体也可以取得财产，例如小孩子因继承遗产或者接受赠予成为所有权人，所以未成年人不订立合同也会成为所有权人。我国早期《民法典》编纂过程中就已经取得了基本的共识，认为物权编应该放在前面，这样逻辑上顺畅一些。本次《民法典》编纂，立法者一致的认识，是把物权编放在合同编之前。

关于人格权编是否应该放置在物权编之前的问题，是这次立法中出现的争论比较多的问题，不少人提议将人格权编放在物权编之前，以体现立法对于人格的重视。但立法机关经过了认真考虑，认为还是应该把物权编放在人格权编之前，原因其实很简单：人格享有的问题已经在《民法典》总则编得到了规定，这一部分已经放在了《民法典》的最前面的位置上，已经体现了立法对于人格问题的充分尊重。而人格权编的内容，并不是规定人格享有，而主要是人格权受到损害后的保护规则。如果把人格权保护这些侵权法的内容放在立法体例的前面，也就是把人格权编放置在《民法典》的第二编，放在物权编之前，这显然是不符合立法逻辑的。因为立法必须先规定民事主体享有什么样的权利，然后再规定权利受到损害之后的救济。这才是法理上的逻辑。所以那种把人格权放在物权编之前的观点，可能是一些学者没有认真思考人格权编规定的内容和立法逻辑，所以难以得到立法的采纳。

近年来，我国法学界包括民法学界有一些学者批评说，传统民法重物轻人，所以要彻底纠正问题，就应该把人格权编放在《民法典》的第二编的重要位置上。这种观点听起来很唬人，但是完全似是而非。近现代以来的民法传统特别重视以所有权为中心的财产权利，其着眼点恰恰是普通民众的财产权利容易受到来自于官方或者其他权势侵害这个现实，贯彻人文主义思想，强化民众基本权利保护。其实民法上的所有权，包括普通民众的以所有权为代表的财产权利，对于普通民众而言，就是基本人权。民法重视普通人民的物权等财产权利，这本身就是重视人民的人权。这一点，怎么能说是重物轻人？

我国《民法典》本次的编纂体例，是把人格权编放置在合同编之后，这体现的是侵权之债的基本逻辑，不但在法理上比较妥当，而且立法体例上更符合法律规范的内在逻辑。在《民法典》总则编规定了人格的制度之后，立法上必须要解决自然人的人格发展问题，所以必须充分地承认和保护他们的财产权利。如果自然人的财产权利不能得到充分承认和保障，他们的人格就不会得到健全的发展。这就是物权编要放在总则编之后的原因之一。

当然，物权编放在民法总则的第二编，更为重要的原因是，物权编是国家经济基础和社会基本秩序的保障，是国计民生平稳运行和发展的基本遵循。在国家整体的经济秩序和基本财产秩序得到充分保障的情况下，民事主体包括自然人和法人的各种民事权利才能够得到保障和发展。

此外，人格权编放在婚姻家庭编、继承编之前，也是立法逻辑的使然。因为婚姻家庭生活同样是以民事主体的所有权等物权作为基础的，物权编把财产制度的基本问题解决妥善后，就为婚姻家庭制度打好了基础。

（二）物权制度的编纂体例

物权编自身的编纂体例，是我们学习和研究必须首先注意的。物权编整体的编纂过程中，还是延续了《物权法》编纂的基本体例。原来《物权法》分为五编，这次我们把它分为五个分编。在 2018 年 8 月最高立法机关提交审议的《民法典》草案中，物权并没有分编，而是直接分为若干章。对此我提出了立法报告，认为还是将物权编分编更为妥当，并且建议合同编、物权编等都应该分编。后来立法机关采纳了这个建议。

关于物权编的立法体例，还应该注意的是，我国《民法典》中的物权立法内容，并不仅仅只是规定在《民法典》的第二编，而是主要规定在两个地方：首先是《民法典》总则编民事权利这一部分的第 113 条一直到第 117 条这五个条文，然后才是法典的第二编物权。在立法的时候，因为考虑到《民法典·总则》中民事权利这一章的内容设置，所以立法者把物权的概念、物权的一些原则等内容写在民事权利这一部分。总则编这五个条文实际上属于《物权法》的总则性的内容。所以大家在学习物权知识体系的时候，一定不能忘记《民法典》第 113 条到第 117 条的内容，必须把这些规定和物权编中的第一章（第 205 条到第 208 条）结合在一起学习。除这两个地方的规定外，《民法典》其他部分也还有涉及物权制度的规定，值得注意的是《民法典·总则》关于权利根据和权利行使的规定。对此，本文在文尾的地方要简要介绍。

（三）物权立法的现实意义

《物权法》实施十几年了，大家都看到一个令人欣喜的事实，就是《物权法》颁布以后，中国基本稳定下来了。在《物权法》颁布之前，我国确实有一些人总持有打土豪分田地的想法，仇富心理非常强烈，民粹心理也很强烈。本来，对财富占有的不平等表示不满意有令人同情的成分，但是如果把这种观念发展成为仇富和民粹，甚至发展到法律虚无主义，不承认和保护老百姓合法取得的财产，这就非常有害了。因为这种观念不但不切实际，而且还损害市场经济体制发展，损害普通人民的财产权利。改革开放以来，尤其是建设市场经济体制以来，我国社会民间资产已经非常壮大，民营经济对于国计民生发挥的作用也已经非常强大，在这个时候，如果不考虑财富来源的合法性，而仅仅依据财富占有的多寡来主张财富平等，这种观念将必然为害社会。所幸 2007 年制定《物权法》之时，立法者顶住了社会极左思潮的压力，坚定不移地贯彻了改革开放的思想，贯彻了平等保护各种民事主体的物权的原则。《物权法》实施十几年来，这一思想在我国社会发挥了完全正面的作用。比如，各位都可以看到一个事实，在《物权法》颁布之前，中国出现了大规模的移民现象。2004 年招商银行的报告中写到，当时中国亿万富翁中 90% 的人，不是已经移民了，就是正在办理移民手续的过程中。那个时候有很多人取得财产后不愿意把财产留在中国，觉得辛苦得来的财产不会得到法律的承认和保障。《物权法》实施十多年后的今天，这种局面已经完全改变了。我们可以看到，中国人民对自己的财产权利受保障这一点，已经非常有信心了。仅仅从以前很多富人移民、而现在很多人回国创业这个角度看，这个问题如今基本上解决了。《物权法》不但使得中国创业的道路越来越平坦，而且也使得人民对于国家立法更加有信心。

本次《民法典》编纂实施，我们还应该强化社会的物权意识。《物权法》颁行的时候，中央提出了"四个坚定不移"，其中一个坚定不移就是要坚定不移地走改革开放的道路，要坚定不移地对民营财产、对合法财产平等保护。2016 年，中央与国务院联合发布了平等保护产权的意见。怎样理解平等保护？这个提法的问题意识是什么？在中国公共财产具有很高的政治地位，立法和司法对公共财产的保护历来没有任何政治上的质疑。但是对于民营经济和民间财产，那就不一样了。民间财产包括民营经济财产一直地位较低，这就是平等保护这个要求提出来的问题意识。所以，平等保护就是要提升立法和司法对民间财产保护的力度。平等保护不是降低公共财产的地位，而是提高对民间财产、老百姓的财产的保护力度。在改革开放四十周年纪念的时候，中央曾经提出了民营经济的"五六七八九"，实事求是地指出了民营经济对于国计民生的巨大贡献。在学习《民法典》物权编的时候，我们对此还要加强认识。以上内容是对《民法典》物权编编纂的背景及历史背景中一些比较大的框架性的问题所做的基本介绍。

二　物权概念：科学性定义及其在法典中的贯彻

现在我们就进入物权编课程的正题。在学习物权编的时候，首先我们要理解物权的概念。这个概念确实不是汉语法学固有的概念，而是外来的概念，所以不论是社会大众，甚至是中国的法律人，都需要准确理解这个概念。

关于物权的概念，规定在《民法典·总则》的民事权利这一章的第114条。该条规定"物权是权利人依法对特定的物享有直接支配和排他的权利，包括所有权、用益物权和担保物权"。前半句话属于概念，后半句话是对权利类型的列举，也就是所谓的物权的体系。理解物权的概念，对于我们理解《物权法》的全部制度都具有决定性的意义。从我本人从事物权法学研究和教学数十年的经验看，我发现，虽然物权法学的知识体系来到中国已经有上百年的历史，但是我国社会包括相当多的法律人，对于《物权法》的理解还是有相当大的缺陷，其主要的问题，就是对于物权的概念理解不准确。为了帮助大家准确理解物权概念进而理解物权编整体的制度体系和知识体系，我想把物权概念给大家再仔细讲解一下。

（一）物权主体特定规则及其在物权制度上的贯彻

《民法典》关于物权的概念，如果要仔细解剖开来，就可以看到它包括了主体、客体和权利这三个方面的因素；从物权法学原理的角度看，物权概念简单说可以用"三个特定"来概括。第一个是特定的主体，第二个是特定的客体，第三个是特定的权利。

理解物权概念，首先要理解物权的主体。物权法学原理的基本要求是权利主体必须特定化，必须明确肯定。这一点十分重要，这是物权法学学科的基础之一。首先，我们知道，民法上的主体是指权利的享有者和义务的承担者。从《物权法》角度来讲，特别强调主体的特定性，因为物权是主体独占性的支配权，它不仅仅具有独占性的满足权利人自己法律上的利益的特点，同时还有排斥他人支配，其实就是排斥他人意思参与的法律效力。物权的独占性效力，满足了权利人对物的占有、使用，从这一方面而言，他是权利人；但是同时，这个权利人也是法律上的义务承担者和责任承担者。比如说开汽车如果发生了交通事故，大家首先想到的就是这个汽车的所有权人是谁，这就是要把汽车的所有权人作为责任人。在法律上，世界各国的法律都普遍规定了所有权人的法律责任，我国《民法典》在侵权责任编这一部分规定了物件的侵权，其实就是要确定物的所有权人、占有人、管理人的侵权责任。从主体角度而言，权利、义务和责任是统一的。正是因为这一原因，从物权法学原理的角度看，确定主体是立法和司法的第一步。

在贯彻实施我国《民法典》的时候，尤其是贯彻其中的物权制度的规则的时候，研究和确定其中的主体制度特别重要。特别重要的意义就在于，我们国家是一个以公有制为主体的市场经济国家，公有制为主体就意味着公有制占有巨大的财产量，但恰恰在公有制财产的物权制度上，过去长期存在灰色的空间，甚至是黑色的空间。原因就在于，我国立法上，法学理论上，关于公共财产的主体，从民法科学的角度看是不明确的，或者说是"抽象主体"，而不是明确肯定的主体，特定化的主体。我们大家都接受的，关于公共财产的国家所有权学说，其全称为"国家所有权的统一性和唯一性理论"，说的是，整个社会的公共财产（除集体财产之外），都统一地归国家所有；在全部公共财产领域，只有国家这样一个唯一的所有权主体。但是国家所有权中的"国家"指的是什么？可以说国家无处不在，但是国家真的也是无处显形。一方面，我们常说这是国家的那也是国家的，但是真正涉及权利义务和责任的情况时，国家它就不显形，尤其是涉及民事责任范畴的时候，国家更是不会承担。这一点其实就是国家"抽象性主体"的特征，这个抽象性主体，在国际法上是成立的，但是在国内法中却无法成立，因为国家在国内法上尤其是在民法上无法承担义务和责任。过去一些民法学者还提出，抽象主体的国家所有权学说具有很大的理论优势，这些说法，从民法原理上看都是站不住脚的。

统一唯一的国家所有权学说，在国内事务上很难自圆其说，在国际事务上就更是站不住脚了。我这里举一个例子看看。我以前写过一本书，叫《国家所有权的行使和保护研究》，在这本书里有一个案子就说明了国家所有权统一唯一学说的本质缺陷。这个案件和美丽的宁夏有关。中国的宁夏是个穆斯林地区，埃及是个伊斯兰国家，埃及的购买人从宁夏订购羊肉并订立了合同。以后，宁夏公司按照约定的时间交付羊肉，但是到了埃及的港口之后，埃及的购买人拒绝接收，并将羊肉扔进海中，他们认为交付的羊肉是不洁之物不能吃。他们为什么会这么认为呢？因为穆斯林地区的人屠宰牛羊必须有他们宗教上特殊的方法及标记，而宁夏公司对于羊都是机械化的屠宰，羊肉上面无法显示阿訇念经也无特殊标志。正是因为这个问题，埃及的购买人不愿意接收交付的羊肉，他们将羊肉扔入海中并要求宁夏公司返还货款。双方之间产生了争议，埃及的购买人说宁夏公司交付的羊肉是不洁之物，但宁夏公司认为羊肉本身符合国家卫生标准并无不洁，双方之间争执不下。这个时候碰巧中国有一个大公司——中国远洋集团运输公司（简称"COSCO"），到埃及的亚历山大港去装货，结果船一到了港口就被埃及法院查封了。扣船后，远洋公司表示与埃及方并无任何法律上的争议，仅是来埃及运货，质疑为何被扣船？这时候，埃及法院的法官阐明了案情，他们拿着中国的《宪法》《民法通则》及中国民法学家写的著作，说宁夏公司是国有企业，依据中国的《民法通则》这家企业的资产全部属于国家所有，而"COSCO"也是国有企业也归国家所有。从法律意义上而言，这两家企业都是一个所有权人的财产。所以，欠账就是这个所有权人欠的。埃及方面就是按照所有权的规则，按照中国当时民法的规定和民法学家所讲的"国家所有权统一唯一的学说"的道理，把 COSCO 的两艘大船给扣了。这个案子大概发生在 20、21 世纪之交的时候，跟我讲这个案子的人，是最高法院庭长费老师，他后来在中国国际经济贸易仲裁委员会担任仲裁员及领导。他做首席仲裁员时遇到这个案子。

他告诉我们这个案子的缘故是当时最高立法机关正在起草《物权法》，而我们社会科学院课题组提出的立法方案中，提出了公私财产权利要平等保护的主张，这一点受到了另外一个课题组的批评，他们认为国家所有权神圣无比，其他财产权利不能和国家财产所有权平等。中国社会科学院起草的《物权法》方案，在1999年就提交给了最高立法机关，其中部分内容是我写的，我提出对于一切财产权利要一体承认和平等保护的原则，这个观点得到了课题组负责人梁慧星教授的同意，因此我们提出的立法方案物权主体方面，采用了自然人和法人作为主体的立法模式，而没有再用国家、集体和个人这种"三分法"的主体模式。但是另一个课题组提出还是要坚持按照国家、集体和个人的主体模式来规定我国的物权制度。在一次立法机关讨论立法方案的时候，我明确地提出来，这种立法模式在法学上是有严重缺陷的。当时上文提到的费老师发言，提到了这个案件，对我的观点表示了公开的支持，他也认为国家所有权统一唯一的学说，是无法自圆其说的。

在苏联法学中，所有权按照国家、集体和个人这三种主体来划分，这种立法模式叫作三分法。这个三分法模式是我以前长期批评的，因为三分法是个政治概念，强调国家财产高高在上，集体财产地位也很重要，但是对于公民取得的财产权利却予以轻视，甚至抑制。这种做法符合改革开放之前确立的意识形态，老百姓的财产称为私有财产，具有道德上的缺陷，因此法律上不能给予足够的承认和保护。三分法对我们国家发展，对人民利益确实曾经造成了极大损害。在改革开放之后，甚至在进入市场经济体系以后，三分法本来已经失去了道德伦理上的合理性，但是，在立法上，在法学思想上却还是得到了坚持。1986年制定的民法通则，在关于公有制企业财产权利这个问题上明确规定，公有制企业的财产都是统一的、唯一为国家所有，而企业的财产来源于国家授权，企业只有经营权没有所有权。请大家注意，关于政府和企业之间的关系，这里并没有采用投资的法权理论，国家对于企业财产一直享有所有权，因此，这里也就没有采纳国际上通用的投资人的有限责任理论，当然也没有建立相关制度。企业既然是按照所谓国家授权建立起来的，所以企业也没有独立民事责任。正是因为如此，埃及法院因为宁夏企业的欠款将COSCO的两条大船扣留，而且，埃及法院的理论，使得中国人哑口无言，无法与对方讲道理。

我还想请大家注意的是，1995年我们已经建立市场经济体系，我们已经对企业、对股权投资关系所产生的法权结构有深入的了解，那就是投资人享有股权、企业享有所有权。这一点现在已经是常识，但是在公司法中，这一点还是没有十分明确地规定下来，公司法模模糊糊地规定了公司企业享有法人财产权，还是不敢承认法人所有权。所以，在20、21世纪之交的时候出了这个案子，中国人自以为自圆其说的道理，到了国际上却寸步难行。即使制定《物权法》的时候，虽然一些制度也做了创新，但是还是没有很好地贯彻当代企业投资方面的法权理论。原因就是有些立法机关的工作人员和学者认为，按照"三分法"把物权划分为国家、集体和个人，这种理论在政治上是高度正确的，是完全不能变的。在近年来关于《民法典》编纂的讨论中，大家可以看到这个方面的一些讨论。

通过这个问题的讨论我们可以看出来，物权主体的科学化问题，实际上是我国《物权法》制度整体建设的基础性问题，也可以说是物权制度建设的首要问题。尤其是从司法分析和裁判的角度看，这个问题就更加重要了。因为涉及公共财产方面的物权分析和裁判，首先就应该解决主体问题，看看权利由谁来享有，义务和责任由谁来承担。我想告诉大家的是，这次在《民法典》的编纂过程中，这些问题基本解决了。因为物权主体制度，是《物权法》制度的基础，我在这里要给大家讲一下这个制度。

首先请大家看《物权法》第96条和第97条的规定。第96条规定"本节规定的机关法人、农村集体经济组织法人、城镇农村的合作经济组织法人、基层群众性自治组织法人，为特别法人"。然后，第97条规定，"有独立经费的机关和承担行政职能的法定机构从成立之日起，具有机关法人的资格，可以从事为履行职能所需要的民事活动"。这两个条文我们需要结合在一起看。它的立法意义就是，从民法的角度，从主体角度，把国家机关确定为法人，这样在"国家"从事民事活动的时候，它就不再是一个统一唯一的主体了。从民法角度来讲，机关法人是以特别法人的身份参与民事法律关系，而不是以国家的身份参与民事法律关系，这是个要点。这样，民法上权利的享有义务和责任的承担，就不再应该强加给抽象意义的国家了。

请大家再看看《民法典》第255条规定。该条规定，"国家机关对其直接支配的不动产和动产，享有占有、使用以及依照法律和国务院的有关规定处分的权利"。请大家结合第96条的规定分析。可以看出，我国《民法典》在这里已承认了国家机关的公法法人的物权，甚至也承认了国家机关的公法法人的所有权。因为所有权的本质是处分权，而现在承认国家机关有直接的处分权，这就是承认了公法法人的所有权。当然，这个条文里面说，这种法人物权的行使要依据法律的规定，这是当然的啦。这一要求就是公法法人物权的特征，公法法人的财产必须用来办公，不能用来办私，不能用来给自己谋利，只能依据法律所确定的公法法人的章程和公法法人的立法目的来行使财产权利。这个条文很关键，这是我们理解国家的公共财产进入民法领域的一个起点。

大家都知道，在以前，中国民法强调国家所有权的统一和唯一，强调国家所有权理论中的国家只有一个，国家是唯一的所有权人。这是我在大学所学的，后来我知道了，这个理论来源于 20 世纪 30 年代苏联法学家维涅吉克托夫，他为了支持苏联中央统一的计划经济体制，提出了从民法所有权的角度确立中央政府全面的财产调拨权力的观点。这个观点的历史背景就是这样的。20 世纪 50 年代，这个理论作为正宗社会主义引入中国，后来几十年一直得到遵奉。我很遗憾地告诉你们，现在大学里的民法教材里还是这样讲的。它既不符合现实，也不符合物权原理与法律原理。但是我们法学界就是这样，满足于自圆其说，不愿意在理论上进行更新。我本人在很多年以前按照民法原理和公法理论，提出了关于公法法人的所有权的学说，这些观点集中体现在《国家所有权的形式和保护研究》这本书里面。所以，《民法典》第 96 条、97 条到 255 条这些，也是我自己多年坚持的。现在我国的法典已经实现这一步了，在我看来是非常欣慰的。

另外，我想请大家尤其关注《民法典》第 257 条、268 条等规定。我刚才说到宁夏羊肉的案子，大家现在看第 257 条，就把这个问题解决了。该条规定，"国家出资的企业，由国务院、地方人民政府依照法律、行政法规规定分别代表国家履行出资人职责，享有出资人权益"。大家要注意的第一个要点是，这里采纳了政府投资学说，而废止了企业资产来源于国家授权的学说。投资人只享有股权，而不享有所有权。第二个要点是承认了多级别多部门的投资，在政府投资这个领域的法律制度方面，《民法典》已经完全放弃了承认国家统一唯一学说了。在投资这个问题上，国家不再是统一、唯一的投资人了，而且在这个条文里头规定得很清楚，它是行使出资人的职责而不是行使所有权了。中央有中央的投资，地方有地方的投资，甚至中央的投资都不能统一。我们大家都知道，国资委是对实体企业行使所谓投资人职责，但是金融企业国有银行，就不能由国资委行使投资人权利。此外，地方的公有制企业也很多，但是在过去，如果讲地方国有，那是没有法律根据的。现在立法上明确承认了地方政府作为投资人独立享有的权利。这个规定，彻底废止了国家所有权统一唯一的学说。

在这种情况下，企业法人所有权的承认就是水到渠成。大家再看一下《民法典》第 268 条和第 269 条，就是关于法人所有权的规定，即投资的企业和法人本身才享有所有权。这就走上了股权所有权的这样一个道路了，不再是国家统一、唯一的所有权。

我们知道，所有制的问题特指生产资料的控制法权关系而言。在我国公有制的生产资料控制法权关系方面，我国《民法典》已经发生了重大的改变，这种实事求是的做法，为下一步的改革铺平了道路，可以预料我国公有制生产关系将在《民法典》的保障下获得更大的发展。

我们知道除生产资料之外，非生产资料领域也有大量的公有制资产，关于这一方面的物权制度，请大家除了关注第 96 条、第 97 条的规定之外，再看看《民法典》第 256 条。该条规定"国家举办的事业单位对其直接支配的不动产和动产，享有占有、使用以及依照法律和国务院的有关规定收益、处分的权利"，这是公法法人享有的非生产资料物权的类型。刚才我们讲的是公法法人中机关法人的物权，而 256 条讲的是事业单位的物权。比如说大学，像我自己所在的中国社会科学院，就是这样的情形。尤其事业单位所有权问题，我们呼吁很多年都得不到改进，也得不到解决。我们长期限于自圆其说，但是这种自圆其说的法律制度从来得不到人民的信服。我可以给大家讲个笑话。大家都知道在北京，北大和清华是很有名的，北大和清华学校里有很多文物，因为过去都是皇家的园林，尤其是清华。过去每年夏天都有很多家长带着孩子到清华和北大去参观，以鼓励孩子将来要上北大或者清华。开始的时候倒也没有反对，但是后来参观的人越来越多，甚至有专门去北大清华的旅游团，这就对学校构成损害。学校有其教学秩序，后来学校就做了决定不让进，比如现在要到北大清华都是不能随便进去的。其中就发生一个案件，大约在 2000 年左右，有一个广东的家长带着孩子想去参观清华，结果清华没让进，他们就向法院提起了诉讼。广东家长主张法律规定大学是国家的财产，是人民的财产，我就是人民的一分子，我们现在作为人民来看我们人民自己的财产为什么不许可，这是严重的侵权问题及政治问题。当然，最终法院驳回了当事人的诉讼请求，但是法院未能说明，到底人民能不能去看人民自己的财产？这个问题，到后来一直也都没有解决。现在大家看第256条，我们就明白了，其实作为公法法人、事业单位法人当然有自己法人的物权，有按照自己的意思表示占有使用这些财产的权利，而"人民"只是政治概念，不再是民法意义上的物权人了。从政治角度来讲，人民财产这个概念是可以成立的，但是从民法意义上来讲，是没有根据的，是得不到承认的，所以任何一个自然人，不能以人民的名义对学校行使所谓人民的权利。另外我们还可以看到，邵逸夫、霍英东他们向大学捐赠很多，那么他们到底是捐赠给大学的还是捐赠给国家的？我们过去几十年都搞不清楚，法律上一直说这是捐赠给国家的。但是捐赠人是真的捐赠给国家了吗？而且，受捐赠的是大学，其他人根本无权行使占有使用的权利。

另外我们还知道，这些年来发生了很多"国家"侵权的案子，分析起来颇为滑稽。我们讲国家所有权的统一，结果民众因为山洪暴发起诉政府。因为立法强调自然资源统一归属于国家，那么水流资源也是国家作为所有权人，洪水也成了国家的了。野生的老虎咬人了，野猪毁坏老百姓庄稼了，洪水淹死人了，结果都被理解为国家侵权。这些案件想起来实在既可气又可笑。但是在中国的过去的一切无主物都归属于国家所有权理论下，你能说老百姓的主张没有道理吗？

现在，我们在制度建设上总算把这些问题解决了。反过头来，这又回到我们今天讲的《民法典》的问题主体制度上。实际上这个制度的建设有一段艰辛的学术历程，但是发展到现在我们可以看出来，物权编写到这样子，显得有些未尽如人意，话还是没有讲透，但是能写到这个样子，那是非常的不容易。因为中国很多人还是很"讲政治"，其实就是思想僵化。有些人认为你写的条文，把公共财产变成私有财产，认为你主张私有制，走资本主义道路，这些人现在还是有。但是实际上，《民法典》的这些规定跟私有制、跟资本主义道路并没有任何关系。上文我说了，民事主体意味着权利义务和责任的统一的承担者，享有权利的同时必须承担义务和责任。物权编要用民法的科学原理，来优化或是完善公共财产的支配秩序，要让我们的公共财产制度能够公开透明，防止灰色空间甚至黑色空间发生。

总体来说，物权编取得的最大的成就，就是废止了苏联学者提出的国家所有权的唯一和统一学说，推翻了僵化的思想和不科学的学术在我国物权制度方面的统治地位。《民法典》从第96条到第255、256、257、268、269条这一系列制度，可以说是把公共财产秩序中的法律制度问题彻底改变了，这个意义非常大。《民法典》颁布后，很多人都在讲《民法典》，但他们都没有讲到这一点。这在我看来是很遗憾的，这些官员和学者还没有认识到这个问题的重大价值，或者他们就是国家所有权统一唯一学说这种虚妄理论的坚持者。但是，我们必须认识到，公法法人制度、理论和公法法人物权制度、理论，不论是从行政执法方面还是从法院司法方面看，这些规定意义都非常大。甚至律师从事法律实务，都要认识到这个巨大变化，就得运用这些理论了。这是我要给各位讲的物权概念的第一个方面，即主体的特定性。

（二）客体的特定性

在物权的概念里面，第二个要掌握的是其客体的特点。所谓物权客体，就是物权的支配对象。一般意义来说，物权的客体是具体的物品，但是在法律制度上，权利也可以成为物权客体。在民法科学原理上，物权的客体必须是有体物，即具有特定的范围，能够为人所掌握的物。关于物权的客体，在我所写的《中国物权法总论》这本书里面有细致的讨论，尤其是关于有体物和无体物在民法物权制度上面不同的立法例，这里考虑到讲座的时间限制就不再多说了。不过有一个要点我一定要特别指出，那就是，物权客体的特定性。物权客体必须是明确肯定的，其含义就是物权客体的范围必须要和他人物权的客体有明确的区分。其实就是区分所有权的疆界或者说是边界。物权是权利人支配标的物的权利，所以从这种权利的特征的角度看，立法上、司法上在客体方面要解决的问题就是明确权利的支配范围。比如，你对土地有一个物权，那么你依据物权对土地支配的范围到底在哪里，这要有个边界。

不论是所有权还是其他物权，都是支配权，支配的范围必须是要明确肯定的，所以，物权客体只能是具体的，而不是抽象的，不能是观念上的，精神上的。这个特征在一般情况下很容易理解，因为我们对动产、不动产都有清晰的认识和区分。但是在法学研究和立法上一直有一个很大的争议，就是在物权把知识产权作为客体的时候，比如把专利权、商标权作为客体的时候，这个物权特定性原则又该如何认识呢？知识产权在《物权法》中也可以成为权利客体，就是在权利质押这一部分经常有使用，我国《物权法》到《民法典》物权编都对此有明确的规定，做法律事务的人会经常遇到这些问题。这个问题上的争论在于，有些人认为知识产权都是思想，思想是流动的，是自由的，无法特定化，所以立法上就不应该强调知识产权有明确肯定的范围。这些话听起来好像有道理，但是似是而非，因为知识产权不论是什么权利他们都是有边界的。思想可以说没有边界或者说没有界限，但是知识产权中的那些思想也就是被权利化的思想，就已经有了明确肯定的疆界。比如说专利，专利是思想的成果，但是一旦形成专利的时候，也就是形成由国家颁发的权利证书所记载的发明创造、实用新型技术的时候，那些所谓的思想成果就已经有体化了，就有已经具有明确肯定的范围了。从法律上来讲，专利权必须是能够为人所掌握、有形化的知识，而不是脑子中无所不在的自由无边界的思想，否则就无法把握无法转让无法使用许可，更无法设置权利质押。

分析和研究物权的客体的时候，我们还要思考一个非常重要的问题，即在现实生活中有一些物体，不能构成物权客体。其中最具代表性的就是人体。从唯物主义哲学角度来讲，身体是物质的存在。但是从民法的角度来讲，人是绝对的主体，人体不是民法意义上的物品，人不能是客体。因为，从道德伦理的角度看人格尊严至高无上，人身上的一切都是至高无上的尊严的体现。所以人身上的所有的器官都体现着人格至高无上的尊严，都不能拿来作为物权的客体，就是不能交换，不能拿来支配，不能选择设置所有权，不能拿来交易的，这是个非常重要的问题。即使是本人，你都不能说你是你的某个器官的所有权人。

本次《民法典》编纂暴露出我国法学界一些学者的一个认识缺陷，那就是，他们把人体器官理解为民法意义上的物，主张依据民法规则来解决人体器官移植等方面的法律问题。这一次《民法典》编纂过程中，有些课题组一些学者提出了人作为人格权的客体，人的器官作为客体，这些主张实在是违背法律伦理。比如，一些人提出，人的器官移植就是人在行使对于器官的权利。这样，他们就把人的器官理解成为的所有权这样的客体。这是严重违背法律伦理的，基于自然人的生命伦理，人的器官是人的生命健康的体现，人的生命健康绝不许可人哪怕是自己来处分。法律不能支持把人体作为客体来看待，哪怕是自己处分人体一部分，在法律上都是非法，都不能得到承认。有些特殊的情况，比如说人体血液捐赠、器官移植捐赠只能是基于公法上的理由，而不是基于民法上的物权处分。这在法律上是绝对不承认的，不仅是中国法不承认，世界上各国的法律都不承认。这一次《民法典》编纂，在这个问题上屡屡争议，表现出我国法学界欠缺这种生命伦理观念的大问题。自然人依据民法规则来处分自己的人体器官，这在国际上是违法犯罪的。这一点我们都知道。所以，器官移植，只能依据公法上的理由和规则。

人体器官按照民法规则来处分，这一点在全世界都是非法的，哪怕是自然人完全按照自己的真实意愿，按照民法规则来处分自己的器官，都不应该得到法律的承认和保护。器官的移植，只能依据公法上的原因，由公法制度处理。中国政法大学的费安玲老师曾经谈到一个案例，给大家分享一下。意大利有两个外国的留学生，两个小伙子，有一个富人留学生感到自己的性器官有点太小了，他和另一个贫穷的留学生达成协议，两个人交换性器官，由那个富人给穷人多少多少钱。后来两个人真的做了这个交换的手术。但是，这个富人留学生并没有钱给这个穷人留学生。两个人为此发生了诉讼。按照意大利的法律，这种违背自然人生命伦理的交易不会得到承认和保护，因此这两个留学生都被驱逐了。实际上，自然人的生命伦理是人格法律制度的基础，也是民法的基础，国际上没有哪个国家的法律承认这种交易的合法性。但是这样的主张居然在我国本次《民法典》编纂中大模大样地提出来了，这反映出我国法学界固有的人文主义思想的欠缺，这一点是未来要解决的大问题。

（三）物权支配权特征及物权制度贯彻的要点

在物权概念的掌握中，最核心的方面是必须理解物权是一种支配权，权利的内容必须明确规定。这是物权概念中的第三个核心要素。

支配权这个概念，并不是我国社会熟悉的本土文化。在我多年的民法学研究和教学过程中，尤其是在参与国家《民法典》编纂的过程中，发现我国法学界包括民法学界关于这个概念的理解和适用还有相当多的问题，因此我在这里要多解释一下。

在民法知识体系中，与支配权相对的是请求权，请求权和支配权形成了法律上的相对概念。那么什么是支配权？什么是请求权？比较而言，我国法官队伍中律师队伍中，对请求权的理解大体上是准确的，但是对于支配权的理解稍显不如人意。因为我们中国的立法和法学教学体系，特别强调民法上的权利分类是人身权和财产权，而不太强调支配权和请求权的区分。但是从民法的技术规范上来讲，民事权利的本质区分其实是支配权和请求权。这一对概念的区分，在整个民法知识体系中具有基础性意义和基本的功能价值。

支配权指的是依据当事人自己的意思表示就能够实现目的的权利。比如说作为一个所有权人，根据自己的意愿进入自己的屋子，在屋子里根据自己的意愿做各种事情，这都是合法的，其单方意思表示能够得到贯彻，其权利目的可以得到顺利实现，这就叫支配权。物权，就是对物的支配权，他就是完全按照权利人自己的意思可以实现权利目的的财产权利。

和支配权相对应的请求权，指的是权利人在实现权利目的的时候，必须向另外一个特别确定的人提出一个请求。请求权的特征在于，第一点是这个请求只能向一个特定的相对人提出，不能支配一个特定的物；第二点是权利人提出的请求，仅仅只是对于特定相对人的一种法律上的束缚，其相对人是否完全能够按照请求权的要求来履行，那并不是绝对的。你享有权利，他承担义务，他可以通过履行义务来满足你的请求，但是也可能因为客观的或者主观上的原因，没有办法履行自己的义务，你的请求最后又实现不了。例如依据合同产生的权利，那就是一种请求权。比如说订立一个合同之后，你依据合同享有了向对方当事人提出请求履行合同的权利。

但是，你向对方提出履行合同的请求的时候，对方履行合同与否，也得有自己意思自治的过程。另外还有一个法律上的重大问题，那就是，你请求履行合同的时候，客观上就实现不了，没有办法实现你的请求。比如，你和房屋的所有权人订立了一个房屋买卖合同，到了履行期限的时候，你向对方提出履行合同的请求，但是对方有可能基于主观的原因，也有可能基于客观的原因不能履行。请求权的特点就是这样的，这就是合同之债的基本原理。

民法的制度核心是民事权利，而民事权利就是按照上述分析被划分为支配权和请求权两大类型。其中物权作为一个支配权，合同债权作为一个请求权，这是我们大家都比较熟悉的，民法上权利体系就是这样建立起来的。

支配权也可以叫作处分权，在德文法学中，支配权和处分权常常使用一个名词。从民法的角度看，处分就是说可以直接地支配它，可以依据自己的意愿处理。比如说也可以按意愿使用杯子，也可以按意愿使用房子或者出卖房屋，这就是支配。支配永远是针对物的，不能针对人，因为人是主体，主体有自己的意思和意愿，所以客体不能是人。与此相对应，请求权的基本特点完全不一样，请求就是你去请求别人，至于对方能否满足你的请求，那结果是不确定的。所以我们把债权叫相对权，把物权叫作绝对权，就是根据意思能否发生效果来进行的划分。主体的意思能绝对发生效果的就是绝对权，主体的意思只能发生相对效果的叫相对权。

因为20世纪50年代引入苏联法学，而苏联法学否认民法上的意思表示学说的缘故，我国民法学界普遍接受的关于民事基本权利的基本理论，无法从民事主体的意思表示的角度来看支配权和请求权的划分，因此在这些基本理论方面有很多混乱。举例来说吧，现在我们都知道了支配权、物权、所有权这些权利才包括处分权，而合同之债仅仅只是请求权的发生原因。但是在20世纪90年代时期的一系列立法和司法解释，以及一些非常重要的法学家的著述，都搞不清楚这一点，其他的重要立法和司法解释我且不谈，我只说说《合同法》这个重要法律吧，连这个法律涉及的基本概念都出了问题。比如这个法律的第51条，把订立合同的行为称为"无权处分"行为；而且对合同之债的生效条件的规定并不是请求权的条件，而是行使支配权的条件。这个混淆债权和物权差别的规定，在司法实践中造成了很多混乱。再如《合同法》第132条，规定买卖合同在订立的时候就应该有标的物，出卖人应该取得所有权。大家想一想，如果按照这个规定，预售商品房的合同、在工厂里订货的合同等，都不会得到法律的承认和保护。这些条文写入我国立法和司法解释，说明我国民法学知识体系的严重落后。

近二十年来，本人一直在为改变这种局面努力着。在这一次《民法典》编纂中，经过我们的努力，这些基础性质的问题都解决了。事实上，我国《民法典》这一次编纂完成了一个非常大、涉及民法制度的全局性更新，那就是贯彻了支配权和请求权划分的科学原理，不仅仅从法律效力上面，而且从支持法律效力的法律根据方面都做出了清晰的划分，这就是我在中国民法学界提出多年的区分原则贯彻的问题，这一次《民法典》编纂，彻底完成了这个历史使命。贯彻区分原则，重要的目的就是把物权跟债权区分开，尤其把物权变更跟债权变更区分开。我在这个方面做出的努力，大家可以从我多年的著述中，尤其是本次《民法典》编纂过程中我所写的议案、建议和立法报告中看到。上文提到的《合同法》第51条这样有严重缺陷的条文已经被删除了。而且，大家可以看一下《民法典》第597条，这个条文不但否定了《合同法》第51条，而且重新规定了出卖人尚未取得所有权的时候所订立的合同的法律效果问题。该条规定，"因出卖人未取得处分权致使标的物所有权不能转移的，买受人可以解除合同并请求出卖人承担违约责任"。这个条文的意思就是，出卖人在没有取得标的物所有权的时候当然可以订立买卖合同，如果这个合同届时没有履行，那么购买人可以解除这个合同，并且追究出卖人的违约责任。这个规定和《合同法》第51条、第132条的规定完全不同。因为《合同法》第51条和第132条规定，订立合同时候必须有所有权，有标的物，如没有所有权，没有标的物，合同本身是没有效力的，是不生效的，是不能得到法律的承认和保护的。但是，第597条规定，没有所有权和标的物的合同是可以订立的，这个合同是受法律承认和保护的。因此，在标的物没有取得的情况下，买受人有权利解除合同，要求出卖人来承担违约责任。我们知道，合同有效的时候才能被解除；合同有效的时候当事人才能够依据合同追究违约一方的违约责任。合同如果依法无效，就不存在解除的问题，因为合同无效，就是自始无效、当然无效、根本无效、绝对无效、整体无效，这叫五大无效。所以，合同无效不存在解除的问题。而且合同自始无效的情况下也无法依据合同确定违约责任，违约责任以合同有效为前提。这些常识性问题我无须多说，但是让我感到很遗憾的是，20 世纪 90 年代以来至今，我国法学界还是有很多人不知道什么叫处分，什么叫订立合同，什么叫合同之债。比如，《民法典》编纂完成后有两个著名的出版社出版了法典的文本，一个是法律出版社，一个是法制出版社，他们出的红皮《民法典》，在条文的名目上，把《民法典》第 597 条还是叫作无权处分，还有学者提出这个条文就是《民法典》第 51 条的替换。这样明显的基本概念错误，一错再错，不知道要错到什么时候。

上文所讲的支配权和请求权的划分，是民法上最基本的类型划分。如果分不清楚支配权和请求权，就很难分析案件和裁判案件。不论是法官还是律师，其主要业务都是从分析请求权开始，以请求权分析为切入点，然后确定各种不同的支配权。如果连请求权跟支配权都无法分清，那就更无法了解什么是债权，什么是物权；那就更不知道什么时候当事人能够行使物权。

关于物权的概念，希望大家能够记住我讲的物权概念的三个必要因素——主体、客体、权利。尤其请记住物权作为对于特定物的支配权所具有的"三个特定"的道理，即主体的特定性、客体的特定性以及权利的特定性。在这一部分，我已经结合这三个特定的原理分析了我国《民法典》相比此前法律的重要制度更新，这些制度更新都是实践性非常强的知识，也就是对于法官和律师非常有用的知识。

三　标的物、物权公示原则

（一）确定民法意义上的物

我国接受的苏联的法学知识体系，在物权法学方面一直忽视关于标的物的特性的研究，这个弱点给我国《物权法》制度体系的建设造成很多负面的影响，大家从我下文的分析就可以看出来。标的物是物权的客体，但是大千世界的物，可以说无穷无尽，范围和功用难以列举。标的物的性质不同，反过来极大地影响了物权制度的设计。本次《民法典》编纂，客体的问题一直是争论不休的问题。仅仅从物权编的角度看，物虽然是权利上的客体，但是因为物权本身就是对物的支配权，而物的形态反过来又对物的本身发挥了强大的反作用。有一些权利只能是设置在不动产之上，有一些权利只能设置在动产之上，而且不动产物权和动产物权的公示方式不一样，大家都知道，不动产物权一般采用不动产登记的公示方式，而动产物权则采用占有和交付的公示方式。但是，在一般原则之外立法上还有例外，这些都构成法律学习研究和法律实务操作方面的难点和焦点。所以，我特别希望大家重视围绕标的物展开的制度设计问题。

首先我们应该明确的是，虽然大千世界的物是无穷无尽的，但是民法意义上的物相对来说是很有限的。不是世界上所有的物都是法律意义上的物，而且不是所有法律意义上的物都能成为民法意义上的物。比如太阳这么重要的物，就不是法律意义上的物，因为不论是公共权力还是民事权利，都无法及于太阳。类似宇宙中的万物，多数都为人类社会的法律所不及。即使人类社会能够接触到的物，有很多却是只有公共权力能够支配的，民事权利却不能支配。相比公法意义上的物而言，民法意义上物的范畴比较小。公法意义上的物，包括了涉及人类社会共同利益性质的物品，比如大气、海水、空气等，具有环境保护、自然保护和生态保护的意义，国家制定公法来确立一些利用这些物的制度。但是从民法的角度来讲，这些物形成不了财产，有些没有必要去支配，有些也支配不了，总之是这些物上无法安置民事意义上的物权。比如，大气对我们来说实在是太重要了，但是大气的资源可以说是太丰厚了，在民法上完全没有必要划分一块大气由谁去支配，所以就没有必要将其作为物权的标的物。这与土地不一样，土地也是自然资源，可是土地是人们有必要支配的，这就需要将土地作为物权的标的物。但是，大千世界上，有一些标的物必须设立公权，而不能设立民法意义上的私权，目的是要确保这些物品供大众利用。罗马法中把公法意义上的物划分为以下几种情形：绝对公有物、相对公有物和公法法人私有物。像大气、海滨浴场都是绝对公有物，必须开放给大众使用，这些标的物上面不能设置任何民法意义上的物权，包括政府也不能主张对这些标的物享有所有权。相对公有物指的是道路、图书馆、学校这些标的物,这些标的物政府可以享有所有权,但是政府享有所有权的目的是负责对于公共道路、学校和图书馆的管理,依据税收去创办这些事业,但是必须开放给公众利用,政府不能排斥公众利用。还有一种公法上的物叫作公法法人私有物,它指的是在法律上由公法法人独占性的利用,而不开放给公众的标的物,最典型的就是政府办公楼,这些并不是交给公众使用的。比如说法院办公区房子,就是法院这个公法法人独占使用的资产。法院的房子并不是开放的,不像公园一样。这是罗马法上关于公物的制度,它对于划分公物的物权意义很大。但是我国在 20 世纪 50 年代接受了国家所有权统一唯一的学说,认为这些资产都是国家的,国家所有权统一唯一的学说这样一句话就概括了一切,使得公共资产物权长期处于灰色状态,公共物权制度上的复杂性完全被掩盖了。这次编纂《民法典》物权编,本人想做出改进,也取得了一点点成效,但是没有解决的问题还很多,公共财产物权问题的科学化在未来还有很长的道路要走。

法律意义上的物,除了公法意义上的标的物之外,其他的都是民法意义上的物,可以设置民法意义的物权。

(二) 不动产和动产划分以及物权公示原则的应用

民法意义上,标的物一般情况下被划分为不动产和动产。特殊情况下标的物也包括权利,这一点上文已经讨论,但是常规情况下动产和不动产的划分意义显著。

民法区分不动产和动产,基本上基于标的物的自然意义,有时候也考虑法律意义。以其自然属性不可移动,移动必然毁损其经济价值的,为不动产。不动产在民法意义上首先是指土地,然后也包括土地之上的所有建筑物、构筑物、生成物等。这些物之间的关系,是以土地为主物,在土地上的建筑物、构筑物、生成物等都为从物或者土地附着物。总之不动产范畴很大。动产指的是以其自然属性可以移动的物。动产的范围就更广泛了,各种各样的车辆、船舶、飞行器等。动产的意义也更为广泛,有生活性的、生产性的,有价值连城的,也有被人抛弃的垃圾。一般来说,民法上的权利,被当作特殊的动产。

在《物权法》制度上，动产跟不动产区分的意义主要是在于，在依据法律行为发生的物权变动的制度中贯彻物权公示原则，不动产物权变动的公示方式为不动产登记，而动产物权变动的公示方式为标的物交付。物权公示原则的贯彻就是物权的表征问题，即以什么证明物权的存在和物权的移转，尤其是证明所有权。从法律上来讲，物权其实就是要解决财产的支配秩序的问题，这是其最基本的出发点。支配秩序的原点其实就是所有权，而所有权以什么作为表征呢？不动产的主要方式是登记，动产的主要方式是标的物交付。这是一般方式，法律上也有特殊的方式。物权公示原则在物权制度中意义重大，因为物权是一种抽象的权利，我们看不见摸不着；但是法律生活中，物权却是一切社会活动的基础，无论你要做什么事情都要利用标的物，从事交易多数情况下其实就是交易标的物的权利。这时候，我们特别需要物权表征，或者说物权公示，以不动产登记和动产的占有交付来表示权利人的合法占有使用标的物、处分标的物的合法性。

改革开放之后，不动产登记制度在我们国家已经建立起来了。不过以前的不动产登记的只有自然资源管理的意义，而没有物权公示的意义。在建立市场经济体制之后，经过我们几十年的努力，大家基本上都已经接受了不动产登记其实就是物权变动的公示方式的理论，而且 2007 年的《物权法》按照这些理论建立了系统的物权变动意义上的不动产登记制度。本次《民法典》物权编在这一方面还做了进一步的完善。对改革开放以来我国不动产登记制度的发展变化有兴趣的，可以参阅本人这一方面的著述。20 世纪 90 年代以来，正是本人提出了按照《物权法》原理建立不动产登记制度的系统设想，现在这些目标基本上实现了。

从物权公示原则的角度来理解不动产登记，对于《物权法》学习研究和实践性工作，都是非常重要的。这一方面我国法官和律师已经取得了很大进步，但是还有很多问题没有解决。我给大家讲一下在这段时间出现很多的一类案子来说明一下。就是夫妻房屋所有权的案子，最近法院受理了很多件，在我看来判处得不如人意。这一两年因为房产价格高涨，在北京我遇见好几次这样的案件：就是夫妻一方将房屋出卖了，也已经向买受人办理了过户登记的手续。但是数年之后夫妻的另一方提出要撤销这个交易，把房子要回来。这种情况下多数是老公买房，老婆提出撤销。房产本来登记在老公的名下，老公将房产卖给第三人也办理了登记。办理登记后妻子在法院提出诉讼，认为房产为共同所有，是夫妻共有财产，丈夫将她的房子给卖了，至少是将她所占有的份额卖了，要求保护她的所有权，要求把夫妻财产追回来，要求撤销已转移给第三人的房屋登记。如今绝大多数法院判决撤销交易，将房屋所有权追回。法院在论证的时候，一般都是说所有权具有绝对性，所有权绝对受保护。但是法院的这些论证没有关于如何理解物权公示原则的分析，而且还欠缺了一个非常重要环节，那就是夫妻共同财产是怎样形成的，怎样表征的。我们知道，中国法律和全世界法律都一样，并不认为在法律上仅仅具有合法夫妻的名义就自然而然成为房屋的共同所有权人，这是全世界都认可的道理。夫妻共同财产虽然是法律上一个非常重要的制度，但是夫妻共同财产仅仅指的是婚后财产，婚前的房屋并不是共同财产；而且即使是婚后财产也不必然是共同财产，我国法律也明确规定夫妻可以约定实行夫妻分别财产制，这一点在世界上更为流行。当前年轻人结婚，关于婚房，基本上都有协议，这个房子是给他儿子的或者是给他女儿的，不是给夫妻双方的。因此即使是婚后的财产，也不必然是共同财产。所以，在司法上，我们不能因为某两个人具有夫妻的法律关系，就确认他们的财产包括房屋属于共同所有。无论如何这种案件中的房屋是不是共同财产，这是需要证明的。而法院在这些案件的审理中，却并没有就此展开论证，没有说清楚夫妻关系和房屋所有权之间的关系，这就是明显的缺陷。

但是购买人在买房的时候，我们必须注意到的是，该案的房屋本来是登记在出卖人名义之下的，这就是说，该案的交易符合物权公示原则的，所以，法院必须尊重物权公示原则，必须应用物权公示的《物权法》原理。国家设定不动产登记簿，当然是具有公信力的。关于不动产登记的公信力，《民法典》第216条、217条（《物权法》第16条、17条）是有明确规定的。《民法典》第216条规定"不动产登记簿是物权归属和内容的根据"。法官在裁判案件的时候，应该首先注意适用这个条文，就是从司法的角度来认定房屋的所有权归属，同时，要认定这一类案件中出卖人的行为，主要是出卖人将房屋的所有权交付给第三人的行为，到底是有权处分还是无权处分。从物权公示原则的角度看，这里的所有权移转当然是有权处分。法官对这个问题欠缺论证，把尚未经过证据证明的夫妻共同财产作为依据，把房屋所有权的移转认定为无权处分，这个结论就错了。

（三）以公示原则支持善意取得

"不动产登记簿是物权归属和内容的根据"，这是物权公示原则的直接体现。不过这里的物权归属认定，在法律上叫作推定，这个制度体现的是权利正确性推定原则，以不动产登记簿上的记载作为正确的权利人和正确权利的推定。这个推定，主要就是要贯彻保护交易安全的立法指导思想，也就是确立善意保护的法律基础。

当然，这里所说认定，只是一种推定，而不是绝对肯定。不动产登记有可能发生错误，《物权法》第19条规定，不动产登记的错误可以更正，在更正来不及的时候当事人还可以提出异议登记来保护自己。

但是，在上面提到的夫妻共同房屋的这一类案件中，还有一个第三人保护的问题需要再讨论一下。这是目前法官审理此类案件常常注意不到的地方，所以我顺便在这里说一下。

物权公示原则的司法意义非常强大，类似于《物权法》第16条这样的条文，其实就是裁判规则，就是给法官写的。法官裁判这样的案件，应该首先认识到这个推定的意义和价值，这就是不动产案件分析和裁判案件的切入点。从事法律事务应该认识到，一是如何认定案件中的所有权，二是所有权如果发生了交易第三人利益怎么保护？认定房屋的所有权首先要看不动产登记簿，如果登记簿记载的权利人之外的人要主张权利，那么他或者她应该首先自己举证自己的权利，必须首先解决自己的权利为什么没有纳入不动产登记的问题。比如上文所举的案例，如果妻子要主张自己的共同所有权，那么，妻子应该把通过法律程序把自己作为共同所有权人写入不动产登记簿。这个问题法官必须提出来。不论是法官还是律师，应该首先有这样的认识，必须尊重物权公示原则。

另外在这类案件中必须重视第三人的交易安全问题。首先我们要认识到，根据物权公示原则的处分行为，具体是根据《物权法》第216条的规定，丈夫对于房屋的处分，应该是有权处分，所以第三人合法有效地取得房屋。当然，这是在妻子的共有权没有主张之前。在妻子的共有权得到法律确认之后，丈夫的处分行为才变成了无权处分。在无权处分的情况下，按照《物权法》的第106条（《民法典》的第311条），第三人取得房屋既受到善意第三人保护规则的限制，也受到这一规则的保护。但是这样一个规则，我感到遗憾的是，现在很多律师、很多法官都没有运用，还有一些学者的著述，逻辑很混乱，误导了法官和律师以及青年学生。涉及第三人保护、善意取得制度本身还有一些复杂的理论和制度知识，我在下文还要讨论，但是细节无法在这里展开。如果大家有兴趣，请翻阅我在《中国物权法总论》这本书里的讨论。

在讲到动产与不动产的问题上，希望大家一定要重视，要贯彻到物权公示原则，要确认一个权利的切入点，即做裁判和分析的时候有一个基本的推定。不动产是登记推定。动产是占有推定，以占有人作为合法的权利人，这个问题还不算是太大。大的问题据我了解的情况，是不动产的推定问题，这个问题还挺普遍的，希望大家一定要重视这个问题。

四　《物权法》基本范畴、物权制度体系的重大转变

关于中国《物权法》的制度体系和知识体系，有一个非常重大的知识点，我需要在这里和各位介绍一下，这就是《物权法》基本范畴的重新确定以及相关法律制度的重大转变。这一点之所以非常重要，因为相关的理论支持着《物权法》也是物权编制度的大体系建设。为什么中国《物权法》《民法典·物权》的立法体例是这样的？为什么立法中包含了这样的制度？这些制度的逻辑体系是怎样展开的？很多朋友都知道，20世纪90年代左右的时候，中国法学界主导观点，认为《物权法》仅仅解决财产支配的问题，或者是静态财产权利秩序的法律问题，而交易性的法律问题属于《合同法》问题。但是现在大家可以看到，物权变动的问题也就是物权交易最为重要的环节，也就是物权的设立、转让等制度已经规定在《物权法》里面，而不是规定在《合同法》里面了。这就是一个重大的制度转变。另外，还有一个非常重大的制度建设问题，就是第三人保护问题，过去的民法理论是语焉不详的，现在也规定在了《物权法》之中。这些重大的制度转变的道理是什么？

　　请大家注意一下，这些道理在中国法学界尤其是民法学界很多人的著述中，你是看不到的，很多民法学著述从来就不讨论这些知识要点。这就是个问题。实事求是地说，更新中国的民法尤其是《物权法》的基本制度和基本理论，这是我几十年努力的一个方向。几十年来这一努力不断取得成就，本次《民法典》编纂完成，可以说把基本问题解决了。关于《物权法》的基本范畴，在我看来，《物权法》至少要解决三个不同的领域的问题：第一个是静态财产支配秩序问题，第二个是物权变动的问题，第三个是第三人保护的问题。《物权法》不能仅仅只解决静态财产关系问题。因为时间限制，我在这里把这三个范畴的问题分析一下。

（一）定分止争及其主要制度安排

　　《物权法》的第一个范畴是定分止争，定分止争就是要解决物的支配秩序，这实际上是《物权法》最古老的范畴，也是大家毫无争议的一个领域。

　　为什么要有《物权法》，古代的人已经很早认识到这个问题。定分止争是中国的一个成语，根据我的考证，说过"定分止争"的共有三个人，一个是管仲，春秋五霸的第一霸齐国的宰相管仲；第二个人是范雎；第三个人是大名鼎鼎的商鞅。现在大家一般都是采用商鞅说的"定分止争"。商鞅对于"定分止争"的论述，是他对秦王说天下秩序的道理，他说一兔奔于山野而众人逐之，而百兔居于一笼众人避之，这个道理的意思，就是"分"定不定，对于社会秩序的决定性作用。具体的含义是，原野上有一只野兔在奔跑会有很多人追抢兔子，秩序很混乱；但是将一百只兔子放在一个笼子里，众人却会远远地避开兔子的笼子。为什么会这样？商鞅说山上的兔子是"分"未定，所以秩序混乱；而市场上的兔子"分"已定，秩序就确立了。"分"很显然在这里指的是财产秩序的问题，其实就是所有权等物权的制度建设问题。

　　《物权法》首先要确定国家的基本经济秩序，在这个制度建设上，中国人有自己丰厚的理论历史，也有自己的制度历史。像不动产登记，其实我们中国人做的也是很早。在2005年的《物权法》风波中，曾经有一些大学教授曾经以《物权法》中建立的不动产登记制度为例批评说，《物权法》的起草人像奴隶一样地照抄西方资产阶级的法律，因为这个不动产登记制度是来源于德国的东西。《物权法》中不动产登记制度这部分内容是我写的，因为我在德国留学，他们就认为我是照抄德国的制度。到这次《民法典》立法，还有一些人说，由于某某的情况，我们特别担心中国民法变成了德国民法。其实这个批评挺可笑的。不动产登记制度怎么能说我们是照抄德国的？登记制度在《汉书》里就有，比如红契等。现在有史可查的登记制度做得比较好的是朱元璋建立国家以后建立的鱼鳞图册的制度，就是不动产登记的制度。我们借鉴一下外国的当然是可以的，比如日本的，但是也借鉴了我国台湾地区的。但是要说明的是，不动产登记制度并不是发源于德国的。有一次我外出，在飞机上阅读的时候看到安徽有个县的博物馆的介绍，这个博物馆里保留了大量明朝的鱼鳞图册，我一看其内容，发现鱼鳞图册其实就是不动产登记簿。它的来源是，朱元璋为了确保国家的税收，把土地进行测量，测量以后就把这些土地按照其一块一块的自然地形纳入了登记，张三、李四、王五、赵六的地一一排列开，在县政府主簿里面，这种登记像鱼鳞片一样，故称为鱼鳞图册。朱元璋制定这个图册是为了解决征税的问题，但是从客观上来讲，也达到了不动产登记确权的作用。这个制度可以说明中国人对国家治理有自己的智慧，至少我们不能说这个制度是照抄德国的。

建立不动产登记制度，其实更重要的作用，是要建立一个权利束或者权利树的制度体系。一块土地之上是可以存在多个物权的，这些权利都登记在不动产登记簿上，以土地的基础权利为本，上面有抵押权等担保物权，还有用益物权。这些权利登记在不动产登记簿上，各种权利之间的关系，像一棵树一样，有骨干性的权利，有枝节性的权利。所以我把它称为权利树。同时也可以把它称为"权利束"，很多权利在一起，以不动产登记簿为依据，清晰而且有序。这就是《物权法》解决定分止争问题的科学制度。

从20世纪90年代起，我在民法上所做的努力之一，就是依据物权公示原则，在《物权法》制度建设中确立不动产登记制度。2007年的《物权法》采纳这些制度建议，2015年国务院制定的不动产条例也采纳了这些制度设想（此前国土资源部已经按照这些设想对我国行政管理性质的不动产登记制度进行了十分有效的改革）。

（二）物权变动：制度更新的五个要点

那么《物权法》的第二个重大范畴，是物权变动的制度建设问题，在我国一些民法著述中，这一方面的内容被表述为关于权利取得的制度。这一部分内容规定在《民法典·物权》的第二章中，这一章的题目是"物权的设立、转让、变更和消灭"，这些情况总称为物权变动。

物权变动的问题，是我国《物权法》制定以来民法制度从基本理论到现实制度都发生了重大变化甚至本质变化的一个领域。也就是因为这样，这一领域的学术争议非常多，很多不同的观点都曾对我国司法分析和裁判发挥过强大影响。因此，在这一领域贯彻民法科学原理困难比较大。但是，实事求是地说，过去占主导地位的一些观点或者理论是欠缺法理科学性的，而且也确实给我国市场经济的发展和人民权利保障造成了消极影响。

几十年来我本人一直致力于这一领域的基本理论和制度建设的研究，而且也想依据民法上的科学原理结合我国的国情实际，重建这一方面的法律制度，在《物权法》制定过程中，我的设计方案已经在《物权法》部分得到了贯彻；本次《民法典》编纂，我的设计方案又在合同编部分得到了贯彻。因此我国民法设计物权变动的法律制度从基本理论和现实制度两个方面都已经成功地更新了。这一点，希望我国法律界的理论和实际工作者能够予以足够的注意。关于这一方面的理论，有兴趣的，可以查阅我的一些著作，这里限于时间不做详谈。

物权变动理论和制度建设的典型，就是所有权取得问题，传统民法也称之为权利取得。人类社会早期的法律就已经形成了这一方面的理论和具体制度，那就是"传来取得"也称为"继受取得"的理论和制度。这种理论认为，在市场交易中，所有权是买受人依据合同取得的，是出卖人根据合同把所有权交到了买受人手中。这种理论比较符合人类社会早期那种"一手交钱一手交货"的交易，类似于在农贸市场上买卖东西那样，东西是现成的，交易双方达成协议就马上可以完成交付，交付之后，钱货两清。这种交易模式下，我们可以看到这样一些法律现象：第一点，当事人之间达成协议之前标的物已经存在，出卖人享有所有权，因此协议可以随即履行完毕。第二点，当事人之间达成协议后马上就履行完毕了，从法律上来说没有必要来区分协议成立的法律效果和协议履行的法律效果。第三点，合同一般情况下会得到履行。第四点，当事人之间达成协议后一方反悔不履行时，对方基本上无法从法律上追究，因为双方之间并无实际的损失，当事人的钱货都没有转移给对方。

从现代民法的角度看，这种一手交钱一手交货的交易下，不产生严格意义上的债权法律关系，无法建立合同之债的民法科学理论及其相关制度。但是现代民法意义上的交易，典型的合同是那种在工厂里订货的合同，预售房屋的合同等，合同成立之前，并无标的物的产生，出卖人并不享有标的物的所有权，合同的成立和合同履行之间有明显的甚至很长的时间差。因此，在法律上必须要确定合同成立后但是还没有履行前的法律效果问题。在这种情况下，就产生了一个老百姓很不熟悉而且比较难以理解的合同债权，而且也产生了合同成立和合同履行之间的法权效果差别，从而也产生了特殊的物权变动的问题。

问题在于，传统民法中的传来取得理论，此前在我国民法学界一直有强大的影响力。所以，以合同成立生效来确定所有权取得，或者整个的物权变动，成为我国民法学界的基本理论，而且也成为我国立法关于所有权取得等物权变动的基本制度。包括最高法院的司法解释也是这样。所以，全部民法教科书里面都这样写到，物权变动属于合同法制度的一部分，合同应该履行，所有权取得等物权变动是合同履行的必然结果。这些理论和制度简要地说，就是直接依据合同来确定交易中的所有权取得，以及其他的物权取得、物权变动。在20年以前，很多人所接受的民法知识，就是直接依据合同确权。

依据合同确定物权归属的做法，不但符合现实生活中普通民众购买普通生活用品那样的"法律"实践知识，而且在历史上是有根据的。《法国民法典》的第1583条就是这样规定的。这个条文规定，在买卖合同交易中应该以合同的有效与否来直接确定所有权的归属。《法国民法典》的这一规定，也体现了立法者的亲民思想，所以也受到了一些国家和学者的推崇。在世界民法历史上，《法国民法典》也就是《拿破仑民法典》值得肯定的内容很多，我自己也很推崇该法典贯彻启蒙思想的历史积极作用。但是《法国民法典》第 1583 条这个条文的规定，我要明确地说，在法理上是讲不通的。以普通民众的认识来理解现代市场经济体制，这一点本来就有认识论和方法论上的缺陷，因为普通民众并不从事现代市场经济体制下的活动，更不会从事现代民事案件的分析和裁判。从我获得的资料看，法国实际上也没有这样做。

关于在这个制度建设上，德国法的做法和法国民法显著不同。德国在 18 世纪的时候就确立了物权和债权的区别。到了 19 世纪，《德国民法典》就已经严格地贯彻了合同之债和物权变动之间相互区分的民法原理，其基本理论认为，合同应该履行不等于合同绝对会履行；而且合同本身是债权发生的法律根据，所以依据合同只能确定债权发生，而不能确认物权变动。这两种不同的立法体例在中国法学界曾经引起长时间的争议。对这些问题，我以前撰写过多篇论文和著作进行过探讨，有兴趣的可以参阅。

在我国《合同法》《物权法》以及本次《民法典》编纂过程中，不论是我国法学界，还是法官和律师们，关于依据有效的买卖合同来确定买受人取得所有权的理论和制度是否科学合理的问题，都一直存在着争论。为了再一次启发各位，我想给各位讲一个笑话，它涉及民法历史上曾经发生过的一次非常有名的争论。争论的一方是法国的一位著名教授，他依据《法国民法典》的规定坚持认为，既然买卖合同有效，那么买受人就可以取得所有权。争论的另一方是德国著名教授萨维尼，他举例指出了《法国民法典》这一理论和制度的不合理：一个老人作为出卖人和买受人订立了一个房屋买卖合同，双方约定合同签字后六个月交付房屋。订立合同时老人的精神状态是正常，但是到第三个月的时候老人精神失常了，因此失去了交付房屋的民事行为能力。因为这一变故，法院也不能强制老人交付房屋，买受人实际上无法获得房屋的交付，最后当然也无法获得房屋的所有权。这个法国教授面对萨维尼的批评，只能开玩笑地说，你们德国天气潮湿，老人才得上了精神病，我们法国阳光灿烂，没有精神病！这个争论告诉我们，依据买卖合同来确定物权变动确实是不符合法理的。物权变动，必须在合同之外另行建立法律根据，而且物权变动的法律根据必须符合物权作为支配权的本质特征。

在我国民法学术界曾经有一些著作，把《法国民法典》第 1583 条的规定叫作债权意思主义的立法模式，然后又把这种理论的改进型（也就是以债权意义的合同为基础，加上不动产登记或者动产交付来确定物权变动的规则）称为债权形式主义。而且它们宣称，债权形式主义是最完美的物权变动立法模式。但是，我必须指出，这些分析是错误的。因为它们分析的基础是，《法国民法典》第 1853 条的规定，体现的是，当事人直接依据合同中所表达的债权意义的意思表示来直接取得所有权；而债权形式主义，也是把当事人之间的债权意思表示作为基础，加上不动产登记和动产交付来确定物权变动。这种分析极大地误解了《法国民法典》和法国立法者的智商。因为，《法国民法典》根本就没有关于债权、物权的法律规定，而且它通篇并没有按照债权物权的区分来建立相关法律制度。这样问题来了：第一点，既然法国立法连债权都没有承认，那么他们怎么能够承认债权意思表示？第二点，如果法国立法者确认当事人订立合同中的意思表示就是债权意思，那么，他们怎么能够直接依据债权意思来确定物权变动？这两点疑问，那些把法国民法关于物权变动的立法模式确定为"债权意思主义立法模式"的学者以及那些中国民法学界鹦鹉学舌的人有没有想过？

这样理解《法国民法典》，不仅仅是学术上不严谨的问题，甚至还有伪造的嫌疑。在德国著名比较法学家 K. 茨威格特和 H. 克茨所著的、世界著名的比较法著作《比较法总论》这本书中，作者揭示了《法国民法典》的立法者对合同的认识，是基于人文主义革命理想下的意思自治原则而产生的革命化的约束力，而不是基于德国民法体系中的债权原理，更不是基于债权意思表示。《法国民法典》里就没有债权这个词，更不用说债权意思主义。所以，我认为，我国一些学者所说的《法国民法典》采纳债权意思主义的模式的观点，这就有点伪造历史了。

我国一些法学家，基于他们获得二手资料甚至三手资料关于瑞士《民法典》的分析，提出债权形式主义的模式，同样是没有历史根据的，因为这种理论的根源还是"债权意思主义模式"。因为，这些学者认为，债权形式主义模式，是对债权意思主义模式有意识地改造的结果。这些学者经常所举的例子，就是《瑞士民法典》的规定，他们认为《瑞士民法典》立法者首先肯定了《法国民法典》中的债权意思，然后在此基础上加入了不动产登记和动产交付，来作为物权变动的要件。但是，在我上面所介绍的这本世界著名的《比较法总论》中，作者对瑞士民法关于物权变动的模式也进行了仔细的探讨。这本书明确地提到，《瑞士民法典》的立法者深受德国民法理论的影响，其主导的学者约瑟夫·翁格尔是承认物权行为理论科学性的，并不承认他们的立法在物权变动这个问题上归根结底是依据当事人之间的债权意思表示。瑞士民法的模式，仅仅只是表明，物权变动必须在合同之外，另行建立适合物权效力的法律根据。关于这一方面的理论和制度，我本人此前根据第一手资料进行了研究，有兴趣者可以翻阅这些论文和著作。

至于我国民法学界一些学者所说的，中国《物权法》采纳了债权形式主义的立法模式的观点，我在这里明确表示，这个说法是不对的。因为中国《物权法》总则关于物权变动的这一部分制度，是我先写出了立法建议，提出了"区分原则"，这个原则的理论基础就是合同之债和物权变动的效力区分和法律根据区分这两个要点之上的。这个理论基础，在法律根据这个要点上，当然是要承认债权行为和物权行为的区分。不过，在20世纪90年代中国民法学界的多数人深受"一手交钱一手交货"的视野限制，从而难以承认物权行为理论的情况下，本人在立法论证过程中强调了债权和物权法律效力和法律根据的区分，而没有刻意强调物权行为理论的指导作用。这种做法，减少了学术界的争议，最后立法基本上都采纳了我的这些建议。我的这些建议，有兴趣者可以翻阅《争论与思考——物权立法笔记》这本书。在我撰写这一部分建议之前，中国民法学家都是把物权变动写入在合同理论体系下。而我的努力体现在如下五个方面：

第一，提出区分原则，也就是合同成立生效和物权变动的效力相区分、合同之债生效的法律根据和物权变动的法律根据相互区分的原则，使之贯彻于民事权利设立、转让、变更和消灭的基本理论和制度的始终，完成绝对权和相对权、支配权和请求权科学区分的原理在中国民法知识体系和制度建设中的贯彻落实。这一任务，涉及物权制度的，已经在2007年《物权法》和本次《民法典》物权编中予以完成（下文述及）；涉及债权制度的，已经在本次《民法典》编纂中通过删除原《合同法》第51条、修改原《合同法》第132条，重修撰写《民法典》第597条等完成。这样，区分原则的要求在《民法典》整体中得到了实现。

在法律实务上，我们可以看到，任何民法上的交易都要经历合同成立生效和合同履行这两个基本阶段，所以区分原则的提出和贯彻在我国民事法律整体之中具有贯穿性价值，其分析和裁判对全部民事活动都有指导意义。

第二，从民法的知识体系和制度体系两个方面，将物权变动的全部制度从合同制度中提取出来，纳入物权整体制度之中，体现物权变动与债权合同制度的整体切割。在制度建设上一方面不再把合同之债作为物权变动的法律根据，另一方面在《物权法》或者《民法典》物权编中，为物权变动建立符合物权效力的法律根据，实现物权变动制度和《合同法》的切割。这一部分内容即《民法典·物权》第二章（《物权法》第二章）"物权的设立、变更、转让和消灭"。仅仅从这一章的创建，我们就可以看到我国民法的物权制度在物权变动这个重大问题上和此前民法学界主导观点的鲜明差异。

第三，在物权变动法律根据的建设上，区分依据法律行为发生的物权变动和非依据法律行为发生的物权变动。在物权制度中，物权变动的法律根据再一次做出重要划分：依据法律行为发生的物权变动贯彻物权公示原则，实行不动产登记和动产交付对于物权变动具有决定性意义（物权编第一分编第二章第一节和第二节）；而非依据法律行为发生的物权变动，其生效的根据，直接来源于人民法院的判决、行政机关的强制执行令、事实行为的完成等，而不来源于不动产登记和动产交付（物权编第一分编第二章第三节）。

上面说到，在《物权法》中建立物权变动制度的要点，是要为物权变动确立符合物权效力的法律根据。但是，从物权效力的要求看，在依据法律行为发生的物权变动系统中，能够支持物权变动的法律根据，当然就是符合物权公示原则的不动产登记和动产交付，因为当事人之间关于物权变动的意思，必须得到公示方式的支持。

但是现实法律生活中导致物权发生变动的并不仅仅只有法律行为，有很多物权变动并不是依据当事人之间的法律行为发生的。对此，《民法典》物权编第一分编第二章第三节"其他规定"希望大家注意。这一类的物权变动，事实上也是一个很大的领域，其规则范围，大体上相当于传统民法"原始取得"的范畴。其中最主要的一类根据，是根据公法行为发生的物权变动。比如，依据人民法院的判决，也可以发生物权的设立、转让、消灭等；而且人民法院的判决，是比不动产登记和动产交付更加强大的法律根据，在支持物权变动方面更加有力。与此类似的是依据人民政府的征收决定等。该节第231条，即"因合法建造、拆除房屋等事实行为设立或者消灭物权的，自事实行为成就时发生效力"，再与第130条进行对照时可以看出，事实行为指当事人不具有设立、变更或消灭民事法律关系的意图，但根据法律规定引起民事法律后果的行为。即当事人的行为引起物权变动时，不考虑当事人的意思表示因素，仅考虑当事人的行为客观上是否完成并导致物权发生变动。这种行为在物权变动上的体现比较明显，例如农民在宅基地上建造房屋，房屋建造完成后，该农民即拥有了该房屋的房屋所有权；又如地产开发商在取得国有土地使用权的土地上建造房屋，房屋建成后即拥有了房屋所有权。但是在实际生活中却有部分行政执法机构并不理解这种观点，我曾经在人民日报看到这样一则新闻，有一个政府部门认为公民的房屋必须经过登记才能取得房屋所有权，房屋不登记就不能确定该公民拥有所有权，也不会向该公民制发房屋所有权证书。该政府部门将公民房屋所有权的取得等同于政府部门向其制发房屋所有权证书。该政府部门普遍将向公民制发房屋所有权证书认为是公民取得房屋所有权的来源，这是许多行政机关工作人员、行政法老师甚至部分行政庭法官普遍认同的观点。关于第230条继承取得物权的规定，争议不大，我不再赘述。

在"其他规定"中还有一个重要问题即《民法典》第232条，该条文是原《物权法》的第31条规定，该条文讲的是"处分依照本节规定享有的不动产物权，依照法律规定需要办理登记的，未经登记，不发生物权的效力"，该条文是物权公示原则的应用。换句话说，在一定条件下未经登记可以取得房屋的不动产所有权，但如果处分该房屋，比如出售该房屋或在该房屋上设定抵押权，则必须经过物权登记。该条文属于强制性规定，没有排除性条款。

值得注意的是，本次《民法典》编纂修改了2007年的《物权法》在这一方面的规定，依法承认了添附，其中就包括了事实行为的因素。再一类，是依据自然事件发生的物权变动，其中最典型的是依据继承取得所有权等。添附之中，也包括依据自然事件发生所有权取得的情况。非依据法律行为发生的物权变动，不能强调不登记不生效的规则。此中法理，我的论文和著作已经有比较多的讨论，希望法官、律师等能够注意。现实中出现了一些案件，一些行政执法机构甚至一些法官裁判不动产物权变动仅仅依据《民法典》第 209 条（《物权法》第 9 条），即不动产物权不登记不生效，这个做法属于明显的法理错误，希望注意纠正。

物权变动从法律根据的角度予以区分，其意义十分重要，这是具有普遍适用价值的分析和裁判规则。

第四，依据法律行为发生的物权变动，贯彻物权公示原则，确立公示要件主义规则，并将其贯彻为不动产登记和动产交付规则（第 2 章第 1 节和第 2 节）。所谓公示要件主义规则，就是不动产的物权变动不登记不生效，动产物权变动不交付占有不生效的规则。这些规则，反映为《民法典》物权编的第 209 条（《物权法》第 9 条），第 224 条（《物权法》第 23 条）的规定。物权公示要件主义的民法原理在于，当事人关于设立物权、变更物权、转让物权的意思，如果不经公示，就不能获得支配权的效力。所以，公示其实是当事人的关于物权变动的意思表示的公示，公示之时，就是物权变动获得公信力之时。结合下文关于第三人保护的规则，如果不经公示，最有可能损害的就是第三人的利益。正如上文分析，物权的本质是支配权、排他权，如果不经公示而排斥第三人合法利益，对于第三人是不公正的，当然也是不符合立法目标的。

因为物权公示方式，是当事人关于物权意思表示的公示方式，而不是行政管理。在债权形式主义观点下，当事人之间仅仅只有债权性质的意思表示，而物权变动的效力，就不是来源于当事人自己，而是来源于公示。比如，张三把房子出售给李四，当事人之间办理过户登记的行为，本来就是当事人的物权意思在登记机关作出表达和记载，从而发生所有权转移的行为。但是债权形式主义的观点认为，当事人办理过户登记手续时并没有关于物权转移的意思表示，即使有也不承认，好像当事人是傻子一样。关键是，因为张三和李四仅仅只有债权性质的意思表示获得承认，那么李四取得房屋所有权，就只能是从登记的国家机关那里取得了。债权形式主义的观点，确实不但否定了当事人关于物权的意思表示，而且也否定了物权出让人原来就享有的物权。稍加分析就可以看出，这种观点确实是不能成立的，而且对于物权受让人而言，是十分有害的。而且依据这一观点，下文讨论的第三人保护、善意取得等制度也都无法建立。

需要说明的是，在依据法律行为发生的物权变动的制度中，把物权公示方式作为根据，是为了支持当事人关于物权变动的意思表示，所以这些公示方式对于物权变动只具有"推定正确"的效果，而不具有绝对肯定的效果。以不动产所有权的转移登记生效为例，在"推定正确"的情况下，获得标的物所有权的受让人，可以推定为正确的权利人，其权利也可以推定为正确。但是如果当事人的物权意思表示被撤销，登记被修正，那么登记簿上的权利也将随之改变。但是，这里的"推定正确"对于不动产物权的分析和裁判意义重大。以上文提到的夫妻共同房屋案件诉讼为例，法院在这一类案件中必须尊重不动产登记的"推定正确"，这是案件分析和裁判的切入点。

第五，在公示要件主义的一般规则之外，根据我国国情，规定"但书条款"，建立物权变动的特殊规则。所谓但书，就是排除性规则，也就是排除法律上关于一般规则的适用，而必须适用的特别优先的条款。一般条款反映的一般情况或者常规情形，但是在法律生活中经常会遇到一些例外的情况，立法上就用但书条款保障特殊情况的特殊处理。在依据法律行为发生物权变动的情况下，在坚持公示要件主义的前提下，有一些我国国情因素决定了我国《民法典》在这一领域也要规定但书。比如，物权编第209条、第224条都规定了"但书"。在物权制度中有一个非常重要的但书条款，就是《物权法》第142条、《民法典》第352条规定的但书，但是近年来却没有得到适用，立法的价值因此而受到损害。下文将专门就这个但书做出讲述。

（三）第三人保护

上文的讨论中多次提到第三人保护的问题，在关于《物权法》的基本范畴的讨论开始时本人就指出了，我国民法曾经的主导的《物权法》学理论并未认识到保障第三人的立法价值，保护第三人制度内容也没有纳入很多学者所认识到的《物权法》知识体系之中。本人力主，保护第三人的交易安全是《合同法》根本无法解决的问题，而恰恰是《物权法》要解决的而且也是《物权法》能够解决的重要问题。因此必须把保护第三人的制度纳入《物权法》的知识体系和制度体系。这样，第三人保护形成了《物权法》的第三个重要范畴。

（1）什么是第三人？王泽鉴老师的著作中说得很清楚，"不参与当事人之间的法律关系但是对该法律关系的结果有直接联系的人为第三人"。第三人来源分为两种情况，第一种是，张三将房屋既出卖给李四又出卖给王五。这种情况下，李四和王五互相之间并没有法律关系，但是因为张三的存在，李四和王五之间成为"互为第三人"。因为房屋只有一个，房屋所有权只能为一个购买人取得。这种情况下，就是要确定所有权取得问题和第三人保护的问题。

第三人出现的另一种情况是：张三将房屋出卖给李四，李四又出卖给王五。这种情况下，王五就成为张三李四交易的第三人。王五作为第三人，他在《物权法》上需要保护的原因在于，如果张三李四之间的交易被撤销了，比如他们之间订立的买卖合同被解除或者无效了，李四取得的房屋所有权依据法律规定（《合同法》第58条双方返还），就应该返还给张三；可是房屋已经转移到了王五的手里，这时候就出现了王五取得的房屋所有权要不要返还回去的问题。如果不管三七二十一，法律都要求王五返回，那么这就是不保护第三人；如果不要求王五返回，那就是要保护第三人。在中国民法学界，长期以来的主导学说对于第三人问题特别缺乏研究，大家都知道至今还有很多学术著作认为，所谓第三人就是"不特定任意第三人"。以前学习民法的，都听说过这个第三人的概念。但是这个不特定任意第三人的说法是很没有道理的，因为第三人是参加了交易关系的民事主体，他在交易中享有民法所要保护的重要法益；可是不特定任意第三人这个说法，否定了第三人的法律利益，从这个概念我们看不出在法律上保护第三人的必要性。

（2）为什么要保护第三人？为什么中国民法学的主导学说只有当事人而没有第三人理论？

从对第三人的分析我们可以看出，第三人保护是十分重要的制度安排。简洁明了地说：第三人王五，其实就是交易秩序的化身，保护第三人就是保护正常的交易秩序。如果王五在交易中没有任何法律上的过错，其所取得的房屋所有权因为前手交易的缺陷而被追夺，那么社会正常的交易秩序就无法维持。大家可以想一想，我们在现实生活中从事着各种交易，我们取得的所有权其实建立在很多前手交易的基础上，如果法律不保护我们取得的所有权，那么前手交易的当事人一直追索下来，那社会经济生活就完全混乱不堪了。从这一点，我们也可以看出此前我国主导民法知识体系的缺陷。因为这一知识体系中没有第三人保护，而只有合同无效后的双方返还，而不加节制地返还，既不利于经济秩序稳定，也违背了交易的常识。以前的中国民法主导理论只有关于当事人双方权利义务的知识，而没有第三人权利保护的知识，这是一个明显的缺陷。

（3）第三人保护的几种理论和我国《民法典》的相关制度设计。《物权法》制定以来，我总结了民法历史上关于第三人保护的民法理论和制度，将其大体上归纳为四种类型：①传来取得学说下，不保护第三人；②早期罗马法中的善意取得理论，仅仅依据第三人的善意心态保护第三人；③14世纪兴起的"以手护手"，强调在商业贸易中，前手交易绝对不能妨害后手所有权取得；④《德国民法典》，结合当事人在交易中的意思表示和物权公示原则，以不动产登记和动产交付作为所有权取得的公开标准（权利正确性推定），但是登记也可以更正，只是登记更正之前第三人的取得就不能随意返回了。这种做法，既承认了善意取得，同时又依据物权公示原则改造了善意取得。关于这些研究，在《中国〈物权法〉总论》这本书里面有细致的讨论。

《物权法》以来，我国《民法典》关于第三人保护的规则，规定在第311条、312条等（《物权法》第106条、第107条等）中。这些规定的精神可以归纳如下：

第一，无权处分是无效的。请注意这里所说的无权处分，是《物权法》意义上的，即不享有所有权或者处分权，而实际处分标的物及其所有权的行为无效。比如，一个并不享有所有权的人，把他人物品的所有权转让给了自己的亲友。这样的行为，自然不应该得到法律的承认和保护。需要明确的是，该条文所说的，是物权意义的处分，也就是所有权的处分，而不是《合同法》第 51 条规定的订立合同的行为。如果一个没有所有权人的人，仅仅只是和相对人订立了一个买卖标的物的合同，那么这个合同仍然应该产生合同之债的约束力。所以，《民法典》第 311 条所说的处分无效，不能理解为合同之债的无效。

处分无效，意味着所有权的受让人手中取得的所有权不能得到法律的承认和保护，因此应该予以返还。至于返还的理论根据，在民法上有不当得利请求权和所有权返还两种解释和操作进路。我国民法学界以前很多人主张这里的请求权只能是所有权返还请求权，但是现在更多人认识到，这里的请求权如果以不当得利请求权作为根据，则不但法理上更为透彻，而且在实践中对于原所有权人的利益保护更为有利。需要明确的是，这两种请求权其实都包含着所有权返还的意思，不当得利请求权则给了权利人更多的选择。

需要法官和律师特别注意的是，无权处分还是有权处分，必须根据物权公示原则来确定。比如，上文提到的夫妻共同房屋争议案件中，不动产登记簿上记载的权利人丈夫向第三人转让房屋所有权的处分行为，从不动产登记的公示原则看是有权处分，而不是无权处分。因此，法院不能仅仅因为妻子的请求权主张，来要求第三人返还取得的所有权。法院准确的做法是指出妻子应该证明自己的共同所有权。只有在妻子的共同所有权得到了法律的确认之后，第三人的取得才有可能转化为无权处分，这个时候妻子主张所有权返还的，就要受到《民法典》第 311 条等善意取得规定的限制。我们分析无权处分，必须遵守这个前提，也必须注意到这个重要的环节的转换。此前的民法主导理论在这个环节上总是大而化之，滥用无权处分，在理论上和时间上都造成了消极的后果。

第二，在无权处分而第三人负担返还义务的情形下，第三人的善意可以作为对抗返还的法律根据。传统民法，把第三人的善意作为对抗原来所有权人返还请求权的抗辩事由。而中国民法，并不仅仅只承认第三人享有抗辩权，而是承认其享有直接对抗权。这两点之间的区别在于，抗辩权人要负担举证责任。而中国民法规定，不动产登记情形下，第三人的举证责任是很小的。

第三，我国民法中的善意，是一种"客观善意"，即通过物权公示原则来证明确认的善意，而不仅仅只是传统民法中所说的"主观心态"。这个要点意义重大，需要法官和有关裁判机构充分注意。

通过这些规定，我国《民法典》就建立起来了一种不同于此前中国法学界主导观念的第三人保护制度。它和此前关于善意保护主导观念的区别在于，一是它所说的善意仅仅指的是第三人在物权取得中的善意，如果第三人仅仅只是享有合同债权，那么，他就没有特殊保护的法律基础（除非法律有特别的规定）。二是善意取得的确定，要坚持物权公示原则，从公示的角度来理解第三人的善意，而不是仅仅只看第三人的主观心态。此前的民法主导理论，把第三人的善意仅仅理解为第三人对于前手交易瑕疵的知情或者不知情，这种判断方法欠缺客观标准。三是第三人善意，增加了对价的考量，其判定标准更为严格，但是举证责任较小。经过这些努力，我们也完成了对民法第三人保护制度的改造更新。总体来说，我国现行民法中的第三人保护，法律根据显得更为客观，确定标准更为公平，实践上也更容易操作。

关于第三人保护，我这里也有一些很有趣的案例和大家分享一下。

首先我举一个例子，说明第三人范围这个问题。在北京有一个影星，嫁给外国人了，在北京有别墅，他们家有个长期的司机。这两口子有时候住在中国有时候住在国外。有一次出国时间比较长，因为这个司机是多年的熟人，他们就把房子交给这个司机照管。结果这个司机私下把这房子给卖了，因为房产证等都在家里放着，而且这个司机长得与男主人有些相似，所以和房屋购买人办理过户手续的时候，登记机关没有细看，所以房子所有权登记过户手续很快就办完了。然后司机拿了几千万元跑了。这两口子从国外回来后，收到了法院的传票，叫他们腾房给买房的人。当然这对明星夫妇绝对不同意，因此发生重大争议。在这种情况下就产生一个问题，购买房屋的人是不是第三人，能不能适用《物权法》第 106 条的规定予以保护？

善意保护其实就是第三人保护，不是第三人就没有保护的问题，这是我要提醒大家思考的。另外一个问题是，第三人怎么样才能值得保护？有几位大学教授出了法律意见书，认为适用善意保护，主张明星应该把房子腾出来。只有一位青年学者认为不妥当，他对什么是第三人，第三人怎样才能够保护写得还是比较清楚的。可是其他教授认为，只要参加交易的就是第三人，就值得保护。

我始终认为，所谓第三人，是相对于前手交易的两个当事人而言的，简单地说前手交易的是两个人，然后才有第三个人。大家可以看看我在上文关于第三人的分析。可是这个案子中，并没有前手交易，不存在"第三人"之前的第一个人和第二个人。这个司机并不是通过交易获得房屋所有权的人，他只是一个占有人；他行使所有权的行为可以定性为偷盗行为（监守自盗），是一种犯罪，所以他的出卖行为不论是订立合同的行为还是履行合同的行为，都是不能获得法律承认和保护的。因为这一点，那个所谓的"第三人"，当然也不是第三人。第三人才有善意保护的必要，不是第三人不能依据《物权法》第 106 条获得保护。另外，这个"第三人"的主观心态是不是善意？这一点疑问很大。我们说确定善意与否要看不动产登记，但是第三人的主观心态因素也是必须确定的因素。这个案件，这一点很不清楚。所以我的观点是，这个"第三人"不是善意保护规则中所说的值得保护的权利人。

总之，经过我们刻苦的努力，现在我国《物权法》的基本功能已经成功地扩展为三个范畴：定分止争、物权变动和第三人保护。经过这个基本制度改造更新之后，《物权法》的整体制度更加符合民法科学原理，符合市场经济体制建设和人民权利保护的需要，符合中国当前国情的发展。这一方面的理论和制度，从涉及物权的民法分析和裁判来说，是物权编的核心部分，不论是法学研究学习还是实务，对此应该有充分的注意。

（四）依据法律行为发生的物权变动规则中的但书规则

上文关于物权变动一节曾经提出：在物权变动的一般条款下，立法上还规定了一些但书条款，作为一般条款的例外情形。上文也已经谈到，但书条款的基本特点是排斥一般规则、具有优先适用的效力。但书条款意义重大，属于物权分析与裁判的精确司法规则，即针对特殊情形的特殊法律规则适用，因此在法律实务上必须引起足够的注意。

在我国物权编中，在依据法律行为发生的物权变动制度中，不论是不动产的物权变动还是动产的物权变动，都有一些但书条款的规定。比如，在不动产物权变动中，第 209 条规定的是不动产物权的设立、变更、转让和消灭，一般情况下是以不动产登记为发生效力的前提。这就是一般条款。但是，现实情况是很复杂的，一般情况下还存在着例外，因此法律上就出现了但书条款。这种情形在物权制度中很多见。在法律分析和裁判中如果仅仅只是认识到一般规则，而认识不到但书条款，那就是没有认识到现实生活的复杂性。事实上，第 209 条里面，就规定了但书条款，比如，大家常见到的，农村里农民通过订立承包合同设立土地承包经营权，法律规定合同成立土地承包经营权设立。此外，地役权的设立也没有采取"不登记不生效"的规则。另外，在动产物权变动这个问题上，《民法典》规定的例外情况也是不少的，比如第 224 条规定了动产物权的设立和转让以交付作为生效条件的一般规则，后面也加上了但书条款。动产物权的设立和转让，不必以标的物的交付作为生效要件的情形，在第 225 条（准不动产物权的采取登记对抗规则）、第 226 条（简易交付）、第 227 条（指示交付）、第 228 条（占有改定）做出了明确的规定。

但是还要明确的是，在权利质押这个制度建设问题上，必须明确的是，权利质权的设立，经常是以权利证书的交付或者权利转让登记作为生效条件。这一点其实也是一般物权变动的例外情形。

在了解这些情形之外，我想和各位特别地讨论一下不动产物权变动这个问题上的一个非常重要，但是目前却被法院和律师们完全忽视的但书规则，这就是《民法典》第 352 条（《物权法》第 142 条）的但书规则。这个但书规则，法律规定已经十几年了，其政治意义、法律意义、社会意义都很重大，但是因为法学界的学术偏见以及法官律师的知识来源问题，至今还没有得到认识和应用，这一点实在是太遗憾了。我在这里简单分析一下。第 352 条规定："建设用地使用权人建造的建筑物、构筑物及其附属设施的所有权属于建设用地使用权人，但是有相反证据证明的除外。"大家看看这个条文，它规定在"建设用地使用权"这一节，很显然它要解决的问题，是和国有土地建设用地使用权相关联的房屋和地上建筑物等的归属的问题。所以，但书规则之前的这一段话，确定的是像房地产开发中建筑的房屋以及其他构筑物等的所有权的归属的问题。该条首先解决了这个问题，它规定依据建设用地使用权来确定这些建筑物、构筑物的归属问题。我们知道，在法律事务中，开发商享有建设用地使用权，他们从政府手里获得了地权证，我们叫作大产证或者地权证，他们的地权登记在不动产登记簿之上。然后开发商在土地上盖房子。房子盖好了，构筑物附属设施在法律上应该归谁所有？在条文的前半句话已经规定了，建设用地使用权人所建造的建筑物、构筑物等，都归建设用地使用权人，这些权利可以通过建设用地使用权的不动产登记来解决。但是，这一规定中的但书条款是什么意思？很多大学老师从来不讲，他们教导的法官和律师当然也不知道。可是这个但书规则的意义实在太大了！因为它涉及的，是广大城市居民购买商品房之后，钱当然也交完了，也接受房屋交付了，占有使用几年了，但是因为我国特有的法律规定还没有办理登记的手续的情况下，他们的房屋所有权能不能得到法律的承认和保护的问题。这些居民，我们称之为"小业主"，其人数实际上非常大，他们的房权能不能得到承认和保护？我现在讲一下，这也是我的一段学术历程。2007年3月5日晚上，在全国人大开会通过《物权法》之前（3月8日《物权法》通过，3月15日对社会公布），立法机关邀请了几位立法专家来讨论《物权法》的最后定稿。3月5日晚上的会议十分重要，很多的条文是这时候定下来的，但是也发生了很多争议，其中就涉及第352条这个条款的争议。当时有几位学者认为只有登记才产生公信力，不登记的不能认为这些小业主取得了房权。因为他们坚持所谓的债权形式主义理论，所以他们坚持，物权变动只能以登记作为唯一的生效要件，甚至是物权生效的来源。

在那个难以忘记的晚上，我表示了对登记唯一公信力观点的坚决反对，最后这个但书条款，就是按照我的意见最后确定下来的。这个但书条款，为亿万城市购房人的房权保护确立了法律基础。我的观点是，因为不动产登记只是公示的方法，不动产登记不是所有权的来源，权利本来就在民事主体手里。所以，不动产登记不产生所谓赋权、权源方面的法律效果。这是最基本的法理。而且商品房买卖的交易中，开发商和购房人双方订立合同，合同生效，开发商将房子盖好后给业主发收房的通知；业主接到收房通知后去查验房屋，丈量房屋面积，确认有无质量问题，对一切都满意后，在收房通知上签字盖章等表示房屋的接收。其实这就是双方当事人之间关于房屋所有权转移的意思表示以及出让方的人转移所有权，另一方接受所有权的特殊方式。在这样接受房屋之后，双方都认为所有权都已经转移到买受人手中。买受人这个时候开始装修、居住，居住了一段时间以后，才能把登记手续办下来。这是交易的事实，也是当事人物权意思表示及交付和占有公示的特殊方式。

当前普遍发生的案件争议，问题是小业主已经住进了好几年了，没有登记之前，所有权归谁？如果按照第209条不登记不生效这个规定，所有权就只能归开发商。可是开发商已经明确地把所有权转移给小业主了。这里有个问题，就是为什么不能够及时办登记过户手续呢？不能及时办登记过户手续不是小业主的问题，甚至也不是开发商的问题，是我们政策设计的一个制度。我国的政策上有"入住率"这个规则，所谓入住率就是房子有多少小业主住进去了，收房收了多少。这个政策规定入住率达到了百分之九十以上的时候，政府才给小业主办理登记过户的手续。如果入住率达不到那么高，政府不给办过户的手续。现在，我国的小区商品房买卖过户，不像国外那样卖一个单一的房屋，单一的房屋盖好了政府就能给你办理登记过户手续。咱们这个小区，小的小区有几十套、几百套房屋，大小区有几千套、几万套房屋，所以政府规定了入住率这个办理过户手续的前提条件。在这种情况下，必然就面临着老百姓事实上已经获得了所有权，居住了很多年，可是还没有办理过户登记的情形。

2014年我还在建设部做立法顾问，我们当时在武汉市做了一个调查。这个城市小业主购买住房，居住三年还没有办理过户登记手续的住户有20万户，居住一年、两年的就更多了。20万户涉及居住的住户大概有100万人。加上一年、两年的就有好几百万人。武汉一个城市是这样，在全国有多少，那就是好几亿的老百姓。所以我说这个问题是个很大的法律问题也是个很大的政治问题。在这种情况下，坚持登记唯一公信力的理论，或者债权形式主义的理论，那就会得出房屋所有权仍然属于开发商的结论，这对老百姓的损害是巨大的。但是在论证的时候争议挺大。也就是因为这样，《物权法》第142条按照我的观点写上但书规则后，这个规则在法学界和实务部门传播不开。因为我是中国社会科学院的教授，我们的学生是非常少的。最近这几年，由于房地产市场的动荡，这个方面的案子实在是太多了。尤其是涉及执行的时候。因为房地产开发商开发房地产都是借银行的钱，结果现在开发商还不了银行的钱了，银行一查很多房子还没有办理过户到小业主手里，这一下子银行高兴了，让法院把老百姓的房子查封了。有个来找我上访的老百姓说，房子都住了17年了，叫法院给查封了。《物权法》第352条的规定，对保护人民群众的权利这么重要的规则，十几年了到现在，法官不知道，律师也不知道，没有一个相关案件是按照这个但书规则来分析和裁判的。这种情况让我痛心。所以，《民法典》第352条规定的但书规则的适用，这是个很大的问题。所以我在这里把这个道理讲清以后，我就希望大家要理解这个制度。本来，这种情况下，当事人之间的房屋所有权转移，有交付房屋验收房屋的意思表示，也有实际交付房屋和平公开居住的公示方式，这都是毫无争议的。所以我们以此确认小业主的房屋所有权取得，这不但符合《物权法》原理，符合意思自治原则，更是符合中国国情的。

五　我国民法物权制度几个争议点：疑问和回答

以上讨论的，属于物权制度的总则性内容，下面要讨论的，应该是各种具体的物权所形成的物权体系。从物权分析和裁判的角度看，这一部分制度的内容当然也是十分重要的。

中国的物权体系与世界上的其他国家物权体系相较差别很大，因为中国物权体系的建立，基于本国的国情。《民法典》第114条规定，物权体系中包括所有权、用益物权和担保物权。这就是我国的物权体系。

（一）关于所有权的主体

关于我国民法上的所有权制度建设，我想首先要指出的是，过去的立法和政策一直坚持国家、集体和个人所有权这种"三分法"，不承认法人所有权这种类型。上文一开始就讨论了这个问题，本次《民法典》编纂，首先承认了公法法人制度（《民法典》第96条、第97条），然后在第255条、256条，承认了公法法人物权甚至是公法法人所有权；第257条承认了政府投资规则；第268条承认了混合所有制投资；第269条，承认了法人所有权。这一系列的制度建设意义非常重大，在未来的法律贯彻实施中应该予以足够的重视。

当然，从《物权法》到《民法典》，表面上还是承认了国家、集体和个人所有权这种分类，法人所有权在这种分类中没有明显地提出来。这种做法体现了一些立法政治上的稳妥性，在中国特有的国情下，这是可以理解的。但是，作为法律专业人员，我们必须认识到表面上的规定和具有实体价值的规定之间的差别。实际上在整个《物权法》结构上，《民法典》还是按照自然人和法人主体这种结构展开了物权制度的规定，这体现了中国立法者在法律制度上所贯彻的实事求是精神。

（二）民法所有权的概念的科学性、现实性问题

我有一篇论文曾经讲到所有权概念的六个方面，希望大家能够注意。这里时间有限，我在这里只谈几个要点，希望大家研究思考。

第一点，关于所有权的政治意义。

所有权的政治意义是我们国家的领导者和社会大众都特别重视的问题。比如人们经常提及财富拥有的均衡问题，很多人把这个问题叫作财富拥有的社会公正。很多人一提到所有权，就首先想到财富占有的社会不公问题。其实这不仅在中国，而且在世界上也是一个难题。有些人穷，有些人富，所有权制度建立后，这种情况就被固定下来了。这个情形是不是不公平、不公正？从所有权政治意义来分析这种现象，就需要解决这样的问题。但是从《物权法》的角度看，却首先要解决财富来源的合法性问题。所以，在《物权法》上，不能因为有些人财富多，有些人财富少，就总想着"打土豪分田地"，采取法律之外的手段来解决社会贫富差距问题。这种观念现在社会上还是存在的，甚至一些有影响力的学者也是坚持这种所有权的政治分析，主张这种非法律的解决方案。对此我们首先要认识到，这些观点和中国共产党的政策，和社会大众的观念是完全违背的。中央2016年发布的平等保护产权的意见，所表明的就是这个态度，就是承认财富的合法取得，承认合法投资，给予各种主体平等承认和平等保护。所以在所有权政治分析这个要点上，我们完全不能赞成那种煽动社会的仇富心理，仅仅只看财富占有不平等这种现象，而不看财富的来源是否合法。如果不承认民事主体合法取得的所有权，那么，这些观点就不仅仅只是偏激

的问题，而且是有严重的政治上的问题。

2005 年出现《物权法》政治风波的时候，有学者提出，《物权法》把穷人讨饭棍和富人的豪宅平等保护，这是严重的政治问题。我提出质疑说：是的，我们这个国家确实是有些人拿着讨饭棍，有些人住豪宅。但是我也想问，你拿着讨饭棍，是不是别人住豪宅的原因？反言之，别人住着豪宅是不是就是你拿讨饭棍的原因？我提出这个问题后，当时提出讨饭棍问题的学者哑口无言。因为这些只知道批判社会现象的人，从来都不会想到这些问题，更不会从法律制度的角度寻找解决问题的方案。我一直认为，关于贫穷和富有，不能只看社会现象，在法治国家原则下，这个问题必须从法治国家的角度来分析和解决。很多反对制定《物权法》的人回答不了如何建设自己的国家这个问题。他们提出中国当前背景下的贫富不均问题，只是为了煽动社会情绪，但是他们根本提不出解决贫富不均问题的办法。造成贫富差距的原因很多，必须根据其具体的原因来解决现实的问题。一个国家要发展，需要合法保障财富的秩序。

第二点，关于所有权的经济分析。

关于所有权，经济学也从自己的角度提出了分析，这些分析很值得我们学法律的人思考。比如，从国家经济发展角度看所有权制度设立的正当性问题和有效性问题，就是一个很有价值的思考方法。这一个问题的思路，我也曾经写过长篇论文讨论。所有权的经济分析，主要是看财富如何壮大，以及所有权在社会财富增加的过程中发挥怎样的作用。在这一方面最早提出问题的是亚当·斯密。亚当·斯密说，社会财富是创造的，而社会财富创造的原因，就是要让创造的人能够看到自己劳动的成果，也就是能够获得所有权。亚当·斯密认为，只要把所有权交给创造财富的人，无须国家督促，无须更多的制度设计，劳动者就能积极劳动创造财富。国家发展需要有动力，而所有权就是推动着社会经济不断发展的动力。这就是亚当·斯密在《国富论》里提出的观点。亚当·斯密的分析，是对英国工业革命成功经验的总结。像英国这样的国家，不但没有良好的自然资源，而且纬度高，不产粮食，历史上是个穷国家。在宗教神权理论统治下，民众取得所有权在道德伦理上没有正当性。但是，宗教改革后，所有权问题解决了，民众获得所有权的道德障碍消除了，因此民众爆发出强大的创造力，英国一跃成为世界的霸主。所以，亚当·斯密的理论是有进步意义的。

毋庸讳言，改革开放之前，我们国家存在着长期压抑甚至限制老百姓所有权的情形。我十六七岁的时候在农村生活，还当过村里的团支部书记。1975 年"文化大革命"后期，报纸上登出文章《论对资产阶级的全面专政》，提出要在生产资料的领域里彻底割资本主义尾巴，彻底消除资本主义土壤，要剥夺和限制农村里农民个人所占有的生产资料，除了劳动工具，其他生产资料一律不能私有。当时某省就制定了一个政策，农民养母鸡不能超过两只。因为母鸡是下蛋的，是生产资料，生产资料不能私有。这就是极端的理论造成的严重的社会问题，归根结底是社会发展动力丧失的问题。

对于过去这些惨痛的教训，我们没有必要总批评过去，但是我们要知道，中国改革开放发展到现在，国家发展取得了如此巨大的成就，而成功的原因，我认为就在于把所有权交给了人民。像邓小平同志说的，要让一部分人先富起来，发展才是硬道理。现在中央提出民营经济和私有财产都要平等保护，对此我们是衷心拥护的。中国共产党现在走的是一条务实的、科学的发展道路。而且我们也看到了，对于贫富不均的问题，中央实际采取了很多的措施，习总书记亲自主持国家的扶贫工作。如今扶贫工作具有显著成效，我们并没有打土豪分田地，而是通过国家支持实现了脱贫。所以贫富不均问题基本上也得到了解决。

第三点，所有权的法技术分析。

我国社会对于所有权的分析，长期以来最缺乏的，就是法技术的分析。所谓法技术，就是民法上准确地确定民事权利义务关系的技术，包括主体、客体、权利、义务和责任的确定性分析的技术规则。上文关于物权概念、《物权法》基本范畴的分析，就是法技术分析方法的应用。所有权是最典型的物权，是特定的主体对特定化的标的物所享有的全面的、彻底的、终极的一种支配权或者说是处分权，这是民法意义上所有权的概念。这个概念包括了主体、客体和权利这三个最为重要的因素，是我们从法技术角度分析所有权的逻辑基础。

上文在讨论物权概念的时候，我一再给大家讲到政府投资的问题。在这个问题上，阻碍我国社会认识到法人所有权这种重要的所有权类型的原因，就是我国社会包括法学界尤其是民法学界的主导观点，长期以来欠缺对于所有权科学定义技术分析，从而也妨害了所有权现实法律制度的科学化。上文提到，投资引起的法权关系是"股权—所有权"的逻辑，即投资人享有股权，投资的企业或者事业单位享有法人所有权。和这个法权关系相对应的，是投资人承担有限责任、法人承担无限责任的逻辑。上文的这一种分析，实际上它就是一个法技术的分析。

所有权的法技术分析，对于一切法人财产（不论是营利法人还是非营利法人）都是非常重要的，因为这是我们在法律制度的建设上，对法人责任分析和裁判的基础和前提。但是这种法律技术层面的分析，一直受到国家所有权的统一性和唯一性理论的阻碍。这种非科学的理论，对我国社会损害很大，这一点上文已经进行了很多分析。

第四点，所有权涉及民生问题的分析。

在普通民众的所有权和政府财产权利发生矛盾的时候，所有权涉及的民生问题，这几年凸显出来。我国社会，在所谓的公共利益和民众利益发生冲突的时候，有一些人讲的道理就是用大帽子压民众，而不考虑基本的民事权利。例如前几年一些地方政府提出了经营城市、经营土地的口号，经常利用公共利益这个大旗，推进城市的拆迁和农村的征地，其中一些做法严重损害民生。《物权法》颁布后，这个问题得到了纠正。曾经山东的合村并镇打着公共利益的大旗，以为了老百姓的利益为遮掩，而实际的操作不重视老百姓的所有权。看来，所有权涉及民生的问题，在我国一直解决得不理想。

这些所有权的分析，体现了所有权制度政治性、业务性都很强烈的特点。《民法典》规定的所有权制度所体现平等承认和保护观念的贯彻实施，是必须认真解决的大问题。

（三）农民集体所有权

在民法上，农村集体所有权作为社会主义公有制的一种表现方式，同时作为广大农民的一项基本权利，其制度建设的意义也是非常重大的。关于农村集体所有权《民法典》第 261 条（《物权法》第 19 条）的规定，已经对农村集体所有权进行了一个很重要的改造，这一点至少到现在还没有被很多人看到，我在这里要特别指出来。该条规定"农民集体所有的不动产和动产，属于本集体成员集体所有"。这个规定和以前的政策和法律的规定差别最大的，就是这里强调农民的集体所有权，是"本集体成员所有"，这里增加的"成员"这两个字，意义重大。以前的政策和法律对于农民集体所有权的定义，恰恰缺少了这两个关键字，这样就把集体所有权变成了抽象的、脱离集体成员的参与权和决定权的"集体所有"。在很多地方，正是因为去掉了"成员"两个字，结果消除了集体之中成员的参与权和决定权，结果集体所有就变成了集体负责人所有，造成农村社会普遍的政策混乱。而现在的立法规定强调了农民个人是集体的成员，集体所有权是建立在成员资格基础之上的，这就恢复了具体农民的成员权，为农民成员在农村集体之中行使参与权和决定权打下了法律基础。而且这个规定，使得农村集体所有权恢复到了最初建立这种所有权的社会主义理想的状态下，所以其理论意义和实践价值都是非常重大的。

需要指出的是，本次《民法典》关于农村集体经济组织的所有权的法律制度建设，其关键的要点是《民法典·总则》第 96 条关于特别法人的规定，其中农村集体经济组织被明确规定为特别法人的一种形式。这个规定需要特别注意。通过这个规定，农村集体经济组织的所有权就变成了一种特别法人所有权。关于这种特别法人，以及特别法人所有权，在我国以前的民法立法和民法著述中都是没有出现过的。这个规定，就是要按照民商法的原理，来对农村集体经济组织的组织体及其所有权进行科学的整理、规范甚至改造。目前，农村出现的确定本集体成员的身份、给农民个人确定股份、给农民按照股份分配红利等做法，都是民商法科学原理适用于农村集体经济组织及其权利的积极做法。这些做法，虽然和几十年以前的做法非常不一样，但在民法上都是有根据的，而且既符合民法科学原理，也符合我国农村集体发展的国情，而且最重要的是为我国农村集体经济组织下一步的发展确立了法律基础。所以其意义重大。

法人从本质上来讲有两种，一种是资合法人，一种是人合法人。资合法人的典型就是公司，是用资本构建的法人。所谓人合法人是建立在人的资格基础上的法人，其典型就是合作社。实际上中国农村集体所有权是建立在民众资格基础之上的法人。农民在农村集体中首先享有成员权,他们依据成员权所享有的财产性权利,都是以其所有权人成员的身份为前提的。基于这个原因,我的基本看法是,不能将本集体农民所享有的承包经营权、宅基地使用权依法规定为用益物权,因为农民个人是作为所有权人的成员在行使权利。这一点和公司股东那种情形也不一样,这是人合法人的典型特征。

关于农民集体所有权涉及个人的承包经营权和宅基地使用权的问题,现有的主导理论应该有突破性的改进。这几年在改革中出现的宅基地使用权制度改革特别需要认真研究。宅基地使用权被认为是典型的用益物权,但其本质是不是用益物权呢?在我小的时候,宅基地都没有入公社,宅基地所有权一直都保留在农民手里。后来农民才丧失了宅基地的所有权,宅基地变成了集体所有、农民享有使用权。当然,后来也有一些农民从集体手里无偿地取得了宅基地。总而言之,不论是农民的土地承包经营权还是宅基地使用权,都不能简单地使用民法上的用益物权来定义,因为用益物权是民事主体"对他人之物"享有的物权,而农民在这些权利享有时,不应该是"他人"。正是因为这些政策和立法的基础不明朗,因此,有些地方提出的让集体用地进入市场的改革试验进展困难。

(四)城市居民住宅建设用地使用权七十年期限问题

在涉及普通民众所有权这个问题上,涉及城市居民建设用地使用权及其房屋所有权的立法问题特别需要研究,这就是居民建设用地使用权 70 年期限届满后,是否还应该再缴纳土地出让金的问题。这个问题,我此前已经有多篇文章和立法报告,在《民法典》编纂完成之前,中央电视台对我进行了长篇的专访就讲到这个问题。近年来关于这一方面的争论时常出现,可见这个问题的社会关注热度一直是很高的。大家关心这个问题的原因很简单,一是现在城市居民有城市户口的已经达到国家总人口的百分之六十,另外没有城市户口的城市居民还有很多(有些资料说有近三个亿),这样城市居民总人口约有十亿之巨!所以城市建设用地使用权七十年期限届满是否还要收费的问题,涉及极为重大的社会利益。

《民法典》第 359 条第 1 款对这个问题已经做出了规定。但是这个规定相比以前《物权法》第 149 条第 1 款的规定有一个十分显著的变化。《物权法》对此的规定仅仅只有"自动续期"这个规定。按照自动续期的规定，当然是不收费的。可是现在的第 359 条，在"自动续期"的后面，增加了还可能要收费的规定。这一点确实引人关注。

参与立法的部分官员和学者认为城市建设用地的土地使用权就是 70 年，70 年届满后需要使用土地的，就得给政府交钱。这是《物权法》制定的时候很多人的观念。当时在立法机关讨论这个问题的时候，我提出了相反意见，我认为不应该收费。因为老百姓买房子的地权价格已经很高了，达到了经济学上所有权的程度。这是原因之一。另外一个重要的原因，是城市中的所有权归根结底不是政府的私权，而是人民的公权。土地所有权是新中国成立后，陆陆续续地按照社会主义的理想模式建立起来的，而不是政府按照民事权利转让的方式取得的，所以现在不能按照私有土地的方法运作土地，对土地收费。所以当时我提出的立法建议是城市居民建设用地使用权期限届满无条件自动续期。后来我写了一个报告，提交给了立法机关。很多年之后，有一个在人大工作的朋友，还特地将当时记载我的立法建议的立法简报复印给我了。立法简报上明确写着，孙宪忠提出"70 年期限届满应该无条件自动续期"，我当时看到这个简报还是很激动的。从《物权法》第 149 条第 1 款规定的城市居民住房建设用地使用权期限届满自动续期的规定看，我提出的建议得到了采纳。什么是自动？自动就是无条件的，不用交钱的，也不用再办理登记，到期后继续享有使用权。

但是这次物权编的立法中出了麻烦，《物权法》第 359 条加了一句话，"续期费用的缴纳或者减免，依照法律、行政法规的规定办理"，加上的这句令我非常的苦恼。明确地说，对此我表示了不同意的观点。我也多次在立法时表达了我的看法。这个问题的研究处理，希望未来贯彻实施《民法典》的配套法律法规时应该慎重。

（五）如何理解居住权

《民法典》在用益物权制度方面的规定，农村的土地承包经营权、城市中的建设用地使用权、宅基地使用权，已经规定实施了很多年，这些大家都比较熟悉了，我不必再展开讨论。对这一次增加的居住权，我国社会不少人表示不太熟悉，因此需要再讨论一下。在《物权法》制定时，居住权的立法方案就出现了，后来因为有争议就没有规定。本次《民法典》编纂写上了居住权，有些学者一直到《民法典》通过的前夜还在写文章表示反对。

对《民法典》规定居住权我也曾提出应该予以规定的立法建议，对本次《民法典》规定居住权我表示完全同意，而且一直通过各种方式表示支持，而且从理论上对这种制度入法，提供了很多理论依据，也澄清了一些似是而非的支持的或者反对的观点。有媒体报道了十多年前制定《物权法》的时候关于设置居住权的争论，这个争论延续到本次《民法典》编纂过程中。支持的观点提出，《民法典》规定居住权的理由，是因为有一个教授说他们家有个保姆，他想给他们家的保姆设居住权，让这个保姆老了能在他们家养老送终，他认为这就是设置居住权的理由。反对居住权的学者就认为，给保姆设居住权是你们自家人的事情，而且保姆的居住权在法律上不存在问题，因为保姆与雇主家存在契约性质的关系。根据劳动契约或者叫家事服务契约，保姆老了以后还能继续居住，这种居住在合同上进行约定就能够实现。《物权法》最后没有规定居住权这种制度。我认为，不论是这些反对的还是赞成的，他们都没有准确理解居住权的意义，所以不论是支持还是反对，都没有说到点子上。这些支持居住权写入《民法典》的观点，出发点显得十分偏狭；而反对的观点，则文不对题。而且本次《民法典》讨论这个问题时，一些学者还提出要把社会保障房的居住权写进去，这就更加违背了民法的体系性原则，因为社会保障房的居住问题，是个典型的行政法问题。

这一次《民法典》编纂写入居住权我提出支持的论证意见。法制史告诉我们，在罗马法时代法律上出现了人役权制度，其中包括着居住权的内容。设置人役权，一开始是为了解决一些有可能的身份关系，但是没有法律上的亲属关系的人的养育问题（比如古罗马人那个时候普遍存在的私生子的居住和养育的问题）。那个时候没有 DNA 检测，法律上既无法排除又无法确认亲子关系，同时也要考虑非婚生子女的家庭伦理问题，所以法律上建立了人役权制度来养育这些孩子，同时也使得这些孩子不成为继承人。在此之外，人役权制度还广泛地使用在养育特别身份的妇女（如离婚后的妻子的居住）和非近亲属的老人的法律事务方面，所以当前人役权制度在国际上是普遍存在而且适用频率很高的法律制度。

现在我们中国已进入老龄社会，有很多老人没有子女；再加上中国长期实行比较严格的计划生育政策，出现了很多失独老人。我们国家养老主要还是依靠家庭、亲属，所以我们需要设置居住权以解决养老问题。在解决其他亲属之间的（非近亲属之间）的居住和养育的问题时，居住权制度可以说大有用场。因为我国法律上规定的近亲属不包括姑姑、叔叔、侄子、侄女等，但是这些亲属关系仍然很亲密，在老人无人赡养的情况下，可以借助于这些亲属设立的居住权来解决这个现实问题。

实际上居住权也可以这样使用，就是老人可以使用自己的房屋来为自己养老。比如老人可以把房屋所有权转让出去，但是同时约定自己在老房子里面的终生居住权。这样，他既不需要搬出去，同时还可以从房屋所有权的转移上面获得一大笔钱供自己使用。我国《民法典》规定的居住权的条文和制度（第366条以下），就是瞄准这样的情形建立起来的。大家联系我的分析，就能够理解这些条文（尤其是第366条）的含义了。不知道在座的朋友们有没有看过莫泊桑写的一篇小说，讲的是一个商人跟一个老太太就老太太的一处房产达成一份协议，因为老太太没有儿女，她与商人在协议中约定商人提前供养她，老太太将房屋的所有权要转移给商人。但是老太太可以在这个房屋永久居住，可以在这个房屋中养老，这是小说里的情节。这就是外国法里面人役权的应用的问题。从这些分析来看，居住权在中国适用范围非常广泛。

（六）其他的用益物权

关于用益物权的领域，我与大家再探讨几个问题。在《物权法》中规定的用益物权的类型之中，提到了一些特殊的用益物权。这些用益物权如《民法典》第329条规定的探矿权、采矿权、取水权、渔业权等，这些权利在法学上叫作类物权，也有称为准物权。称为类物权，指的是这些权利的性质、民法意义，类似于物权，比如权利人排他性地独占使用、收益等。有时候它们也被称为准物权，指的是这些权利的法律保护，可以用准物权保护请求权。我国《民法典》将它们称为用益物权，强调的是这些权利建立的基础是所谓的国家土地或者自然资源的所有权，从这一点来看，这些权利既具有他物权的特征，也具有使用收益权利的特征。

在这些权利之外，《民法典》上没有规定的一种用益物权，有必要大家了解一下，就是农地使用权。按照物权法定原则，即物权的类型及其内容必须由法律规定，不能由当事人创设。那么农地使用权是由什么法律来规定的呢？这个权利的法律渊源不太清晰，但是在 2019 年被明确地规定在《土地管理法》中了。从法律渊源的角度看，土地管理法规定这个权利也是正当的、有效的。这个权利指的是国营农场享有的对国家土地的物权权利，适用于像新疆建设兵团等大规模的土地占有使用的情形。不论是生产建设兵团还是国营农场，土地所有权都是国家的，农场的职工享有土地承包经营权。但是，农场这个法人享有什么样的地权？过去一些政策文件把农场法人享有的地权称为农地使用权，但是国家立法包括《民法典》编纂过程中没有解决这个问题。因为国家农垦机构、新疆生产建设兵团及国营农场等占地比较多，所以农业部还有其他一些部委就提出，要赋予农场地权，通过登记确定他们的地权。我国法律规定，土地归属于国家，但是国家土地所有权无法纳入进地方不动产登记，因为法律明确规定国家土地所有权无须登记。但是农场实际享有权利，不明确它们的地权，对于这种情况下大量的土地利用关系消极影响很大。对这些依法规定农地使用权的观点，我曾写过立法报告表示了支持，同时将这个观点也写在我的建议稿中，后来农地使用权被规定进了《土地管理法》中。虽然《物权法》中没有规定农地使用权，但是大家不要质疑，这种用益物权纳入法律是有充分法律根据的。

（七）城市居民小区公共区域权利问题

《民法典》编纂完成后，经常有人提到关于城市居民小区车位的问题，以及已经登记私人空间和未经登记公共空间的物权问题。本次《民法典》《物权法》编纂已经予以明确，即使未经登记的公共空间，亦属于业主所有。即房屋出售给业主后，除非政府批地的时候就已经明确开发商在公共空间上存在着权利，否则，这些公共空间的地权均由业主共有。这个原则不能突破。几年前，在全国范围内曾经发生过一件涉及小区公共土地的争议，有一些学者、城市的领导为缓解城市交通堵塞问题，提出将小区围墙拆除，将小区道路向社会开放，允许公共汽车通行。这种观点违背了《物权法》的规定，当然也违背了《民法典》的规定。因为小区的道路是小区业主共有的，而不是社会共有的，更不是城市政府享有的，政府不能擅自使用小区业主的公共空间。

我在某地讲学的时候遇到这样一个案例，一个小区的几位大妈因为自身小区绿化不好，就跑到隔壁小区的一个小广场上跳舞，并使用隔壁小区的儿童游乐设施，非常喧闹，双方发生纠纷。后来个别小区为防止这些大妈进来，便将小区的围墙加高加固，使她们无法进入。这些大妈认为既然小区土地是共有的，那么她们就能进入并使用，进而还发生了诉讼。当然，这些大妈败诉了，因为小区公有土地，指的是小区居民的共有，不是城市中所有居民的共有。

曾经有律师提出问题，就是关于城市居民小区共有的收益规则。对此本次《民法典》相比《物权法》更加明确地规定了，就是这些共有的收益，都应该归属于小区中的居民共有。这一部分收益，包括利用共有土地做车位收取的租费，利用小区建筑物收取的广告费等。

实践中有律师朋友提出，小区车位的使用期限届满，是否适用第359条"住宅建设用地使用权期限届满的，自动续期"的规定？我的回答是同样适用，这个不应该有障碍。

（八）抵押关系存续期间抵押人处分标的物规则的重要变化

此次《民法典》物权编相比《物权法》，有一个很大的变化，就是涉及抵押权的第406条的规定。该条有两款规定，第一款"抵押期间，抵押人可以转让抵押财产。当事人另有约定的，按照其约定。抵押财产转让的，抵押权不受影响"。第二款"抵押人转让抵押财产的，应当及时通知抵押权人。抵押权人能够证明抵押财产转让可能损害抵押权的，可以请求抵押人将转让所得的价款向抵押权人提前清偿债务或者提存。转让的价款超过债权数额的部分归抵押人所有，不足部分由债务人清偿"。该条文相比《物权法》第191条的规定，有本质的变化。大家可以看看《物权法》第191条的条文。该条第一款，"抵押期间，抵押人经抵押权人同意转让抵押财产的，应当将转让所得的价款向抵押权人提前清偿债务或者提存。转让的价款超过债权数额的部分归抵押人所有，不足部分由债务人清偿"。第二款，"抵押期间，抵押人未经抵押权人同意，不得转让抵押财产，但受让人代为清偿债务消灭抵押权的除外"。

这个条文修改的本质变化有：（1）许可了抵押人在抵押权存续期间内转让抵押标的物的所有权，他处分标的物的所有权不必要得到抵押权人的允许。而第191条规定在此情况下的处分，需要得到抵押权人的同意。（2）抵押人处分标的物所有权的，不必要先行向抵押权所担保的债权人清偿。这样一分析大家就可以看出来，这个变化确实是很大的。关于这个条文的修改，是我提出的议案推动的，我也曾经写过论文在《清华法学》上发表，有兴趣的可以看看。

《物权法》第191条的规定，抵押人处分抵押财产要得到抵押权人允许，这样的规定既没有必要也不符合民法科学原理。因为，抵押权在登记簿上已经登记得清清楚楚，抵押人处分抵押标的物的所有权，并不妨碍抵押权人行使抵押权。而且，反过来，抵押权人不允许抵押人转移抵押财产则可能会损害抵押人的正当利益。因为，抵押权毕竟只是一个担保权利，担保具有或然性，不是必然的。因此，原来《物权法》第191条将担保和债权实现之间的或然性理解为债务人履行债务的必然性，把担保理解为债务承担，这样明显地不符合民法原理。所以我提出议案，要求将这个条文作出本质修改。最后立法采纳了我的设想。

此次《民法典》动产担保制度建设提出了很多新的设想，尤其是在动产抵押制度方面想取得突破。原来的动产抵押，仅限于车辆、船舶和航空器，因为国家建立了相应的登记制度，这些动产抵押是很可靠的。比如车辆在国家公安部门登记，船舶在国家交通部门登记，航空器在国家民航部门登记，因此动产设置抵押担保时，是有抵押登记记录的。但是，此次立法过程中，有人提出可以把动产抵押的标的物无限制扩大，甚至珍珠项链都可以进行抵押。我认为扩大动产抵押标的物的范围很有必要，至于扩大到哪里还有待商榷。因为现在有质押制度，类似于珍珠项链这样的动产作为担保标的物时，现行法律中质押制度完全满足需要。而且，在类似于珍珠项链上设定动产抵押权时，难以建立统一的抵押登记制度；如果没有统一的抵押登记制度，那么抵押权的设立并没有实际的意义。最关键的是，这种抵押权没有公信力，对债权人是很不利的。

（九）《民法典》总则编关于权利根据、权利行使的规定对于物权制度的意义

学习研究我国民法中的物权制度，还应该注意物权编之外一些涉及物权制度的重要变化。从物权分析和裁判的角度看，《民法典》总则编关于民事权利的法律根据、关于权利行使的几个条文的规定，对于物权制度影响尤其显著，需要在学习研究和贯彻实施《民法典》时充分注意。

从第 129 条到第 132 条，这几个条文写入《民法典》，确实是我提出的议案，此前这几个条文至少是不明确的。但是，我看了近年来一些学者撰写的立法说明，他们对这几个条文的解释，并不完全符合立法的意思，其中有些涉及物权制度的规则需要注意。

首先是第 129 条，该条文的内容为"民事权利可以依据民事法律行为、事实行为、法律规定事件或者法律规定的其他方式取得"。这个条文所规定的法律根据制度，当然对于物权制度有十分重大的影响。第 129 条规定的法律根据包括了四大类，首先是法律行为，其次是事实行为，然后是法律规定的事件以及其他规定。物权编中涉及物权变动的规则大体上对这些有所反映，但是这个条文中"其他规定"的这个提法，目前都还没有谁能解释清楚。这一点可以理解为"依据法律规定直接取得物权"的情形，比如在我国 1982 年宪法中曾出现过的，国家依据法律直接取得部分城市居民当时还享有的土地所有权的情形。当然这种情形不会多见了。

第 130 条规定，"民事主体按照自己的意愿依法行使民事权利，不受干涉"。这是我在议案中特别强调要写上的，现在还有很多人并未意识到这个条文的意义。这个条文的建立，当然首先是要保护民事主体行使权利的自决权。但是除此之外，它还回答了这样一个问题，那就是，行使物权的行为究竟属于事实行为还是法律行为的问题。现在甚至仍有部分大学教授无法回答这个问题，因为民法学界以前通说认为行使权利的行为属于事实行为，并不强调主体行使权利时权利人的内心意思及其意思表示的问题。但是，行使权利当然是民事主体意思表示的体现。比如，一个民事主体放弃其所有权，当然是主体依据其内心真意来消灭自己的所有权的物权行为。如果民事主体放弃其所有权不符合其内心真意，那么法律就不能承认这种放弃的结果。所有权处分、其他权利的处分，都是这样的道理。当然，其中的道理也应该应用于债权。如果一个民事主体向相对人提出履行合同，这当然是一种债权行为。这些行使权利的行为，当然都是民事法律行为。这是我本人撰写这些议案的时候的主导观点，就是要纠正把权利行使行为当作事实行为的错误。

第 130 条强调的是民事权利不受侵犯，同时强调民事主体依据自己的意愿来行使权利，强调民事主体的意思在权利变动中的作用。反对物权行为理论的学者，在这个重要问题上的观点是否定当事人的意思，但是《民法典》第 130 条否认了他们的观点。比如在房屋买卖合同履行过程中，开发商向业主发出交房的书面通知，通知购买人办理房屋交接手续，这难道不是一种转移所有权的意思表示吗？但是否定物权行为理论的观点认为该行为属于事实行为，没有意思表示的意义，即便是有意思表示行为，也不发生任何作用。这些观点不但不能自圆其说，而且对市场经济体制和人民权利保护相当有害。好在这些观点，已经被《民法典》第 130 条彻底否定了。

第 131 条"民事主体行使权利时，应当履行法律规定的和当事人约定的义务"以及第 132 条"民事主体不得滥用民事权利损害国家利益、社会公共利益或者他人合法权益"等，这些规定，对于物权的行使特别有意义，也是我们学习研究和贯彻实施《民法典》物权制度时特别应该注意的。

以上讲了这么多，供大家在学习和贯彻《民法典》物权编的时候参考。谢谢。

（本文根据《民法典》编纂完成后本人的讲座整理）

中国民法继受潘德克顿法学：
引进、衰落和复兴

内容摘要：本文是探讨我国《民法典》编纂所依据的指导思想和立法技术的一篇论文，原文发表于《中国社会科学》杂志 2008 年第 2 期，并获得中国社会科学院优秀科研成果二等奖（部级）。论文指出，我国自清末变法以来，在民法典的立法模式上一直采取潘德克顿体系，民法的基本概念以及制度体系均来自于潘德克顿法学。论文简要回顾了在计划经济体制时期，因为废止了民法的核心思想，民事权利制度整体走向衰落的情况，以及改革开放初期引入多种民法立法技术体系而造成民法分析和裁判规则十分混乱的情况，也总结了《物权法》的制定依据人民权利保障的指导思想和市场经济体制的基本要求，从立法的内在思想体系到外在技术规则体系两个方面，总结了潘德克顿法学在我国民法中予以复兴、促成我国《物权法》发生本质更新的成功经验。论文指出，《民法典》的编纂也应该继续沿着这种科学主义立法的方向发展，为我国人民权利保障和市场经济发展做出贡献。

本文结构

一 引言

为适应市场经济的发展和人民生活的需要，中国立法机关近些年来忙于制定民法典的工作。而在民法立法工作中，对于民法如何能够形成体系科学而且和谐的立法逻辑和立法技术，我们当然应该予以足够的重视。潘德克顿法学正是关于民法典编纂的学问，而且我国近现代开始的立法变革，也是在继受潘德克顿法学的基础上进行的。因此，如何要对我国当前民法立法的逻辑与技术层面的问题予以认真的考察，那就应该对于潘德克顿法学知识体系进入我国的效果予以认真的分析，这应该是我国民法基础理论方面的一项很有意义的工作。

中国古代法系国家法、民法、刑法、行政法融为一体，实体法与程序法一并规定，立法上呈现超大法典模式。① 为适应在中国庞大的国土上适用法律的需要，中华法系立法必须采用概念抽象以及成文法的立法技术，其所制定的法律只能是内容巨大，体系庞杂，因此历朝历代的法典编纂必须耗费巨大的精力与时间。这样的立法技术，使得法律的学习与适用即"找法"，事实上也有极大的困难。近代中国法制改革之初，这种"诸法合体"的立法模式即被放弃，中国立法开始采取大陆法系的立法模式，分别编撰宪法、刑法、民法、商法的实体法以及程序法。当然，中华法系被放弃，根本的理由在于该法系模式内，刑事责任作为民事责任的执

---

① 以世界著名的《唐律》也就是唐代《永徽律》为例，该法典共有十二篇"律"，共五百条，其内容包括等级身份、宫廷守卫、官制及职责、婚姻家庭、国库财政、越制越权行为、叛乱和劫盗、诉讼、诈骗等方面。对此，请参见杨鸿烈《中国法律发达史》上卷，商务印书馆 1930 年版，第 350 页。

行方式；而其刑事责任莫不强调"严刑峻法"，以严厉惩罚警告世人遵守法律。这一做法，与近代以来以人文主义作为思想基础的法制文明截然不同。所以这种不文明的法律体系被放弃，对于中国社会而言当然是一种进步。这一变革尤其对于中国民法的发展意义重大，因为从此民法至少是从形式脱离了附属于公法的低下地位，从而具备了成为民间社会基本法的可能。

从世界近代民法法典化①运动的历史考察可以看出，民法的制定，其实并不仅仅只是民法技术层面的革新，更重要的，当然首先是民法所代表的法律人文思想的演进。法律内在的思想和外在的技术之间，其实完全不可以脱离开来。中国在清朝末年进行的法律改革就是引进大陆法系概念与知识系统，此后中国还有几次继受外国法律的大规模的动作。所以现在中国使用的民法，不论是其概念与知识体系，还是其思想体系，基本上都是外国法引进的结果。当然清朝末年的这种继受，主要是对西方法律知识体系尤其是德国潘德克顿法学的外在形式的继受。这种继受虽然也是困难的，但是相对于近现代西方民法思想的继受，法律技术或者法律形式的继受还是要显得容易一些。至于对于渗透在近现代民法中的人文主义以及启蒙思想精神的继受，在中国一直非常困难。其原因是，从20世纪初期到中期，中国事实上处于分裂状态和外国强权支配之下，为了实现国家的统一，中国社会对于强权政治普遍采取了容忍甚至欢迎的态度，因此民法所张扬的自由精神难以得到发挥。中国大陆在1949年建立统一政权之后，却又在20世纪50年代发生了对于苏联法的大规模继受。这一时期的中国法学，整体上而言特别强调社会主义法学的革新性，强调从内在思想和外在形式方面彻底否定西方法学，否定东西方法律的相互借鉴的正当性，因此在此后很长的时间里，中国法律和法学的发展和世界大多数国家处于隔绝状态，以至于法律制度建设走到"法律虚无主义"的境地，不但民法，而且其他法

---

① 自启蒙运动后期，欧洲各国出现了以编制民法典、依据民法的系统化为手段，来达到限制公共权力侵害民权的"法典化运动"。支持者的运动思潮为"理性法学"。此时出现的民法典，以法国民法典为代表，另外，普鲁士、巴伐利亚、奥地利、荷兰、意大利等国，均编制出了自己的类似法典。

律的发展都处在非常困难的状况下。当然，此时潘德克顿法学在中国的影响已经荡然无存。

20 世纪 80 年代中国开始实行改革开放政策，中国立法开始普遍接触外界，中国民法学界才开始了解国际上民法的发展；而到 1992 年中国开始建立市场经济体制之时，中国社会已经认识到民商法作为市场经济基本法的作用，因此，中国法学界当然对于民法的思想和技术采取了接受的态度，因此这一阶段，中国民法出现了发展的高潮，法律的制定和法学的发展都非常快。这一时期内，尤其是一度销声匿迹的潘德克顿法学在中国开始复兴了。中国法学界对于德国法学尤其是潘德克顿法学引进或者复苏，成为近年来民法学发展的一大亮点。①

为适应市场经济的迅速发展和人们基本权利保护的需要，中国急需大量立法，尤其是民商法立法；由于潘德克顿法学本身就是关于民法立法技术的学说，该学说在中国事实上走向了复兴。当然，在中国也有学者主张按照英美法体系发展判例法，也有学者主张按照罗马法或者拉丁法系特点制定中国法，但是这些学者的声音没有成为中国民商法学界的主流，也没有对于近年来的中国民商法立法产生比较大的影响。中国近年来颁布了合同法、公司法、物权法等对于市场经济发展具有至关重要的意义的立法。这些法律的内容，已经能够遵守市场经济体制下的民法基本理念和制度原则，而从立法体系和立法技术上看，这些法律基本上还是遵守着潘德克顿法学的基本逻辑。中国现在还努力进行着编纂完整的民法典的工作，目前中国立法者正在进行的一项工作是编制侵权法，此后要进行的工作是修订债权法（或者合同法），然后将编制民法总则。这些工作完成之后，这些法律和基本上已经制定完成的婚姻法、继承法等法律组成中国的民法典。所以，虽然在当代世界有所谓的"解法典化"或者"反法典化"（de –

---

① 虽然作为学者应该具有谦逊的本分，但是本人认为，在此列举出本文作者早期的一些研究是必要的，它们是中国大陆地区这一领域比较早的作品，如《德国民法物权体系研究》，发表于梁慧星主编《民商法论丛》第 5 卷，法律出版社 1996 年版；《德国当代物权法》，法律出版社 1997 年版。另外，"德国当代法学名著"编辑委员会出版了"民法总论""物权""债权"以及法律思想方面的著作有十余本。中国政法大学出版社出版的中华民国时期民法立法系列丛书等，其中有不少介绍我国早期引进潘德克顿法学的著述。这些著作对于当代德国民法学术思想在中国的传播发挥了很大的作用。

codification）的观点，① 但是从目前的情况看，中国民法的发展仍然坚持着依据潘德克顿法学的立法模式进行法典化的道路。

如果从中国正在进行的一项民法立法"侵权法"的研究和讨论来看，潘德克顿法学在中国的复苏可以得到更好的验证。因为，虽然目前对于该法应该采取什么名字（在学者建议稿和立法机关制定的征求意见稿中，该法有"侵权法""侵权行为法""侵权责任法"等各种不同的称谓），以及立法将采取什么编制体例和结构，中国学者有十分广泛的争议。但是，对于该法编制的基本法理逻辑，中国学者的基本思路是一致的，即，侵权指的是对于绝对权的侵害，侵权法的制定也应该遵守这一逻辑。而绝对权和相对权的区分，可以说是潘德克顿法学对于民事权利区分的特征。当大多数学者能够利用这一理论的时候，说明该理论基本上已经成为学术界的共同观点。②

当然，中国民法在继受潘德克顿法学的过程中始终存在着争议。其中最为激烈的争议，发生在中国刚刚生效的物权法的制定过程中。抵制外国法学传入的理由有很多，其中当然少不了狭隘的民粹主义思潮，这一点全世界都出现过，中国也不例外；但是，物权法立法之所以受到最为激烈的批评，是有些人认为这部法律出现了严重的资本主义倾向，在根本上违背了中国国家政治体制上的社会主义本质。③ 即便如此，中国物权法仍然在2007 年 3 月获得了通过，并已经在同年 10 月 1 日起实施。从物权法的内容看，应该说潘德克顿法学的思想发挥了相当大的作用。对此，本文还要在下文仔细谈到。在中国目前的政治体制下，虽然那些反对中国法律借鉴参考外国法的观点还会长期存在，但是，这些观点无法阻挡中国坚定不移地推进改革开放的步伐。

---

① 2005 年在中国上海召开了"法典化还是解法典化"的国际学术会议，会议上来自欧洲的学者介绍了"解法典化"概念在欧洲的发展。中国学者对此亦有不少持肯定的态度。该会议的学术论文集正在出版中。

② 参见孙宪忠、汪志刚、袁震《侵权行为法学术报告会述评》，《法学研究》2007 年第 2 期。

③ 参见刘怡清、张勤德主编《巩献田旋风实录——关于物权法的大讨论》，中国财政经济出版社2007 年版。这本书收集了 2005 年 7 月中国立法机关发布了物权法草案后，对该法持反对态度的学者、官员等的文章 23 篇，其中一部分文章反对制定物权法的原因，是因为该法还不能达到物权法的科学理想；而比较多的反对者认为，物权法草案有严重的政治问题。

从市场经济体制以及人民的利益保护需要来看，中国民法的发展空间还非常大，因此我们应该为民法进一步的发展付出更多的努力。这其中的一项工作，本人认为应该是：鉴于中国法从内在的思想体系和法律技术均来源于对于中国法继受这一基本事实，所以我们现在应该对于外来法律的思想和技术，当然也包括潘德克顿法学的思想和技术，按照中国的基本国情予以认真的评价。对于其中的精华我们当然应该予以坚持；对其中的糟粕，我们当然应该予以放弃。中国已经融入了国际化的潮流，法学尤其是民法学的发展绝对不可能再像以前那样在某种引进的极端理论的基础上自设前提、自我演绎、自我封闭、自圆其说了。

二　中国继受潘德克顿法学之初

中国引进民法概念与知识体系发轫于清末变法。"司法之革新事业始于清光绪二十八年，自是年设修订法律馆，先后所订有民律草案、商律草案、公司法草案、海船法草案、破产法草案各案……"① 在这一过程中，关于民法典的编纂的情况是："宣统三年法律馆编纂成功五种法典，即大清民律草案第一编总则，第二编债权，第三编物权，第四编亲属，第五编继承……"② 虽然这一民法草案尚未被正式颁布而成为法律，但是它开启了中国接受西方法律知识的大门，而且奠定了中国编制民法典的基础，后来数十年的民法典编纂都是在这个基础上进行的。

从清末的这次民法立法可以看出，中国立法从此时起完全接受了大陆法系的立法模式，它不但将公法和私法予以区分，而且在私法体系内部，又将民法、商法等予以区分；尤其令人瞩目的是，它所编纂的民法典草案，完全采纳了德意志法系的立法模式，其五编章的结构，和德国民法典完全一致。尤其重要的是，对德国民法关于物权行为理论的各项规定，该法律草案也一并采纳了。例如，该草案第979条规定："依法律行为而有

---

① 杨鸿烈：《中国法律发达史》下卷，商务印书馆1930年版，第898页。清光绪二十八年，即公元1904年。

② 杨鸿烈：《中国法律发达史》下卷，商务印书馆1930年版，第904页。清宣统三年，即公元1911年。

不动产物权之得、丧及变更者，非经登记，不生效力。"第 980 条规定："动产物权之让与，非经交付动产，不生效力。但受让人先占有动产者，其物权之移转于合意时，生效力。"我们可以清楚看出，这种物权变动的公示要件主义、强调物权合意的规则，其实直接来源于德国民法的潘德克顿法学，而不是来源于当时作为中国立法摹本的日本民法。日本民法在这些规则方面，其实是继受了法国民法；而中国民法就比较坚决而且完整地继受了潘德克顿法学。这一段历史，中国民法学界长期以来基本上完全忽视了。

应该指出的是，在这次法制变革中，日本法学家发挥了极大的作用，他们为中国的法制事业不但贡献出了自己的学识，也表现出放弃狭隘民族主义的学术勇气。当时协助中国编制民律草案的日本学者松冈义正、志田钾太郎，并没有建议中国采纳日本法的立法模式，而是采纳在法理上更为精确、更容易引进、更方便适用的德意志法学的知识系统。为什么要在法国法、日本法和德国法之间选择德国法的概念与知识系统作为继受地对象？原因在于当时中国立法者已经就这些外国的法律素材进行了认真的比较，中国当时的修订法律大臣的奏疏中说，"原本后出最精确之法理，学术之精进由于学说者半，由于经验者半，推之法律，亦何莫不然？以故各国法律愈后出者最为世人瞩目，意取规随，自殊剽袭，良以为学问乃世界所公，除非一国所独也"①。

因此，近代中国民法改革之始，就是对德意志民法学说完全彻底的继受，而且中国不但继受了德意志法学的外观体系，而且继受了支持这种法典编纂模式的理论，即潘德克顿法学。这一点尤其表现在关于物权变动模式的选择方面。这一点与日本民法相比可以清楚地看出来。近代日本民法也是西方法律继受的结果，从表面上看也是继受了德意志法系立法模式的

---

① 杨鸿烈：《中国法律发达史》下卷，商务印书馆 1930 年版，第 906 页。又见谢振民编著《中华民国立法史》下册，中国政法大学出版社 2000 年版，第 745 页。这一段文言文的含义是：本来法理上就有后来的立法会更加精确的道理，而学术上的精确化进步，一半的原因是学说上的努力，另一半的原因是经验的总结。这个道理应用在法律上怎么会不同呢？所以，世界各国的法律，越后来出现的，就越会引人注目。取得它们的思想，追随它们的制度，从来就不是什么剽窃或者抄袭。我们以为学问是世界上大家共有的，并不是某一个国家独有的。

结果，其立法从表面上看也继受了德国法系的物权与债权的区分结构，但是它只是继受了德国法系物权与债权的法律性质的区分，却没有继受德意志法系的关于这些权利发生变动的法律根据的区分，没有清楚地继受德意志法系的特征处分行为理论。① 所以日本法并没有彻底继受潘德克顿法学。对此，正如日本近现代杰出的法学家我妻荣先生指出的，这是日本民法的一个遗憾。② 但是中国的民法立法从一开始就对德意志法学采取完全继受的态度，它基本上继受了德意志法系的全部制度精神。这一点现在看来特别值得指出。

此后经过二十多年的立法研究，中国终于在 1930 年前后完整地颁布了自己的民法典。该法典的产生，似乎可以说基本上是一个移植的结果，而不是制定的结果。从立法的体例上看，该法典与《德国民法典》完全一致，它同样包括总则、债、物权、亲属和继承五编。立法的基本素材的采纳，虽然也有过大规模的本土社会调查，但是立法的基本原理和大量素材来源于国外尤其是德意志法系。参与这一立法过程的法学家梅仲协先生说："现行民法，采德国立法例者，十之六七，瑞士立法例者，十之三四……"③ 该法律的境外资源，占立法素材的十分之八多，而法律的本土资源，只占立法素材的十分之一二。

因此可以肯定地说，中国 1930 年民法典的最显著的特征，是该法受到了《德国民法典》的巨大影响。该法典从体系上来说基本上与《德国民法典》一致，所不同者，是该法典在物权编部分规定了具有中国的传统色彩的典权以及永佃权，在亲属编部分依据男女平权的观念建立的新型婚姻家庭制度，这一点要比同时期的德国民法先进很多。但是总的来说，该法典在财产权利部分的规定，其基本的素材更多地来源于德国法、瑞士法而不是本土法。这部法典最显著的优点，是它从一开始就接受了作为德意志法学特征的"处分行为理论"或者物权行为理论，在涉及物权变动的法

---

① 日本民法第 176 条、第 177 条、第 178 条规定，物权变动仅以当事人的意思表示而生效。不动产登记和动产交付不是物权变动的生效要件，而只是发挥对抗第三人的效果。

② 这一观点是星野英一先生在纪念我妻荣先生的一篇文章中转述的。此文的出处，见王茵《德国、法国、日本的物权变动立法模式比较研究》，商务印书馆 2003 年版，第 10 页注释部分。

③ 梅仲协：《民法要义》初版序，中国政法大学出版社 1998 年版。

律规则方面，它的规定与《德国民法典》完全一致。① 因为民法的基本结构正是关于物权与债权的区分，而中国 1930 年民法不但从物权与债权法的法律效力上进行了区分，而且从这两种权利的法律根据和法律关系方面进行了区分。上文所说的清末民法草案物权法部分关于物权行为理论采纳的情况，在 1930 年中国民法典中得到了坚持。这些内容我们可以很清楚地从该法第 758 条、第 761 条等项规定中看出来。另外应该指出的是，该法在中国台湾地区立法机关 20 世纪末期予以修改的时候，立法机关做出的立法说明，明确地强调了依据物权行为发生物权变动的立法要件，应该不同于非依据法律行为发生物权变动的条件。并且，此时立法修改时，立法说明中明确指出，从清末时代编制民法典草案时，即已经承认和采纳物权行为理论。② 所以，中国民法成为继受德意志法系最为彻底的法律。也许德国的法学家们不会想到，在德意志民族之外，中国这个具有悠久历史的大国，同样也建立了德意志法系的传统。

这一点与日本民法形成了一个很有意思的对照：日本民法只是外在形式上继受了潘德克顿法学，它也承认物权与债权的法律效力的区分，但是日本民法却基本上不承认物权变动与债权变动的法律根据的区分。《日本民法典》最关键的法律条文，也就是关于物权变动的法律根据的条文（《日本民法典》第 176 条、第 177 条、第 178 条等），与法国民法的规定基本一致。所以日本民法如果从这一点看，只具有德意志法系的形式而不具有其实质。

1930 年中国民法典从立法技术的角度看，既继受了德国民法概念精确、体系完整的优点，同时也避免了德国民法的语言和技术过分强调法律专家的专业化而忽视民众化的缺陷，它的大量的规定，采用了适合中

---

①　请参阅王泽鉴《民法物权·第一册》，台湾：三民书局 2001 年版，第 20 页以下。对立法历史部分，可以参考中国台湾"司法院"大法官林纪东、郑玉波等主编《新编六法参照法令判解全书》，台湾：五南图书出版公司 1986 年版，第 180 页以下关于物权变动的各个条文的解释。到 20 世纪下半叶台湾修订"民法典"时，更加确定了坚持这一传统做法的思路。

②　请参阅王泽鉴《民法物权·第一册》，台湾：三民书局 2001 年版，第 20 页以下。对立法历史部分，可以参考台湾"司法院"大法官林纪东、郑玉波等主编《新编六法参照法令判解全书》，台湾：五南图书出版公司 1986 年版，第 180 页以下关于物权变动的各个条文的解释。到 20 世纪下半叶台湾修订"民法典"时，更加确定了坚持这一传统做法的思路。

国本土的法学语言。① 这部立法不论从其基本结构还是从其具体规范的角度来说，它的质量应该说都是很高的，它表现了中国法学家既擅长于大气而又精深的法律思维的特点，又表现了中国立法者所表现的后来居上的勇气。

中国法学界在评价这一段历史时，常常指出这一阶段先辈法学家对于外国法继受的盲目。这一评价从历史事实看并不准确。现在看到的资料，证明这一时期的法学家们对于选择哪种模式的立法予以引进，是经过认真思考和比较研究的。我们现在阅读这些成果的时候，首先常常为我们有这样的先人而感到自豪，也为我们今天民法典立法过程中在立法思想和立法技术方面处处维艰感到尴尬。

三　中国 20 世纪中期对苏联法学的继受

1949 年新中国建立。新中国成立初期，当时发挥宪法作用的《共同纲领》尚许可市场经济的存在和发展，因此中国尚存在着民法发展的土壤，但这一时期并不长久。由于追求彻底革命的结果，新中国开始以完全照搬的方式引进苏联民法。此后，这种法学开始在中国法律发展中发挥超乎寻常的作用。

从外在的立法形式上看，苏联法学中的民法概念体系也来源于德意志法学，1923 年的《苏俄民法典》由总则、物权、债权和继承四编组成，从此中我们还可以看到潘德克顿法学的影子。但是苏联民法没有规定亲属编，之所以如此，这是因为苏联人认为，民法是财产法，不能包括亲属问题，从此亲属法这个重要的民法范畴脱离了民法。后来，因为现实中计划经济体制加强，社会生产资料被基本上国有化，以调整交易关系为特征的民法的作用范围被大幅度地压缩，因此苏俄民法又发生了一个体例上的重

---

① 参与制定该法典的梅仲协先生认为，这一点是参照《瑞士民法典》的结果，同时也是尽力涤除早期的立法方案中存在的日本语口气的结果。见梅仲协《民法要义》，中国政法大学出版社 1998 年版，第 19 页。

大变化，即取消物权法，只规定所有权。① 这种立法模式和理论，本来只是苏联自己的国情演变的结果，但是长期以来，却被后来的一些国家盲目地当作社会主义的特征，不仅仅是东欧国家，而且中国改革开放之前的法学也认可其为经典，中国改革开放之前出现的几个民法典草案，都是这样的结构。所以在改革开放之前，中国民法中没有形式意义的物权法与亲属法的概念和知识系统。

从法律的政治功能角度看，苏联法与大陆法系民法也有了本质的区别。苏联法学强调法律体系必须建立在计划经济体系之上，必须为贯彻计划经济服务，民法尤其是如此。另外，苏联法学强调法律为阶级斗争服务的目的，把法律制度的各个方面都理解为无产阶级革命的工具，这样，法律的技术规则完全演变成为政治工具。到 20 世纪 40—50 年代，尤其是经过 1937 以后的大肃反②和长期的政治斗争对不同意见的清理，苏联法学已经建立了自圆其说的"社会主义法学体系"。因此这一时期的苏联法学，是已经完成了对于西方法律体系从概念体系到立法精神的彻底批判和改造的产物。在立法指导思想方面，它彻底否定了近现代以来民法所接受的人文主义为核心的思想和价值体系，否定了近现代民法的所有权理论、意思自治理论；而在立法技术方面，由于经济社会中已经不存在市场和交易，因此传统民法建立的规范市场以及交易的制度体系也基本上被废除了。新中国建立之初继受的苏联法学，就是这样的法学。

但是从后来的中国的民法发展状况看，它所发展的法学知识体系尤其是民法学比苏联民法更加极端、更加片面。比如，在苏联和东欧地区国家，都普遍地存在大量的私有生产资料所有权，尤其是作为生活资料的土地私有所有权。而中国到"文化大革命"之后，就彻底消除了土地的私有所有权。苏联以及东欧国家都存在着大量的住房私有所有权，而中国长期以来城市居民基本上没有住房私有权。苏联和东欧很早就制定了自己的民法典，而且一直还比较重视民法典的制定工作，但是中国从 1949 年一直

---

① 关于苏联人的这种做法以及原因，请参见［苏］库德利雅夫采夫主编《苏联法律辞典》第一分册，法律出版社 1957 年版，第 105 页。

② "肃反"，即"肃清反革命运动"，苏联共产党 1937 年发动的清理各种异己分子的运动。

到改革开放时期将近四十年里，根本就无法制定民法典。即使是它所起草的民法典草案，也都成了阶级斗争的宣言书。①

而且在中国法律制定和研究中，法学界和社会似乎一直非常重视立法的政治问题。尤其在每次民法立法工作进行时，总有人提出"民法的资本主义倾向"。②立法者最为担心的，是被人提出要制定的法律到底是"姓资"还是"姓社"这个最重大的问题。③因此每一次中国制定法律的时候，都要首先由立法机关在这个问题上做出解释或者声明。这种令人恐怖的"习惯"一直保留到今天，成为一些学者手中的打人的棍棒。比如刚刚生效的物权法就遭受到了这种严厉的政治批判。2005年末期以来，中国一些学者以及退休官员等提出，中国立法机关颁布的《物权法（草案）》有严重的政治问题，它背离了社会主义的方向。④当然，这些学者所说的"社会主义"，还是苏联模式的社会主义，和后来中国法律虚无主义时期认定的社会主义。从其理论上看，这些人对于国际社会主义思潮基本上没有任何了解，他们可以说是在一个完全封闭的环境里成长起来的极端思想群体。在他们的著述里，整个世界还是区分为东方和西方两大阵营，两个社会水火不容，一定要斗争到你死我活。他们的法学专业知识也相当缺乏，

---

① 最典型的是，1962年，在毛泽东的直接指示下中国立法机关起草了一部民法草案，该草案完成于1964年8月，由252条共三篇组成：总则、财产的所有和财产的流转。这个民法典草案几乎完全放弃了传统的民法概念和术语，充满了中国流行的政治口号。这个草案基本特征是强调当事人的义务重于权利。这一点清楚地反映出中国当时处于"义务本位"社会的状态。另外，在1964年的草案中，涉及基于侵权产生的义务、不当得利和无因管理的内容都被完全删除，知识产权也被奖励制度所取代，民法的制度系统已经被简化到极端。这个法律草案即便如此的极端，但是由于后来更为激进的"文化大革命"，这个草案没有颁布施行。对这个草案，因为已经有公开的资料，故此处不加以介绍了。

② 20世纪80年代中期，为反对制定"民法通则"，中国救济法学会在1985年年会时形成的会议报告中，明确提出"民法通则"具有资本主义倾向。该报告后来曾经广泛向社会散发。

③ 所谓"姓资"，就是具有资本主义的性质；"姓社"，就是属于社会主义的性质。

④ 关于制定物权法流产的事件，中国媒体尤其是网络媒体有大量的报道。对此也可以参见《北大教授公开信称物权法违宪 姓社姓资再起争议》，2006年2月23日，南方新闻网（http：//www.sina.com.cn）；以及署名张冠《巩献田搅黄了物权法？》，2006年1月5日，http：//www.ccforum.org.cn/。这两篇新闻报道也反映了对于此事的两种相反的态度，前者对于物权法流产甚为惋惜，而后者基本上是幸灾乐祸。当然对此有兴趣者，可以阅读刘怡清、张勤德主编《巩献田旋风实录——关于物权法的大讨论》（中国财政经济出版社2007年版）这本书。该书收集的批判物权法的观点，有些已经完全和中国"文化大革命"时期的大批判一致。

他们对于物权法应该解决什么问题，不能解决什么问题，完全一无所知，比如，他们反对物权法中不动产登记制度的一个重大理由，就是该制度没有解决贫富差距问题。① 其实，不动产登记制度怎么能作为平抑贫富的手段呢？仅仅从这一点就可以看出，这些学者法学专业知识的贫乏。但是他们却擅长利用"文化大革命"时期的阶级斗争手段，从政治高压上解决他们不理解的学术问题。② 联想到中国"文化大革命"时期出现的许多类似的迫害知识分子的理由，这些观点实在令人不寒而栗。

实际上，这些对于物权法提出的政治性质的质疑，并不是从这几个人开始的，从物权法制定的开始，就一直存在着这样的声音。③ 相对而言，中国学术界大多数人的观点是温和的，适度的。本文作者自始参加中国物权法的起草与编制工作，后来也参加中国民法典的编制工作，在此过程中，深感中国民法学者的知识背景和外国民法学界的差异非常之大，也同样感受到苏联法在中国影响之大、危害之深。本人写作此文，也是希望在民法学界以至于法学界能够认真清理中国继受苏联民法以及在此基础上所发展出的极端主义法学。

首先，我们应该清理苏联法学的思想精神。这种法学的基本特点，就是完全否定人文主义革命的价值，否定以民事权利作为核心的民权在法制社会基础作用。不论是依据自然法的法理，还是依据社会主义思想，在中国都应该建立人人平等、民权优先、公权保护私权的法学观，这也就是"以人为本"的法学观。而在苏联法学里，权利来自于法律的赋予，每个

---

① 对此可以阅读刘怡清、张勤德主编《巩献田旋风实录——关于物权法的大讨论》（中国财政经济出版社 2007 年版）这本书中巩献田的文章。

② 对此可以参阅一篇"乌有之乡"网站 2006 年 3 月 29 日发表的署名为"史前进"的文章：《是中华人民共和国物权法，还是"中华民国"物权法？——四评〈物权法〉（草案）辩护词》，该作者说："当前，在物权法问题上，我们正经历着一场严重的斗争。斗争的实质，是国内外敌对势力妄图利用物权法打开缺口，进而威逼修宪，以从根本上改变我们党的性质、国家的性质和社会的性质，彻底推翻人民革命的胜利果实。我们的斗争，正是同这些国内外敌对势力的斗争。谁是我们的朋友，谁是我们的敌人，这是中国革命的首要问题，也是中国社会主义现代化建设的首要问题。当然，也是物权法争论中的首要问题。"

③ 对此请参阅孙宪忠的几篇论文：《物权法的基本范畴及主要制度反思》，《编制中国物权法学者建议稿的几点考虑》，《中国财产权利制度的几个问题》，《确定我国物权种类以及内容的难点》，《国有企业财产权利问题》，以上几篇论文收集在作者本人《论物权法》（法律出版社 2001 年版）中。另外，还有《我国物权法中所有权体系的应然状态》，《法商研究》2003 年第 4 期；《物权法制定的现状以及三点重大争议》，《金陵法律评论》2005 年第 1 期。

人的权利只能根据其在"所有制"中地位的差异有区别地得到保护。这样即使是合法财产，也会有法律地位的尊卑的区分。更糟糕的，是和这些财产相联系的人，也有了"全民身份""集体身份"和"个体身份"的差异。这就严重地违背了社会主义的理想和本意。

从法律技术的角度看，由于苏联基本上不存在市场和交易，所以苏联法中基本上没有交易的民法观念和制度体系，其技术规则完全是计划经济体制的反映。所以在这一次物权法制定中，即使是民法学界的很多人，也无法准确理解物权法对于保障交易安全所建立的制度，原因就是这些学者过去的知识背景中，基本上没有这些内容。这一次物权法制定中，坚持苏联法的观念始终占据上风，最后颁布的物权法还是坚持了苏联法关于财产所有权的"三分法"的主张，法人——尤其是企业法人的财产权利的规定，仍然被纳入"国家、集体、个人"这种模式之内。公有制企业的财产权，也被当作国家所有权的一种实现方式，这就严重地违背了改革至今所确定的以法人制度改造公有制企业制度的目标和法律原理。目前中国公司法对于这一点的法律规则已经有很大的进步，即原《公司法》第 3 条第 3 款的规定，已经在公司法的修改中被废除了，而物权法草案却仍然坚持了这一被废除的法律条文。把企业仅仅作为所有权的客体，不承认其作为法人充分的所有权，就是计划经济体制的法律规则。从这一点，可以看到苏联法在我国的影响之深，危害之深。苏联法学的这些思想和技术规则，对中国并没有产生好的效用，即使是从苏联留学归来的老一代法学家对此也深有感触。①

总之，苏联法的观念体系和技术规则体系不但和市场经济的要求完全相悖，而且不符合中国当前建立的"以人为本、以民为本的可持续发展战略"的要求。对这些过时的法律观念清理，应该是中国法学界必须立即动手而且必须长期坚持的任务。

四　改革开放初期对外国民法的借鉴

中国从 1978 年开始实行改革开放的政策，到 1992 年之前，这一时期

---

① 《对张仲麟先生的访谈录》，《中国法律人》2004 年第 4 期。

可以被当作改革开放的初期。这一时期是中国摸索适合自己需要的经济体制的时期。在这一时期内，中国的民法发展基本还是没有脱离自设前提、自我演绎、自圆其说的局面。在经济层面中国可以说完全向世界开放了，但是在法学知识更新方面却显得非常拘谨。一方面由于多年来政治斗争的原因，人们不敢大胆引进和接受西方的法学尤其是民法理论（基于同样原因，人们也没有从中国台湾学习原来的大陆法系法学）；另一方面也是因为当时没有足够的法律外语人才，法学界基本上无法知道西方民法的发展情形。

这一时期中国的民法发展表现出中国法学界试图脱离苏联法学的努力，但是这一努力显得非常艰难。1986年制定的《民法通则》可以说清楚地反映出这一特点。该法虽然表现了改革开放初期中国立法者摆脱苏联法、建立适合改革开放的民法制度的一面，但是它的基本法律用语基本上还是苏联法的那些内容。《民法通则》坚持了计划经济原则，坚持了对于各种合法财产不能平等地予以承认和保护的思想。这些，在当时那种环境下是可以理解的。我们应该首先肯定，民法通则在中国的经济体制改革和政治进步中发挥了极大的作用。比如，它规定中国民法调整平等主体之间的财产关系和人身关系，这一点打破了计划经济体制铁板一块的法律调整方式，从法律思想方面承认了中国民法社会的存在，奠定了民法的发展基础；它关于法人制度的规定，为后来的经济体制改革和政治发展创造了前提和手段；它关于各种民事权利的规定，开启了中国民权社会的篇章；它关于民事责任的规定，成为我国法院系统最为重要的裁判规则。

尤其应该注意的，是它关于物权变动与债权变动基本关系的规定（第72条第2款），果敢地坚持了德意志法学的潘德克顿法学的基本要求。该条文的基本含义是：依据合同取得所有权的，所有权的取得在标的物交付时生效，而不是与合同同时生效。①《民法通则》所确立的这一原则，与20世纪90年代的《城市房地产管理法》《担保法》以及《合同法》的法律技术规则显著不同。这说明，当时我国法学界关于物权与债权的法律效果以及法律根据的区分这些法律技术规则的认识，还是清楚的。

---

① 这一规则当然仅仅适用于动产，但是当时中国尚没有不动产的交易行为。

　　20 世纪 80 年代末到 90 年代初期，日本现代法学进入中国并且发挥了巨大的影响，这一点成为这一时期中国引入外国民法学说的亮点。在中国当时，法学界有一种强烈的摆脱苏联民法、重归大陆法系民法传统的倾向。但是由于迅速学习西方语言的困难，一些法学家开始学习日语，希望能够借助于语言的便利实现自己的知识更新。数年之后，中国成长起了学习日本民法的群体，他们的知识对于后来中国民法尤其是合同法的制定发挥了很大的作用。中国这一时期颁布的担保法、城市房地产管理法以及合同法等，都受到了日本法学的影响。通过日本法的学习，中国法学界开阔了视野。1999 年颁布的中国合同法在与国际法理接轨方面实现了很多突破，其成就首先是应该予以肯定的。

　　但是也正是因为如此，这一时期的中国民法打上了浓重的日本法学的特色。这一点最为显著的就是在债权与物权的法律效果以及债权与物权变动的法律根据方面的技术规则建设中，《担保法》以及后来的《合同法》都放弃了 1986 年《民法通则》还采纳的物权变动与债权变动相区分的理论和制度，转而采纳法国法和日本法上的"同一主义"立法模式——依据一个债权意思表示统一发生债权变动和物权变动的效果的立法模式，因为只有一个统一的意思表示，所以物权变动无效的时候，债权意义上的合同也无法生效。[①] 这样，中国民法在这一时期虽然承认了物权和债权这些潘德克顿法学的概念，但是却没有承认它们的法律效果的区分，因此这些法律并没有真正采纳潘德克顿法学的立法技术。这些不合逻辑和法理的观念被立法采纳后，对经济生活实践造成了消极的后果。[②]

五　潘德克顿法学在中国的复兴

　　1992 年，中国的经济体制发生了本质的改变：彻底放弃计划经济体制，建立市场经济体制。这一变更对于中国国计民生整体具有历史意义，

---

　　① 对此可以参考的法律条文，有 1995 年《城市房地产管理法》第 37 条，《担保法》第 41 条，1999 年《合同法》第 51 条、第 132 条，以及最高法院 1995 年《关于贯彻房地产管理法的司法解释》等。

　　② 这些立法的消极后果，可以参照拙作《从几个典型案例看民法基本理论的更新》一文中评议的几个案例。该论文载《争论与思考——物权立法笔记》文集（中国人民大学出版社 2006 年版）。

在法学上对于中国民法的发展更具有决定性的促进意义。因为民法的核心就是为市场经济服务的，它的整个制度基本上是建立在市场经济的基础之上的。市场经济体制的承认，标志着民法的思想及其技术特征在中国得到完全的承认，因此1992年之后中国民法才真正获得突破性的发展。这一时期中国最高立法机关的立法规划明确提出，市场经济的基本法律是民商法；而且中国民法典的制定完成，标志着中国市场经济的法律体系建设的完成。这一认识，使得民法在中国获得了空前的至高无上的评价，也就是在这样的政治条件下，中国才开始了真正制定《民法典》的工作。

市场经济体制对于民法思想和民法规则的要求，与非市场经济体制的要求是完全不同的。这一点在中国物权法的制定中得到了充分的验证。该法的起草、颁布和生效，可以说是以潘德克顿法学为代表的现代民法思想和技术规则在中国得以复兴的最为显著的标志。对此，本文打算从支持潘德克顿法学的人文主义思想方面，和关于支持物权变动的立法技术方面来予以简单的探讨。

如上所述，中国物权法的制定中，最激烈的争议，发生在坚持苏联法学的观念和支持市场经济体制的观念之间。在中国，受苏联法学熏陶的法学家尤其是民法学者其实是多数，因为新中国建立后到改革开放初期的法学教育，一直把苏联法学作为"正宗社会主义法学"；而中国的改革一直是在"摸着石头过河"的原则下，也就是不明显改变意识形态的前提下进行的，因此苏联法学的政治思想基础在中国从来没有被清理过。也就是这样，大多数的法学家仍然坚持苏联法学的知识体系。当然他们之中只有少数人比较极端，他们的特征就是把来自于市场经济体制下常识性的法学知识当作资本主义法学而大加批判；而大多数人虽然也持有苏联法学，但是他们的观念比较温和，能够接受市场经济体制，也能够逐渐地接受市场经济体制下关于法律和法学的共同知识。

2005年末以来中国出现的关于物权法制定的争议，比较尖锐地反映出苏联法学对于中国改革开放已经严重不适应这个问题。从立法的指导思想角度看，这一点表现最为强烈。最初提出中国物权法立法方案的是中国社会科学院法学研究所的课题组，所提出的立法方案，基于市场经济体制和人民基本权利保护的一般要求，在所有权这个物权法的核心制度方面，提出了对于各种合法所有权，不论其公有还是私有，均应该给予"一体承认、平等保护"的立法方案。① 但是在参与立法的其他专家看来，这一观点太过于激进，触动了"社会主义"制度关于"公"与"私"所有权之间的地位问题的这个敏感神经。立法机关编制的立法方案最后在所有权问题上采取了折中的温和的做法。一方面，它按照苏联法确立的"国家、集体和个人"这种"三分法"规定了中国的所有权体系，另一方面，它也没有坚持"国家财产所有权神圣、私有所有权应该受到压抑"的社会主义国家的"传统观点"，这样就间接地建立了公共财产和私有财产平等保护的原则。但是这种温和的做法，仍然被中国法学界一些非常极端的学者坚决否定，他们认为，中国物权法不再坚持公有财产神圣、私有财产卑下的做法，是决然无法接受的，因此掀起了多次反对物权法立法方案的浪潮，并且使得颁布物权法的计划推后到了 2007 年才得以实现。当然这些极端的观念，在中国法学界也是极少数人坚持的，但是由于大多数法学家对于民法基本问题的认识与苏联法学并没有本质的区分，中国法学界尤其是民法学界现在还不能彻底否定这些极端的主张。

但是，中国物权法还是顺利地颁布了，物权法最后颁布的文本，明确地规定公共财产和私有财产权利"一体承认、平等保护"的原则（《物权法》第 3 条第 3 款，第 4 条，第五章等）。中国立法做到这一点，在社会主义国家立法上还是第一次，其意义十分重大。这些规定可以说建立了中国市场经济的发展的法理基础，和中国人民个人财产权利获得保护的法理基础。对于以压抑民众个人财产权利的苏联法学观念，中国绝大多数学者和民众是坚决否定的，中国领导人也明确采取了排斥的态度。原中国国家主席胡锦涛明确提出，中国当前所坚持的，是"以人为本、以民为本的可

---

① 本文作者在1996年的一份研究报告中，提出将公共财产和私有财产"一体承认、平等保护"的观点，其基本的含义，就是要按照市场经济的基本要求，对于中国各种民事主体的财产权利给予平等的承认和保护，不要刻意地强调某种权利神圣或者卑贱。在物权法立法过程中，在中国社会科学院法学研究所课题组撰写的物权法草案建议稿中，总则部分写入了"平等保护原则"。这一点已经被立法采纳。对本人的这些观点，可以参见《中国财产权利的制度的几个问题》，《物权法的基本范畴及主要制度反思》等，这些均收入《论物权法》（法律出版社 2001 年版）中。

持续发展战略"。① "以人为本、以民为本"这些充满近现代法律文明的思想精神，现在已经得到了中国执政党和人民普遍的高度肯定。2007 年 6 月，中国国家主席胡锦涛又一次提出，改革开放，是中国的必由之路，必须坚定不移地推进。中国政府最权威的舆论甚至使用非常强烈的语气强调，"我们走过的路程已经表明，不改革开放只能是死路一条"②。当然我们要明白，改革开放最初的动机，就是要改革苏联建立的计划经济体制以及由此而产生的各种思想观念；现在坚持改革开放，当然还是要坚持这一基本前提。从现在中国上下对于改革开放的态度可以看出，那些主张坚持苏联体制和观念者，在中国上上下下是很难得到响应的。

　　至于潘德克顿法学的技术层面的问题，也就是关于物权、债权相互区分的法理以及实践价值等问题，在中国学术界争论也发生了极为激烈的争议。其实在中国物权法制定之初，法学界有反对制定物权法的声音中，就有对于潘德克顿法学的直接批评。一种观点认为，物权法的概念和知识体系不如英美法的财产法，因为物权法无法包括财产权利的全部，而且中国人难以接受物权法这个外来词和制度。另一种观点认为，物权法的制定忽视了人权。这两种声音在物权法的制定中始终没有太大的影响。原因很简单，"财产法"的概念太宽泛，无法形成科学的立法体系和裁判方法；而制定物权法就是为了实现和保护民众的所有权等基本人权，制定物权法丝毫不存在以物权压人权的问题。

　　真正在民法学家内部发生的关于立法技术的激烈争议，是对于被称为"德意志法学的典型标志"物权行为理论③的看法之争。1995 年以前，中国学者中否定物权行为理论的观点占绝对统治地位。这些否定物权行为理论的观点基本上来源于日本一部分学者对于该理论的表述，而否定的基本理由无非是德国民法典编撰时代奥托·冯·基耶尔克（Otto von Gierk）对

---

　　① 《中国国家主席胡锦涛美国时间 21 日在美国耶鲁大学发表重要演讲》，2006 年 4 月 22 日，中新网。
　　② 社论：《改革开放是中国特色社会主义必由之路》，2007 年 7 月 29 日，《人民日报》。
　　③ ［德］K. 茨威格特、H. 克茨：《Einfuehrung in Die Rechtsvergleichung》之第 15 章的标题。本书作者将这篇文章翻译后在中国发表。所据版本为：Einfuehrung in Die Rechtsvergleichung auf dem Gebiete des Privatrechts，Band 1. Grundlagen，Verlag J. C. B. Mohr Tuebingen，1972。

于萨维尼（Savigny）的批评：一是该理论纯属虚构，二是该理论增加了学习法律的困难，三是该理论不符合国民对交易法律规则的认识。① 在这些否定物权行为理论的学者中，个别人士很动感情地对于该理论进行了彻底的批判，他认为，该理论在德国也已经："日薄西山，气息奄奄"，并且是"为世界各国所唾弃的东西"②。这些学者对于该理论在德国法中坚不可摧的现状茫然无知，③ 居然也不知道中国近代法制变革之初就已经接受物权行为理论的历史，而且也不知道中国现在的台湾地区还在良好地应用着这些规则的现实。在中国，如此"张狂其言"轻率否定物权行为理论者，当然并不多。

但是，无论如何否定物权行为理论成为 20 世纪 90 年代时多数人的观念。在这种情形下，中国民法在债权与物权的关系，也就是在物权变动这个物权法的核心制度领域，放弃了 1986 年《民法通则》还承认的物权与债权相区分的原则，出现了强制性地依据债权意义的合同确定物权变动的结果的规则；或者说强制性地要求债权意义上的合同与物权变动同时生效或者同时不生效的法律规则。1995 年中国《担保法》《房地产法》、最高法院《关于审理不动产交易问题的司法解释》，都出现了"不动产的合同不登记不生效"的规则。④ 而这里的法理阐述，即上述否定物权行为理论的学者所揭示的，将物权变动的结果和债权意义的合同相互结合的"折中主义"。这种"主义"的核心是：从意思自治的角度看，债权的意思表示

---

① 对这些观点，可以参考梁慧星《我国民法不能采纳物权法行为理论》，《法学研究》1989 年第 5 期；王利明《物权行为若干问题探讨》，《中国法学》1997 年第 3 期；陈华彬《基于法律行为的物权变动》，载《民商法论丛》第 6 卷，法律出版社 1997 年版等。

② 陈华彬：《论基于法律行为的物权变动》，载梁慧星主编《民商法论丛》第 6 卷，法律出版社 1997 年版，第 146 页。这种观点后来在该学者以及梁慧星主编的教科书《民法总论》《物权法》中多次重申过。

③ 在德国现代法学界，公认为物权行为理论像"啤酒和面包"一样是法律生活中的须臾不可缺少的。参见［德］霍·海·雅各布斯《物权合同存在吗?》，王娜译，载《中德法学学术论文集》第 1 辑，法律出版社 2003 年版。另外，本文作者翻译的《德国物权法的结构及其原则》（载《论物权法》文集，法律出版社 2001 年版，第 663 页以下），也清楚地表明，德国司法界对于物权行为理论的认识和应用。从这些表述看，德国民法学界对于该理论是高度认可的。

④ 中国《城市房地产管理法》第 37 条规定，房地产合同不登记者不生效；中国《担保法》第 41 条、第 61 条等，也采取了同样的规则。这里所说的司法解释，即 1995 年 12 月 27 日最高人民法院印发的《关于审理房地产管理法施行前房地产开发经营案件若干问题的解答》。

是客观存在的，是不可以否定的；物权变动的法律根据只能是不动产登记或者动产交付；而不动产登记和动产交付不是法律行为或者与法律行为无关。因为交易中当事人的意思表示既包括债权性质的效果意思，也包括物权性质的效果意思，因此这两种效果意思应该一并生效。换言之，如果物权变动未生效，债权合同也不能确定地发生效力。对这一理论予以贯彻的另一部法律，就是 1999 年中国制定的《合同法》。该法第 51 条规定，依据债权意义的合同可以发生物权处分的效果，不过这种处分行为如果是无权处分时，需要等待真正权利人的追认。这样的理论和立法，不但把物权变动和债权变动强制性地束缚在一起，而且最终取消了物权和债权的法律效果区分。

当然这种"折中主义"的观点非常不符合法理，而且损害了交易的诚信基础。它的最为明显的错误是：首先，它把不动产的物权变动理解为国家公共权力运作的结果，而否认这是民事主体法律行为的结果，这就违背了民事交易活动的基本特征。在中国这种公共权力过分强大的社会里，这种观念对于民事权利有本质的损害。其次，按照这种观点，不动产的债权合同没有登记之前是不生效的；而此时合同不生效，又如何约束当事人去履行合同？如何能够达到要求债务人履约的目的？以此规则，不守约的当事人，反而在法律上不承担责任。① 简要地说，这种法学观念的错误，就是把债权这种请求权的法律效果，强制性地规定为物权的支配权的法律效果，模糊了这种民法基本财产权利之间的差别，也违背了潘德克顿法学的基本要求。

1995 以后，中国法学界出现了重新认识物权行为理论的声音，其基本要求是正确认识和评价物权行为理论和潘德克顿法学。在这一方面首先进行的工作，就是否定不负责任的误传与误导，将物权行为理论以及潘德克顿法学的正面形象以及系统知识引入中国大陆，恢复物权行为理论的真正

---

① 对此可以参见拙作《从几个典型案例看民法基本理论的更新》中收集的几个案例。该论文载《争论与思考——物权立法笔记》文集，中国人民大学出版社 2006 年版。对这种法理上非常有问题的观念，本人在立法研究中多次进行了批评。现在这一问题终于在立法中解决了。

价值。① 由于中国原来就具有继受德意志法学的传统，而且中国的市场经济发展很快，交易现状越来越复杂，而潘德克顿法学的价值以及一些司法规则，比如将债权与物权的法律效果和法律根据予以区分的"区分原则"等，能够得到立法、司法等实践部门的率先认可。虽然学术界"多数人"持反对态度，但是对于潘德克顿法学的正面引进，可以说获得很大的成功。近年来，对物权行为理论持肯定态度的学者越来越多，青年学者中，支持这一观点者已经开始占多数。② 在物权法生效之前，正面介绍潘德克顿法学和物权行为理论的努力就已经获得了立法以及司法的支持。首先最高法院的数个司法解释采纳了物权变动与债权变动的区分原则，从而在司法实务领域，潘德克顿法学获得了普遍支持。比如，1999 年，在中国合同法生效后不久，中国最高法院就颁布了几个有关合同法的司法解释，尽力纠正合同法因采纳"折中主义"原则而造成的交易不公平问题，合同法第51 条的规定，被最高法院的司法解释事实上否定了。2003 年颁布的"最高人民法院关于处理商品房买卖合同若干问题的规定"中，③ 明确采纳了本人提出的"合同生效只产生债权变动效力，其效力与不动产登记无关；物权变动应该以不动产登记作为生效要件"的观点，在一系列条文中建立了"区分原则"的规则。通过这些做法，合同法中建立的"同一主义"模式实际上已经没有法官采用了。因此可以说，潘德克顿法学规则的很多方面，在物权法生效之前已经得到中国立法和司法的承认。

　　恢复潘德克顿法学尤其是物权行为理论的努力在中国立法部门也得到了很大的重视。在举世瞩目的物权法立法过程中，本人负责编写该法草案学者建议稿的第一编，也就是物权法总则编；并且参与所有权部分以及其他部分的物权变动制度的设计工作。因此本人的工作，可以为潘德克顿法学在中国物权法中的应用提供佐证。

---

　　① 对此，请参见本文作者的几篇论文：《物权行为理论探源及其意义》，《再谈物权行为理论》，《物权行为理论中的若干问题》等，这些论文均载于作者《论物权法》文集，法律出版社 2001 年版。另外，本书作者在所著《德国当代物权法》（法律出版社 1997 年版）、《民法总论》（社会科学文献出版社 2004 年版）、《中国物权法原理》（法律出版社 2003 年版）等著作中，也坚持了这样的立场。

　　② 本人在中国二十多所大学担任兼职教授，在这些著名的大学中，青年学者基本上都支持该理论。

　　③ 2002 年底，本人作为最高法院聘请的专家参加了这个司法解释的制定工作。

就中国物权法在其物权变动制度中如何贯彻潘德克顿法学的基本要求等问题，我们可以简要地介绍如下几个方面的内容：

（一）立法的大体逻辑

中国《物权法》关于物权变动的规定，主要的条文是该法第一编"总则"部分的第二章"物权的设立、变更、转让和消灭"。该章共三节，第一节"不动产登记"，第二节"动产交付"，第三节"其它规定"，这一部分有 23 个条文。此外，该法第二编"所有权"部分的第九章"所有权取得的特别规定"也是关于物权变动重要规定，这一部分有 11 个条文。此外，《物权法》总则部分的第一章规定了物权变动的公示原则；在农村土地承包经营权部分、地役权部分，抵押权与质权部分，《物权法》规定了涉及这些权利变动的一些特殊的法律规则。其中，《物权法》第二章的规定属于物权变动基本制度的规定，其他部分的规定属于特别规定。

中国《物权法》第二章部分编制的基本逻辑是：（1）按照物权变动的法律根据，将其区分为依据法律行为的物权变动和非依据法律行为的物权变动两大部分；（2）将依据法律行为发生的物权变动，按照物权变动所依据的公示原则，区分为"不动产登记"和"动产交付"两节。这样，中国物权法总则已经不再是像日本或者中国台湾地区民法典那样只有十余个条文，而是一个包含了 38 个条文的很大的体系。此外，物权法第九章规定所有权取得的特别规定，也属于物权变动的规则。贯彻在中国《物权法》第 6 条、第 9 条、第 23 条、第 106 条、第 127 条、第 142 条但书、第 158 条等条文的一条中心的线索，就是从法律行为的角度解释物权变动，而不是从行政管理部门登记行为的"公信力"的角度理解物权变动规则。当我们把这些涉及物权变动的规则系统性地与法律行为理论相联系时，当然就可以看出物权行为理论所发挥的作用。

（二）公示原则

中国物权法严格遵守了物权公示原则，但是又考虑到一些特殊的情形规定了例外的规则。《物权法》第 6 条规定"不动产物权的设立、变更、转让和消灭，应当依照法律规定登记。动产物权的设立和转让，应当依照法律规定交付"。《物权法》对这一原则予以具体应用的条文是该法的第 9 条和第 23 条，其内容是在依据法律行为发生的物权变动的条件下，公示行为具有确定物权的公示发挥着决定物权变动是否生效的作用。关于不动产物权的公示原则，《物权法》第 9 条规定："不动产物权的设立、变更、转让和消灭，经依法登记，发生效力；未经登记，不发生效力，但法律另有规定的除外。"关于动产物权的公示原则，《物权法》第 23 条规定："动产物权的设立和转让，自交付时发生效果，但法律另有规定的除外。"这些规定清楚地表明，中国物权法采取的公示要件主义或者公示实质主义立法。这一点与日本民法所采取的公示形式主义立法有重大的差别。

在依据法律行为发生物权变动的场合下，中国物权法在规定物权公示行为具有决定物权变动是否生效原则的一般效力的同时，明确指出"法律另有规定的除外"。这些法定的例外规则，在不动产物权变动中指的是：（1）《物权法》第 127 条规定农村土地承包经营权的设立，采取合同生效原则。但是这一合同无论如何，不能解释成为债权意义上的合同。（2）《物权法》第 158 条所规定的地役权的设立，采取合同生效规则，但是法律规定不登记不得对抗第三人。当然，这一合同也不能解释为债权合同，因为债权合同只能产生债权；而这里的"合同"只能解释为物权合同。

在动产物权变动的规则中，《物权法》除第 23 条规定交付作为一般公示行为之外，还规定了动产登记、权利登记作为动产物权的公示行为。这些公示行为，除《物权法》第 24 条、第 188 条、第 189 条规定登记发生"对抗效力"之外，其他情况下，动产物权的公示行为，同样对于物权变动发挥决定性效力。这些原则，在第 23 条、第 224 条、第 226 条、第 227 条、第 228 条中得到充分体现。

从中国《物权法》关于公示原则的规定中，可以清楚地看到一个事实：公示行为在中国《物权法》中不是单一的方式，而通过这些不同的公示行为，我们可以看到法律行为的作用。它基本上贯彻了"法律行为（当然是物权行为）加公示"这个物权变动的科学规则。

（三）区分原则

法学界提出在中国物权法中建立区分原则，是在中国物权法立法之初，其目的就是为了纠正中国民法一度采纳债权形式主义的缺陷，为物权变动在合同法之外建立法律根据。① 目前《物权法》第9条和第15条的规定，采纳了这些设想。中国《物权法》第9条规定，不动产物权变动以不动产登记作为要件；而第15条规定，债权意义的合同成立生效，只依据债权关系的法律根据，是否进行不动产登记，不影响债权意义上的合同效力。这些立法，纠正了上文提到的20世纪90年代以来，中国立法和学术界刻意不承认债权变动和物权变动法律根据应该区分的理论错误。

（四）物权行为理论应用的典型：《物权法》第142条但书

中国《物权法》第142条，首先规定地上建筑物、构筑物及其附属设施的所有权归属于土地物权权利人，但是在这一条文，又规定了一个特别有意义的"但书"。它指出，如果建筑物、构筑物的占有人等有相反证据证明自己的权利时，这些建筑物、构筑物可以不归属于土地物权人。一般人从这个条文以及但书中看不到什么，但是这一规定具有重要的理论价值。因此在物权法颁布的前夜，几位核心专家在讨论物权法最后定稿时，就这一条文仍然引发比较激烈的争论。争论的缘故在于：不动产物权是否可以依据不动产登记之外的法律行为发生变动。在登记之外确立物权变动的根据，就打破了登记"统一公信力"的原则，而转向承认以当事人的物权的独立意思为核心、以多种物权公示原则作为客观要件来确认物权变动的物权行为理论。这种结果有点类似于《德国民法典》第873条第2款的规定，它能够证明物权行为理论发挥的作用。经过激烈的论证，立法最后采纳了坚持这一"但书"条款的论证，规定了这个但书条款。

《物权法》第142条的但书，它的产生实践价值很大。因为这里的"相反证据的除外"，指的就是房屋购买人已经按照所有权人的意思占有住房、而没有办理房屋所有权登记的情形。这个但书要解决的现实问题非常

---

① 参见拙作《论物权变动的原因与结果的区分原则》，《法学研究》1999年第5期。

普遍。在中国买房子，都是先发生房屋的占有交付，之后过一段时间才发生所有权取得登记；但是所有权取得登记在中国常常是不能按时进行的，结果购买人居住多年未办理登记的现象非常普遍。当然，此前开发商已经取得了开发土地的土地使用权证（实践中称之为"大产证"），但是，购买房屋者常常在取得房屋占有之后很长时间无法获得自己的房屋所有权证（实践中称之为"小产证"）。中国国家建设部 2005 年曾经在武汉做过一个调查，该市到 2004 年底，购买人居住三年以上没有办理登记的住户，有 20 万户。而三年以下没有办理登记数字更多。在我们中国现在共有城市 660 个，其中类似武汉这样的大城市有好几十个。大体测算一下，可知在中国已经居住多年而没有办理登记的老百姓的住房，至少有约千万户，涉及的利益主体至少有好几千万人。对这么大一个物权变动的现实问题，如果不承认购买人以所有权取得的意思获得的占有对自己权利的证明作用，而只是采取"统一登记公信力"理论，以登记作为物权确认的唯一手段，那么在法律上就只能得出一个遗憾的结论：因为这些房屋还没有转移到购买人的名义下，房屋的所有权就只能确定地认为还仍然保留在开发商的手里。在这种情况下，开发商的一物多卖、又卖又抵押等损害购买人的情形，在法律上均属正当行为。如此法理，如此制度，显然严重损害社会大众。从这个角度看，承认物权行为理论的作用，承认购买人获得占有交付时的物权意思表示，也承认开发商向购买人交付房屋时具有交付所有权的意思表示，并根据这些意思表示和占有公示行为来保护购买人的所有权，这一点对于中国民众意义重大。因此《物权法》第 142 条的但书，它在中国的意义显著。而坚持这个条文，就是坚持了物权的意思表示和登记之外的公示方式确定物权变动效果的原则。

不论现在中国部分学者是否理解和接受物权行为理论，但是最后立法最终采纳了本人关于这个问题的论证。

（五）"从无权利人处取得"规则的应用

这次中国物权法制定过程中，经过努力，《物权法》在第三人保护这个交易安全的核心制度建设方面，没有采纳"传来取得"理论，而是建立了"从无权利人取得"的原则。这就是《物权法》第 106 条的规定。

第 106 条规定的理论意义和实践价值都很大。它首先规定"无处分权人将不动产或者动产转让给受让人的，所有权人有权追回"。但是它马上又规定"除法律另有规定外，符合下列情形的，受让人取得该不动产或者动产的所有权"。第 106 条前半句话是强调原所有权人的追回权，其中的法理采用了罗马法的传来取得的思想，赋予原所有权人"所有权返还请求权"。这一做法和中国 1999 年《合同法》第 58 条的立法思想相一致。如果物权法继续坚持这个立法观念，那么第三人所代表的交易秩序的稳定，在法律上就得不到承认和保护。但是，从该条文后半句法律术语看，前半句规定的情形反而是法律上的例外，而后面的规定才是司法规则的常规。由此可见，物权法对于物权变动与第三人关系方面的立法思想和合同法时代的民法思想是有明显区别的，因为，该条立法视为常规的，是后面不许可"原所有权人"行使所有权返还请求权的情形。

最有意思的是该条规定的三个不许原所有权人行使追回权的条件，它更多地体现了物权行为理论所追求的保护第三人的价值，并且采用了物权行为理论的方法。该条文规定的第一个条件，是"受让人受让该不动产或者动产时是善意的"，只有在这一点上，《物权法》才坚持了罗马法中主观善意规则。而该条所指的第二个条件，是"以合理的价格转让"的，以及第三个条件，是"转让的不动产或者动产依照法律规定应该登记的已经登记，不需要登记的已经交付给受让人"。

这三个条件中，第一个条件虽然承认了"善意取得"，但是应该特别注意的是后面的两个条件，它们更加强调的，是交易的客观公正性，尤其是物权公示原则的作用。在现实经济生活中，一般的交易都能够做到后面的两个条件，因此第一个条件，即善意取得的保护方法，发挥作用反而就不会很大了。而后面两个条件，强调交易的客观标准尤其是物权公示原则来切断前手交易的瑕疵，这其实就是德国民法中"从无权利人处取得"或者物权行为理论中的"抽象性原则"的体现。有学者认为第 106 条总体的规定都是"善意取得"，但是我们可以看出该条文中后面的两个条件，依据立法解释也不可以解释为"善意取得"，因为立法机关在颁布《物权法》的同时所颁布的概念解释指出，善意仅仅指的是权利取得人对于其前手交易瑕疵的知情或者应该知情，① 所以该条文并不仅仅是，甚至并不主要是善意取得的规定，或者说是罗马法传统上的"善意取得"的规则的采用，而是德国法学中"客观善意"规则，即"从无权利人处取得"规则的采用。这就是物权行为理论应用最为主要的成果。

因此我的基本看法，就是中国物权法在这个重要方面接受了物权行为理论，从而实现了理论和实践两个方面的重大改进。从此之后，中国法可以说重新恢复了潘德克顿法学的本来面目。

六　结语

潘德克顿法学进入中国到现在刚好一百年，其间经历高涨、衰落和复兴，它所反映的，并不仅仅只是中国法学的变革之路，而且也折射了中国百年来的强国富民之路。近代以来，基于割地赔款丧权辱国的惨痛教训，中国人试图通过各种方法奋勇而起，振兴自己的国家和民族。而法制的革新，是祖先已经痛切地认识到的强国富民的方法之一，这就是所谓的"变法图强"。所以，近代以来我国社会的各种变革，一直和法制的变革联系在一起。虽然我们不能把国家强盛以及人民赋予的全部使命都交付给法制的变革，我们当然承认经济基础决定上层建筑的一般规则；但是我们也必须认识到，法律制度对于经济基础具有强大的反作用，正确的法律制度的选择，会为经济基础的变革提供强大的促进作用和保障作用。潘德克顿法学被引进我国一百年的历史，基本上可以证明这一道理。

因此，在我们今天建立市场经济体制时候，我们必须承认一个普世的道理，即以民法为基础的现代民商法制度体系，是市场及体制的基本法；因此我们当然应该以民商法体系的完善，来促进和保障经济改革。正是基于这一认识，笔者在此希望以如下三点总结本文。

（1）在市场经济体制已经国际化的今天，中国民法学的发展已经不再

---

① 中国立法机关在颁布"物权法"条文的同时，也颁布了几个关键概念的解释。其中关于"善意"以及善意取得的解释见《中华人民共和国第十届全国人民代表大会第五次会议文件汇编》，人民出版社 2007 年版，第 172 页。该解释明确规定，善意仅仅是指权利取得人的主观心态。

是国际上的孤岛，不能像过去那样，依据"自设前提、自我演绎、自圆其说"的方法寻求自己的发展。一方面，我们必须承认，近代以来中国法律制度发生了大规模的外国法继受，其中对我国法学影响巨大的，是20世纪50年代大规模地照搬苏联的法学，正是因为这样，中国传统的民法法制文化已经荡然无存。当现在强调民法立法或者法学的"中国特色"的时候，其实应该看到，现行民法学说体系中源于中国自身的法律文化已经非常罕见。另一方面，我们更应该看到，中国现在已经融入了国际市场经济秩序，那种仍然坚持在一个自我封闭的环境下自言自语的法学，甚至鼓吹民粹主义思潮的法学，是狭隘而没有出路的。

（2）中国民法已经承担起了市场经济基本法的作用，为了完成其历史使命，中国民法学必须在法律思想和法律技术两个方面实现更新。虽然中国法学界过去认识到潘德克顿法学是一种关于民法立法的技术规则的科学，但是从本文的分析中可以看出，这种科学其实是在近代人文主义革命、工业革命、启蒙运动基础上建立起来的，这三次革命，被称为是对人类社会发生根本影响的革命。这些思想运动成为现代化市场经济体制建立的精神渊源，也是现代民法建立的直接思想基础。不但民事权利的伦理和哲学基础来源于此，而且近现代民法中的基本制度，比如民事主体制度、法律行为制度、所有权制度、债权制度、法律责任制度等，也是来源于这些革命运动的。中国历史上没有发生过这些对于人类社会影响巨大的革命运动，而且过去在极端思想时代还发生过对于这些革命成就的歪曲和批判，现在我国社会还保留着很多极端思想时代的阴影。在当前为多数人理解或者持有的民法学说，多多少少都保留着极端思想时代的痕迹（比如将民众的不动产物权登记理解为行政授权、行政确权等，几乎是中国法学界的通说。但是这一通说是完全错误的）。所以现在我们发展市场经济体制的民法学理论的时候，民法学界的思想更新应该是一项必需的任务。

（3）在我们坚持市场经济体制和民法科学体系的基础上进行比较法的分析之后，我们可以肯定地认为，潘德克顿法学是真正的科学，对这一科学，我们必须认真地学习和继受。在市场经济体制下，我们必须坚持尊重民事主体权利的原则，坚持意思自治的原则；因此在民法立法和学术思想上，坚持法律关系学说、法律行为学说、支配权和请求权相互区分的学说

（或者绝对权和相对权相互区分的学说）以及因此而建立的物权与债权的法律效果和法律根据相互区分的学说等。这些潘德克顿法学的基本内容，对于我们建立适应高度发达的市场经济体制需求的民商法知识体系和制度体系提供了完善的技术指导。潘德克顿法学历来都是一个开放的知识体系，它对于新型民事权利具有的包容性，对于民法基本原则的坚持、对于复杂交易生活的解释能力和裁判能力，相比其他民法技术科学而言，是最彻底和最完善的。应该承认，我国主流的民法学家们对于潘德克顿法学关于法律技术规则方面的知识引进和接受，曾经走过很大一段弯路。不过这种情况在近来的物权法立法中已经发生了转变。

一百年前我们的法学前辈曾经说，法律科学是人类共同的财富，学习以及借鉴他人不是一件耻辱的事情。因此坚持潘德克顿法学，对于我们而言应该是科学工作者的使命。

（来源：《中国社会科学》2008 年第 2 期）

《民法典》（草案）删除《合同法》规定"无权处分"条款理论根据

内容摘要： 所谓"无权处分"，指的是不享有处分性质的民事权利却行使了处分权的情形，比如某人对一个动产并不享有所有权，但是却把这一动产赠给他人并且完成了动产的交付的行为。无权处分在民法上是一项很复杂的制度，因为，在处分人完成无权处分之后，标的物的所有权人是否能够将标的物及其所有权追回，这要受到很多法律条件的限制，比如第三人善意取得的限制等。而且，不动产的无权处分还要看不动产登记、不动产实际占有等各种情形。所以，无权处分是一项物权法上的制度，而不是债权法上的制度；而且，无权处分也并不是完全无效的。民法上建立无权处分制度十分必要，对这一方面的理论研究和实践探索都很有价值。但是，我国原《合同法》第 51 条所规定的"无权处分"，却是一个受错误理论影响而建立的虚假的制度。该条文规定，订立合同时，出卖人就必须享有所有权或者其他处分权，否则这就构成无权处分，合同无效。显然这个规定不符合法理，因为，合同订立只能产生债权效果，并不产生处分所有权和其他支配权处分的效果，无权处分并不是合同之债的制度。此外，即使合同当事人双方之间订立合同，旨在未来履行合同时，转移尚在第三人名下的标的物及其所有权，那合同成立之时的效力也不会指向第三人的所有权，因为合同债权仅仅指对合同当事人双方有约束力，对第三人没有任何约束力。总而言之，订立合同发生债权，和物权法原理上的处分毫无关联。原《合同法》第 51 条的规定，不但造成民法基本理论的混乱，而且也造成大量司法实践的难题。本次《民法典》编纂，在本人的努力下，合同编删除了原《合同法》第 51 条的规定及其相关规则，重写合同效力。

在法典合同编草案公布征求意见时，本人撰写此文，作为立法报告，从法理和实践的角度仔细阐述这一做法的理由，以坚定立法工作者的信心并回答一些人的质疑。本人作为立法报告提出时，曾经在中国法学网上来征求意见，但是尚未在报刊发表。

一　问题的提出

全国人大常委会公布的民法典草案，在合同编草案的第二次审议稿中，删除了原《合同法》第 51 条的规定。这个条文，就是被民法学界同仁称为"无权处分"的制度。实际上，订立合同，不论是买卖合同还是其他合同，仅仅只是在当事人之间建立债权法律关系，绝不发生任何意义上的处分。把订立合同称为"处分"或者"无权处分"，都是违背合同之债民法原理的观点。但是，因为中国民法学界主导观点不容置疑的宣教，数十年来，这个规定不但造成了严重的理论混乱，而且也造成了法律交易中的民法分析和裁判的混乱，因为这个条文涉及民事活动中非常重要的裁判规则。本人很早即发现这一规定的弊端，多次撰文讨论，并在担任全国人大代表之后提出法律议案和建议促进解决问题。这一努力通过物权法的制定、最高法院司法解释初步得以实现。本次民法典编纂，本人仍然坚持这一观点，民法典草案合同编审议稿终于删去原《合同法》第 51 条之规定。这一做法引发一些学者质疑后，为支持立法，本人受全国人大常委会法工委领导同志咨询，提出了对这一问题的解答建议（见孙宪忠《关于无权处分问题的几点看法》，2019 年 12 月 23 日，中国法学网）。此文发表之后引发热议，多数的民法学人都已经看到了"无权处分"这一规则的弊端，对民法典草案的做法表示了支持。但是也有学者提出不同看法，一是认为这个做法没有明确地宣告解决无权处分人订立合同的效力待定问题。二是认为，《合同法》第 51 条之中所说的"无权处分"，从法律行为理论的角度看，并无错误，因为出卖人"出卖"的意思，既包括债权的意思，也包含处分意思（既有债权意思又有物权意思的法律行为二元合一）；而其中处分的意思，所涉第三人权利，故这种合同自然不能像其他合同一样正常生效。以此而论，《合同法》第 51 条正当合理。三是还有学者提出，普通民众习惯的交易就是"一手交钱一手交货"这种买卖，在这种买卖中，如果出卖人和买受人订立合同把所有权人的物品给卖了，这种合同还要正常生效，这种立法老百姓无法接受。这种观点虽然表面上没有否定民法典草案删除《合同法》第51条的做法，但是在本质上还是坚持了《合同法》立法时期对这个条文的基本观念。在本人担任全国人大宪法和法律委员会委员审议民法典草案的过程中，也有一些全国人大常委和立法机关工作人员向本人提出这些问题，要求本人解答。

从这些争论可以看出，围绕《合同法》第51条这一规定的法理问题，在中国立法机关和民法学界并未清晰整理。须知，这个条文具有鲜明的裁判规则的意义，人民法院、仲裁机关要经常使用这个条文来分析和裁判民事法律交易中的相关案件，所以，如果此中法理不能清晰阐明，即使"区分原则"得到《物权法》和人民法院的司法解释的采认，即使民法典草案删除了原《合同法》的第51条，那么，在旧有理论的影响下，司法机关还是不会准确分析和裁判案件。尤其是这个法律条文涉及"出卖他人之物"的问题，一些学者对"出卖他人之物，有何公正可言"的指责，曾经也是震撼人心。所以，不少立法工作者和法学家都在问，这样的合同怎么能在法律效力上没有瑕疵？一些学者，包括青年学者因为这一点撰文，仍然坚持该条文的立法价值。

《合同法》实施至今二十年，其第51条作为行为规范和裁判规范，对法院和仲裁机构分析案件审理案件的负面影响确实很大。因为这个条文，也因为法学家们的教导，很多法官、执法人员、仲裁员和律师不能区分债权和物权，因为他们总是依据"一手交钱一手交货"模式来分析和裁判民商事法律活动，而且就是根据这个条文认定很多正常的合同是无效的。近日，十三届全国人大常委会第十五次会议审议了民法典草案全文，而且该草案也已经全文发布。为支持立法，更为了今后的法律贯彻尤其是司法分析裁判的科学合理，本人在此就这一问题做出进一步的阐述。

二　"无权处分"——涉及第三人的合同订立

依据《合同法》第51条的规定，当事人订立买卖合同时，出卖人一定要享有所有权或者处分权；如果出卖人与买受人订立合同，出卖第三人（物主）之物，这种合同是无权处分的合同。依据几位参与该法制定并在其中发挥主导作用的学者的观点，这种合同不能正常生效，而只能等待物的所有权人的追认。如果没有得到所有权人的追认，这种合同当然是无效的。

如何认识和规制这种合同"处分第三人之物"的特征，是立法上必须认真处理的问题。依据《合同法》制定时期主持工作的法工委副主任王胜明先生在某大学讲座时的回忆，第51条所要解决的问题，就是买卖合同成立时标的物已经存在，但是出卖人却没有取得标的物的所有权或者处分权，这样的合同效力应该如何规定。从王胜明副主任在讲座中的表述看，对于这种合同的效力，几位学者的理解和立法机关的理解似有偏差。几位主导学者认为，这种合同就是"无权处分"的合同；而且如果所有权人没有追认，那么这些合同就是无效合同。原因就是，出卖人没有所有权，竟然能够转让所有权，甚至转让第三人的所有权，这简直就是严重的不当行为！所以没有得到追认的自然应该是无效。但是，王胜明副主任认为，立法机构的观点却没有确定这种合同到底是无效还是有效，这就包括了有效的可能。应该认为，王胜明副主任的报告反映了《合同法》制定时期的真实情况，其所总结的争议点也是准确的。但是，从该讲座的报告看，不论是参与立法的一些学者还是立法机关工作人员，对于"处分第三人之物"的合同，也就是将"处分行为"应用在合同订立的环节里这个要点所涉及的民法原理都是不十分清晰的。否则，该法就不会在债权合同的体系中规定物权处分问题，更不会在立法中将物权处分的法定条件规定为债权合同生效的前提条件。这个问题至今尚无学者清晰剖析清理。从当前的争议看，恰恰很多学者还真是从这一团乱麻之中解脱不出来。

显然，这个《合同法》的条文的创制，受到我国台湾地区"民法"相关条文的影响。但是，我们看王泽鉴等教授的著作，知道我国台湾地区"民法"是从法律行为的角度来建立"无权处分"规则的，而不是从债权合同的角度来分析这个问题的。这也就是说，我国台湾地区"民法"的相对条文，指的是物权变动环节的无权处分，也就是买卖合同的履行环节中的无权处分，它和合同债权成立没有任何关系，它绝对不是指合同成立和生效的行为。但是，在中国大陆 1999 年的《合同法》之中，其第 51 条指的是恰恰是合同订立、成立的行为，也就是指债权意义上的合同生效的行为。这两者的重大区别，一个是物权变动，一个是债权生效。物权变动，在民法原理上涉及出卖人的处分行为，而债权成立，压根儿就不是处分行为，更不是无权处分。所以，我国大陆《合同法》第 51 条的规定，出现了基本原理混乱的问题。对这个问题，王泽鉴教授、苏永钦教授有多篇论文和讲演已经讨论过，我在此不再赘述。

所以应该承认，从债权法意义上的合同而言，《合同法》第 51 条的规定，只能纳入到"涉及第三人的债权合同"这种类型之中，而绝不能称为"无权处分"的合同。这个概念的应用，在民法基本原理和基本逻辑方面出现了混乱。

从 1995 年本人曾经参加过的我国《合同法》制定的研讨工作的经历回忆，该法第 51 条之所以将这种合同规定为"效力待定"，而且所有权人如果不追认就无效，原因就是，正如主导该法制定的法学界所言，出卖人与买受人订立了一个标的物所有权尚属于第三人的合同，本质就有"有何公正可言"的道德瑕疵，具有"违背了中华民族几千年的优良传统"的重大缺陷。因为这样，立法上就要限制这种合同的效力，将其列入不能正常生效的合同类型。

没有所有权竟然能够出卖物品，还要认为合同有效！这个严厉指责，从《合同法》制定前后到现在，还一直在迷惑着中国法学界、中国立法者。在本人发表《关于无权处分问题的几点看法》之后，反驳本人或者表示不解的观点，主要还是纠缠在这个要点之上。因此，这个必须从法理上继续分析回答。我在这里试析如下：

第一，出卖人和买受人之间订立的合同，依据合同之债的原理，由这两个合同当事人之间意思表示一致而成立，同时也只对这两个当事人产生法律上的约束力。同样依据合同之债的原理，合同之债对第三人并无效力。合同只是债的法律根据，债权法律关系具有相对性。这些基本原理，是我们分析问题的出发点。

第二，物主也就是第三人，身处出卖人和买受人的合同之外，该合同始终对其不具有任何约束力。物主并不因为出卖人和买受人之间订立的买卖合同，而依法承担向出卖人交付标的物及所有权之义务，物品的所有权只受物主的支配，不受他人合同的支配。这个基本道理也是我们分析问题的出发点。

第三，第三人（物主）甚至不因出卖人和买受人之间的买卖合同，而承担与出卖人订立合同之义务。第三人（物主）当然可以选择与出卖人订约并履约，完成标的物的交付和所有权转移。但是，不论第三人是否愿意和出卖人订立合同，都是第三人自己的意思自治。第三人是独立的民事主体，并不是出卖人的下属，订不订约，与谁订约，都根据自己的利益考量自主决定，不受外人缔约的影响。

第四，同样，出卖人与第三人（物主）之间订立之合同，仍然属于债权之发生根据，并不会因为前述出卖人和买受人之间的买卖合同，而承受必然履行、绝对履行之法律后果。物主不因上述合同承受任何法律上之损害与制约。

第五，出卖人和买受人订立买卖合同之时，出卖人虽然尚未取得标的物的所有权，但是其未来取得所有权不仅仅是可能的，而且是符合商业习惯的。比如，一个商品批发商，完全可以先和分销商先订立出卖合同，然后再去寻找货源，和物主订立购买合同。这样的合同完全符合交易惯例，没有什么不正常的地方。

在我国一些法学家的著作中，引用了"如果许可无权处分人订立的买卖合同有效，则出卖钓鱼岛的合同也是有效的""如果许可无权处分人订立的买卖合同有效，则出卖天安门城楼的合同也会有效""如果许可无权处分人订立买卖合同，则外国人到中国出卖月球土地也是有效的"等论证，来说明《合同法》第 51 条禁止这种合同当然生效的立法理由。但是，这样剑走偏锋的论证不仅仅是偏激的，而且理由是十分不妥当的。因为我们知道，合同是一种法律行为，当事人之间订立的合同首先要合法，才能够得到法律的承认和保护，也才能够生效。这些问题在法律行为的生效条件中已经有明确的规定。而法律行为的生效条件在我国《民法总则》、在相关法律法规中有十分清楚的规定。按照法律行为的规则，不论是谁出卖、不论是谁和谁订立买卖合同，其所订立的针对钓鱼岛和天安门城楼的买卖合同都不会得到我国法律的承认和保护，因此都是无效的。出卖月球土地的合同是涉嫌诈骗的犯罪行为。这些合同不仅仅在民法上不受承认和保护，而且行为人还可能要被追究行政责任和刑事责任。无论如何，不论是根据什么法律，这些合同都应该是自始无效、根本无效、绝对无效、整体无效的。学习民法者，对于买卖合同属于法律行为、对于法律行为涉及的法律规则，不能不知道，不能不遵守。

第六，在涉及第51条的讨论中，有学者一直坚持认为，在和买受人订立买卖合同时，出卖人的意思表示之中，既包括债权意思也包括物权意思，也就是处分意思。在本人研读法学著述时，发现这种观点对于立法者和法学界，尤其是对于青年学者具有强烈的迷惑作用。熟悉关于《合同法》第51条争论的学者以及立法机关工作人员都知道，这个观点是肯定所谓"无权处分"的最有影响力的观点。自《合同法》制定时起，这种观点一直是第51条法理正确性的"有力"支持。本人指出第51条"无权处分"的缺陷后，对本人观点提出反驳者，也主要是这种观点。但是，这种观点使用了法律行为理论，却有意无意地忽视了法律行为理论最重要的一个方面，从而在理论上暴露出了严重的知识缺陷。

依据法律行为理论来讨论合同的成立和生效，这当然没有错。但是，能够准确理解和运用法律行为理论才是这里的关键。多年以前，在本人引入"区分原则"来解决我国立法和司法实践中不能区分物权和债权、不能区分这两种权利发生变动的法律根据的混乱的问题时，即遇到这种我国当时很多民法学家的质疑。他们认为，从法律行为的角度看，和买受人订立合同时，出卖人的意思表示包括债权意思和物权意思是混合为一的，是不可以区分的。所以他们认为物权和债权的区分、相关法律根据也就是法律行为的区分是不可以接受的。

但是，法律行为理论的基本原理并不是这些观点所说的那个样子。法律行为理论的核心是"意思表示"，它包括了"意思"即当事人的内心真实意愿这一个因素，同时也包括了"表示"即当事人的内心意愿的表达这个因素。从某种意义上来说，当事人意思表达这个因素，在法律行为理论中发挥外观判断的作用，是我们判断当事人意思的标准。因为不论是相对人还是法官，都只能根据当事人的客观表达来判断其内心的真实意愿。从这一点看，我们一下子就可以看出，上述依据法律行为理论支持《合同法》第 51 条的观点的显著错误，那就是，它忽视了出卖人的"处分意思"是如何表达而且是向谁表达的这个核心问题。当然我们明白了，即使出卖人的意思包括所谓的"处分意思"，该意思却是向买受人表示的，它同样对于第三人没有任何法律上的拘束力。

无论如何，这种观点是无法立足的。因为，（1）即使（退一步说）出卖人订立合同的意思表示中包含着"处分"的意思，那么这一意思也仅仅只是出卖人的意思而已，它不是所有权人的意思，这个意思对于第三人也就是所有权人实际上毫无法律意义。（2）从意思表示理论分析，即使出卖人有转让他人所有权的意思，该项意思也只是向买受人做出了表示，也只是表示出卖人自己愿意承受该项意思的束缚。——当然，从法律行为的效果意思理论的角度看，出卖人这个环节中向买受人所表达的意思，也不是什么处分意思或者物权意思。（3）最关键的是，出卖人和买受人订立合同的意思，无论他们两个相对人怎么表达，也仅仅只是相对人和相对人的意思表示一致，其法律效力仍然只是债权请求权而已。

这些学者把"物权意思"搅拌其间，并不能改变合同订立完成后仅仅只发生相对人之间的债权这个法律后果。从这个分析我们可以看出，我国一些民法学家所持有的法律行为理论，尤其是那些以此为据否定物权行为理论的各种观点，都是有很大缺陷的。它强调仅仅根据出卖人的内心真意作为论据，却丝毫没有考虑到意思表示理论中的"表示"，甚至不考虑这个意思表达的环节和表达的对象这些十分关键的分析和裁判的要素。

所以，恰恰是从法律行为的"表示"这个环节，我们就可以看出这种债权意思和物权意思相混合的观点，不仅仅不能证明《合同法》第 51 条的正确性，反而显出我国民法学界长期以来对法律行为理论和制度的疏忽大意和不求甚解。无论如何，要让出卖人和买受人之间订立的合同对第三人物主也就是所有权人发生拘束力，这实在是违背民法的基本原理。我们必须坚持这一点，出卖人和买受人之间的合同仍然只是发生相对人和相对人的约束，这样的基本原理我们必须清楚认识和坚持。坚持这些基本原理，我们就能够清楚地澄清这些法理的混乱。

说到这里，我们必须对汉语之中"出卖"这个概念做出精确的民法分析。出卖在日常生活中确实包括转让所有权的意思。"出卖他人之物"，确实包括将第三人的所有权转让给买受人的意思。一些学者也正是以此为出发点，模糊订立合同的法律后果，把出卖人和买受人订立合同，仅仅只是在这两个当事人之间发生的法律负担，解释为对第三人设置法律负担甚至造成损害。这就是问题的关键。"出卖他人之物有何公正可言"的指责，就表现出这些法学家基本概念的模糊不清甚至混乱。

我们必须指出，日常生活中的概念和法律上的概念，含义有相当大的差别。如果出卖人和买受人之间仅仅只是订立了一个买卖合同，将所有权还属于第三人的物品予以"转让"，那我们就一定要明白，这个"转让"仅仅只是订立了一个只对合同当事人发生拘束力的协议而已，这个合同仅仅只是发生出卖人和买受人之间的合同债权，不论是这个合同还是依据这个合同所产生的债权，都不会对第三人物主也就是所有权人产生任何法律影响。仅仅订立合同不是处分，更不是对第三人财产所有权的处分；如果当事人之间订立的合同涉及第三人的所有权，这不构成对第三人的法律负担，更处分不了第三人的任何权利，所以不是"无权处分"。所以，《合同法》第51条所说的"无权处分"在法理上是完全不能立足的。

三　"效力待定"——涉及第三人合同的法律效力问题

《合同法》第51条的规定还有一个核心理论问题，那就是涉及第三人合同的"无权处分"行为属于"效力待定"的判断。这个条文规定，如果所有权人追认，该合同有效；如果不追认就无效。关于这种合同的"效力待定"，也是《合同法》第51条的理论支撑。效力待定的学说事实上同样在中国法学界造成了很大的迷惑，对此我们也需要澄清。

本来，如果这种合同给第三人设定了法律负担，那么就需要第三人追认；如果这种合同并不能给作为物主的第三人造成法律负担，因此其生效或者不生效并不需要第三人的追认。对此我们上文已经清楚地论述了这个问题，出卖人和买受人之间订立合同，对第三人物主不能产生任何法律上的束缚或者负担，因此，这个条文提出需要所有权人追认，这个基本前提实在是没有根据的。因此，这种合同也不应该效力待定。

　　但是，这个问题为什么能够给法学界和立法者造成迷惑？究其原因，是一些法学家和立法工作者，对出卖人没有所有权时就能和买受人订立买卖合同的正当性合理性是认识不到的，至少是认识不清的。一些学者提出"出卖他人之物有何公正可言"的指责，以及前述王胜明副主任关于《合同法》制定时期关于这个条文的回顾，就代表了《合同法》制定时期主导学者和立法者对这种合同的负面看法。但是，这种看法是不对的。

（一）"出卖他人之物"经济上商业上的合理性

　　出卖人与买受人之间订立所有权尚在第三人手中的买卖合同，在法律途径上提供了一种可能，即买受人直接取得这种所有权并不方便快捷、并不安全有效的情况下，通过这种缔约取得物主有可能出让所有权的标的物。如中国内地企业在不熟悉国际商家的情况下，可以与外经贸公司先订约，利用其熟悉的网络，购买外国公司生产制造的设备。这种出卖人先和买受人订立买卖合同（对出卖人而言即出卖行为），然后再和物主订立买卖合同（对该出卖人而言为购买行为）的交易方式，在有些人看来复杂而且没有必要；但是在对熟悉市场交易的人看来却非常方便实用。以本文笔者曾经遇到的一个咨询案件为例。该案中，国内某企业因生产需要购买某种精密加工车床，但是这一家企业并不知道国际上哪一家生产商的产品最能够满足自己，但是极为方便的是我国有一家专门从事精密机器进出口的国际公司，于是这家企业就先行和这个进出口公司订立了一个买卖合同。合同约定该进出口公司利用其国际贸易网络为该企业寻找最优货源和最优价格。然后，该进出口公司与瑞士某公司订立了购买合同，并按照约定的期限将指定的物品交付给国内某企业使用。从这个例子可以看出，中国某精密机器进出口公司和国内某企业之间订立的买卖合同，就是一个出卖人尚未取得所有权的情况下而订立的买卖合同。这个合同订立在经济上商业上当然是正当的合理的。如果国内某企业自己寻找货源，那么必定更加费时费力，价格上也不会取得优惠。如果合同履行出现法律上的争议，其解决道路也不如专业公司更加懂行。事实上，如上所述，不仅仅在国际贸易中，而且在国内的批发贸易中，标的物已经存在但是出卖人尚未取得所有权时就和买受人订立合同的情况也是多见的。在一般民事交易中，购买人从非所有权人那里购买某种商品的情形就更加多见了，比如，一些文物的交易，多数都是通过所谓的"中人"进行的，而"中人"经常既是出卖人也是买受人。如拍卖，都是购买人先和拍卖公司订立合同。这样看，我国《合同法》制定时期，主导的民法学家和一些立法机关工作人员对于这种合同"出卖他人之物有何公正可言"的指责，显得视野狭窄和很不适当了。

（二）"效力待定"的不合理性

从以上分析我们同时可以得出一个确定的结论，那就是，这些出卖人尚未取得所有权之时即和买受人订立的合同，完全不可以"效力待定"，而应该立即生效。因为，只有在合同立即生效的情况下，合同才能够对出卖人依法产生约束力，约束其在合同约定的期限内与第三人订约，这样才能够为买受人最终取得标的物及其所有权确立法律基础。

反之，如果依据《合同法》第51条，这样的合同需要所有权人追认，未追认之前效力待定——但是将这种情形的合同确定为效力待定，则会出现严重的制度问题：（1）如果出卖人并不能尽其勤勉履约义务，不能积极地与物主也就是所有权人订立购买的合同，或者不能和物主达成所有权转让的协议并履行该协议，那么，这样就会被认为是这种买卖合同没有得到所有权人的追认，这时候这些合同按照某些学者的解释是合同无效；那么，根据合同无效为自始无效、绝对无效的原理，合同不会产生约束力，出卖人的违约也不承担违约责任。若按照缔约过错来追究出卖人的责任，买受人的损失就无法得到足额救济。（2）"效力待定"的规则为出卖人提供了一项不正当的抗辩权：在出卖人不能积极履约的情况下，他反而可以以买受人明知出卖人无所有权或处分权为借口，主张免除或者减轻自己的责任。从上文的分析我们可以看出，这样的抗辩本来是不正当的，但是依据《合同法》第51条的规定却是正当的。

更有甚者，在一些学者的著述中，把出卖人与买受人订约，以取得第三人之所有权为目的而订立的买卖合同，称之为"恶意通谋"的合同，将其理解为一种侵害行为而直接裁判为无效。这种观点和做法，对于合同之债的原理的理解，实在是太偏差了。

由此，对这种合同的效力，我们应该得出如下结论：

第一，出卖人与买受人之间的合同，依债发生的根据自成立时生效，不应该是无效，也不应该是效力待定。如对出卖人无约束力，则违背交易本质，且易造成交易不诚信之事实发生。这里制度缺陷，在《合同法》第51条里面是存在的。删除该条文之后，这个制度缺陷大体上得到了补正。

第二，买受人之"明知"出卖人没有所有权或者处分权，不是限制甚至否定合同的根据。因为，买受人的这种明知，并不是法律上的恶意，而是商业上的常情。那种以"通谋"否定该合同正当性的观点，就更是不理解市场体制，也是不理解债权的表现。

四　不涉及第三人的买卖合同订立

在前引立法机关《合同法》制定的负责人王胜明副主任的讲座之中，有关于该法第51条仅仅只是处理出卖人订立买卖合同之时标的物已经存在，但是出卖人尚未取得所有权的合同效力问题的揭示。相信这一点是当时民法学界和立法机关的基本共识。但是，近年来在本人参加民法典编纂的立法活动中，在本人已经阅读到的法律家著述中，发现也有学者提出，该第51条所确定的"无权处分"应该适用于标的物尚不存在的广泛情形，即，只要出卖人尚未取得标的物或者所有权，该条的规则都应该适用。一些学者结合《合同法》第51条和该法第132条的规定，否定任何出卖人不享有所有权的买卖合同的正当性。不过这样一种观点确实能够从该法第132条中得到确认。该法第1款规定："出卖的标的物，应当属于出卖人所有或者出卖人有权处分。"从这个条文我们可以看出，该法制定时，不论是主导学者还是立法者，确实是没有清晰地认识到上文我们已经讨论过的合同之债的民法原理。这个条文，确实也包括了出卖人与买受人订立出卖合同，根本不涉及第三人的情况。从表面上看，这个条文似乎和《合同法》第51条立法的本意不一致，但是我们必须看到，这两个条文都体现了立法主导者们确定的出卖人订立买卖合同，必须以标的物存在而且享有所有权或者处分权作为前提条件的立法观念。也就是因为这样，本文在此将不涉及第三人的买卖合同订立生效问题也简要讨论一下。

第一，标的物不存在，并不意味着标的物永远不会存在，也就是说，不意味着标的物客观不可能。出卖人订立合同时标的物不存在的情况，原因有很多。众所周知的情况是预售，在此情况下，出卖人与买受人之间订立的合同并不因此而受影响。如乙企业在甲企业订货，甲企业并无现成产品时，合同当然可以成立生效。只要合同履行时，甲企业取得所有权或者处分权，即可完成合同的履行。现代市场经济体制，不是农贸市场，不可能也没有必要"一手交钱一手交货"，商品不一定要生产出来才能够订立合同。有些商品，比如飞机，订单出来后常常要过好些年才能够交付。这样的合同当然应该生效。仅此一点，我们就知道《合同法》第51条、第132条的规定，以及主导这些规定的立法观念是错误的。

第二，同样我们也应该认识到，商品的预售，即使出卖人在买卖合同约定的期限内没有生产出合同约定的产品，没有取得产品的所有权或者处分权，也不影响合同的成立生效。在这种情况下，生效合同产生的约束力，会演变成民法上的违约责任，成为对于诚实守信一方当事人的权利救济。

第三，标的物为非交易物，也就是依法不能的合同，并不能得到法律的承认和保护。如上述，在任何情况下，出卖月球土地的买卖合同，出卖天安门城楼的买卖合同，出卖钓鱼岛的合同，都属于非交易物的买卖合同，都不会得到法律的承认和保护。尽管有学者声称，删去《合同法》第51条、删去《合同法》第132条原来的规定，会导致这些买卖合同有效，而且我国法院的法官会执行这些合同。但是，这些情况是不会出现的。因为，依法律上物的本质属性、依据法律行为的一般规则，这些买卖合同都是无效的。而且，这种无效，即违背法律强制性规定的无效，属于自始无效、根本无效。总之一句话，我们不能要求出卖人只有取得标的物的所有权之后才能够订立买卖合同，也不能根据出卖人没有所有权或者处分权这一点而否定合同的效力。只要出卖人在合同履行的时候取得了标的物的所有权，他就能够依约完成交付，这样的合同当然是正当有效的。

五　买卖合同的履行：真正的处分行为

在民法上，真正的处分行为，指的是行使支配权的行为。在德国民法学中，处分这个名词本身就是支配的意思（Verfuegung）。所以，民法上的处分权就是支配权。

处分行为以交付标的物、交付所有权为典型，其含义就是把标的物或者标的物的权利交给对方支配。所以，典型的处分行为为合同履行行为，就是交付标的物和移转标的物的支配权给对方当事人的行为。比如，因为买卖合同的本质在于所有权的转让，故履行买卖合同时，处分行为或者履行行为指的就是出卖人向买受人交付标的物和标的物的所有权的行为。其他的合同履行，其实也都包含着处分行为，包括这个交付。但是，因为交付本身所包括的当事人的意思表示的不一样，比如买卖合同中的履行行为，出卖人交付标的物的内心真实意思是转让使用权，而租赁合同中，出租人交付标的物的内心意思是转移使用权，运输合同中交付标的物仅仅只是占有的转移，所以，履行行为的结果，要依据当事人的意思表示来确定。

处分行为或者履行行为，也包括交付支配性质的民事权利的行为，它们以登记或者交付权利证书作为表征。比如，如果当事人订立合同为转让某种权利，则出让人交付权利的行为就是处分行为。因为权利是法律上的抽象，故法律规定，交付权利以办理相关的权利登记为表征（比如转让股权），或者以交付权利证书为表征（比如转让专利权）。有时，法律及许可当事人之间办理权利转让的登记，也可以转让权利证书来表示权利的转移。

我们可以清楚地看出，在买卖交易中，处分行为就是双方当事人履行合同的行为，也就是出卖人交付标的物、交付所有权的行为，和买受人支付货款的行为。在一些复杂的交易之中，处分行为要包括一系列法律行为。比如我国一家航空公司购买一架空客飞机，那么，空客公司向中国航空公司交付飞机以及飞机所有权的行为就会包括多个履行行为，包括交付飞机本身、交付附属设备和相关资料、交付飞行所需要的各种法律资料（比如适航证）、办理飞机所有权的登记等。而中国公司向空客公司支付货款，也包括了多个履行行为，因为飞机的款项巨大，常常需要分期分批支付，而且还需要双方各自和具有国际营运资格的银行订立合同，以及银行之间的合同义务履行等。其实，所有的法律交易，都存在订立合同和履行合同两个基本阶段的区分，都会发生债权意义的法律效果，和履行合同发生支配权意义的法律效果的区分。从法律分析和裁判的角度看，订立合同和履行合同的区分，既是请求权和支配权两种民事基本权利之间的区分，也是设定债权的负担行为和转移支配权的处分行为的区分。从法律分析和裁判的角度看，交易之中，不论你是否认识到、不论你是否承认，这样的区分无所不在。当然，一些十分简单的法律交易，比如农贸市场上的"一手交钱一手交货"，上述的区分转瞬即逝，似乎没有在法律上加以甄别的需要。但是，民法学家也罢，立法者也罢，法官也罢，律师也罢，如果其视野被农贸市场的交易所限制，那么就无法理解像购买空客飞机这样的法律交易，也无法分析和裁判市场经济体制下那些远期合同案件和多重交付的案件。以区分原则来分析和裁判农贸市场的交易是没有障碍的；但是依据农贸市场的规则来分析和裁判像购买空客飞机这样的交易，却是永远不能的。所以，一些民法学家总是强调，要以一手交钱一手交货（比如两毛钱买一个黄瓜、比如一马克买一双手套、两欧元购买十个甜甜圈）为基础来构建和理解我国民法典，这不但是做不到的，而且是有害的。

最为关键的问题是，我国民法典不能编纂成为农贸市场法典，我国的法律工作者不能培养成为农贸市场法律工作者。所以，从现在开始，我们都应该放弃那些狭隘的知识和简单粗暴的分析和裁判方法，要以科学的理论为民法典的贯彻，为我国市场经济体制发展和人民权利保障提供应有的足够的支持和保障。

通过这一分析我们已经清楚地知道，买卖合同中，履行合同也就是所有权的处分行为，只是发生在交易中的物权变动的阶段。这个问题当然应该由民法典的物权编来规范，而不应该由民法典的合同编来规范。也就是因为这样，一些学者提出的或者坚持的，要在合同编来规定履行行为的观点，是不符合民法法理的，也是立法不能接受的。

一些学者提出，物权法意义上的处分行为是否存在效力待定的问题？虽然这个问题已经不在本文题目之内了，但是因为与原《合同法》第51条有关，本人简要地回答一下：因为物权变动必须依据物权公示原则、善意取得原则处理，所以，物权法意义上的无权处分，其实也不应该发生效力待定的效果。物权法意义上的有权处分还是无权处分，必须首先遵守物权公示原则来分析判断，而不能首先依据当事人的主张来裁判。

六　本文要点小结

基于以上分析，可以得出如下结论：

第一，订立合同不是处分，更谈不上是什么"无权处分"。

第二，合同之债的原理，就是合同因当事人双方的意思表示一致而生效，也仅仅只是对合同当事人双方发生法律拘束力。合同不能拘束第三人，不能生硬地将第三人（物主）是否追认规定为他人之间订立买卖合同的前提条件。

第三，尚未取得标的物所有权的出卖人与买受人订立的合同，就是债权意义的合同，其成立后一般就应该生效，没有必要"效力待定"。民法典合同编草案删除《合同法》第51条，并不仅仅是删除了所谓的"无权处分"，而且也删除了这种情况下的效力待定。也就是说，这种情况下的合同效力问题已经处理了，就是按照合同的一般生效条件规则处理。

第四，标的物不存在，出卖人无处分权或所有权，并不妨碍其与买受人之间的合同生效。只要出卖人在履行合同时能够交付标的物，能够转移所有权就行了。订立的合同如不能履行，违约者要承担违约责任以及相关赔偿责任。

第五，出卖人与买受人之间，仅仅只是订立了一个请求权意义上的合同，成立了一个债权而已，不可以将其理解为对第三人的侵害，没有什么"有何公正可言"的问题。

第六，合同履行才发生对标的物的处分。请求权和支配权的区分，负担行为和处分行为的区分，为民法基本原理之一。

综上，《民法典》合同编废止《合同法》第51条、第132条为正确之举，其中民法基础原理、基本概念，望同仁体察而且遵守之。

后记　我的三个问题意识

　　我学习民法大约已有四十年，学习和研究的过程中为自己确立了"三个问题意识"的指导思想，即以中国问题意识、现实问题意识、重大问题意识作为自己学习和研究出发点和基本目标的思想。这三个问题意识，指引着我多年的教学与研究工作。在担任全国人大代表和全国人大宪法和法律委员会以后，开始直接参与国家立法的活动，尤其是参与民法典编纂的立法活动，在这个过程中我就更是以这三个意识作为圭臬，在分析思考立法问题时，能够打开视野，树立比较大的格局，能够想到国家立法的现实问题和大问题，想到人民利益保障的大问题，能够以法律体系性科学为重、不计个人物质和学术得失进行自我要求。在青年时代学习民法时我就已经知道，民法是一门非常古老的学科，知识性趣味性很丰富；但是随着学习和研究的经验的累积，我清楚地认识到，民法学科是一门政治性思想性很强，同时也是实践性、现实性很强的学科，因此学习和研究民法不能脱离国情，脱离国家建设和人民的重大需求。在我树立"三个问题意识"之后，我的学习和研究的思路越来越清晰，越来越有针对性。

　　三个问题意识的树立，一方面得益于我本人身处中国社会科学院这个国家的研究机构数十年来形成的关注国家现实重大问题传统；另一方面则是来源于我学习和研究的一段刻骨铭心的经验教训。这就是20世纪90年代中期我国民法发展过程中，因为法学理论的混乱给我国立法和司法实践造成的严重混乱，给我造成的刺激和鞭策。20世纪90年代中期，也就是在1993年我国修改宪法废止计划经济体制而建立市场经济体制后，当时调整社会经济关系的法律制度，主要是民法不但没有跟上时代的需求，反而出现了极大混乱。这一时期的一些立法和最高人民法院出台的司法解释，在民事案件的基本分析裁判规则的方面出现混乱，既违背法理、违背市场经济现实，也无法保障人民重大权利。我的调查研究发现，这种乱象的根源，是当时法学界有影响力的民法基本理论本身就十分混乱，不但无法为立法和司法实践提供指导，反而是处处添乱。我清楚地记得，20 世纪90 年代中期本人从德国留学归来后不久，首都一家地方法院的领导同志和我交谈时提到，他们曾经就一个房地产抵押的民事案件召开专家研讨会，参加会议的五个民法教授和专家，居然提出了六种迥然各异的观点！本书收集的《中国民法典国家治理职能之思考》这篇论文，也总结了那个时候出现的、在买卖这种典型的法律交易过程中、对涉及合同债权和物权之间的分析和裁判规则上的七种不同的观点。

我们知道，全部法律交易其实都是订立合同和履行合同的法律问题，也就是涉及合同之债和类似于所有权这样的支配权的转移之间的分析和裁判问题，所以这一方面的法律规则，实际上贯彻了全部的民商法制度。可是，如果一个案件有六种甚至七八种不同的观点来"指导"法官分析和裁判，不难想见，这会给法官造成多大的迷惑。我的研究注意到，这些繁杂混乱的观点，在很多学者的著作中都可以找到依据，还有一些已经写入立法，或者被法院的司法裁判规则承认。

问题是以我自己学习和接受民法原理看，这些不同的理论观点，并不是像有些人说的那样各有各的道理，或者像有些人所说的那样，是一个理论的不同侧面而已。不是的！这些不同的观点，多数都是有明显的缺陷的，有的违背了基本的民法原理，有的就是和稀泥，连自圆其说都谈不到，更谈不上法学理论上的完满和彻底。

在这一时期我国民法立法和学术发展遭遇了一个重大打击，就是千禧年初期我国民法典编纂活动，也就是大家所说的新中国的第四次民法典编纂活动的失败。这件事给我刺激很大。当时我已经担任全国人大常委会法工委的立法专家，参加了很多立法会议，对此中前因后果比较了解。这一次民法典编纂，全国人大常委会的领导可以说是下了决心的，法学界也都是积极参与的，舆论界也放出了中国将编纂出 21 世纪人类社会最新民法典的灿烂礼花。但是，这一期间召开的一次最为重要的立法研讨会，证明了我国当时的民法主导理论无法承担民法典编纂使命的客观现实。这次重要的立法研讨会专为民法典编纂召开，由全国人大常委会法工委主持召开，时间是 2000 年 8 月，与会立法专家五六十人之多，讨论延续一个星期以上。会上，学者们提出的观点不但各执己见，而且千奇百怪，根本无法形成共识。我注意到，本来这次研讨会的主题是民法典编纂，而编纂就是要将当时已经制定的法律按照科学的体系整合为一个整体，而编纂本身首先就要解决体系化方面的问题，但是，恰恰就是这个一开始就应该解决的问题，却始终很少讨论，甚至不要法典、解法典、去法典化的呼声也很高。至于我国民法典的编章结构、大量的具体制度、规范的讨论，则更是没有体系和逻辑，随意的碎片化的观点可以说是漫天飞舞。从这些发言中，人们看不到法典编纂的严肃性科学性逻辑。所以最后，立法机关只得将当时还有效的几个法律的整体，加上正在制定的《物权法》（讨论稿，尚未形成议案）等，简单地前后串接起来，形式上成为一个整体，然后将其作为一件立法议案，在 2002 年 12 月提交给全国人大常委会进行了一次审议。这个议案对当时现行立法的缺陷没有进行任何修正，比如对计划经济体制时期制定的《民法通则》中禁止民营企业、禁止不动产市场等规定也是只字未改（禁止不动产市场的规定直到 2008 年才得到修改），对《担保法》等缺陷明显问题严重的法律只字未动。这个议案的内容和我国当时蓬蓬勃勃的市场经济现实完全不符，稍有法律知识者，都可以看到它的问题。因此它当然无法在全国人大常委会上获得通过。此后这个议案也就没有再进行过审议。按照我国立法法的规定，该议案两年后自然作废。

　　这一次民法典编纂的失败给我造成深刻刺激，让我不断深刻反思我国民法学基本理论建设方面的问题。我们知道，不要说像民法典编纂这样宏大的立法工程，就是一般的立法和司法活动，也都是需要科学的法学原理来支持的。但是，那个时期我国民法学的主导理论，只能说是一种自圆其说的实用主义理论，是很难用体系性科学性来形容的，因此它自然承担不起民法典编纂的历史责任。显然，在科学面前，众口不一、众说纷纭并不是学术的繁荣，法律科学需要理论上的通透和共识。民法典编纂不能像一麻袋土豆一样地随意装填规范。

　　细究起来，当时民法学界主导理论的杂乱是有其历史背景的。如上所述，20 世纪 90 年代中期我国经济体制发生本质转变，而市场经济体制是我国法学界尤其是民法学界都不熟悉的。在改革开放初期之前甚至改革开放初期，我国法学界包括民法学界都处于封闭状态，对市场经济的法律制度不但是基本无知的，而且还是持批判态度的。这样，在我国自己开始建立市场经济体制的时候，在我国经济发展需要相适应的立法和法学理论的时候，法学界包括民法学界的主导理论并没有这样的知识储备。

除此之外，我国社会长期存在的自然经济下的交易观念，也限制住了法学界的视野。自然经济的典型，就是农贸市场那样的一手交钱一手交货，在这种体制下，人们很少通透彻底地思考合同效力以及物权变动效力这些问题。当时，现代市场经济下，市场的规模大，交易周期长，因此必须在民法上建立清晰的合同债权规则和物权法规则。而这些法律规则，那个时候我国法学界包括民法学界很多人都不甚了解。我们可以回想一下2005年的"物权法风波"，就能知道，我国法学界包括民法学界对于现代市场经济体制下的财产法律规则的理解是多么欠缺。

这一时期虽然也有国外或者境外法学的引入，这也确实丰富了我国的民法理论，但是因为政治方面的限制和法学外语人才的缺乏，再加上引入的方式和理论都显得过于功利，结果偏颇甚多（对此，本文集收集的《中国民法继受潘德克顿法学：引进、衰落和复兴》一文有所分析）。因此前期的这种法学引入，不但不能解决我国民法理论的体系化科学化问题，反而更加增加了这个时期民法理论的混乱。上面提到的抵押案件讨论会上五个专家提出六种观点之中，以依据法国、日本的民法理论和我国台湾地区的"民法"理论居多，对我国的本土问题反而不熟知。对支配权与请求权的区分、对负担行为与处分行为的区分这些科学法理，当时顶级的法学家们似乎并没有任何人提及。

也就是在这样的背景下，在导师王家福教授（已故）教导的启发下，我改变了留学回来后试图以翻译和传播德国经典民法理论作为自己学术工作的研究志向的想法，意识到了自己对于中国民法和民法学术发展的责任，树立了自己的"三大问题意识"。数十年来，在这种思维的指引下，我不揣绵薄，把体系化科学民法学原理和我国社会经济生活现实相结合，以物权法和不动产法为起点，对我国民法基本理论的整体进行了认真的探讨，发表和出版了系列的著述，形成了自以为既符合民法科学原理，也符合我国市场经济体制实际和人民权利保障的民法理论体系。小结一下，我主要的研究努力在于：一是在民法的思想方面，贯彻社会主义的民事权利观念和民法上的人文主义思想，在民事主体制度、法律行为制度、物权方面提出系统观点，一方面强调按照民法原理推进公有制财产制度的改革，另一方面，在物权制度等方面强化普通民众的权利，逐步消除苏联法学过分强化公共权力、轻视普通民众权利的系统观念，为民事权利确立道德伦理基础和制度保障。在我国立法机关和法学界的共同努力下，这一方面的努力很多已经实现，《民法典》就是我国民法指导思想发生本质改造的结果。二是在民法的分析和裁判规则方面，贯彻支配权和请求权相区分、绝对权和请求权相区分的基本原理，提出法律交易上的区分原则，为法律交易的分析和裁判确立具有普遍适用效力、具有通透科学原理的理论和法律规则。这一方面的努力，首先是得到人民法院承认和应用，然后在《物权法》中得到一部分体现，最后在《民法典》中得到完全承认。

总之，本人在民法制度建设方面的努力，在近年来的重大立法中已经得到了广泛承认，而改造和更新我国民法学基本理论的系统观点，也在司法实践中得到普遍应用，也为青年一代民法学人普遍接受。

嗟乎！光阴荏苒，如此快捷，求学的道路在不知不觉中已经走过了这么长的时间。很多事情似乎还在面前，却都已经成了过去。有些事情值得记忆，有些事情必须忘记。唯愿我国法律当然包括民事法制，不但在法思想方面能够更加符合民众意愿，而且在法技术方面能够更加规范体系、清晰科学。

2022 年 3 月 11 日上午，在去人民大会堂参加第十三届全国人民代表大会第五次会议的旅途中，面对自己的十年全国人大代表履职，我不禁有些感慨，构思一首小诗。这首诗，其实也可以反映我对自己一段学术道路的小结，所以将其附在如下：

旅程，大会堂遐想

一段用时间计算的旅程，
五年，十年，也许终生。
十四亿人的委托，
要用心血来完成。

投票选举、立法、监督，
审议、建言，有赞成也有批评。
举动都是国家的治理，
言谈都代表人民的使命。

这里有时像一池静水，
有时候也是万马奔腾。
这里有时候无比灿烂的荣光，
也有重压下顽强的抗争。
来到这里，一下子心明眼亮，
有时候也恍恍惚惚，好像在做梦。
国家很大　头绪很多　并非都能理解，
最好，就是埋下头做好本分的事情。

一年又一年时光荏苒，
一届又一届老少替更。
很多人在这里壮怀激烈，
也有人在这里淡淡平平。
有些人在这里步入青云，
有些人在这里堕下泥坑。

我本来只是一个清冷的学者，
我来了，只是为民法典的使命。
在这里我连续八年殚精竭虑，
议案，建议，立法报告，
七十份建言，
每一次精心准备的审议发言，
坚守学术规范、体系与科学的理性。
天时地利人和，
伟大的法典终于完成！

当三千张投票通过的时候，
我在这里热泪盈眶，哽咽无声。
十年里，还有专委会，常委会，
参加过数百个法律的制定修订。
太多条文太多的记忆，
无数个白天的连续，甚至黑夜，
在这里都能找到踪影。
个人的旅程总有终了，
更多的人会接力前行。
我想说，我付出了我的全部，
我无愧，我忠诚。
国家会繁荣，会强大，
民众会幸福，会安宁。
我只是这里的一个过客，
期许后来者，
能够开启更加精彩的旅程。

2022 年 3 月　北京 天宁寺